Oliver Bidlo

Bildung im Schatten?

Über den Autor

Oliver Bidlo, Dr. phil., arbeitet als unabhängiger Forscher aktuell im Bereich der Wissens- und Bildungssoziologie, der Medientheorie, dem Kommunikativen Konstruktivismus, Theatersoziologie sowie der Kriminologie. Dozent an verschiedenen Universitäten und Hochschulen darunter u.a. der Ruhr-Universität Bochum, Universität Duisburg-Essen, TU Kaiserslautern oder der Hochschule Düsseldorf. Letzte Veröffentlichungen im Oldib Verlag: *Medienästhetik und Alltagswelt. Studien zur Mediatisierung* (2019) sowie *Vom Flurfunk zum Scrollbalken. Mediatisierungsprozesse bei der Polizei* (2018).

Oliver Bidlo

Bildung im Schatten?

Eine hermeneutisch-wissenssoziologische Untersuchung zu Nachhilfeinstituten und digitalen Lernplattformen

Oldib Verlag

Bibliografische Information der Deutschen Nationalbibliothek
Die Deutsche Nationalbibliothek verzeichnet diese Publikation in der Deutschen Nationalbibliografie; detaillierte bibliografische Daten sind im Internet über http://dnb.ddb.de abrufbar.

Oldib Verlag Oliver Bidlo
Waldeck 14
45133 Essen
www.oldib-verlag.de
Herstellung: BoD, Norderstedt

ISBN 978-3-939556-75-6

Inhaltsverzeichnis

Vorwort

Die vorliegende Arbeit entsprang – für einen wissenssoziologischen Hermeneuten nicht unüblich – einer alltäglichen Beobachtung während eines Cafebesuchs. Bei einem Blick aus dem Fenster fiel der Blick auf eine an einer Hauswand befestigte Werbung für Nachhilfe, auf die die Zeilen 3, 2, 1 vertikal von oben nach unten verliefen und dabei größer wurden. War damit ein Herunterzählen in Form eines Startschusses gemeint oder vielleicht eine Verbesserung der Noten von 3 auf 2 oder sogar 1? Dann wäre die Adressierung gar nicht mehr in erster Linie an schlechte Schüler gerichtet, sondern auch an durchschnittliche oder gute Schüler, die sich noch weiter verbessern wollen. Passte das nicht vielleicht auch in Überlegungen zu Enhancement-Debatte und verlieren Nachhilfeinstitute möglicherweise ihre in meiner subjektiven Wahrnehmung eher despektierliche Zuschreibung? Aus solchen eher schnellen Assoziationen erwuchs dann der Antrieb der Bedeutung von Nachhilfe, Nachhilfeinstituten und digitalen Lernplattformen etwas näher auf den Leib zu rücken.

Diese Untersuchung ist dergestalt eine rein intrinsisch motivierte Forschung, die als freier Forscher (bzw. *independent scholar* oder *gentleman scientist*) durchgeführt wurde. Es wurden keine finanziellen Förderungen beantragt oder anderweitig erhalten und es musste keine Rücksicht auf eine etwaige Projektetikette genommen werden. Es gab überdies auch keine wie auch immer ausgestaltete privatwirtschaftliche Unterstützung, gleichwohl – das muss betont werden – eine offene Haltung des Bundesverbandes Nachhilfe- und Nachmittagsschulen (VNN) gegenüber dem Projekt, über deren Verteiler u.a. auch für eine Teilnahme an den Interviews geworben wurde. Für diese Unterstützung beim Feldzugang und den (anonymisierten) interviewgebenden Nachhilfeinstituten möchte ich mich an dieser Stelle bedanken.

Für die nötige forscherische und diskursive Rückbindung danke ich an dieser Stelle besonders Herrn Prof. Dr. Jo Reichertz (KWI Essen) und Prof. Dr. Hubert Knoblauch (TU Berlin), in deren Forschungskolloquien bzw. -werkstätten ich in den letzten vier Jahren immer wieder Teile der Arbeit zur Diskussion stellen konnte. Für die dort erhaltenen Impulse danke ich allen Mitwirkenden. Forschung erfolgt heute in großen Teilen kollaborativ. Für etwaige Fehler oder mögliche Missdeutungen trage ich gleichwohl allein die Verantwortung.

Schlussendlich danke ich besonders meiner Frau Dr. Hanna Kröger-Bidlo, die mit ihrer eingebrachten Expertise im Bereich Schule, Bildung und Pädagogik meine Gedanken und diese Arbeit wesentlich bereichert hat.

Oliver Bidlo
Essen, 03.12.2019

1. Einleitung

1.1 Nachhilfeinstitute und Nachhilfe – Eine Verortung im Feld

Der Untertitel der vorliegenden Untersuchung weist „Nachhilfeinstitute" als Forschungsfeld aus, gleichwohl tut hier eine Engführung und Erklärung not. Nachhilfe ist ein weites Feld mit permeablen Grenzen, in denen nicht nur verschiedene Bezeichnungen kursieren, sondern sich auch sehr unterschiedliche Akteure bewegen. So gibt es die klassische Nachhilfe von Freunden[1], Familie, Schülern oder Studierenden, freien Lehrern oder mit einem Fach Vertrauten, die Nachhilfe im mehr oder weniger privaten Bereich erteilen. Darüber hinaus gibt es die mittlerweile ebenfalls als klassisch angesehene professionelle Nachhilfe, die von organisierten, in Form eines Gewerbes geführten Instituten angeboten wird. Der Begriff der „Nachhilfeinstitute" wird hier, man könnte sagen, als Genrebegriff genutzt. Darunter fallen dergestalt nicht nur jene Institute, die den Begriff im Namen tragen, sondern alle Formen, die sich als *nachhelfende* Lehreinrichtungen verstehen lassen. Damit fallen in dieser Untersuchung selbstverständlich auch Nachhilfe-, Nachmittagsschulen, Lernstudios, Lernwerkstätte usw. unter den Begriff der Nachhilfeinstitute. Eine bzw. zwei weitere eingrenzende Bestimmungen müssen hier noch ergänzt werden: Mit Nachhilfe im Allgemeinen und Nachhilfeinstituten im Besonderen sind in dieser Untersuchung in erster Linie Einrichtungen gemeint, die als erstes Ziel haben, das Erreichen eines schulisch vorgegebenen Klassenziels zu erreichen. Damit fallen beispielsweise Sportvereine, Musik- oder Malschulen nicht ins Untersuchungsfeld, sofern sie in erster Linie nicht darauf ausgerichtet sind, vorgegebene schulische Leistungsanforderungen zu erreichen. Zudem wird mit dem Hinweis auf *schulische* Anforderungen der universitäre bzw. studienbezogene Bereich (z.B. Studientutorien, Repetitorien usw.) ebenfalls weitgehend ausgeblendet.[2] Und schlussendlich fallen mit dem Blick auf die Schule alle beruflichen und erwachsenenbildnerischen Nachhilfeangebote heraus. Dass die

1 In dieser Untersuchung werden – ganz anarchistisch – sprachlich verschiedene Geschlechterdarstellungsformen gewählt. Grundsätzlich sind immer alle Geschlechter gleichermaßen gemeint. Dort, wo es um ein spezifisches Geschlecht geht, wird dies aus dem Kontext deutlich oder dezidiert darauf hingewiesen.

2 Wenngleich ein Vergleich zwischen schulischer und universitärer Nachhilfe interessant wäre, aber einer eigenen Untersuchung bedürfte.

Exklusion bzw. Inklusion solcher Bereiche in das oder aus dem Untersuchungsfeld erfolgt, ist ohne Frage eine *Setzung* und einer Fokussierung geschuldet, vor allem vor dem Hintergrund, dass Nachhilfeinstitute das Feld der allgemeinen beruflichen Weiterbildung zunehmend ebenfalls als Markt in den Blick nehmen. Auch wenn diese Bereiche daher hier empirisch nur bedingt in den Blick geraten, spielen diese Punkte – Nachhilfe, Tutorien und Weiterbildung nach der schulischen Ausbildung – als Hintergrundfolie für diskursive Anschlüsse an die Ökonomisierung der Bildung (z.B. Pechar 2016), der Wissensgesellschaft (z.B. Kempter/Meusburger 2006, Müller/Stravoravdis 2007), der Enhancementdebatte (z.B. Runkel 2010) oder der Fortschritts- und Beschleunigungsgesellschaft (vgl. z.B. Rosa 2005, Bidlo 2009) eine wichtige Rolle.

Wenn im weiteren Verlauf Nachhilfeinstitute in verschiedenen Zusammenhängen als Organisationen und Institutionen beschrieben und bezeichnet werden, dann impliziert dies keinen Widerspruch. Denn als Organisation umfassen Nachhilfeinstitute Mitglieder, Lehrende, Kunden und verschiedene weitere Akteure, die einer festen, organisationsspezifischen Zielsetzung folgen. Als Institution verstanden sind sie gesellschaftliche Einrichtungen, die der Vermittlung von theoretischem und praktischem Wissen dienen, und die zudem gewisse Verhaltensmuster, Erwartungen, Erwartungserwartungen und Handlungspraktiken darstellen. Sie sind ein fester Bestandteil des Bildungssystems, wenngleich aufgrund ihrer in der Regel privatwirtschaftlichen Organisation im Gegensatz zum staatlich geregelten Schulsystem mit erweiterten (z.B. ökonomischen) Interessen.

Kommen wir zurück zum Untersuchungsgegenstand dann trennt diese Untersuchung dergestalt das Feld der Nachhilfe in organisierte, institutsspezifische und wirtschaftsorientierte Formen und entsprechende Akteure sowie jene, die in einem privaten Rahmen Nachhilfe anbieten (z.B. Schüler, Studenten, Lehrer usw.). Aber auch Elterninitiativen, Angebote von kirchlichen Trägern oder Vereinen, die in erster Linie keine wirtschaftlichen Interessen verfolgen, zählen zu den Letztgenannten. Gleichwohl gibt es eine Reihe von Hybriden wie selbstständige Nachhilfelehrer, die in Eigenregie Kunden rekrutieren und z.B. nicht mit eigenen Lernräumen, Sekretariat usw. ausgestattet sind. Über das Internet gibt es mittlerweile Vermittlungsplattformen, die ausschließlich zwischen Kunden und Anbietern (meist jene freien Nachhilfelehrer) vermitteln. Dazu kommen digitale Lernplattformen, die online Nachhilfe betreiben. Auch hier gibt es Mischformen, die von rein text- und materialgebundener (z.B. Aufgabenblätter, Übungsklausuren usw., meist als PDF) Präsenz über Lernvideos bis hin zu digital-umittelbarer Anwesenheit via Skype reichen, das der klassischen anwesenheitsbezogenen Form der Nachhilfe noch am nächsten kommt. Die Vorteile liegen hier in einer zeitlichen und räumlichen Unabhängigkeit und den meist günstigeren Preisen. Hinzu kommt die größere Unsichtbarkeit des Handelns. Auch wenn die Akzeptanz von Nachhilfe heute größer ist als noch vor einigen Jahren, bleibt ein Maß an Defizitzuschreibungen bzw. unterstellter Zuschreibung eines Defizits erhalten. Online-Angebote umgehen solche Prozesse, da der Nutzer den unmittelbaren sozialen Raum nicht betritt, sondern nur digital beim und für den Anbieter sichtbar ist.

Die Sichtbarkeit von Nachhilfe in der bildungswissenschaftlichen und -soziologischen Forschung ist in den letzten Jahren größer geworden, kann aber immer noch als eher gering und auch methodisch wenig differenziert angesehen werden. Eine zusammentragende Studie des BBF kommt im Jahre 2008 zu dem Schluss: „Insgesamt ist zu konstatieren, dass die Informationslage über den Nachhilfemarkt insbesondere auf der Anbieterseite sehr begrenzt ist" (BBF 2008: 8-9). Die ebenfalls kumulativ orientierte Untersuchung von Mayr aus dem Jahre 2010 „(Kommerzielle) Nachhilfe – kritisch beleuchtet. Was wir heute wirklich über Nachhilfe wissen" ist hier ebenfalls kaum erhellend, da sie über eine reine Beschreibung von bis dahin vorzufindender Studien nicht hinausgeht (vgl. hier auch Goerge 2011: 269 ff.). Entrich (2012) kommt in einer kurzen zusammentragenden Einführung zu dem Schluss: „Ein bedeutsamer Bereich ist in der deutschen Forschungslandschaft bisher weitestgehend ausgeblendet worden: die privatwirtschaftlich-ergänzende Schulbildung" (Entrich 2012: 10). Interessant in diesem Zusammenhang ist, dass Nachhilfe als Phänomen bereits eine lange Tradition hat und – je nach Herleitung – mit der fortschreitenden Industrialisierung im 19. Jahrhundert und der Einrichtung der Halbtagsschule in Deutschland Ende des 19. Jahrhunderts zu konstatieren ist (vgl. Rudolph 2002: 23).

Die in Institute bzw. in eine Organisation gefasste Nachhilfe, und damit der Gegenstand dieser Untersuchung, lässt sich über zwei auch heute noch zentrale Anbieter – die Schülerhilfe und der Studienkreis – für das gemeinsame Gründerjahr 1974 festschreiben. Eine von der Hans Böckler Stiftung (2016) ausgewiesenen Studie zur Nachhilfe hebt nun ebenfalls in erster Linie auf ökonomische Aspekte ab. Im Rahmen der Datenerhebung wird sich auf Daten von 2012 und 2013, die die Forschergruppe der Studie (Universität Duisburg-Essen) erhoben hat, bezogen. Abgehoben wird hier im Wesentlichen auf – gleichwohl wichtige – Privatisierungsaspekte oder Fragen nach sozialer Ungleichheit, die durch kommerzielle Nachhilfe ggf. verstärkt werden. Ein dezidierter Blick auf Nachhilfeinstitute als Akteure des Bildungswesens wird meist nur am Rande getätigt. Genannt wird hier der wichtige Punkt der zunehmenden TÜV-Zertifizierung von Nachhilfe (vgl. Birkelbach/Dobischat/Dobischat 2016: 154), die als plakativer Qualitätsausweis zunehmend an Bedeutung gewinnt, gleichwohl aber nicht überbetont werden darf, da besondere kleine Nachhilfeinstitute über klassische Mund-zu-Mund-Propaganda und Empfehlungen zu ihren Kunden kommen. Insgesamt weist auch diese Studie aus, dass es „nach wie vor an theoretisch fundierten empirischen Studien, die die Zusammenhänge von sozialen Strukturen und individuellen Kalkülen und Interessen der Akteure auf dem Nachhilfemarkt berücksichtigen" (Ebd. S. 161) fehle. Um binnenspezifische Aspekte besser in den Blick nehmen zu können, so muss hier ergänzt werden, müssen vor allem auch qualitative Studien zum Untersuchungskanon hinzugefügt werden, ansonsten verweilt der Nachhilfemarkt weiterhin im Schatten der Forschung und wird dort über eine rein ökonomische Kontextualisierung nicht hinauskommen. So folgt auch die Bertelsmann-Studie von 2016 zur Nachhilfe (Klemm/Hollenbach-Biele 2016) eher einer Rezipientenperspektive (z.B. Nutzung, Wirksamkeit, Elternsicht) und vollzieht eine aktuelle Kartographierung des Feldes, ohne jedoch z.B. über die Anbieterseite Verstehensansätze zur Nachhilfe und zu Nachhilfeangeboten anzubieten. Den hier genannten Studien soll keinesfalls eine Bedeutung abgesprochen werden. Gleichwohl ist auffallend, dass sich ein Narrativ des „Kommerziellen" in Bezug zur Nachhilfe etabliert hat und dieser Aspekt, der gleichwohl wichtig ist, kaum mehr Raum für weitere Perspektiven auf Nachhilfe und Nachhilfeinstitute zulässt, die dann im Rekurs auch weiteres über das Bildungswesen, die Schulen und gesellschaftliche Anforderungen an Schüler anzeigen könnten. So wird mal auf die Disparität des Feldes hin-

gewiesen, dann aber wiederum die Funktion von Nachhilfe allein auf Wissensvermittlung reduziert. Fragen nach schulischen Beratungsleistungen durch Nachhilfeinstitute, doing education, Entlastungsfunktionen für Familie, der *Evaluation* von Schule durch Nachhilfe usw., derer man nachgehen könnte, werden als mögliche Pfade nicht gesehen. Letztlich zeigt sich daran im Kern der traditionelle Konflikt zwischen Schule und Nachhilfe auf der einen Seite sowie die klassische Zuschreibung von Nachhilfe als einem *Nach*-Helfen und mithin einem Defizitansatz auf der anderen Seite. Die sich daraus ergebende doppelte *Kränkung* – die Kränkung der Schule, weil sie (zu) viele Nachhilfeschüler hervorbringe und die Kränkung der Nachhilfe, die maximal eine ökonomisch ausgerichtete Reparaturinstanz, nicht aber eine selbstschöpferische Einrichtung sei – schreibt sich dann auch in entsprechende empirische Untersuchungen ein.
Der Titel dieser Untersuchung „Bildung im Schatten?“ verweist nun auf den im englischsprachigen Forschungsbereich etablierten Ausdruck *Shadow Education.* Im internationalen Sprachgebrauch werden außerschulische private Lernangebote als „Shadow Education“ bezeichnet:

> „Diese Bezeichnung entspringt mehreren Überlegungen: Erstens existiert Nachhilfeunterricht lediglich im ‚Schatten‘ des regulären Schulsystems, ist also von dessen Existenz abhängig. Zum Zweiten wird im Nachhilfeunterricht das reguläre Schulsystem in gewisser Hinsicht imitiert. Drittens schließlich wird dem ‚Shadow Education System‘ in Bildungspolitik und empirischer Bildungsforschung bislang viel weniger Aufmerksamkeit geschenkt als dem regulären Schulsystem“ (Dogmen/Erbes/Fuchs/Günzel 2008: 95).

Nachhilfe im Allgemeinen lässt sich insofern mit der Metapher des Schattens belegen, als nicht nur die private, nicht als Gewerbe angemeldete Nachhilfe als Graubereich, der wissenschaftlich nur schwer zugänglich ist, bezeichnet werden kann, sondern auch die Nachhilfeinstitute, obgleich als Institute und Institutionen sichtbar, wissenschaftlich kaum erforscht sind. Und auch die Forschungen, die es im Rahmen bildungswissenschaftlicher Untersuchungen zur Nachhilfe gibt, fragen mehr nach der Wirkung bzw. den Kosten von Nachhilfe oder aus einer Eltern-Schüler-Schule Perspektive.

Die Anbieter von Nachhilfe, hier die Nachhilfeinstitute als eigenständige Akteure, kommen selbst kaum in den Blick. In der bereits erwähnten zusammentragenden und die bisherigen Untersuchungen bewertenden Studie „Was wissen wir über Nachhilfe" (BBF 2008) nimmt die Darstellung der Anbieterseite 18 Seiten ein. Hier werden einige wenige interessante Aspekte konstatiert, zu denen es allerdings noch keine weiterführenden Studien gibt (z.B. Kooperationen mit Schulen, Verlagen oder anderen Akteuren im Bildungssektor). Ein weiteres Indiz für die Unterbelichtung des Nachhilfesektors für die Bildungsforschung zeigt sich im „Handbuch Bildungsforschung" (Tippelt/Schmidt 2010). In dem mit über 1050 Seiten stattlichen Herausgeberband findet sich nur in einem Beitrag (Jugend und Bildung) ein Absatz zum Thema Nachhilfe (zwei weitere kurze Erwägungen in einer Auflistung an anderer Stelle können hier getrost unterschlagen werden).
Fragen, die nun durch die vorliegende Studie untersucht wurden, grenzen sich – auch aufgrund einer wissenssoziologischen Fokussierung und qualitativen Herangehensweise – hiervon ab:

- Welche Sichtweise haben die Nachhilfeinstitute auf den Bildungssektor?
- Wie beteiligen sie sich aktiv oder passiv an Entwicklungen im Bildungssektor?
- Wie und wo verorten sie sich selbst in diesem Feld?
- Mit wem kooperieren sie (z.B. Schulen, Verlage)?
- Wie werben sie um Nachhilfelehrer?
- Welche Sichtweise haben die entsprechenden Akteure der Nachhilfeinstitute auf das, was sie selbst tun, was ist dergestalt ihr Selbstverständnis?

Was also ist der sinnhafte Aufbau der Welt der Nachhilfeinstitute? Diese und daran anknüpfende Fragen sollen über eine hermeneutisch-wissenssoziologische Rekonstruktion von Interviews mit Nachhilfeinstitutsleitern beantwortet werden. Solche Fragen rekonstruieren dergestalt eine Binnenperspektive von Nachhilfeinstituten, ohne gleichwohl bei dieser stehenzubleiben. Gesellschaftliche Hintergrund- und Anknüpfungsfolien dieser Untersuchung sind zweifellos die bereits erwähnten Diskussionen um die Ausbildung einer Wissensgesellschaft, die Diskurse zum lebenslangen Lernen, den sog. „Pisa-Schock", ausgelöst durch die erste Pisa-Studie 2000 und anschließende Veröffentlichung der Ergebnisse 2001 (vgl. z.B. Klieme/Leutner/-Wirth 2005), die Änderung hin zum 8-jährigen Gymnasium (G8) und zwischenzeitlich wieder zurück, den Bologna-Prozesses oder die Diskussion um die zunehmende Akademisierung (vgl. z.B. Nida-Rümelin 2014) sowie nicht zuletzt auch die daran anzuknüpfende Frage nach sozialer Ungleichheit. Aber auch die Veränderungsprozesse, die sich durch die digitalen Medien ergeben haben und die z.B. gekennzeichnet sind durch einen veränderten Zugriff (z.B. Open Access) auf oder veränderter Produktionsweisen von Wissen (z.B. Open Source) verweisen auf ein Umfeld und eine gesellschaftliche Atmosphäre, in der (Schul-)Bildung als eine Wissensfiguration und daran angelehnte Schullaufbahnen einen zentralen Stellenwert für die Lebensbiographie haben. Hieran anschließend wäre zu fragen, ob Nachhilfeinstitute mit Verweis auf solche Entwicklungen ihre eigene Arbeit erklären und entsprechend verorten. Parallel dazu entwickeln und etablieren sich gegenwärtig zunehmend digitale Formen von Nachhilfe, die über unterschiedlich konfigurierte und ausgerichtete Lernplattformen ihre Dienste anbieten. Die Formen dieser Nachhilfe reichen von reiner digitaler Nachhilfe über Lernspiele, -videos und -material, über Chat- und Videonachhilfe mit einem Nachhilfelehrer oder hybride Formen, die Nachhilfe vor Ort und digitale Nachhilfe verbinden. Angesprochen ist hier nutzer- wie anbieterseitig der Prozess der Mediatisierung. Die Mediatisierung der Nachhilfe nimmt in dieser Untersuchung einen wichtigen Raum ein, da an ihr – und in der möglichen Kontrastierung zu analogen Nachhilfeinstituten – eine Reihe von Veränderungsprozessen in Bezug zur Nachhilfe deutlich werden, die sich nicht ausschließlich dadurch ergeben, dass das digitale Medium zur Nachhilfe dazu tritt. Vielmehr werden dort unterschiedliche gesellschaftliche Perspektiven auf Bildung, Wissen und Lernen verhandelt, die z.B. über die Art und Form der Kommunikation, Geschlechtlichkeit bis hin zum Sicherheitsaspekt reichen.

Darüber hinaus ist eine – zwar zweifelsfrei tangierende – nicht dezidiert bildungssoziologisch ausgerichtete, sondern eine wissenssoziologische Untersuchung des Themas „Nachhilfeinstitute" bisher noch nicht zu finden. Der Unterschied zwischen einer wissens- und einer bildungssoziologischen Perspektivierung ist nicht marginal und soll in Kapitel 3 nachgezeichnet werden, um die Konturen der Untersuchung zu schärfen. Dabei wird aber auch zu zeigen sein, dass die Trennung der Untersuchungsgegenstände nur traditioneller Art ist, die Wissenssoziologie *bildungsvergessen* und die Bildungssoziologie *wissensvergessen* ist. Dergestalt will diese Arbeit gerade kein *Keiltreiber* für die genannte Trennung zwischen Bildungs- und Wissenssoziologie sein, sondern ganz im Gegenteil beide näher zueinanderstellen, ohne beide soziologischen Bereiche mit ihrer je eigenen Forschungstradition in eins zu schieben. Gleichwohl hat die vorliegende Untersuchung trotz des zentralen Begriffes der *Bildung* methodisch und methodologisch eine hermeneutisch-wissenssoziologische Ausrichtung.

Ein klassisches Verständnis von Bildung versteht darunter mehr als nur eine funktionale, ausbildungs- und berufsfördernde Vermittlung spezifischer Wissensinhalte. Bildung wird vielmehr „als anthropologische Grundtatsache gefasst – ein unumgänglicher Lebens- und Überlebensmechanismus in der bildenden Auseinandersetzung des Einzelnen mit der ihn umgebenden symbolischen und materiellen Welt" (Klein/Dungs 2010: 12). Bildung meint in seiner weiten Fassung dann die „Formung und Gestaltung – und zwar nicht nur von personalem Handlungswissen, sondern auch von Handlungsweisen und Wertvorstellungen, von sozialen Beziehungen und von kulturellen Praktiken sowie Organisationsprinzipien von Gemeinwesen" (Grundmann 2011: 71). Und eine solche Perspektivierung „des individuellen Wachstums durch Wissenserwerb verleiht Bildung eine zentrale gesellschaftliche Bedeutung als Schlüsselqualifikation, die den Zugang zu gesellschaftlichen Ressourcen und Positionen ermöglicht. Bildung befähigt also Individuen, sich gesellschaftlich und politisch im Horizont ihres Wissens zu positionieren" (Grundmann 2011: 71). Nichtsdestotrotz verändert sich der Bildungsbegriff, muss als ein prozessualer verstanden werden, da er immer vor und von gesellschaftlichen und politischen Weltbildern konturiert ist.

Eine jüngere Konnotationsverschiebung sieht Lederer (vgl. Lederer 2014) in der Bewegung von Bildung in Richtung Kompetenz. Hintergrund dieser Entwicklung sind tiefgreifende gesellschaftliche „Ökonomisierungs- und Inwertsetzungsprozesse [, die den Bildungsbegriff] zunehmend auf seine instrumentelle Bedeutung im Sinne einer Zuliefererfunktion für wissensintensive und hochflexible Arbeitsmärkte des globalisierten Marktes reduziert. Der Bildungsbegriff droht so sukzessive seiner aufklärerischen und humanistischen Bedeutungsgehalte verlustig zu gehen“ (Lederer 2014: 21). Ersetzt wird er zunehmend durch den Begriff der „Kompetenz“, der sich in einer auf Messbarkeit und damit (internationalen) Vergleichbarkeit empirisch orientierten Bildungsforschung mittlerweile fest verankert hat. „Die Kompetenzorientierung hat dem Bildungsdiskurs inzwischen seinen angestammten Rang abgelaufen“ (Klein/Dungs 2010: 12).

Auch wenn in der Soziologie allgemein sich daran anschließend eine zunehmende Auseinandersetzung mit dem Kompetenzbegriff (vgl. Kunz/Pfadenhauer 2010) findet, lässt sich für die Differenz einer wissenssoziologischen im Gegensatz zu einer bildungssoziologischen Perspektive auf das hier untersuchte Feld der Nachhilfeinstitute zunächst festhalten, dass die Bildungssoziologie auf Bildung und Bildungsprozesse fokussiert und sich in einem anderen diskursiven Umfeld bewegt, das stärker psychologisch, erziehungs- und bildungswissenschaftlich geprägt ist. Darüber hinaus spielt der ungleiche Zugang zu Bildung und die ungleiche Verteilung von Bildung eine gewichtige Rolle bei der Analyse des gesellschaftlichen Bildungssystems (vgl. z.B. Becker 2011).

Nachhilfe kann in diesem Zusammenhang allgemein verstanden werden als „private Ergänzung bzw. Unterstützung originär schulischer Aufgaben bzw. Anforderungen, d.h. insbesondere der Vermittlung fächer- spezifischen Wissens, der Prüfungsvorbereitung und der Methoden zur Verbesserung der schulischen Leistung“ (vgl. Dohmen et al. 2008: 20), wobei sie in institutioneller Form, um die es im Weiteren gehen soll, als „kommerzielle Ergänzung bzw. Unterstützung originär schulischer Aufgaben bzw. Anforderungen verstanden und von rein privater Nachhilfe, z.B. durch Freunde und Verwandte abgegrenzt“ (ebd.: 8) werden kann.

Dass sich nun dieses Vorhaben aus einer wissenssoziologischen Perspektive dem Untersuchungsfeld Nachhilfeinstitute zuwendet, bedarf eigentlich keiner disziplinären Begründung, zumindest wenn man Berger/Luckmanns Ausgangsthese der Wissenssoziologie zugrunde legt: „Die Wissenssoziologie muß sich mit allem beschäftigen, was in der Gesellschaft als ‚Wissen‘ gilt“ (Berger/Luckmann 1971: 16; Herv. i. Orig.). Und eine solche Wissenssoziologie will sich weniger dem theoretischen Wissen, den *Ideen* zuwenden, sondern zuvorderst dem Allerweltswissen, dem Wissen Jedermanns. Eine wissenssoziologische Sichtweise hebt nun besonders die Sozialität von

Wissen hervor (vgl. z.B. Knoblauch 2010: 18). Damit steht nicht „mehr das zuvor am Individuum festgemachte solitäre ‚Erkennen' [...] im Mittelpunkt eines Verständnisses von Wissen, sondern das soziale Wissen" (Knoblauch 2013a: 9). Wissen wird damit zu einem sozialen Verhältnis, das objektiviert und institutionalisiert werden kann. Die soziale Konstruktion und Gestaltbarkeit von Wissen meint allerdings nicht die „willkürliche Gestaltbarkeit durch einzelne Handelnde; sie folgt vielmehr den Gesetzen der sozialen Institutionalisierung, die erst den Eindruck der ‚Objektivität' des Wissens erzeugen (und zur Not auch legitimieren)" (Knoblauch 2013a: 11). Gleichwohl, und das zeigen bereits die bisherigen kurzen Ausführungen, gibt es zwischen wissens- und bildungssoziologischen Perspektiven immer auch Überschneidungen und ist eine strikte Trennschärfe nicht immer möglich, aber auch kategorisch nicht nötig. Die Nachhilfe steht insbesondere dann im Spannungsfeld von Bildungserfordernissen, wenn sie in besonderem Maße schwächere Leistungen von Schülern ausgleichen soll. Hieraus erwachsen und zementieren sich zum einen in ökonomischer Hinsicht soziale Ungleichheiten, da Kinder von wohlhabenden Eltern leichter die Möglichkeit zur qualifizierten Nachhilfe haben. Zum anderen impliziert ein umfangreiches Nachhilfeangebot – allein durch den unterstellten ökonomischen Grundsatz, dass die Nachfrage das Angebot bestimmt –, dass allein die schulische Vermittlung und damit die staatlichen Säulen des Bildungssystems allenfalls eine bildungsbezogene Grundversorgung gewährleisten, die durch flankierende Maßnahmen (z.B. Nachhilfe) gestützt werden müssen. Private Nachhilfeinstitute sind aus dieser Perspektive ein Stachel im Korpus des staatlichen Bildungssystems. Oder als Frage formuliert: „Entspricht die Entwicklung des öffentlichen Schulwesens damit nicht mehr dem gesetzlich festgelegten Erziehungs- und Bildungsauftrag und ist die Entstehung der kommerziellen Nachhilfeinstitute folglich eine manifeste Fundamentalkritik an der staatlichen Schule?" (Rudolph 2002: 14)

Die Fokussierung auf Nachhilfeinstitute erfolgt auch vor dem Hintergrund von Institutionalisierungsprozessen, die von der Wissenssoziologie in den Blick genommen werden (vgl. Berger/Luckmann 1971: 49 ff.). Unter Institutionalisierung lässt sich in einem weiten Sinne nach Berger/Luckmann die Sedimentierung sozialer Handlungen und Prozesse verstehen: „Institutionalisierung findet statt, sobald habitualisierte Handlungen durch Typen von

Handelnden reziprok typisiert werden. Jede Typisierung, die auf diese Weise vorgenommen wird, ist eine Institution" (Berger/Luckmann 1971: 58). Und ihr Vorhandensein allein birgt eine Kontrolle des menschlichen Verhaltens, indem eine spezifische Verhaltensweise aufgestellt und angeboten und damit eine Wirklichkeit hervorgebracht wird, „die dem Menschen als äußeres, zwingendes Faktum gegenübersteht" (Berger/Luckmann 1971: 62). In dieser weiten Fassung ist gleichwohl auch die freie Nachhilfe Teil des allgemeinen Regelsystems Nachhilfe. Denn es sind nicht allein die Institute, die Nachhilfe anbieten. Letztgenannte allerdings treten am Markt als Institutionen, d.h. als feste gesellschaftliche Einrichtung auf, und zeigen entsprechend typische Eigenschaften, wie z.B. einen festen Standort (oder mehrere), Büro- und Sprechstundenzeiten, Explikation der Arbeitsweisen, Lernkonzepte usw.

Nachhilfeinstitute wirken nun in diesem Zusammenhang für den Bildungssektor in doppelter Hinsicht systemstabilisierend. Sie können dauerhaft nur bestehen, wenn sie jene Formen und Inhalte des Wissens vermitteln, die schul- und ergebnisrelevant sind und dort nachweislich zu einer Verbesserung führen. Hierin steckt ohne Zweifel bereits eine Vorannahme, die es zu explizieren gilt, da sie auf den historischen Grund von Nachhilfe verweist. Die Aussage, dass Nachhilfe im Allgemeinen und Nachhilfeinstitute im Besonderen dauerhaft nur ökonomisch existieren können, wenn sie erfolgreich dasjenige Wissen vermitteln, das in der Schule Anwendung findet, verweist darauf, dass Nachhilfe unmittelbar an Schule gekoppelt ist. Beispielsweise wäre auch eine gesellschaftliche Konfiguration vorstellbar, in der trotz guter Noten in der Schule Nachhilfe für eine über die Schule hinausgehende Bildung vorhanden ist.[3] Bereits der Begriff der Nachhilfe verweist auf den relationalen Charakter der Nachhilfe. Sie steht nicht für sich selbst, sondern hilft etwas anderem nach. Dasjenige, was oder demjenigen, dem in etwas nachgeholfen werden muss (hier dem Schulwissen), bildet den relationalen, aber auch beschränkenden Bezugspunkt.

Nachhilfeinstitute bieten daher in der Regel kein konkurrierendes oder alternatives Wissen an, das die gültigen und abgefragten Wissensbestände der Schule konterkariert. Im Gegenteil können sie – wenn man das Prinzip der

[3] Und dies ist, wenn auch an dieser Stelle zunächst im Konjunktiv formuliert, eine Frage an die heutige Form der Nachhilfe. International ist das *tutoring* schon länger auch für SchülerInnen mit besseren Noten gedacht.

Nachfrage und des Angebotes postuliert – nur bestehen, wenn es ihnen gelingt, sich nahe oder deckungsgleich am schulrelevanten Wissen zu orientieren. Nachhilfeinstitute wollen dergestalt, so kann man zunächst annehmen, nicht weiterbilden oder haben nicht den Anspruch, geltende Wissensformationen zu überschreiten und zu überschreiben. Wenn ihr vermitteltes Wissen zu einer signifikanten Notenverbesserung führt, haben Sie Bestand, gelingt ihnen das nicht, werden sie nicht mehr nachgefragt. Signifikant meint hier: Ein Schüler oder eine Schülerin, die eine nicht ausreichende Note in einem Fach hat und Nachhilfe nimmt, hat in der Regel das Ziel mit der Nachhilfe diese Note in eine mindestens Ausreichende zu verändern. Sofern der Ausgangspunkt eine ausreichende oder bessere Note ist, zielt die Nachhilfe meist auf eine mindestens konsolidierende, also nicht schlechter werdende Note oder sich um eine Note verbesserndes Verhältnis. Dieser Umstand – so banal er zunächst klingen mag – steckt zugleich die Möglichkeit der Nachhilfeinstitute zur Rekrutierung neuer Kundinnen und Kunden ab. Denn nicht mehr nur zielen sie auf die schlechten Schüler, die sich verbessern müssen, um nicht sitzenzubleiben, sondern auch auf jene Schüler, die sich von einer durchschnittlichen auf eine gute oder von einer guten zu einer sehr guten Note bzw. Bewertung hin entwickeln wollen. Aus dieser Sichtweise kann letztlich jeder Schüler und jede Schülerin ein Kandidat für Nachhilfe sein, die ihre Kundinnen und Kunden damit zugleich ein Stück weit von einer Stigmatisierung löst. Im Gegenteil kann Nachhilfe hier auch ein Nachweis besonderen Engagements und Leistungsbereitschaft sein. Der zweite, daraus resultierende Aspekt, warum Nachhilfe systemstabilisierend ist, liegt genau in dem Umstand, dass sie funktioniert und damit Veränderungsdruck – zumindest, was die Orientierung an Noten angeht – aus dem Bildungssektor herausnimmt. Beschaut man vor dem Hintergrund des Funktionierens der Nachhilfe die ökonomischen Dimensionen, findet sich gleichwohl die systemerschütternde Komponente der ökonomischen Ungleichheit. Wohlhabendere haben es dann leichter ihren Kindern entsprechende Nachhilfe anzubieten, weniger situierte Menschen können sich diese ggf. kaum leisten. Solcherart wären Nachhilfeinstitute nicht nur systemstabilisierend und produzieren zumindest zum Teil eine gewisse Ungleichheit, wenn die regelschulischen Leistungen immer weniger zum Standard reichen, sondern nur mittels entsprechender Unterstützung erreicht werden können. Aus dieser bisherigen inhaltlichen Skizze lassen sich die Fragestellung und Zielsetzung der Arbeit wie folgt fokussieren.

1.2 Fragestellung und Zielsetzung der Untersuchung

Es lassen sich zwei Anliegen der vorliegenden Arbeit formulieren, aus denen sich die Zielsetzung der Arbeit ergibt. In theoretischer Hinsicht soll über das Forschungsfeld *Nachhilfeinstitute* nachgezeichnet werden, dass es sinnvoll und gewinnbringend ist Bildungs- und Wissenssoziologie enger aufeinander zu beziehen. Stehen die Themenfelder Wissen und Bildung oberflächlich betrachtet nahe beieinander, so zeigt ein Blick auf die Entwicklung der Wissens- und der Bildungssoziologie, dass sie zwar an einigen Stellen auf ähnliche oder gleiche Theoretiker zurückgreifen (z.B. Foucault, Nietzsche, Bourdieu, Durkheim oder Scheler), aber das gleichwohl kein belastbares Indiz für eine weitergehende Überschneidung beider vorhanden ist. Beide haben vielmehr sehr unterschiedliche Entwicklungsgeschichten und Ausgangspunkte und suchen auch sonst keine bzw. nur wenige Bezugnahmen. Es wird daher nicht darum gehen, Wissens- und Bildungssoziologie in eins zu schieben. Aber es soll aufgezeigt werden, dass eine (strikte) Trennung zwischen beiden Teilsoziologien, so wie man sie derzeit vorfindet, nicht sinnvoll ist.[4]

Das zweite Anliegen, und dieses erklärt dann den empirischen Ansatz der vorliegenden Untersuchung, will im Anschluss an die theoretische Diskussion empirisch nachführen, dass eine wissenssoziologische Untersuchung eines Teils des Bildungssektors nicht nur für die Wissens-, sondern eben auch für die Bildungssoziologie gewinnbringend sein kann.[5] Und hier bieten sich *Nachhilfeinstitute* in besonderer Weise als Untersuchungsgegenstand an, da sie als ein Akteur im Bildungssektor vielfältige Anschlussaspekte ermöglichen. Während sie zu Schulen, Lehrern, Schülern und Eltern in Beziehung stehen, mit stadt- und kommunalpolitischen Akteuren verhandeln, müssen

[4] Anekdotenhaft sei an dieser Stelle und in diesem Zusammenhang darauf verwiesen, dass in allen wissenssoziologischen Kreisen, Kolloquien oder Workshops, in der der Autor die Arbeit vorgestellt hat, hier stets mit Verwunderung nachgefragt wurde, wie man den als Wissenssoziologe zum Thema „Nachhilfe" käme.

[5] Das wiederum meint nicht, dass nicht auch der umgekehrte Weg möglich, also eine bildungssoziologische Untersuchung gewinnbringend für das wissenssoziologische Denken wäre. Das jedoch wäre eine andere Untersuchung.

sie zugleich auch als ökonomischer Akteur verstanden werden, der am Markt bestehen und sich weiter professionalisieren muss. So stehen Nachhilfeinstitute in Bildungs- (z.B. G8/G9, Akademisierung, Pisaschock), in ökonomischen (z.B. Franchising, aber auch soziale Ungleichheit) und in Mediatisierungsdiskursen (z.B. digitale Lernplattformen, Computer als Lernpartner), die man idealtypisch trennen kann, in der Praxis jedoch in wechselseitiger Beziehung stehen. Bisher gibt es eine dreifache Leerstelle, die die vorliegende Untersuchung schließen möchte. So ist eine fundierte qualitative Untersuchung von Nachhilfe bzw. Nachhilfeinstituten weder in der Bildungs- oder Wissenssoziologie noch in den Bildungswissenschaften zu finden. Daher finden sich bisher noch kaum Erkenntnisse über Nachhilfeinstitute, die sich aus der Rekonstruktion einer Binnenperspektive der Nachhilfeinstitute bzw. der Nachhilfeinstitutsleiter dem Untersuchungsfeld nähern und überdies von einer solchen feldbezogenen Positionierung dann Perspektiven auf Schule, Nachhilfe oder Bildung im Allgemeinen entwerfen. In diesem Zusammenhang ist die Mediatisierung der Nachhilfe und die damit angesprochenen digitalen Angebote nachhilfeinstitutsäquivalenten Lernplattformen bisher noch gar nicht untersucht worden. So gibt es zwar Untersuchungen, die Nutzungszahlen festhalten sowie die verbundenen monetären Aufwendungen. Eine qualitative Untersuchung, die z.B. Selbstzuschreibungsprozesse sichtbar macht, das Verständnis von Lernen und Bildung solcher Plattformen expliziert oder allgemein die Verarbeitung bildungsspezifischer Diskurse, finden sich nicht. Vielmehr werden solche Lernplattformen und die durch sie selbst erzeugten und distribuierten Statistiken von Bildungsstudien rezipiert und als Forschungsliteratur ausgewiesen.[6] Damit treten solche Lernplattformen als Unternehmen nicht nur als Bildungsanbieter auf, sondern bewegen sich zugleich im Feld der Bildungsforschungsakteure bzw. werden durch Bildungsforschende selbst zu Akteuren (und nicht nur zu einem Untersuchungsgegenstand) der Bildungsforschung gemacht; nämlich durch die Datenauswertung und das darin liegende Potential zur Erstellung von Nutzungs- und Anwendungsstatistiken. Die Verzahnung von Bildungsforschern und Lernplattformen zeigt sich auch in

[6] Dies zeigt sich beispielsweise in der Bertelsmann-Studie aus dem Jahr 2016, die eine von der Lernplattform scoyo durchgeführte Elternbefragung als „Studie" ausweist und ihr eigenes Argument (Nachhilfe wird genutzt um gute Schüler besser zu machen) damit stützt (vgl. Klemm/Hollenbach-Biele 2016, S. 14).

dem Rekurs solcher Plattformen auf die Forschung mit dem Hinweis auf universitäre Zusammenarbeiten z.B. in didaktischer Hinsicht.[7]
Vor diesem Hintergrund entwirft sich die forschungsleitende Perspektive und Frage, wie sich über die Rekonstruktion der Perspektive von Nachhilfeinstituten und vergleichbaren digitalen Lernplattformen die *Nachhilfe* im Bildungssystem verorten lässt, welchen Stellenwert sie einnimmt, in welchen gesellschaftlichen Diskursen sie sich befinden und welche Diskurse sie selbst *wie* reproduzieren. Der Titel dieser Untersuchung *Bildung im Schatten?* weist als Frage darauf hin, dass die räumliche wie diskursive Verortung und damit einhergehende (Un-)Sichtbarkeit von Nachhilfeinstituten sich möglicherweise in einem Wandel befindet und sie zu einem zunehmend bedeutungsvolleren Akteur im Bildungssystem werden.

1.3 Vorgehen und Ablauf der Arbeit

Aus dem bisher Gesagten lässt sich nunmehr das weitere Vorgehen der Untersuchung ableiten. Die Arbeit ist in einen theoretischen und einen empirischen Teil unterteilt. Der Theorieteil beginnt nach der Einleitung mit einer Explikation des theorieleitenden Hintergrundes. Dabei zielt dieser Abschnitt auf eine erste methodologische Justierung der Untersuchung zwischen hermeneutischer Wissenssoziologie und kommunikativem Konstruktivismus, der im Besonderen die Hinwendung zu den kommunikativen *Entwürfen* des Untersuchungsfeldes betont und eine empirische Weiterführung der gesellschaftlichen Konstruktion der Wirklichkeit darstellt (vgl. Keller/Knoblauch/Reichertz 2013a). Da es sich bei dem kommunikativen Konstruktivismus in der Breite und in der Ausformulierung um ein noch eher jüngeres Paradigma handelt, das zudem u.a. aus der hermeneutischen Wissenssoziologie hervorgegangen ist – nicht aber darin aufgeht –, dient dieses Kapitel zugleich der methodologischen Schärfung und Begründung für den späteren empirischen Teil. Darüber hinaus werden zwischen den analytischen und auf Bildung fokussierenden Teilen der Arbeit immer wie-

[7] Z.B. die Studie zur Lernzuwachsmessung von scoyo der Universität Duisburg-Essen, vgl. Kerres 2009 und umgekehrt der Hinweis von scoyo: „Um beste Lernqualität zu gewährleisten, wurde die Art und Weise, wie Inhalte vermittelt werden, mit renommierten E-Learning-Experten von der Universität Duisburg-Essen entwickelt. Das Curriculum haben Bildungsexperten und Fachdidaktiker der Universität Lüneburg aufgebaut" (https://www-de.scoyo.com/schule/einsatz, 15.11.2019).

der auch einzelne methodische Reflexionen vorgenommen, um eine Transparenz der methodischen Vorgehensweise zu gewährleisten. Kapitel 2 dient zudem auch dazu, die Analysen der kommunikativen Artefakte (Bilder, Videos usw.) im empirischen Teil zu legitimieren und theoretisch auszuweisen. Kapitel 3 verfolgt dann dem Ziel, mögliche Gemeinsamkeiten und Verbindungen von Bildungs- und Wissenssoziologie aufzuzeigen. Zugleich fungiert das Kapitel im Zusammenhang mit Kapitel 4 als weitere Projektierung und Verortung des Untersuchungsgegenstandes *Nachhilfeinstitute* im Bildungssektor. Neben einer kurzen historischen Darstellung der Nachhilfe im Allgemeinen und der Nachhilfeinstitute im Besonderen sollen daran anschließend diskursive Anknüpfungspunkte markiert werden, die zugleich als Hintergrundfolie für die Frage nach dem *Sein* und der *Bedeutung* von Nachhilfeinstituten dienen. In diesem Zusammenhang soll zudem die bisherige Trennung – so jedenfalls stellt es sich implizit in der Literatur dar – von Bildungs- und Wissenssoziologie genauer beleuchtet und kritisch befragt werden. Die vorliegende Untersuchung setzt sich, wie mehrfach erwähnt, in erster Linie wissenssoziologisch mit Nachhilfeinstituten auseinander, gleichwohl – und das soll ebenfalls gezeigt werden – schließt das eine bildungssoziologische Relevanz nicht aus, sondern ein.

Der zweite, empirische Teil der Untersuchung (Kapitel 5) expliziert zunächst das methodische Vorgehen, die Besonderheiten des Feldes, des Feldzugangs und stellt kurz die Bewegung im Feld und die Resonanz des Feldes vor. Dabei wird zugleich auf methodische Besonderheiten einer hermeneutisch-wissenssoziologischen Analysemethode und der zuvor durchgeführten Datengewinnung mittels leitfadengestützter Interviews sowie dem Zustandekommen des Samplings abgehoben. Diese Explikation dient bereits der inhaltlichen Rahmung, sagt zum Beispiel der Feldzugang selbst schon viel über das Feld und den Forscher aus (vgl. Poferl/Reichertz 2015). Und gerade weil in der Bildungswissenschaft und empirischen Bildungsforschung die quantitative Forschung noch oft als Standardvorgehen verstanden wird (vgl. Gräsel 2015: 16) und das Thema dieser qualitativen Untersuchung trotz seines wissenssoziologischen Ursprungs auch bildungswissenschaftlich zu verorten ist, erscheint eine solche Explikation, neben aller sonstigen Notwendigkeiten, wichtig. Nach einer kurzen deskriptiven Vorstellung folgt die hermeneutisch-wissenssoziologische Analyse des Interviewmaterials. Dabei werden nicht nur subjektive Sinnstrukturen rekonstruiert, sondern auch zentrale kulturelle Sinnfiguren markiert und expliziert. Hier werden u.a. das Verhältnis von Nachhilfe zur Schule, die Ratgeber- und Nothilfefunktion von Nachhilfe bzw. Nachhilfeinstitute sowie das räumliche in Erscheinungtreten bzw. die räumliche (Selbst-)Verortung von Nachhilfeinstituten verdeutlicht. In diesem Zusammenhang wird anschließend (Kapitel 6) auf die Mediatisierung der Nachhilfe eingegangen. Dieser Punkt erhält insofern eine besondere Beachtung, da es sich hier nicht nur um einen relevanten Aspekt unter anderen handelt, sondern an ihm eine Reihe wichtiger Einzelpunkte kondensieren: bildungsbezogen die Frage danach, ob und wie sich Bildung praktisch vermittelt, wenn sie sich in verschiedenen Modulationen digital vollzieht und welcher Bildungsbegriff sich dadurch möglicherweise abzeichnet; forschungsbezogen stellt sich überdies die Frage, ob und wie sich Untersuchungsfelder, Erhebungen von Daten und Feldforschung verändern, wenn sie sich digital zu Schau stellen und auch – mal mehr mal weniger – ihre (analogen) Praktiken ins Digitale übertragen. Werden hier transparente Räume erzeugt oder eher diaphane oder sogar opake Bereiche, die den Blick scheinbar zulassen, aber ihn bei genauer Betrachtung eher umlenken?

Für die Mediatisierung der Nachhilfe sollen exemplarisch drei Nachhilfe- bzw. Lernportale, die sich selbst als nachhilfewirkend verstehen, analysiert werden. Neuland betritt die Untersuchung damit insofern, als bisher die digitalen Nachhilfeformen, ihre Selbstzuschreibungen sowie Positionierungen im Feld der Schule und der Bildung noch nicht vorgenommen bzw. durchgeführt wurden. Vor dem Hintergrund der Diskussion z.B. des digitalen Klassenzimmers, des Distance- bzw. Blended-Learnings in Schulen oder der Möglichkeiten (und Grenzen) der Bildungsvermittlung über digitale Plattformen wird heute die zunehmende Nutzung und Verankerung solcher Lernportale virulent.

Den Abschluss der Untersuchung bildet eine wissens- und bildungssoziologische Einordnung der Ergebnisse sowie ein Fazit.

2. Theorieleitender Hintergrund – Hermeneutische Wissenssoziologie und kommunikativer Konstruktivismus[8]

Das nachfolgende Kapitel dient der Einordnung grundlegender Theorieentscheidungen für die empirische Untersuchung. Dabei soll es in erster Linie um methodologische Grundüberlegungen zur hermeneutischen Wissenssoziologie und dem kommunikativen Konstruktivismus sowie um einige sich daraus ergebende methodische Konsequenzen gehen. Eine kurze Rückvergewisserung bei der klassisch zu nennenden Hermeneutik soll dem vorangestellt werden.

Unter Hermeneutik wird seit der Mitte des 17. Jahrhunderts eine geisteswissenschaftliche Methodenlehre der Auslegung von Texten oder gesprochener Rede verstanden, die das Verstehen und die Sichtbarmachung des Sinnes ermöglicht, der sich in den zu interpretierenden Artefakten *befindet* (vgl. allg. Bühler 2003). Damit wird zugleich auf eine Zweiteilung der Welt abgehoben – sozusagen eine Vorder- und eine Hinterbühne –, deren Tiefenschicht man nur durch das Auslegen z.B. des entsprechenden Artefaktes, des Handelns oder der sozialen Situation gewahr wird. Eine grundlegende Annahme ist hier, dass sich hinter der sichtbaren bzw. für alle wahrnehmbaren Welt eine weitere, eine bedeutungsträchtige Welt verbirgt. Oder anders formuliert: „Hier an der Oberfläche die diesseitige, sichtbare und unwesentliche Welt, dort im Untergrund die jenseitige, unsichtbare, wesentliche Welt" (Reichertz 2016: 15). Der Begriff *Hermeneutik* entstand in der Neuzeit und wurde zuerst von dem Straßburger Philosophen und Theologen Johann Conrad Dannhauer verwendet. Er stammt vom griechischen *hermeneuein*, was soviel meint wie *auslegen* oder *erklären*. Aus der allgemeinen Hermeneutik entwickelten sich besondere Hermeneutiken, die dem jeweiligen Textgegenstand angepasst waren. Bereits im 16. Jahrhundert konstituierte sich die Hermeneutik vor dem Hintergrund, dass nun den klassischen Texten der Antike sowie der Bibel ein geheimer Sinn unterstellt wurde, den es mittels einer entsprechenden Methode zu explizieren galt. Der göttliche Schöpfer gab in diesem Verständnis durch das Buch der Bücher einen kurzen Blick

[8] Für eine gekürzte Fassung vgl. Bidlo 2017.

auf sein Wirken. Und ein richtiges Verstehen der Bibel und ihrer Texte führt dann, so die Sichtweise, auch zu einem Verständnis von Gottes Willen, an den man sich sodann ausrichten konnte. Dergestalt begleitet das Interpretieren und Verstehen von Texten die Menschen, seitdem sie Texte produzieren, archivieren und verteilen können. Interpretieren und Verstehen bilden in diesem Sinne eine untrennbare Einheit. Die Interpretation ist der Weg, an dessen Ziel die Sinnerschließung des Textes, sein Verstehen steht. Aber das Ziel ist auch ein Teil des Weges, und damit gehen Interpretation und Verstehen bzw. Sinnerschließung Hand in Hand. Wann jedoch haben wir einen Text oder ein Bild verstanden und was lässt uns sicher sein, es verstanden zu haben? Verstehen meint hier nicht einen angenommenen unveränderbaren Fixpunkt, einen geradlinig zu erreichenden Punkt, sondern einen stufenweisen und vielgestaltigen Prozess des Verstehens. Und auch die Inhalte des Verstehens sind vieldeutig, zumindest vielschichtig. So gibt es nicht – und das wird unten nochmals deutlicher hervorgehoben – die eine gültige Interpretation, die einzig richtige Art des Verstehens eines Textes, sondern eine Vielzahl von Möglichkeiten, die nur durch die Fragestellung, die man an den zu interpretierenden Gegenstand heranträgt, reduziert wird. Ihre Validität zieht ein Interpretationsergebnis dergestalt aus seiner Nachvollziehbarkeit der Interpretationsschritte und der Zielsetzung der Interpretation. Während z.B. bei der Interpretation eines Erpresserbriefes ein relativ klar umgrenztes Ziel formuliert und später abgeglichen werden kann, z.B. die möglichst weitreichende Demaskierung des Täters (Profilerstellung) und die Ernsthaftigkeit seines Unterfangens, mag dies bei einem literarischen Text nicht so leicht sein. Auch wenn man als feste Zielsetzung die Erschließung des *Sinns* des Textes ausgibt, heißt das nicht, dass man den *einen*, alles einschließenden Sinn auch identifizierbar herausarbeiten kann. Vielmehr wird man unterschiedliche Sinndimensionen des Textes antreffen, die alle eine gewisse Geltung ausweisen können. Die Reichweite der Geltung hängt derweil auch von der Nachvollziehbarkeit der Interpretation und dem soziokulturellen Hintergrund ab, vor dem sich die Interpretation abspielt. Beim Erpresserbrief gibt es die künstliche Setzung eines Zieles, den Erpresser zu demaskieren. Ist dies geschehen und der Täter verurteilt, kann dies als Endergebnis festgestellt und die Interpretation als erfolgreich ausgewiesen werden. Bei einem literarischen oder auch alltagsweltlichen Text gelingt dies ohne Weiteres nicht. Aber auch wenn man sich einem Text erstmalig zuwendet, seinen Wörtern, Sätzen, darüber seinem Inhalt, dann entwirft sich das Verstehen nicht aus dem Nichts, vielmehr tragen wir ein gewisses Vorverständnis an den Text heran – unsere Voreinschätzungen, Sichtweisen und Meinungen von dem besprochenen Gegenstand, aber auch von der sozialen Welt und dem Dasein allgemein –, die es uns erst ermöglichen, die in einem Text enthaltenen Inhalte an das eigene Wissen und Verstehen *anzudocken*. Das Verstehen entwirft sich ausgehend vom Vorverständnis des Interpreten in den Text hinein und zugleich aus ihm heraus. Im Sinne eines Zirkels oder besser einer Spirale tragen wir unser Vorverständnis an einen Text heran. Dieses verdichtet sich zu einem Verständnis höherer Ebene, das wiederum an den Text angelegt werden kann. Damit nähern sich die beiden Verstehenshorizonte – der des Textes bzw. Produzenten des Textes und der des Rezipienten – nach und nach an und ermöglichen erst eine Form des Verständnisses.

Während sich nun die klassische Hermeneutik in erster Linie mit Texten auseinandergesetzt hat, werden im Rahmen sozialwissenschaftlicher Hermeneutiken nahezu alle kulturellen Artefakte (z.B. Bilder, Filme, Videos, Möbel, Internetseiten usw.) auch hermeneutisch analysiert. Eine wissenssoziologisch-hermeneutische Analyse erschließt nicht nur den Sinn eines Artefaktes, sondern führt zugleich von ihm weg, indem sie ein Netz aus Verweisungsstrukturen identifiziert, die auf etwas anderes verweisen. Hier – aber nicht nur hier – zeigt sich die Verschwisterung von Hermeneutik und Semiotik, die beide auf Zeichen rekurrieren und ihre Bedeutung bestimmen bzw. beschreiben wollen. Angesprochen ist hier zugleich das Verhältnis vom Teil zum Ganzen und vom Ganzen zum Teil, aus dem heraus die Aussagekraft (sozialwissenschaftlich-)hermeneutischer Analysen auch nicht allein auf den analysierten Einzelfall begrenzt wird. Dies kann sich aus dem Strukturzusammenhang des Lebens ergeben, wie auch der Typisierungsleistung des Subjekts. Gadamer betont in diesem Zusammenhang:

> „Wie der Zusammenhang eines Textes ist der Strukturzusammenhang des Lebens durch ein Verhältnis von Ganzem und Teilen bestimmt. Jeder Teil drückt etwas vom Ganzen des Lebens aus, hat also eine Bedeutung für das Ganze, wie seine eigene Bedeutung von die-

> sem Ganzen her bestimmt ist. Es ist das alte hermeneutische Prinzip der Textinterpretation, das deshalb auch für den Lebenszusammenhang gilt, weil in ihm in gleicher Weise die Einheit einer Bedeutung vorausgesetzt wird, die in allen seinen Teilen zum Ausdruck kommt" (Gadamer 1965: 275).

Das Ziel der hermeneutischen Wissenssoziologie ist nun, „die gesellschaftliche Bedeutung von sozialen Handlungen, Interaktionen und Interaktionsprodukten in Form von Typenbildungen rekonstruktiv zu verstehen" (Kurt/Herbrik 2014: 473). Sie erfordert in der praktischen Ausübung das Einnehmen einer Haltung, die durch die Bereitschaft gekennzeichnet ist, sich durch die eigenen Daten und erzeugten Deutungen irritieren zu lassen (vgl. Bidlo 2011b, Kurt/Herbrik 2014: 473), um so die „Entdeckung des Neuen" (Schröer/Bidlo 2011) zu ermöglichen. Das Rekonstruieren und Verstehen subjektiven Sinns sind derweil trotz eines Maßes an Unabschließbarkeit dieses Prozesses möglich, da wir in einer intersubjektiv geteilten Lebenswelt (vgl. Schütz/Luckmann 1994) leben und über die Generalthesis des Alter ego ein Maß an Fremdverstehen möglich ist. Die Grundannahme, dass Alter ego wie ego sei, „wird in einer Reihe von Akten vollzogen, die die Intersubjektivität auszeichnen: Die Reziprozität der Perspektiven, die Austauschbarkeit der Standpunkte und die Reziprozität der Motive" (Knoblauch 2017: 31).

Wir greifen vor dem Hintergrund einer Sprach- und Interaktionsgemeinschaft auf (bereits vorhandene) Symbol- und Zeichensysteme zurück und entwerfen uns zugleich intersubjektiv nachvollziehbar durch diese. „Es weist daher jede Sinngebung dieser Welt durch mich zurück auf die Sinngebung, die diese Welt durch die in deinem Erleben erfährt, und so konstituiert sich dann als intersubjektives Phänomen" (Schütz 1993: 43).

Schütz betont überdies, dass man in jede konkrete Situation seinen Wissensvorrat, d.h. die Sedimentierungen vergangener Erfahrungen, mit hineinträgt. Zuvorderst sind dies das Wissen um objektive Zeichensysteme bzw. die Sprache sowie das ausgebildete allgemeine Wissen von Handlungsmustern oder Typisierungen von Menschen. „[I]ch bringe in jede konkrete Situation, in der ich einem anderen begegne, meinen Wissensvorrat, das heißt also die Sedimentierung vergangener Erfahrungen mit. Dieser

Wissensvorrat schließt natürlich auch ein Geflecht von Typisierungen von Menschen im allgemeinen, ihrer typisch-menschlichen Motivierungen, Handlungsmuster, Planhierarchien usw. ein“ (Schütz/ Luckmann 1994a: 95.). Dieser Wissensvorrat ist somit zwar subjektiv, aber zuvorderst durch soziale Interaktionen intersubjektiv grundiert, so dass wie erwähnt ein Fremdverstehen möglich ist.

2.1 Welt – Wissen – Symbol

Der Ausgangspunkt hermeneutisch-wissenssoziologischer Untersuchungen ist zunächst die Trivialität des Gegebenen. Sie beginnt in der Regel nicht mit einem „großen Knall“ oder einer Überraschung. Vielmehr setzt sie mit der Rekonstruktion des Vorhandenen ein, in deren Verlauf sie dann über die Auslegung vom Gewöhnlichen zum Ungewöhnlichen kommt. Das Ungewöhnliche ist dann das hinter dem Trivialen Liegende. Und hier können dann auch Überraschungen „lauern“ oder zumindest Bedenkenswertes, welches ebenfalls die „Entdeckung des Neuen“ (Schröer/Bidlo 2011) sein kann. Ist die Rekonstruktion oder *Entdeckung* nachvollziehbar und einsichtig, erhält auch sie über die Zeit den „Hauch“ des Trivialen. Der Anspruch und Nutzen einer hermeneutisch-wissenssoziologischen Untersuchung liegt dann darin, „die Menschen auf die vom Alltagsverstand gemeinhin nicht thematisierten Umstände, Zusammenhänge und Regeln aufmerksam zu machen, in deren Rahmen sie ihr Leben vollziehen“ (Hitzler/Reichertz/-Schröer 1999b, S. 11).

Vor dem Hintergrund einer komplexen Gesellschaft mit verschränkten Akteuren und ihren mitunter unterschiedlichen professionellen Wissensbeständen, Motiven und Intentionen, dem in Institutionen geronnenen Handlungs- und Problemlösungswissen wird dann die sozialwissenschaftliche Virulenz einer solchen Herangehensweise sichtbar. Am Beispiel von Nachhilfeinstituten werden die angesprochene Verkettung und die diskursive Verschränkung deutlich. Nachhilfe im Allgemeinen und Nachhilfeinstitute im Besonderen sind eingefasst in ein Schul- und Bildungssystem, das wiederum in einer historischen Dimensionierung mit gesellschaftlichen Zuschreibungen versehen ist, die in Form gesellschaftlicher Deutungs- und Orientierungsmuster bereitgestellt werden. Anhand der (Ent-)Äußerungen der Akteure lassen sich dann die entsprechenden Orientierungsmuster, „das gesellschaftliche[.] Typenrepertoire[.]“ (Hitzler/Reichertz/Schröer 1999b, S. 12) rekonstruieren. Dabei vollzieht sich das Handeln der Akteure auch reaktiv auf der Basis vorgegebener Handlungsstrukturen. Denn Akteure erfinden nicht fortwährend neue Handlungs- und Deutungsweisen. Komplexe Gesellschaften funktionieren gerade deshalb, weil Handlungen, Motive und Intentionen erwartbar sind und nicht fortwährend neu ausgehandelt werden müssen.[9] Sie (die Strukturen) und wir sind – mit einer kurzen Analogie zum Theater – eher Spieler einer Commedia dell'arte, die aus einem gewissen Handlungsrepertoire auswählen können. Der Commedia dell'arte, dem italienischen Stehgreiftheater, liegt kein geschriebenes Stück zugrunde. Das Handeln folgt vordergründig der unmittelbaren Situation, im Augenblick des Spielens. Ihre Improvisation war und ist allerdings nicht voraussetzungsfrei, denn es gibt kurze Handlungs- und Verlaufsskizzen, die einen gliedernden Effekt haben und dem Spiel hinterlegt sind. Die Improvisation besteht darin, aus diesem Fundus eine geeignete Handlung oder Reaktion zu erzeugen und ins Spiel zu bringen. So verbleibt ein kreativer Funke in jeder Spielsituation, der zu Überraschungen für Zuschauer und Darsteller führen kann. Die Schauspieler bilden einen Fundus von Routinephrasen und -handlungen aus, die in jeder Situation angebracht werden können, um so etwaige Handlungsabbrüche im improvisierten Spiel zu überbrücken und sich eine Replik zu überlegen. Die freie Stellungnahme ist hier also der *Funke*, der den Handlungsprozess in Gang hält und über reine Iteration hinausgeht. In der hermeneutisch-wissenssoziologischen Perspektive – um hier wiederum die Kehre zu ihr zu nehmen –, wird diese *Stellungnahme* als Dreh- und Angelpunkt ausgewiesen:

> „Angelpunkt einer sozialwissenschaftlichen Theorie des Verstehens sozialer Handlungen ist also die ‚freie‘ Stellungnahme des oder der Handelnden zu (den) gesellschaftlich bereitgestellten Orientierungsmustern. Mit ihrer je ‚eigenwilligen‘ Stellungnahme leisten Akteure demzufolge (zumindest) zweierlei: Sie legen das gesellschaftlich vorausgelegte Wissen entsprechend den eigenen Dispositionen aus, und

9 Was hier angesprochen ist, ist die erkenntnistheoretische Reichweite von Strukturen und ihre Veränderbarkeit. Während eine objektive oder strukturelle Hermeneutik Ulrich Oevermanns eine Veränderbarkeit ausschließt, lässt eine wissenssoziologische konturierte Hermeneutik hier sehr wohl Varianz zu (vgl. z.B. Reichertz 1986).

sie entwerfen auf dieser Basis Handlungsziele und Handlungsabläufe. [...] Vorgabe und Stellungnahme liegen oft so eng beieinander, daß der je individuelle Auslegungsprozeß gar nicht weiter auffällt" (Hitzler/Reichertz/Schröer 1999b, S. 12).

Dennoch fungiert die individuelle Auslegung jener gesellschaftlich bereitgestellten Orientierungsmuster in beide Richtungen. Sie trägt zu ihrem Erhalt wie auch zu ihrer Erneuerung bei. Dabei wird die gesellschaftliche Wirklichkeit durch die wechselseitig aufeinander bezogenen Handlungen von Akteuren, die wiederum gesellschaftlich grundiert sind und sich aus einem Fundus sich einander verkettender Orientierungsmuster bedienen und ihrer Aneignung und Ausdeutung, hervorgebracht.
Eine hermeneutische Wissenssoziologie folgt nun im Anschluss an Max Weber sowohl dem verstehenden Zugang der Soziologie wie auch dem Verständnis als Wirklichkeitswissenschaft. In diesem Zusammenhang muss auf die Zeichengebundenheit menschlicher Wahrnehmung und menschlichen Handelns verwiesen werden, über die sich eine sinnhafte Intersubjektivität aufbaut und „gesellschaftliche[.] Konstruktionen in ‚symbolischen Formen'" (Soeffner 1999, S. 39) gefasst werden können. Es kann als Konsens in den Sozialwissenschaften gelten, dass der Mensch über symbolische Sinnsysteme und Formen seine Beziehung zur Welt aufbaut (vgl. auch Keller 2008, S. 21) und geltende Wissensordnungen über diese aufgebaut und zugleich vermittelt werden. Die symbolischen Formen verweisen hier auf die Gedanken Cassirers, der schon früh die Bedeutung solcher symbolischer Formen für die Kultur- und Sozialwissenschaft thematisierte, und entspringen seinem Konzept des animal symbolicum, dem Menschen als symbolverwendetem Tier. Das, was den Menschen wirklich auszeichne, sei „sein Wirken" (Cassirer 1996, S. 110), und damit meint Cassirer sein Tun und die sich daraus ergebenen Systematisierungen, die er als symbolische Formgebung ausweist. Nach Cassirer baut sich die Welt sowie das Ich durch symbolische Formen auf, die die Bezüge zur Welt ermöglichen, zugleich aber auch präfigurieren. Solche symbolischen Formen sind z.B. Wissenschaft, Kunst, Religion oder Sprache. Diese können je nach Kultur unterschiedlich ausgeprägt, gewichtet oder aufeinander bezogen sein. Entscheidend für Cassirer ist, dass es keinen Zugriff auf die Welt gibt, der nicht bereits durch symbolische Formen – z.B.

die Sprache – geformt ist; und nicht nur durch die Kategorien von Raum und Zeit, wie Kant meinte.

Das Wesen des Menschen, seine anthropologische Bestimmung lässt sich dergestalt allein durch Kultur – also kulturanthropologisch – erklären. Letztlich ist die Formgebung – die Symbolisierung – die eigentliche Fähigkeit, die den Menschen als solchen ausweist: „Die einfachste und praegnanteste Definition, die eine philosophisch-gerichtete ‚Anthropologie' für den Menschen zu geben vermöchte, wäre daher vielleicht die Bestimmung, daß er der ‚Form fähig' ist. [...] Seine charakteristische Stellung zur Welt wie seine Stellung zu den Gegenständen ist hierin beschlossen" (Cassirer 1995, S. 44). Die Formfähigkeit berührt hier einen entscheidenden Punkt. Denn diese rührt in erster Linie nicht aus der Wahrnehmung, d.h. der Mensch ist „beim Aufbau seiner Welt nicht von der Beschaffenheit des Materials abhängig [...], das ihm seine Sinne liefern" (Cassirer 1996, S. 63). Die dahinterliegende Form (z.B. in Form von Grammatik, d.h. Pragmatik, Semantik und Syntax), also dasjenige, in das die Wahrnehmung eingebettet wird, ist vielmehr das bestimmende Moment. Damit spielt die Wahrnehmung selbstredend eine wichtige Rolle im Rahmen der Formgebung, die zugleich auch Sinngebung ist. Genau genommen sind sie eng verwoben und spielen sich wechselseitig zu, da bereits das Wahrnehmen ein Akt der Gestaltung ist, aus der heraus wiederum Symbol- und Sinnformen gebildet bzw. bestätigt werden. Wenn man sie als wechselseitigen Prozess auffasst, kann die Frage danach, was genau zuerst da war – Wahrnehmung oder Formgebung – nicht beantwortet werden. Cassirer bringt diesen Prozess in dem Begriff der „symbolischen Prägnanz" der Wahrnehmung, der die Basis seiner Symbolphilosophie bildet, zum Ausdruck und wertet damit den Aspekt der Aisthesis im Vergleich zu Kant und seiner Kategorienlehre – der Strukturierung der Wahrnehmung durch die nicht an Erfahrung gebundenen Kategorien Raum und Zeit – wesentlich auf. Bei Cassirer verweben sich prägnante Wahrnehmungen und sinnliche Zeichen, Eindrücke werden geordnet, und der Mensch kann sich ihnen formgebunden und vergegenständlicht zuwenden (vgl. auch Lauschke 2007, S. 133).

Bereits Cassirer sieht daher die Notwendigkeit der gesellschaftlichen Analyse über die intersubjektiv hervorgebrachten symbolischen Formen, Organisationen und Ordnungen, z.B. die großen Formen Sprache, Religion, Mythos oder Kunst. Während Cassirer den Menschen daher eingelassen in ein Symbolnetz sieht, schließt die Wissenssoziologie daran an, indem sie dieses Symbolnetz oder den Kodifizierungsschleier (vgl. Flusser 2003a) als wesentlich bzw. konstitutiv für die Erkennbarkeit einer sich intersubjektiv aufbauenden und geteilten Wirklichkeit ansieht. Mehr noch ist dieses Symbolnetz, sind die Symbolformationen selbst Erzeugnisse und Verfestigungen kommunikativer Vorgänge. Damit sind alle Deutungen immer schon grundiert bzw. stehen „im Zusammenhang eines Auslegungsparadigmas" (Luckmann 1999, S. 22). (Kommunikative) Handlungen modellieren sich dergestalt „nach den jeweils vorhandenen gesellschaftlichen Bedeutungsbeständen" (Luckmann 1999, S. 28), ihre (hermeneutische) Rekonstruktion zielt dergestalt auf die bereits angezeigte *Vorgabe und Stellungnahme*, d.h. den gesellschaftlichen Bedeutungsbestand und seine individuelle Auslegung. Hier mündet die hermeneutische Wissenssoziologie in dem „neuen wissenssoziologischen Ansatz" des kommunikativen Konstruktivismus (vgl. Keller/Knoblauch/Reichertz 2013a, programmatisch auch Knoblauch 1995), der eine Präzisierung und Erweiterung der „gesellschaftlichen Konstruktion der Wirklichkeit" Berger und Luckmanns ist und „eine Verbindung der empirischen Kommunikationsforschung mit der soziologischen Theorie" (Knoblauch 2013a, S. 25) herstellt.

2.2 Kommunikation als *neuralgischer* Punkt der Wissenssoziologie

Im Bereich der empirisch arbeitenden und forschenden Wissenssoziologie, die vermehrt hermeneutisch, ethnomethodologisch, ethnographisch, interaktionsanalytisch oder diskursanalytisch verfuhr und theoretisch durch die Phänomenologie, den amerikanischen Pragmatismus und den französischen Poststrukturalismus grundiert wurde (vgl. Keller/Knoblauch/Reichertz 2013b, S. 11), verschob sich der Fokus in der empirischen Umsetzung der gesellschaftlichen Konstruktion „zunehmend auf Prozesse der Kommunikation" (ebd.), durch die Aushandlungs- und Herstellungsprozesse sozialer Wirklichkeit hervorgebracht werden. Diese Perspektive bzw. Akzentverschiebung bietet zudem neue oder vor diesem Hintergrund weniger rezipierte Lesarten in dem Zusammenhang klassischer sozialwissenschaftlicher Texte. Eine solche sozialwissenschaftliche Sichtweise auf Kommunikation mit der Fokussierung auf die fragile Struktur zwischenmenschlicher Wechselwirkung sowie Konzeption der sozialen Konstitution menschlichen Verhaltens, der Identität und von Gemeinschaft und Gesellschaft findet sich in unterschiedlicher Pointierung bereits bei Georg Simmel, George Herbert Mead, Alfred Schütz oder Martin Buber. Der kommunikative Konstruktivismus verwirft solche Ansätze gerade nicht, sondern sieht – wie erwähnt angeregt durch empirische Forschungen – eine Akzentverschiebung zur Auszeichnung und Etablierung der alltäglichen Welt durch Kommunikation (vgl. hierzu auch Bidlo 2019b: 193). Damit sattelt der kommunikative Konstruktivismus auf solche wegbereitenden Arbeiten auf, pointiert aber nun die beobachtbare Seite des sozialen Handelns, d.h., „dass soziales Handeln erst dadurch für andere beobachtbar und erfahrbar – also zur Wirklichkeit – wird, dass es auf die ein oder andere Weise kommuniziert und das heißt [...] auch objektiviert wird“ (Knoblauch 2013a, S. 27). Der relationale Gehalt von Perspektiven wie von Simmel, Buber, Mead, Elias, Schütz, die meist nur mittelbar an ihren *Wirkungen* beobachtbare Dimensionen des „Zwischen“ (Buber), die sich aus „Wir-Beziehungen“ (Schütz), „Wechselwirkungen“ (Simmel) oder über „Figurationen“ (Elias) etablieren, sind dem empirisch ausgerichteten kommunikativen Konstruktivismus damit hinterlegt. Wenn er dergestalt auf die wahrnehm- und beobachtbaren Seiten abhebt, auf Objektivationen und Externalisierungen, dann sieht er in ihnen gleichwohl einen Verweis auf diese genannten sozialen Beziehungen und Beziehungsformen, ihre unterschiedlichen Reichweiten und Wirkweisen. Dergestalt lassen sich Objektivationen als *missing link* zwischen sozialem und kommunikativem Konstruktivismus fassen. „Objectivation is the missing analytical link which allows one to turn social action into communicative action. Since the notion of objectivation encompasses many aspects of action, elaborated below, it serves as a theoretical bridge from social to communicative constructivism“ (Knoblauch 2013c: 302).

Objektivationen sind Manifestationen von Bedeutungen und Bedeutungssystemen und in diesem Sinne auch Referenz für das Kommunikationssystem selbst. Und auch technische Artefakte, mit deren Hilfe man kommuniziert, sind selbstredend nicht nur Medium, sondern selbst Teil des Bedeutungssystems, das es zu interpretieren gilt. Zugleich ist es der Körper selbst, der als Resonanzboden und als *Princeps* der Kommunikation gilt. „In summary, mediatization is a general feature of communicative action. It involves

meaningful bodies and objects in action. The body figures as the crucial reference point for mediatization“ (Knoblauch 2013c: 309).
Überdies findet Kommunikation *in* Situationen statt (vgl. auch Reichertz 2013: 52), die heute sowohl durch und über technische Medien (Stichwort: Mediatisierungsprozesse) als auch durch die ko-leiblichen face-to-face-Situation geprägt sind. Letztgenannte stellt die paradigmatische Form der sozialen Kommunikation dar. Auch Berger und Luckmann heben diesen Umstand hervor: „Die fundamentale Erfahrung des Anderen ist die von Angesicht zu Angesicht. Die Vis-á-vis-Situation ist der Prototyp aller gesellschaftlichen Interaktion. Jede andere Interaktionsform ist von ihr abgeleitet. Als Vis-á-vis habe ich den Anderen in lebendiger Gegenwart, an der er und ich teilhaben, vor mir“ (Berger/Luckmann 1971: 31). Aus dieser Sicht ist kommunikatives Handeln in einen komplexen sozialen, alltäglichen Kontext eingebettet, findet unmittelbar in Situationen statt und gilt als charakteristisch für den Menschen, den Aufbau von Identität sowie menschlicher Gemeinschaft.

> „Dahinter steht die Einsicht, daß es für eine Kommunikationstheorie kaum etwas Sinnloseres gibt als ein situationsloses Kommunikationsmodell oder die wissenschaftliche Konstruktion einer ›idealen Sprechsituation‹. Beiden fehlt, was für die Kommunikation essentiell ist: die Einbettung der Kommunikation in konkrete Situationen und die praktische Konkretion kommunikativen Handelns“ (Soeffner/-Luckmann 1999: 176).

Kommunikation ist damit symbolvermitteltes Handeln von konkreten Menschen für konkrete Menschen in *konkreten* Situationen, der Mensch bewegt sich in „kommunikativen Lebenswelten“ (Knoblauch 1995: 9).
Einer nach diesen Ausführungen grundierten Untersuchung geht es daher nicht um Wahrheit, die in einer solchen Konzeption so nicht vorkommt, da der Wahrheitsbegriff eine andere Aufladung besitzt. Wahrheit wird hier als Gültigkeit bzw. Validität verstanden. Wissenssoziologisch-hermeneutische Interpretationen – um hier einen methodischen Seitenblick zu nehmen – beanspruchen keine Wahrheit, sondern eine Gültigkeit, die sich aus der transparenten und nachvollziehbaren Art und Weise der Methodenanwen-

dung auf die Daten ergeben. Am Ende, als Interpretationsergebnis, steht dann eine Narration, eine Lesart, die aus dem Netz sinnenhafter Hypothesen und in sich verschränkter Sinnrekonstruktionen vor dem Hintergrund einer Sprach- und Interaktionsgemeinschaft besteht. Die Gültigkeit einer Interpretation ist hier nicht mit der Viabilität eines z.B. radikal-konstruktivistischen Ansatzes zu verwechseln oder damit zu vergleichen, da die Viabilität aus der rein monadischen Perspektive informell geschlossener und nur energetisch offener Systeme entspringt, hingegen die Validität schlussendlich nur vor dem Hintergrund der jeweiligen Sprach- und Interaktionsgemeinschaft nachvollziehbar wird.

Mit der Akzentuierung von Validität wird daher auf einen Wahrheitsbegriff angespielt, wie man ihn z.B. bei Habermas (vgl. Habermas 1995a), in Grundzügen auch bei Mead (vgl. Mead 1987) oder Buber[10] findet. Habermas hat innerhalb der Ebene des kommunikativen Handelns, das in den Rahmen der sozialen Lebenswelt eingefasst ist, seine Konsensustheorie der Wahrheit eingebettet. Sein Wahrheitsbegriff verweist daher auf einen lebensweltlichen Vollzug (vgl. auch Pauly 1989: 211). Habermas rekurriert bei seiner Konsensustheorie der Wahrheit auf Vorstellungen von Peirce, der ebenfalls die Intersubjektivität als den entscheidenden Aspekt für den Wahrheitsbegriff ansieht (vgl. Peirce 1967), und zwar die intersubjektiv hervorgebrachte Überzeugung einer Forschungsgemeinschaft, die diese in einem letztlich unbeschränkten Forschungsprozess ausbildet. Das intersubjektiv hervorgebrachte *Agreement* einer *Scientific Community* versteht Peirce in erster Linie durch eine naturwissenschaftliche Forschergemeinschaft hervorgebracht. Eine solche Grundorientierung an die Methodologie der Naturwissenschaften lässt Peirce den Wahrheitsbegriff nur auf ihre Methoden eingrenzen, die zudem ein anwachsendes Wissen und damit die Sichtweise einer letzten Realität, einer beendenden Erkenntnis beibehält. Habermas kritisiert Peirce besonders aufgrund dieser Vorstellung einer letzten Realität, einer die Geschichte beendenden Erkenntnis. Denn schlussendlich verweist sie auf eine universale Fassung des Wirklichkeitsverständnisses, da Erkenntnis auf objektive und unveränderliche Universalien hinausläuft. In Habermas' konsensorientierter Wahrheitstheorie bildet die Hintergrundfolie der

---

10 Buber selbst hat zwar nicht dezidiert an einer Wahrheitstheorie gearbeitet, doch finden sich in seinen Arbeiten viele Hinweise und Ausführungen im Kontext einer Sichtweise auf Wahrheit. Vgl. hierzu Bidlo 2006.

Wahrheitsfrage – im Gegensatz zu einer nur an Erfolg orientierten instrumentellen Vorgehensweise – das kommunikative Handeln mit seiner „bereits die Alltagssprache prägenden Ausrichtung auf Verständigung“ (Pauly 1989: 150). Damit bindet der Handlungsbezug die Wahrheitstheorie an eine konkrete geschichtliche und gesellschaftliche Praxis, an konkrete soziale Situationen, ohne derweil gänzlich darin aufzugehen, da Wahrheit sich zwar zwischen den Gesprächspartnern verwirklichen kann, dafür jedoch als Bezugspunkt die der Situation hinterlegte Sprach- und Interaktionsgemeinschaft benötigt wird. Wahrheit ist damit kein allein subjektives Erzeugnis, sondern ein intersubjektives und kommunikatives Elaborat. Zur Einlösung eines zurückgewiesenen Wahrheitsanspruchs verlassen die Interaktionspartner die Ebene des kommunikativen Handelns und die dort vorgegebenen unthematisierten Geltungsansprüche. Der intersubjektive und argumentative Diskurs tritt an die Stelle der sprachvermittelten Handlung. Die Herstellung von Konsens findet für Habermas im herrschaftsfreien Diskurs statt (vgl. Habermas 1995a-c), in dem der Zwang zur Gültigkeit des besseren Arguments waltet. Als wahr wird jene Aussage verstanden, die sich unter den Bedingungen des herrschaftsfreien Diskurses herausbildet. Hinsichtlich der Frage nach der Identität von Wahrheit und Konsens ist darauf hinzuweisen, dass Wahrheit normalerweise Aussagen, Sätzen oder Theorien, also sprachlichen Gebilden zugewiesen wird. Für eine Sprache ist aber eine Gemeinschaft von Sprechern konstitutiv. Und da letztlich die Welt und die Wirklichkeit durch Sprache respektive Symbolsysteme konstituiert werden, muss auch die Wahrheit auf den Konsens einer Kommunikationsgemeinschaft bezogen sein (vgl. auch Scheit 1987: 23).

Wahrheit ist hier kein Sachverhalt oder Zustand mehr, sondern drückt sich durch die Bewertung von Verhältnissen aus. Einen solchen nicht-substantialistischen Wahrheitsbegriff findet man beispielsweise bei William James. Innerhalb seines radikalen Empirismus fragt James' pragmatische Methode danach, welchen Unterschied es macht, ob eine Idee oder Theorie wahr oder falsch sei (vgl. James 1907). Denn das Ergebnis muss sich im praktischen Vollzug bestimmen lassen. Wahrheit ist dann kein statisches Verhältnis mehr, wie es sich innerhalb einer Korrespondenztheorie darlegt, sondern ein Prozess. Die Dichotomie wahr/falsch wird aufgeweicht, denn der Wahrheitswert einer Theorie oder einer Aussage kann sich mit der Zeit verändern. Aber auch James kennt den idealen Fluchtpunkt, das absolut Wahre, das durch keine weitere Erfahrung mehr verändert wird. Dort laufen alle Wahrheiten zusammen. Dieser ideale *Fluchtpunkt* ist nach James ebenfalls nicht zu erreichen, so dass der Mensch mit den Wahrheiten auskommen muss, die er heute zur Verfügung hat; aber immer mit dem Wissen, dass diese Wahrheiten morgen möglicherweise falsch sein werden. Eine umfassende Wahrheit zeichnet sich demnach bei James als ein idealer, mehr oder weniger zukünftiger Konvergenzpunkt ab, in dem unsere heutigen relativen Wahrheiten durch eine umfassende Weisheit aufgehoben werden. Insofern kann man bei ihnen in dieser Hinsicht von einer Konvergenztheorie der Wahrheit sprechen (vgl. auch Diaz-Bone/Schubert 1996: 83 ff.)

Im Umkreis des pragmatischen Wahrheitsbegriffs ist ebenfalls „von vornherein die Redesituation, Sprecher und Hörer, Schreiber und Leser, für die Bestimmung von Wahrheit in Anspruch genommen" (Lorenz 1972: 114). So legt Martin Buber in seiner Dialogphilosophie größeren Wert auf die Situationsbezogenheit der Wahrheit; sie besitzt ebenso wie der Dialog ein hohes Maß an Flüchtigkeit und ist an die Situation gebunden. Wahrheit verliert in diesem Zusammenhang ihre räumliche und zeitlich-inhaltliche Beständigkeit. Sie ist als Teil einer Ich-Du-Beziehung ebenso an den Wechsel von Aktualität und Latenz gebunden (vgl. Buber 2008, Bidlo 2006).

Bei Mead führt eine pragmatische Wahrheitsperspektive zunächst zu Kant, dem entscheidenden Impulsgeber für die Entwicklung des deutschen Idealismus (vgl. Mead 1987). Mead teilt Kants Frage nach der Möglichkeit moralischer Orientierung und allgemein gültiger Erkenntnis. Kant beantwortet die Frage nach der Erkenntnis durch Apriori-Kategorien und die der moralischen Orientierung durch Postulate der praktischen Vernunft,[11] die die Voraussetzung für sittlich-moralisches Handeln sind und in der Praxis regulativ wirken. Für Mead fehlt in der Kantschen Sicht die Einbindung an die Gemeinschaftlichkeit und der Entwicklungsgedanke, da zum einen die Möglichkeit von Erkenntnis vor aller Erfahrung in den Apriori-Kategorien im Subjekt eingelassen sind und zum anderen die Fähigkeit moralischen Handelns auf einem Postulat gründet. Daher setzt Mead ihm eine Gemeinschaft kommunizierender und handelnder Menschen entgegen, in der

[11] Kant nennt drei Postulate der praktischen Vernunft: Die Existenz Gottes, die Freiheit des Willens und die Unsterblichkeit der Seele.

durch Kommunikation und Miteinander Erkenntnis hervorgebracht wird. Hier findet sich in gewisser Hinsicht die Grundlage einer pragmatischen Wahrheitstheorie, die Wahrheit bzw. Erkenntnis innerhalb einer Forschergemeinschaft angesiedelt sieht, welche durch wechselseitigen Austausch Wahrheit generiert und prozessiert. Wahrheit und Erkenntnis werden als fortwährende Entwicklung und andauernder Verständigungsprozess einer solchen Gemeinschaft verstanden. Innerhalb des deutschen Idealismus, besonders bei Fichte, Schelling und Hegel, wird nun in Anlehnung und Weiterentwicklung des Kantschen Subjekts, dieses als schöpferisch und produktiv verstanden. Hier wird das Subjekt thematisiert als Ort der Entwicklung und als Gegenstand möglichen Wissens, der Erfahrung und der Entfaltung (vgl. Joas 1980: 52). Der deutsche Idealismus bleibt letztlich dem Ausgangspunkt des einsamen Subjekts verbunden, kann dessen Konstitution allerdings nicht erklären. Mead zielt mit seinem Entwurf vom „Ich" und „Mich" als den beiden Grundaspekten der Identität bzw. des Selbst auf die Auflösung dieses Problems des deutschen Idealismus.

Binden wir die bisherigen Ausführungen zum Wahrheitsbegriff zurück an hermeneutisch wissenssoziologische und kommunikativ konstruktivistische Perspektiven, so lässt sich ihr Geltungsanspruch auf ihre Prozesshaftigkeit und ihre empirische Validität beziehen, und zugleich ist zu konstatieren, dass hier eine durch den amerikanischen Pragmatismus konturierte Ausrichtung des kommunikativen Konstruktivismus wie auch der hermeneutischen Wissenssoziologie angezeigt wird.[12]

Einem szientistischen Wissenschaftsverständnis steht hier die Beziehungs- und Dialogorientierung, deren Ziel eines auf Sinnverstehen geleiteten Erkenntnisprozesses nicht in der Objektivität ihrer Ergebnisse liegt (vgl. Schröer 2015: 398):

> „Was wir als wissenschaftliche Subjekte an Wissen erarbeiten, sichern wir nicht ab durch Objektivität, sondern durch die im fortschreitenden wissenschaftlichen Diskurs konstituierte Intersubjektivität. Die

[12] Eine andere Konturierung des kommunikativen Konstruktivismus findet sich über den Foucaultischen Bezug bei Kellers diskursiven Konstruktivismus (vgl. Keller 2013). Der Foucaultische Wahrheibtsbegriff, bei dem sich Wahrheit aus der diskursiven Regelhaftigkeit herausbildet und damit – durch die Rückbindung an die Macht – ebenso prozesshaft und damit veränderbar ist.

Intersubjektivität des Diskurses ist das eigentliche Ziel von Wissenschaft und als Kontrollinstanz für und von Wissen allemal wichtiger als die vorübergehende Objektivität der Resultate, von denen nach eingehender Überprüfung zumeist das übrigbleibt, was sie als Texte sind: die Objekthaftigkeit statt der Objektivität" (Soeffner 2004: 95f.).

Damit liegt das Ziel des Erkennens in der qualitativen Sozialforschung im Allgemeinen und der hermeneutischen Wissenssoziologie im Besonderen nicht im strengen Objektivitätsnachweis. Vielmehr soll in der scientific community der Prozess der ‚intersubjektiven Spiegelung' fortgeführt werden, „um so am methodisch kontrolliert aufgebauten Realitätswiderstand die orientierende Kraft der Intersubjektivitätskonstruktionen immer wieder neu auf die Probe zu stellen, zu reflektieren und sie einer Überarbeitung zuzuführen" (Schröer 2015: 399). Und vor diesem Hintergrund ist die Vergegenwärtigung einer triadisch strukturierten Ästhetik, verstanden als Aisthesis, von Bedeutung (vgl. Bidlo 2019a). Für den empirischen Teil dieser Untersuchung legitimieren und validieren die obigen Ausführungen die Interpretation kommunikativer Artefakte des Feldes.

2.3 Die Dreiteilung der Aisthesis[13]

Eine so konturierte Wissenssoziologie – und hierin gehen hermeneutische Wissenssoziologie und kommunikativer Konstruktivismus Hand in Hand – ist eine auf *Aisthesis* ausgerichtete Wissenssoziologie. Aisthesis wird hier im Sinne einer Theorie der Wahrnehmung verstanden. Hermeneutische Wissenssoziologie und kommunikativer Konstruktivismus folgen nun einer je eigenen, einer anders pointierten Theorie der Aisthesis. Der hermeneutischen Wissenssoziologie kann hier eine klassische Perspektive zugewiesen werden. Diese ist gekennzeichnet durch eine Betonung der Rezeption, der „reinen" Wahrnehmung bzw. der Betonung der Rezeption.
Der kommunikative Konstruktivismus hingegen folgt nicht nur dem Rezeptionsaspekt von Aisthesis, sondern fokussiert seine Perspektive noch stärker auf die kommunikative Verkettung, auf die kommunikativen Situatio-

[13] Vgl. für dieses Unterkapitel besonders Bidlo 2018 sowie 2019a, in der die triadische Struktur der Aisthesis umfangreich erarbeitet und ausgewiesen wird.

nen. Und diese beinhalten neben ihrer aisthetischen zwei weitere Seiten eine poietische und distribuierende. Die Sprache ist hier von einer Konzeption von Aisthesis, die – in Anlehnung an Jauß (vgl. Jauß 1977)[14] – drei Ebenen enthält, nämlich Produktion (Poiesis), Distribution (Katharsis) und Rezeption (Aisthesis),[15] die sich als ein relationales Gefüge verstehen lassen, „als ein Zusammenhang von selbstständigen Funktionen [...]: sie lassen sich nicht aufeinander zurückführen, können aber wechselseitig in ein Folgeverhältnis treten" (Jauß 1977, S. 63). Für den kommunikativ-konstruktivistischen Ansatz wird dieser Zusammenhang empirisch auch deshalb virulent, weil sich durch die Mediatisierung und mediatisierte Kommunikation ein Wandel der empirischen Felder und mithin der Feldforschung vollzieht (vgl. Bidlo 2016b)[16] und im Rahmen dieser Untersuchung nicht nur „analoge" Nachhilfeinstitute, sondern auch ihre digitalen Pendants (vgl. Kapitel 6) untersucht werden sollen. Der oben angezeigte Wandel, der mit der Mediatisierung einhergeht, ist u.a. dadurch gekennzeichnet, dass vermehrt digitale Artefakte produziert, distribuiert und rezipiert werden, dass viele Interaktionen selbst digital *informiert* sind. Und hierzu zählen auch *Aufzeichnungen*, die in früherer Zeit kaum erhebbar waren.[17] Aus dem relationalen Gefüge von Produktion (Poiesis), Distribution (Katharsis) und Rezeption (Aisthesis) soll daher besonders das Katharsis-Konzept von Jauß erläutert werden, da dieses im weiteren Verlauf als Distribution gefasst wird.

---

[14] Dabei geht es bei dem hier zugrunde gelegten Ansatz allein um den denotativen Charakter der Jaußschen Ausarbeitung. Konnotationen zur Geschichte und der Person Jauß sind hier nicht angesprochen und nicht Gegenstand der Verwendung. Vgl. hierzu die hilfreiche Darstellung und Analyse von Ottmar Ette „Der Fall Jauss" [sic] (2016).

[15] Vgl. ausführlich zu diesem Aspekt Bidlo 2016a und Bidlo 2019a. Um Irritationen zu vermeiden: Aisthesis wird einmal als Theorie der Wahrnehmung verstanden, in deren triadischen Struktur ein Aspekt die Rezeption ist, die ebenfalls mit *Aisthesis* bezeichnet wird. Die Rezeption kann im Duktus der kritischen Theorie auch als Konsumtion benannt werden.

[16] Zum Verhältnis des kommunikativen Konstruktivismus zur Mediatisierung vgl. besonders Knoblauch 2017. Auch wenn im weiteren Verlauf besonders auf digitale Formen der Dreiteilung der Aisthesis abgehoben wird, ist dies kein Bestimmungsgrund, sondern dem Umstand geschuldet, dass diese Konzeptionalisierung für die digitalen Medien besondere und aktuelle Relevanz besitzt. Vgl. hierzu besonders Bidlo 2016a.

[17] Dazu zählen nicht nur selbstgemachte Fotos oder Videos, die den Alltag von Menschen visualisiert festhalten, sondern vor allem auch *Daten* wie Schrittmengen und Wegaufzeichnungen über den Tag verteilt, Herzfrequenzen, Kalorienmenge, Essenszeiten, Positionierungen im geographischen Raum usw., die durch Fitnessarmbänder, Smartphones und entsprechende Apps heute automatisch oder selbst veranlasst aufgezeichnet werden.

Bei Jauß steht die Katharsis für die kommunikative Leistung bzw. Tätigkeit der ästhetischen Erfahrung (vgl. Jauß 1977: 8, 136 ff.). Die kommunikative Tätigkeit ist ihm im Rahmen der Ästhetik das vermittelnde Moment zwischen Produktion und Rezeption und weist ihr eine zentrale Stellung zu, wenngleich Jauß' Verständnis von Katharsis und ihrer kommunikative Funktion nur bedingt mit der hier vorgestellten Sichtweise der Distribution übereinstimmt.

Jauß' Betonung der kommunikativen Funktion der Katharsis ist auch in Abgrenzung zu Adorno zu verstehen, der die kommunikative Leistung negativ einfärbt (Kulturindustrie) und in ihr letztlich nur Etablierung und Konsolidierung herrschender (ökonomischer) Interessen erkennt. Adorno hebt vielmehr die Reinheit der Reflexion im Gegensatz zur sinnlichen „Erfahrung und kommunikative[n] Interaktion“ (Jauß 1977: 45) hervor. Eine solche sinnenreizende Ästhetik ist für Adorno – und darin steht er in einer Verwandtschaft mit der christlichen Ästhetik und ihrer Verdammung der Sinne und die das Fleisch reizenden Erscheinungen – eine Aushöhlung der emanzipatorischen Kraft von Kunst und Kultur.

Im Rückgriff auf das aristotelische Katharsis-Konzept und seiner Erweiterung durch „die augustinische Kritik am Selbstgenuß“ und „die zuerst von Gorgias erläuterte Leistung der Affekte für die Überzeugungskraft einer Rede“ (Jauß 1977: 137) wird für Jauß die kommunikative Leistung der ästhetischen Praxis sichtbar. Aristoteles versteht unter der ästhetischen Katharsis in seiner *Poetik* bekanntlich die Erregung und die Reinigung von Affekten mittels der Kunst. Durch das Hineinversetzen in den Helden tritt der Zuschauer aus seiner lebensweltlichen Befangenheit, bringt die Affekte Mitleid und Furcht hervor, die für eine Identifikation mit dem Helden benötigt werden. Die Identifikations- und Verhaltensmusterangebote, die dem Zuschauer im Rahmen des Katharsisprozesses von dem Darsteller bzw. Redner angeboten werden, dienen „als „kommunikative[r] Vollzugsrahmen für die durch Affekte erregte und freigesetzte Einbildungskraft“ (Jauß 1977: 141). Im Rahmen der christlichen Kunst und Literatur erwächst dann zunehmend der Blick für das vermittelnde Potential der ästhetischen Erfahrung, indem „ihre kommunikative Leistung in den Glaubenshorizont des christlichen Publikums einbezogen“ (Jauss 1977: 143) wird. Katharsis wird im christlichen Mittelalter über die *compassio*, das Mitleiden, angestrebt. Bei biblischen Darstellungen, besonders bei der zentralen Darstellung des Leidensweges Christi, lässt sich triadisch über die Betrachtung (*contemplatio*), das Mitleiden (*compassio*) und die Nachfolge (*imitatio*) eine Teilnahme der Zuschauer konstatieren, die über eine „kontemplativ genießende Einstellung“ (ebd. 147) hinausgeht. Die Betrachtung mündet solcherart in der (Handlungs-)Aufforderung, es ihm (hier: Jesu Christo) – metaphorisch – gleichzutun und verweilt gerade nicht nur in äußerer Passivität, wie sie zunächst in der klassischen aristotelischen Katharsiskonzeption angelegt ist. *Imitatio* meint hier weniger ein Nachmachen im Sinne einer Kopie als viel mehr ein Tun, das an den Ursprung (hier die Leiden, Erlösung und Auferstehung Christi) angelegt ist. Im Falle des christlichen Vorbilds war entsprechend ein *aemulatio*, ein Nacheifern mit dem Ziel des Übertreffens des Vorbildes, nicht möglich.

Die Teilnahme an einer Aufführung kann nun auch zur physischen wie psychischen Teilhabe an der gesamten Darbietung werden. Katharsis und Distribution liegen beiden die Teilnahme und die potentielle Teilhabe zugrunde. Die Katharsis zielt auf eine affektuelle Teilhabe, der Zuschauer soll die dargestellten Affekte nicht nur beobachten, er soll teilhaben an ihnen, sie mitdurchleben, um so einen festen *Stand* für diese Affekte zu erlangen. Die Distribution von Artefakten zielt in erster Linie nicht auf einen affektuellen Impact und eine entsprechende affektuelle Teilhabe, sondern auf eine soziale Teilhabe. Dergestalt ist für die Distribution im Zusammenhang mit der klassischen Katharsis-Konzeption nicht die Vermittlung von Affekten vorrangig, sondern die Ermöglichung zur sozialen Teilhabe, die sich zum Beispiel durch die Theateraufführung oder einen Vortrag verwirklichen kann. Die Distribution ist daher der aristotelischen Katharsis vorgängig, ist doch zunächst die Fassung einer Rede oder einer Theateraufführung nötig – die aisthetische Wahrnehmungsermöglichung –, um einen kathartischen Prozess und Vollzug überhaupt erst zu ermöglichen. Im hier geschilderten Beispiel klingt es zunächst banal, dass für die Möglichkeit zur Katharsis zunächst einmal Textgrundlage (Drama), Schauspieler, Kulisse, Bühne usw. vorhanden sein müssen, sozusagen als conditio sine qua non. Sie haben aber nicht nur einen Leerformelcharakter, sondern müssen – in Form der Distribution – als eigene Kommunikationsrahmen gesehen werden. Die Begrenztheit dieses Rahmens wird deutlich, wenn man sich in Erinnerung ruft, dass die Zuschauer im klassischen Theater zwar Teil der Aufführung sind, aber ohne Weiteres *nicht* zum Schauspieler auf der Bühne, nicht z.B. zu Protagonisten eines Monologs werden können. Im digitalen Netzwerk – und damit an vielen Stellen einhergehend mit dem Verlust eines Gatekeepers – ist dies hingegen problemlos möglich.

So wird deutlich, dass in dem hier besprochenen Zusammenhang Katharsis (Kommunikation) und Distribution nicht deckungsgleich zusammenfallen, aber sehr Ähnliches meinen. Die Distribution ist der erste Schritt eines Interaktionsangebotes, ein Angebot für ein wechselseitiges, bezugnehmendes Handeln zweier oder mehrerer Individuen mit- und untereinander. Ob sich aus der reinen Distribution, dem Teilen bzw. der Zur-Verfügung-Stellung[18] eines digitalen Artefaktes – z.B. eines Bilders, Textes, Sounds oder Videos – dann eine Interaktion in Form eines wechselseitigen Postings, Kommentierens oder Chats ergibt oder überhaupt die Wahrnehmung durch Andere, bleibt zunächst offen, liegt aber dem Handeln als Intention zugrunde.

Dieser Aspekt der Distribution und des Austauschs zeigt sich bereits in dem marxistischen Kreislaufmodell der politischen Ökonomie:

> „In der Produktion objektiviert sich die Person, in der Konsumtion subjektiviert sich die Sache; in der Distribution übernimmt die Gesellschaft in der Form allgemeiner, herrschender Bestimmungen die Vermittlung zwischen Produktion und Konsumtion; in dem Austausch sind sie vermittelt durch die zufällige Bestimmtheit des Individuums" (Marx/Engels 1971: 621).

Im marxistischen Kreislaufmodell wird die Distribution der Produktion vorangestellt gesehen, da die Produktion und ihre Faktoren bereits auf der Verteilung der Produktionsinstrumente und -faktoren fußen. Marx betont in diesem Zusammenhang:

> „Die Distribution in der flachsten Auffassung erscheint als Distribu-

[18] Tatsächlich verweilt das Teilen insofern in Potentialität bis es rezipiert wird. Ob die reine Rezeption im Sinne der Wahrnehmung bereits als ein aktives Teilen eines Inhaltes aufseiten des Wahrnehmenden zählt oder ob dazu nicht ein aktiveres Handeln nötig ist – z.B. ein Kommentieren –, soll hier unerörtert bleiben. Hinter die Rezeption lässt sich diesbezüglich nicht zurückfallen.

tion der Produkte, und so weiter entfernt von und quasi selbständig gegen die Produktion. Aber ehe die Distribution Distribution der Produkte ist, ist sie: 1. Distribution der Produktionsinstrumente, und 2., was eine weitere Bestimmung desselben Verhältnisses ist, Distribution der Mitglieder der Gesellschaft unter die verschiednen Arten der Produktion. (Subsumtion der Individuen unter bestimmte Produktionsverhältnisse.) Die Distribution der Produkte ist offenbar nur Resultat dieser Distribution, die innerhalb des Produktionsprozesses selbst einbegriffen ist und die Gliederung der Produktion bestimmt" (Marx/Engels 1971: 628).

Die digitalen Medien, allen voran der Computer in Kombination mit dem Internet, verbinden nun diese Ebenen der Produktion, Distribution und Rezeption, die man an dieser Stelle auch als mediale Rezeption verstehen kann. Die Distribution, d.h. die Verteilung von Informationen, wird damit zu einem zentralen Aspekt. Fasst man die Distribution noch näher, nämlich von ihren Anfängen her, wird die Verflechtung zwischen der beschriebenen Trias – Poiesis, Aisthesis, Distribution – nochmals augenscheinlich. Die Distribution beginnt bereits im Augenblick der Wahrnehmbarmachung (Materialisation) und der Möglichkeit der Rezeption durch andere. Man kann z.B. ein Foto selbst aufnehmen und stellt es damit her. Der Distributionsaspekt ist mit Abschluss der Aufnahme und der gespeicherten Datenformation, die das Foto darstellt, oder dem Vorliegen in analoger Form als materialem Bild, bereits vorhanden, wenngleich er in Latenz verweilt – ebenso wie übrigens die Rezeptionsmöglichkeit. Die Wahrnehmbarmachung trägt bereits den Griff nach einem Anderen in sich, mehr noch beinhaltet sie bereits die Anderen, da Wahrnehmbarmachung und Wahrnehmung sich vor dem Hintergrund einer Interaktionsgemeinschaft abspielen (vgl. Raab 2008, Reichertz 1994, auch Mead 1993).
Die Wahrnehmung selbst reicht daher nicht an die Dinge heran, sondern ist sozial präformiert. Dergestalt zeigt sich hier der Produktionsaspekt als ein doppelter. Zum einen beinhaltet er die Herstellung von Artefakten mit ihrer je eigenen Handlung. Zum anderen liegt er bereits in der Rezeption, insofern die Rezeption ein Spiel zwischen dem Artefakt (z.B. einem Werk) und dem Rezipienten ist, wobei das Artefakt in dieser Dynamik erst als ein sol-

ches entsteht. Damit sind Produktion und Rezeption *im Akt der sog. Rezeption* ineinander verschlungen. Und dieser wiederum, wie oben bereits angedeutet, spielt sich vor dem Hintergrund einer Interaktionsgemeinschaft ab. Sie bringt nicht nur Identität (vgl. Mead 1993), sondern auch Wahrnehmungsweisen hervor. Die Distribution ist hier über die Interaktion also auch der Rezeption (dem Akt der Wahrnehmung) eingeschrieben. Erst durch jedwede Form der Veröffentlichung wird nun die Distribution aus ihrer Latenz genommen und zugleich die Rezeptionsmöglichkeit durch Andere eröffnet bzw. befördert.

Methodologisch sind die hermeneutische Wissenssoziologie und der kommunikative Konstruktivismus nun nicht grundsätzlich geschieden, sondern stehen eher in naher Verwandtschaft. Beide folgen aus methodologischen Gründen einem „qualitativ vorgehende[n] Empirismus" (Knoblauch 2013a: 26), wobei der kommunikative Konstruktivismus auch eine Folge qualitativ ausgerichteter empirischer Untersuchungen ist, bei denen die Virulenz von Kommunikation sichtbar wurde. Mit der in diesem Beitrag vorgenommenen Konnotation der Trias von Poiesis, Aisthesis und Katharsis – letztgenannte verstanden als Distribution – kommen dem kommunikativen Konstruktivismus dann nicht nur die kommunikativen Akte, die reinen kommunikativen Äußerungen in den Blick, sondern zugleich immer auch die Reichweite, das jeweilige Medium zur Entäußerung und auf einem höher aggregierten Zustand die kommunikativen Artefakte, die sich aus einem Prozess der Erschaffung in der Welt manifestieren. Das können Infografiken, Fotos, Lernvideos, Plakate, Texte usw. sein. Hier zeigt sich, dass die einzelnen Ebenen der Poiesis, Aisthesis und der Distribution ineinander verschränkt sind, wenn man z.B. nicht eine strikte Trennung von Gedanken und jeweiligem *Trägermedium* unterstellen möchte, durch das sich die Gedanken ausdrücken. Fasst man sie als sich wechselseitig bedingend, reichen Gedanken immer nur soweit, wie das jeweilige Zeichensystem an Reichweite anbietet. In Anlehnung an Wittgenstein bedeuten dann die Grenzen meiner Sprache die Grenzen meiner Welt. Eine vorsprachliche Einstellung meint somit Bereiche, die (noch) nicht sprachlich sind, sozusagen in Latenz verweilen, aber sprachlich erschlossen werden können.

Der kommunikative Konstruktivismus besitzt überdies nicht nur zu hermeneutischen und diskursiven Theoriesträngen eine inhärente Nähe, sondern darüber zugleich zu semiotischen und sich darauf beziehenden Entwicklungslinien. Deutlich wird damit auch: Der kommunikative Konstruktivismus erfindet nichts neu, ist aber deutlich mehr als nur eine Akzentverschiebung. Für den hier verhandelten Untersuchungsgegenstand – Nachhilfe, Nachhilfeinstitute und digitale Nachhilfe – sowie für Bildung allgemein ist gerade der Aspekt der Dreiteilung der Aisthesis und hier die heute dynamisierte Distribution von Inhalten von wesentlicher Bedeutung, da hierüber nicht nur das Feld „Nachhilfe" kommunikativ bestimmt wird, sondern vor allem auch die Frage nach dem Verhältnis von sozialer-unmittelbarer und digitaler Kommunikation für das Bildungswesen Mensch aufgeworfen wird. So kann heute nur noch bedingt von einem fehlenden Open Access auf Bildungsinhalte und Ressourcen gesprochen werden, zumal wenn diese vielfach kostenfrei über das Internet verfügbar sind – beispielsweise Youtube-Lernvideos (vgl. Bidlo/Kröger-Bidlo 2019). Andererseits impliziert dies, dass Bildungslücken allein Wissenslücken seien, die z.B. durch ein verständiges Ansehen eines Lernvideos geschlossen werden könnten. Außer Acht gelassen wird dergestalt dann die Frage danach, was der Mensch mit dem Medium und das Medium mit dem Menschen macht und wie z.B. die Forschenden das Verhältnis von Mensch und digitalen Artefakten und Entwürfen zu fassen gedenken (vgl. Bidlo 2016: 448). Damit soll angezeigt sein: Einen (forscherischen) Blick auf Nachhilfe zu werfen, ohne dabei auch Formen digitaler Nachhilfe sowie das (unterscheidende) Verhältnis von digitaler und analoger Nachhilfe zu thematisieren, erscheint in einer mediatisierten Gesellschaft als Leerstelle. Überdies, und das sei für die nachfolgende Untersuchung bereits angezeigt, liegt in dieser Unterscheidung zwischen analoger und digitaler Nachhilfe ein wesentlicher Schlüssel für die Rekonstruktion und das Verstehen der Binnenakteure der Nachhilfe: Sowohl digitale Nachhilfe spielt mit dem und antizipiert das Motiv des nicht analogen wiewohl die Akteure der analogen Nachhilfe gerade in dieser Unmittelbarkeit ihre Bedeutung und auch die erfolgsversprechende Dimension ihres Tuns sehen, indem der Mensch *mit* dem Menschen lernt und Bildung vermittelt.

2.4 Reichweite und Validität

Warum und wie sollen Nachhilfeinstitute nun eine Aussage über Schulen treffen können, warum sollte man ihnen ein Sonder- oder gar Expertenwissen zugestehen und warum – und das berührt den grundsätzlichen Ansatz qualitativer Untersuchungen – sollte aus den vergleichsweise wenigen betrachteten Nachhilfeinstituten eine allgemeine Aussage über Nachhilfeinstitute möglich sein?

Wenden wir uns kurz dieser dreigliedrigen Frage zu: Es zeigt sich, dass das bereits im ersten Teil fragend hervorgebrachte „Gegenargument“ implizit von einer Hegemonie der Schule und ihren Deutungen ausgeht. Versteht man hingegen das Bildungsfeld als ein mit Akteuren ausgestattetes Feld, die jeweils unterschiedliche Deutungen und Sichtweisen haben, dann erst kann man das „Eigenartige“ von Nachhilfeinstituten in den Blick bekommen. Es ist also nötig, Schule und Nachhilfeinstitute trotz ihrer relativ klaren Bezugnahme zumindest im Ansatz zu trennen, um die Unterschiede in den Blick nehmen zu können und dadurch dann die – in diesem Fall die der Nachhilfeinstitute – Perspektive zu rekonstruieren. Der Sinn wiederum liegt in der Annahme, dass das Feld, das beiden zugerechnet werden kann, das der Schulbildung ist. In diesem Feld finden sich als Akteure z.B. die Eltern, Schüler, Schulen, die Lehrer und Lehrervertreter, Städte und Kommunen, die Landes- und Bundespolitik, in erweiterter Hinsicht auch die Kindergärten, freien Bildungsträger, zu denen Gewerkschaften, Kirchen oder Sozialverbände zählen. Und als ein weiterer Akteur gehört hier die institutsbezogene, außerschulische Nachhilfe dazu, zu der mittlerweile auch die digitalen Lernanbieter zählen. Alle Akteure besitzen ihre je eigene Sichtweise auf dieses Feld, besitzen eigene Motive, haben eigene Vorstellungen von dem, was sie dort tun und was überdies ihre Aufgabe ist. Überdies treiben die Akteure nicht unbezogen durch das Feld, sondern koalieren miteinander, grenzen sich ab, setzen Deutungen ab über sich und andere und versuchen eine Position zu halten oder sich zu verändern. Auch wenn es Überschneidungen und Interdependenzen gibt oder geben kann, bleibt die Annahme der Eigenartigkeit der Akteure ein wichtiger Punkt für die auf Rekonstruktion aufgebaute Untersuchung. D.h. beispielsweise: Das, was Nachhilfeinstitute *tun*, macht Schule nicht, das, was Schule *tut*, machen die Nachhilfeinstitute nicht. Was aber ist es dann, das, was sie eigen macht? Über diese Frage kommt man zu den Handlungen, den vorgelagerten Motiven und Absichten, den Praktiken sowie schlussendlich dem Wissen von Nachhilfeinstituten über das Feld der Schulbildung. Dieses Wissen besitzt immer schon die je eigene Perspektive, aber diese Perspektive ist keine allein aus dem Subjekt stammende bzw. eine völlig frei erzeugte, sondern sie ist durch die Wechselwirkung und Interaktion mit den anderen Akteuren entstanden, aus eigenen Erwartungen und Erwartungen der anderen Akteure an die eigene Arbeit und trägt damit immer schon eine soziale Komponente in sich. Sie ist insofern intersubjektiv hervorgebracht, wenn auch subjektiv grundiert (vgl. den Prozess der Identitätsbildung bei Mead 1993).

Die vorliegende Untersuchung rekonstruiert nun eine Perspektivierung des Feldes und zwar jene von Nachhilfeinstituten. D.h. das, was über Schulen, Eltern oder Schüler gesagt wird, ist immer schon grundiert – zumindest im empirischen Teil – durch die Perspektive der Nachhilfeinstitute. In der Triangulation mit im bildungstheoretischen Diskurs bereits erarbeiteten, analysierten und dargebotenen Ergebnissen und sich ergebenen Anschlüssen lässt sich dann auch eine Validität von Ergebnissen anbieten, die über den behandelten Einzelfall hinausreicht, d.h. in einem Maße nach oben skalierbar ist. Angesprochen ist dergestalt die *Reichweite* der Validität qualitativer Sozialforschung im Allgemeinen und einer hermeneutisch-wissenssoziologischen Untersuchung im Besonderen. Diese wird zum einen durch die in der Regel überschaubare (und keinesfalls repräsentative) Grundgesamtmenge z.B. von Interviews oder ethnographischen Aktivitäten begrenzt. Zum anderen droht dies durch die starke Subjekt- bzw. Forscherinnengebundenheit der Datenerhebung und nicht selten auch der Auswertung. Eine Zuspitzung dieser Perspektive findet sich in der Autoethnographie, die in Anlehnung an die strukturalistischen Debatten über den „Tod des Autors“ (vgl. Barthes 2000, Foucault 2000) über neue und subjektive Beziehungen zwischen Autor und Werk bzw. Forscher und Feld nachdenkt und damit kanonische Vorstellungen über die Forschung und den Forschungsprozess zu überschreiten sucht (vgl. Ellis/Adams/Bochner 2010). In der Autoethnographie ist der Forscher als wahrnehmendes Subjekt in seiner subjektiven Wahrnehmung und der Fixierung einer solchen zugleich das zu interpretierende Datum. Das autoethnographische Produkt ist bereits eine Narration und im klassischen Sinne kein Beobachtungsprotokoll mehr. Die Autoethnographie verschärft damit das in der qualitativen Sozialforschung diskutierte Thema des immer schon involvierten Forschers, indem es diesen nicht möglichst klein in der Datenerhebung halten möchte, sondern ihn vielmehr zum Mittelpunkt dieser Datengenerierung macht. Bei genauer Betrachtung gibt es überhaupt keine „Daten“, sondern nur die immer schon bewusst *In-Formation* gebrachten Beobachtungen und Erlebnisse des Forschers. Damit gibt es auch keine Daten als solche, die von einem Dritten interpretiert werden könnten, sondern nur die fertigen Narrationen, die man hinsichtlich Konsistenz, Nachvollziehbarkeit oder im Abgleich mit anderen Erfahrungen überprüfen kann. Der Unterschied zwischen der Autoethnographie und *herkömmlichen* Perspektiven der qualitativen Sozialforschung lassen sich an Ellis/Adams/Bochner 2010 und ihrem Beispiel der Generalisierbarkeit verdeutlichen: „Auch Generalisierbarkeit ist für Autoethnografie wichtig, jedoch nicht in der traditionellen, sozialwissenschaftlichen Bedeutung, die sich auf große Stichproben bezieht. In der Autoethnografie verschiebt sich der Fokus der Generalisierbarkeit von den Befragten zu den Leser/innen: Sie wird von Letzteren auf die Probe gestellt, wenn diese feststellen, ob eine Geschichte an eigene Erfahrungen oder an die Erfahrung von anderen Menschen, die sie kennen, anschließt“ (ebd. S. 352). Genau genommen verschiebt sich die Generalisierbarkeit weg vom Forscher und hin zum Leser, der im Abgleich mit seinen Erfahrungen und seinem Wissen dann eine Generalisierbarkeit anerkennt und vornimmt oder nicht. Das wiederum ist in der Tat eine Umdrehung der klassischen (qualitativen) Sozialforschung, in der der Forscher auf Basis seiner Analyse diese Generalisierung vornimmt und ihre Validität auf die ein oder andere Weise ausweisen muss. Die Frage, um die sich dieser Aspekt dreht, ist zugespitzt formuliert: Sind die Ergebnisse oder besser Darstellungen der empirischen Sozialforschung nur Deutungsangebote (Autoethnographie) oder haben sie den, wenn auch kleinen bzw. etwas zurückgenommenen Anspruch, etwas Kongruentes über etwas in der sozialen Welt tatsächlich Stattgefundenes aussagen zu können, sodass sie erkenntnistheoretisch zumindest noch einen kritischen Realismus vertreten? Eine vermittelnde Sichtweise, die die Autoethnographie immer noch im Feld der herkömmlichen qualitativen Sozialforschung beließe, wäre der Hinweis darauf, dass in der Praxis auch heute schon die *scientific communitiy* und damit Leserinnen und Leser von Forschungsergebnissen über die

Tragfähigkeit von Theorien oder wissenschaftlichen Ergebnissen z.B. durch Reproduktion (Zitation, Bezugnahmen) mitentscheiden. Wahrheitstheoretisch könnte man dann hier – wie oben bereits eingeführt – einer Konsensustheorie von Wahrheit (z.B. Habermas) oder *on the long run* der Peirceschen Konvergenztheorie der Wahrheit zuschlagen (vgl. hierzu auch Bidlo 2016).

Kehren wir zurück zur Nachhilfe als Teil des Feldes *Schulbildung*, so folgt aus der unterschiedlichen Positionalität in dem Akteursfeld ein eigenes Handlungs- und Wissensreservoir – vor allem dann, wenn man Wissen wie in der Wissenssoziologie als Prozessergebnis von Kommunikationen versteht. Nachhilfeinstitute besitzt somit auch ein *eigenartiges* Wissen über das Feld der Schulbildung besitzt. Vor diesem Hintergrund zeichnet sich bereits ein erstes wissenssoziologisches Interesse am Thema Nachhilfe und Nachhilfeinstitute ab, das nicht bildungssoziologisch grundiert sein muss. Das nachfolgende Kapitel möchte daran anschließend einen Blick auf das Verhältnis von Wissens- und Bildungssoziologie werfen.

3. Wissenssoziologie und Bildungssoziologie

In der Einleitung wurde bereits kurz das Feld *Nachhilfeinstitute* konturiert und anschließend der theorieleitende Hintergrund – hermeneutische Wissenssoziologie und kommunikativer Konstruktivismus – ausgewiesen.
Das Kapitel hat für diese Untersuchung mehrere Funktionen, aus denen sich zugleich der Aufbau ergibt. Die hier durchgeführte wissenssoziologische Untersuchung – und das betrifft ihren theoretischen, methodologischen sowie methodischen Grund – wendet sich einem Feld zu, dass bisher Gegenstand eher bildungswissenschaftlicher und -soziologischer Untersuchungen war und auch dem allgemeinen Verständnis nach dem Bildungssystem zugewiesen wird. Selbst die wirtschaftliche Grundierung von Nachhilfeinstituten, die sich aus ihrer privatwirtschaftlichen Organisation ergibt, dient im Bildungsdiskurs einem eigenen Bestimmungsgrund, wenn auch in diesem Fall ex negativo. Damit ist gemeint, dass von Seiten staatlicher Bildungsakteure wirtschaftlich motiviertes Handeln im Feld der Bildung – zumindest wenn es um die sog. Grundversorgung im Rahmen der Schule geht – als negativ angesehen wird und es sich von ihm abzugrenzen gilt. Der „Fall“ Nachhilfe stellt dann entweder einen „Unfall“ dar oder einen Ermöglichungsfall zur Unterminierung des schulischen meritokratischen Systems (vgl. hierzu Kapitel 4).

Das Kapitel dient dergestalt zum einen dazu den wissenssoziologischen Zugriff auf Nachhilfeinstitute zu legitimieren. Dies wäre gleichwohl mit dem Hinweis darauf, dass es sich bei ihnen um (möglicherweise) besondere Formen gesellschaftlichen Wissens handelt oder umgekehrt Wissen durch Nachhilfeinstitute gesellschaftlich „bedeutet“ werde und damit Nachhilfeinstitute etwas über die Bedeutung und Funktion von Wissen in der Gesellschaft aussagen, ebenfalls geschehen. Es zeigt sich bei einer Bestandsaufnahme zum Forschungsgegenstand (vgl. Kapitel 4), dass Nachhilfe im Allgemeinen und Nachhilfeinstitute im Besonderen nur bildungswissenschaftlich und -soziologisch behandelt werden. Ein Rekurs auf diesen Umstand erfordert dann ein Maß an Klärung, was Gemeinsamkeiten und Unterschiede von Bildungs- und Wissenssoziologie betrifft. Die sich daraus ergebende zweite Funktion des Kapitels liegt auch darin, diese Gemeinsamkeiten und Unterschiede in Form von Verfügungs- oder Abgrenzungsmöglichkeiten anzuzeigen. Denn in der Literaturrecherche zeigte sich eine unerwartet geringe wechselseitige Bezugnahme beider Teilsoziologien aufeinander. Dergestalt führt die wechselseitige Klärung der beiden Leitbegriffe „Wissen“ und „Bildung“ auch zu der Frage nach ihrer möglichen (Un)verträglichkeit,[19] zumal diese Untersuchung auch bildungssoziologische Anknüpfungsmöglichkeiten nutzen und selbst bieten möchte.

Im Anschluss soll nun zunächst die soziologische Trennung von *Bildung* und *Wissen* und die damit einhergehende Trennung von Bildungs- und Wissenssoziologie genauer betrachtet werden. Der Hintergrund eines solchen Vorgehens für die hier vorliegende Untersuchung erschließt sich dann, wenn man sich nochmals den wissenssoziologischen Ausgangspunkt dieser Untersuchung vergegenwärtigt, während die Themen *Nachhilfe* und *Nachhilfeinstitute* vor allem in bildungswissenschaftlichen und -soziologischen Diskursen behandelt und verortet werden. Daher dient dieses Kapitel nicht nur der weiteren wissenssoziologischen Konturierung und Begründung, sondern will zugleich die Bildungsvergessenheit der Wissenssoziologie und die Wissensvergessenheit der Bildungssoziologie aufzeigen, um so beispielhaft anhand des Themas *Nachhilfeinstitute* im daran anschließenden Kapitel die Möglichkeiten der Kooperation zwischen diesen soziologischen Teilbereichen anzuzeigen.

3.1 Bildung und Wissen

Es soll und kann an dieser Stelle nicht darum gehen, die jeweilige Geschichte des Bildungs- respektive Wissensbegriffes durch die Geschichte der alteuropäischen Kultur bis heute umfänglich nachzuzeichnen. Dennoch sollen und müssen hier einzelne Fäden dieser Entwicklung aufgenommen und angezeigt werden, um Gemeinsamkeiten und Differenzen von Wissens- und Bildungssoziologie von ihrem Begriff her auszuweisen und damit eine Operationalisierbarkeit zu ermöglichen. So ist es überdies der Bildungsbegriff, der sich in der deutschen Theorietradition zu einer eigenständigen Figur entwickelt hat, die auch heute noch als Bezugspunkt für den Prozess der Menschenbildung fungiert. Wilhelm von Humboldt und Johann Gottfried Herder verfassen im 18. Jahrhundert beispielsweise wegweisende Texte zum

[19] Nicht geklärt wird, ob eine solche mangelnde Bezugnahme z.B. auch forschungspolitische oder -strukturelle Gründe hat.

Ideal der Bildung. Dabei lassen sich fünf ineinander verschränkte Merkmale des Bildungsideals aufzeigen (vgl. Hastedt 2012: 9 ff.): Selbstbildung, die Entwicklung der gesamten Person, die anthropologische Bedeutung der Bildung für den Menschen, die Steigerung der Individualität und die Überwindung von Entfremdung. Bildung meint bei Herder auch die Bildung (Formung) von Humanität.
Enger gefasst kann man dieses Bildungsverständnis in Form der drei Relationen Selbst-, Fremd- und Weltverhältnis fassen (vgl. auch Dörpinghaus/-Poenitsch/Wigger 2006: 10). Bildung ist die Befähigung zur Reflexion und zum Weiterdenken dieser Verhältnisse. Für Herder gehört neben der Überwindung einer Reduktion des rationalen Teils des Menschen und der daraus mitunter entstehenden denkerischen Mechanik, auch die Hinwendung zur „goldenen Kette der Bildung", d.h. der Menschheitsgeschichte, aus der der Mensch ein zweites, kulturelles Mal emportaucht und der Welt begegnet. Die Herausbildung des Menschen erfolgt im Prozess der kulturellen Schöpfung. Bildung ist Menschenbildung, ist so verstanden (philosophische) Anthropologie.

> „Goldene Kette der Bildung also, du, die die Erde umschlingt und durch alle Individuen bis zum Thron der Vorsehung reichet: seitdem ich dich ersah und in deinen schönsten Gliedern, den Vater- und Mutter-, den Freundes- und Lehrer-Empfindungen, verfolgte, ist mir die Geschichte nicht| mehr, was sie mir sonst schien, ein Greuel der Verwüstung auf einer heiligen Erde. […] Immer verjüngt in seinen Gestalten, blüht der Genius der Humanität auf und ziehet palingenetisch in Völkern, Generationen und Geschlechtern weiter" (Herder 1965, Bd. 1: 343).

Für Wilhelm von Humboldt steht nun Bildung als Prozess der Individualisierung und Persönlichkeitsbildung einer reinen Wissensakkumulation gegenüber. Das klassische Humboldtsche Bildungsideal formuliert er in seinem Werk *Ideen zu einem Versuch die Grenzen der Wirksamkeit des Staats zu bestimmen* (1792/1851): „Der wahre Zweck des Menschen, nicht der, welchen die wechselnde Neigung, sondern welchen die ewig unveränderliche Vernunft ihm vorschreibt — ist die höchste und proportionirlichste Bildung seiner Kräfte zu einem Ganzen." (Humboldt 1851/2007: 9). Dabei spielt die Freiheit des Einzelnen eine zentrale Rolle, die sich bildungspolitisch von einem ständisch aufgebauten Schulsystem abwendet und ein Stufensystem vorschlägt, das sich vom Elementar- über den klassischen Schulunterricht bis hin zum Universitätsunterricht erstreckt. Der Bildungsgang der Einzelnen orientiert sich allein an ihren Fähigkeiten und Möglichkeiten orientiert (vgl. auch Tenorth 2013). Damit wird bereits im Humboldschen Bildungsideal der Ungleichheitsaspekt, der der Bildungssoziologie häufig als ein thematischer Schwerpunk der eigenen Forschung dient, thematisiert und die Etablierung gerechter und gleicher Bildungsmöglichkeiten gefordert. So formuliert Kopp als wesentliches Merkmal einer Bildungssoziologie:

> „Das wesentliche Charakteristikum der Bildungssoziologie besteht darin, eine der sicherlich ältesten und interessantesten soziologischen Fragen nach den Ursprüngen der sozialen Ungleichheit und dabei nach den Gründen für die erstaunliche Persistenz dieser sozialen Ungleichheit im historischen Ablauf über die Generationen hinweg, zu ergründen [...] Sicherlich finden sich innerhalb der Bildungssoziologie auch andere Forschungstraditionen oder -fragen, den Schwerpunkt bilden jedoch Arbeiten zum Zusammenhang zwischen Bildung und sozialer Ungleichheit und die damit in Verbindung stehenden Fragestellungen" (Kopp 2009: 15-16).

Gemeinhin wird mit dem Begriff der Bildung etwas bezeichnet, „das die Begriffe Erziehung, Sozialisation und Unterricht nicht vollumfänglich beschreiben (können)" (Horlacher 2011: 8). Das *Mehr* darin liegt in dem Ziel eines gelingenden Lebens, das – sozusagen als Metaeigenschaft – nicht nur für konkrete Situationen im Leben ausreicht, sondern auch fremde, neue und unerwartete Situationen zu meistern im Stande ist und neue Sichtweisen und Perspektiven ausbilden kann. Gleichzeitig dient Bildung der Überschau des Lebens, d.h. des Überblickens des eigenen Lebens, des Eingewobenseins in soziale, kulturelle und historische Bindungen. Das selbstreflexive Erkennen solcher Bindungen und die Fähigkeit zur Emanzipation von diesen stellen dann die Grundbewegungen von Bildung dar. Dabei beinhaltet dies sowohl geistige, wie auch sittliche und formale Fähigkeiten (vgl. z.B. von Hentig 2008: 14). Überdies beinhaltet Bildung nicht nur eine rezeptive und reaktive Seite, sondern verwirklicht sich auch in einem tätigen Leben. Bildung enthält dergestalt einen generativen und prozessualen Charakter, der gerade nicht nur reproduzierend, sondern gewissermaßen schöpferisch ist. Daher bleibt dieses Mehr, das Bildung ausmacht, trotz institutioneller Absicherung in Schule und Universität unscharf und unbestimmt und als *Selbstbildung* im jeweiligen Subjekt verhaftet. *Was* Bildung sei, bleibt damit zudem auch in dem Maße unbestimmt, wie man Spielraum für das Neue und Unerwartete belassen möchte. In dem Maße wiederum, wie man Bildung auf konkrete Situationen und Fähigkeiten hin ausrichtet, wird sie bestimmbar.

Bildung wird nicht nur der allgemeinen Pädagogik zugeordnet, sondern nimmt in der Erziehung eine prominente Stellung ein, ohne derweil in Erziehung aufzugehen. Um Bildung in Erziehung stattfinden lassen zu können, bedarf es zuvorderst eine Vorstellung vom Leben, dem Menschen, der Welt und von Bildung selbst. Erziehung und Bildung spielen sich dergestalt immer auch vor gesellschaftlichen und kulturellen Vorstellungen und Perspektiven ab. Die Frage nach dem gesellschaftlichen Bezug von Bildung intendiert somit sowohl Kulminations- wie auch Abgrenzungspunkt. So ist Bildung heute einerseits an gesellschaftlichen Notwendigkeiten ausgerichtet, andererseits droht Bildung damit ihre wichtigste Funktion für den Menschen zu verlieren: „[D]en Menschen gegenüber den Verhältnissen, in denen er lebt, frei zu machen" (von Hentig 2008: 14). Diese widerstreitende Bewegung – Bezug und Abgrenzung – wird besonders deutlich, wenn man sich den geistesgeschichtlichen Kontext vergegenwärtigt, in der sich der Begriff der *Bildung* bildete. Denn der – wie oben bereits erwähnt – spezifisch deutsche Begriff *Bildung* (vgl. z.B. Lederer 2011b: 21), der mitunter mangels eigener Entsprechung als Lehnwort in anderen Sprachen genutzt wird (z.B. Biesta 2002) – oder umgekehrt dort immer erst mühsam umschrieben werden muss –, hat seine Wurzeln vor allem in den politischen, philosophischen und gesellschaftlichen Diskursen des 18. Jahrhunderts und den daraus entspringenden Fundierungs- und Absetzungsversuchen. Erst aus diesen Bewegungen wanderte der Begriff und die darin liegende Konzeption in Richtung der Pädagogik. Es ist kein Zufall, dass der Bildungsbegriff in dem

geistesgeschichtlichen Umfeld der Aufklärung und der Französischen Revolution eine besondere Aufladung und Konnotation erhielt, die in pädagogischer Hinsicht in eine entsprechende Erziehung mündete.
Um die Autonomie der Pädagogik und ihr Werk, die Bildung, auszuweisen und zu begründen, verortet Nohl (vgl. Nohl 1969/1933) die Bildung – in Anlehnung an den antiken bzw. griechischen Begriff der *Paideia* – in dem Individuum selbst und schreibt ihr einen zweckfreien Eigenwert zu. Platon hebt in seiner *Politeia* hervor, dass der Mensch einen Prozess der Bildung durchlaufen müsse und so zugleich die Fähigkeit erwerbe, die Wahrheit zu erkennen (vgl. Platon 1985).

> „Wir können hier noch ganz absehen von den besonderen Formen und gehalten dieser Bildung, es genügt zunächst, sich deutlich zu machen, daß die Erziehung in ihr, der Paideia, eine ganz eigentümliche Leistung aufzuweisen hat, eine Objektivität, die ihr allein gehört. [...] Bildung ist die subjektive Seinsweise der Kultur, die innere Form und geistige Haltung der Seele, die alles, was von draußen an sie herankommt, mit eigenen Kräften zu einheitlichem Leben in sich aufzunehmen und jede Äußerung und Handlung aus diesem einheitlichen Leben gestalten vermag" (Nohl 1969/1933: 45).

Ein so formulierter Eigenwert der Pädagogik mit ihren zentralen Begriffen der Erziehung und Bildung immunisiert zugleich die Bildung gegen gesellschaftliche und soziale Einflüsse. So beinhaltet dieser anthropologisch-intrinsische Ansatz, ganz in Anlehnung an die Rousseausche Gegenüberstellung im *Emile* von Natur und Gesellschaft (vgl. Rousseau 2013), in der das „zurück zur Natur" den Vorrang gegenüber der leidigen Gesellschaft, das *Mehr*, das Bildung von reinen Fähigkeiten, Wissen, Kompetenzen oder *literacy* ausweist, eine kritische Haltung gegenüber der Gesellschaft. Jean-Jacques Rousseau, einer der Wegbereiter der Französischen Revolution, entfaltete in einer Preisfrage, ob der Fortschritt von Kunst und Wissenschaft zu einer Erhöhung von Moral und Sitten beigetragen habe, erstmalig seine fortschrittspessimistische und damit auch wissensskeptische Sichtweise hinsichtlich der Gattungsgeschichte der Menschen. Mit seinem Ruf nach einer Gesellschaft, die noch nicht von sozialer Differenzierung oder Arbeitsteilung, aber vor allem nicht durch die gesellschaftlichen Stände geprägt sei, sondern vielmehr in einen Naturzustand zurückfinden sollte, wandte er sich nicht nur gegen den damals verbindlichen Fortschrittsoptimismus, sondern auch gegen die figurative Kraft der Gesellschaft, die Zuweisungskraft gesellschaftlicher Stände und Klassen. Die (bürgerliche) Gesellschaft des 18. und beginnenden 19. Jahrhunderts entkleidet den Menschen von seiner tatsächlichen Existenz und weist ihm eine andere, relationale Seinsweise zu, die in einem wenig beweglichen sozialen Gefüge dann zwar mit einem gewissen relationalen Potential beginnt, aber in einem nahezu unbeweglichen sozialen Standpunkt mündet. Und das widerspricht dem technischen Fortschritt nicht, sondern ist in den Augen Rousseaus eine Folge daraus.

> „Der natürliche Mensch ist ein Ganzes für sich; er ist die numerische Einheit, das absolute Ganze, das nur zu sich selbst oder zu seinesgleichen in Beziehung steht. Der bürgerliche Mensch ist nur eine gebrochene Einheit, welche es mit ihrem Nenner hält, und deren Wert in ihrer Beziehung zu dem Ganzen liegt, welches den sozialen Körper bildet. Die guten sozialen Einrichtungen vermögen den Menschen am ehesten seiner Natur zu entkleiden, ihm seine absolute Existenz zu rauben, um ihm dafür eine relative zu geben, und das Ich in die allgemeine Einheit zu versetzen, so daß sich jeder einzelne nicht mehr für eine Einheit, sondern für einen Teil der Einheit hält und nur noch in dem Ganzen wahrnehmbar ist. […]: man müßte den natürlichen Menschen kennen. Ich glaube, daß man nach Lektüre dieser Schrift einen guten Anfang zu diesen Forschungen gemacht haben wird. Was haben wir nun zu tun, um diesen ausgezeichneten Menschen zu bilden? Unzweifelhaft viel: nämlich zu verhüten, daß etwas geschieht“ (Rousseau 2013: 9 und 11).

Rousseau hebt hier auf die natürliche Vereinzelung ab, die eine Form des Grundzustandes („absolute Existenz“) darstellt. Diese Vereinzelung darf nicht mit der Vereinzelung des Individuums in hochgradig arbeitsteiligen und ausdifferenzierten Gesellschaften verwechselt werden, die sich erst im Verlauf des 19. Jahrhunderts ausbildete und überdies als distinktiver Gegenstand und Entstehungsgrund der sich bildenden Soziologie diente (vgl. Bödeker 2001). Der *contract social* folgt als Notwendigkeit somit erst aus der Schwierigkeit der Erhaltung des Naturzustandes. Entweder man entzieht sich der korrumpierenden Gesellschaft (*Emile*) oder man gestaltet Gesellschaft entsprechend um (contract social). Der vergesellschaftete Mensch ist überdies jener, der die natürliche Ordnung durcheinander bringt, was zugleich darauf verweist, dass die Gesellschaft etwas Menschengemachtes ist. Der Akt in eine Gesellschaft a priori hineingeboren zu werden, ist dann der eigentliche Sündenfall. Denn durch die Geburt und die anschließende sukzessive Internalisierung der sozialen Ordnung wird der Mensch eingewobener Teil einer Gesellschaft. Das Individuum kann sich nicht frei entscheiden, wo und wann es geboren wird, auf welche Architektur und Sprache es trifft. Es wird aus den sozialen Prozessen entworfen. So wird der Mensch unfrei geboren und wächst zunächst unfrei heran. Bildung in ihrer Funktion der Emanzipation – in der die Frage impliziert ist: Emanzipation von was? – ist dann eine Revision dieser Gesellschaft und der vorgefundenen sozialen Prozesse und Tatbestände, eine Bestandsaufnahme des eigenen Standortes in ihr. Bei Rousseau erfolgt die gesellschaftliche Einlassung a posteriori, so dass er zu dem Schluss kommen kann, sich der Gesellschaft erst gar nicht zu nähern, um dadurch nicht oder möglichst wenig solchen gesellschaftlichen Einschreibungs- und Zuschreibungsprozessen ausgesetzt zu sein, die sich im Individuum sedimentieren und dort als Teil des Identitätskonstitutionsprozesses ihre Identitätsarbeit verrichten.

Für das im *Emile* konturierte Bildungsverständnis ist damit die entsprechende anzudenkende Umgestaltung klar (vgl. Sturma 2001: 117). „Er [der vergesellschaftete Mensch; O.B.] vermischt und vermengt die Himmelsgegenden, die Elemente, die Jahreszeiten. Er verstümmelt seinen Hund, sein Pferd, seinen Sklaven. Er kehrt alles um, er verunstaltet alles“ (Rousseau 2013: 6).

Wenn Bildung solcherart ein von und im Inneren sich vollziehender Prozess ist – bei Rousseau als naturalistisch grundiertes Bildungsverständnis – können entsprechende Verobjektivierungen der Bildung keine Übernahmeobjekte für andere Individuen werden. Bildung ist Selbstbildung und damit „immer auch der Persönlichkeitsformung bzw. *Identitätsbildung* verpflichtet“ (Lederer 2011b: 29). Es ist in dieser Perspektive ein sich von Innen nach Außen vollziehender Prozess, „Bildung ist die wache, kenntnisreiche und kritische Aneignung von Kultur. Es ist dieser Prozess der Aneignung, in dem sich jemand eine kulturelle Identität schafft" (Bieri 2011: 45). Und der Wissenserwerb allein führt hier nicht zwangsläufig zur Bildung, sofern Wissenserwerb nicht zugleich mit dem Prozess der Selbstbildung und -formung verknüpft ist (vgl. Borst 2009: 38). Umgekehrt ist Bildung ohne Wissen und Erkenntnis nicht denkbar.

Sichtbar und bedeutsam wird innerhalb solcher Positionen zudem das Verständnis von der Ausbildung und Erhaltung von Identität, das in subjektphilosophischer Tradition diese als einen Prozess von innen nach außen versteht. Ein mittlerweile als klassisch zu nennendes soziologisches Konzept der Identitätsbildung, das nicht mehr nur der klassischen Bewusstseinsphilosophie verhaftet ist, sondern Identität auch und vor allem als Zu- und Einschreibungsprozess von außen betrachtet (vgl. hierzu Bidlo 2010: 42 ff.), findet sich beispielsweise bei Mead, und zwar in seiner Konzeption des Aufbaus der Identität durch die Unterscheidung von *I* und *Me*. Beide sind Teil der menschlichen Identität und bedingen sich in einem wechselseitigen Prozess. Dabei ist das *Me* gesellschaftlichen Ursprungs und bildet sich durch die Rollenübernahme anderer Personen aus. Die Rollenübernahme vollzieht sich durch das Spiel, indem das Kind einzelne Rollen – z.B. Vater, Mutter oder Feuerwehrmann – übernimmt. Es nimmt zum einen diese Perspektive an, zum anderen lernt es dadurch, sich selbst aus dieser Rolle zu betrachten. Im organisierten Spiel mit anderen muss das Kind dann auch in der Lage sein, seine übernommene Rolle – z.B. Räuber – unter Berücksichtigung der Rolle des anderen – z.B. den Polizisten – zu spielen, sich wechselseitig daran auszurichten und durch Interaktion abzugleichen. Das Kind lernt in seiner Sozialisation, dass hinter den konkreten und signifikanten anderen Menschen (beispielsweise dem Vater) Zuschreibungen, Verhaltens- und Handlungserwartungen sowie Normen der Gesellschaft stehen. Diese Rollenübernahmen und die damit erworbenen Sichtweisen oder Haltungen sind gesellschaftlichen Ursprungs und bilden das *Me* in der Phase der Identitätskonstitution. Die Gesellschaft *schreibt* sich *ein* in die sich ausbildende Identität. „Die Identität ist nicht etwas, das zuerst existiert und dann in Beziehung zu anderen tritt. Sie ist sozusagen ein Wirbel in der gesellschaftlichen Strömung und somit immer noch Teil dieser Strömung" (Mead 1993: 225). Nun sind das Individuum und seine Identität nicht nur Reproduktionen gesellschaftlicher Normen, Handlungen und Erwartungen; wäre dies so, könnte es keinen sozialen Wandel und keine Veränderungen geben. Bei Mead existiert daher ein zweiter Teil, aus dem die Identität besteht, der impulsiv, unbewusst, spontan und dadurch kreativ ist. Das *I* ist zwar auch nicht völlig unabhängig von gesellschaftlichen Vorgaben – man denke an Sprache, Zeit und Raum, in die man hineingeboren wird, und die entsprechend vorhandenen sozialen Rollen. Aber das *I* ist der kreative und nicht berechenbare Funke, der die Haltungen und Sichtweisen des *Me* (also der Gruppe, Gesellschaft) in einer Art zur Fluktuation bringen und damit Veränderungen anstoßen kann. Das Besondere an einer solchen Sichtweise von Identität – die ein wesentlicher Bruch mit den herkömmlichen bewusstseinsphilosophischen Perspektiven der Identität war – lässt sich pointiert in dem Satz ausdrücken: Das Ich ist nicht Voraussetzung für, sondern Ergebnis von Kommunikation. Und Identität ist selbst ein fortdauernder Prozess des Wechselspiels zwischen *I* und Me und stellt zugleich die Vermittlung zwischen dem einzelnen Individuum und der Gesellschaft dar. Und damit wird Bildung zu einem großen Teil aus dem Bewusstsein des Einzelnen in den Bereich des Zwischen verlagert, der sich zwischen dem Einzelnen und dem Anderen im Akt der Kommunikation aufmacht.

Der Kultur- und Kommunikationsphilosoph Vilém Flusser schlägt das Bild eines gewobenen Netzes aus Kommunikationen für unsere Identität vor, in dem „die Knoten den einzelnen Menschen und die Fäden die informationsübertragenden Medien repräsentieren. […] Die Frage, ob die Gesellschaft gut für den Menschen sein soll (rechts) oder der Mensch für die Gesellschaft (links), erweist sich dann als sinnlos, weil der Mensch ohne Gesellschaft und Gesellschaft als reine Abstraktionen aus dem konkreten zwischenmenschlichen Vernetzen gesehen wird“ (Flusser 2000a: 17).

Beim soziologischen Subjekt Mead'scher Couleur wie auch bei Flusser bildet sich dergestalt – wie erwähnt – die Identität aus der reziproken Beeinflussung der Gesellschaft und ihrer kulturellen Werte und dies u.a. über die Formen der Kommunikation.

Auch wenn nun der Normativität von Bildung ausgewichen wird, indem man das *Äußere* durch eine subjektphilosophische Perspektivierung zu umgehen versucht bzw. als nachrangig erachtet, so sind Aspekte wie Veredelung oder der Umsetzung der in jedem Menschen individuell angelegten Kräfte und Anlagen bereits theologisch oder philosophisch grundiert. Insbesondere die antike Tradition des Bildungsbegriffes sowie die christlich-mittelalterliche Tradition der alttestamentarisch formulierten Gottesebenbildlichkeit des Menschen sind Teil des sich im Verlauf des 18. Jahrhunderts amalgamierenden deutschen Bildungsbegriffes. So ist beispielsweise in der aristotelischen Philosophie der Bildungsbegriff noch nahe an Erkenntnis und Wissen gestellt, wenngleich er mit der *praktischen Einsicht* und dem Sittlichkeitsbegriff flankiert wird (vgl. Aristoteles 1909: 130 ff.). „Aus dem was wir ausgeführt haben geht hervor, daß es ebensowenig möglich ist ein sittlicher Mensch im eigentlichen Sinne zu sein ohne intellektuelle Bildung, wie praktische Einsicht zu haben ohne sittliche Trefflichkeit“ (Aristoteles 1909: 139). Der Bestimmungsgrund des Menschen ist dergestalt normativ aufgeladen und z.B als Ideologie ausweisbar. Dennoch bleibt im Bildungsbegriff die Grundbewegung der Emanzipation enthalten, die sich implizit in der von Platon vorgestellten Fähigkeit des Erkennens der Wahrheit durch Bildung ausdrückt. Das Bildungsideal des Mittelalters, getragen von der christlichen und antiken platonischen Vorstellung von Wissen, zeigt sich in erster Linie in den *septem artes liberales*. Diese freien Künste fußten in erster Linie auf scientia (Wissenschaft) und waren vom Handwerk (ars) getrennt. Die beiden Wissenformationen stellten zugleich den Ordnungsrahmen für das Individuum und seine Einordnung in die ständische Gesellschaft dar.

Da Bildung nicht allein auf Wissen rekurriert, sondern auch auf sittlich-moralischen, praktischen Einsichten gründet, die das Individuum *formen*, intendiert der Bildungsbegriff und der damit einhergehende Prozess auf die Sichtbarmachung vorhandener gesellschaftlicher Zusammenhänge und ggf. auch impliziter Abhängigkeiten. Damit ist Bildung – zumindest in dieser von der Aufklärung getragenen Perspektive – die Antwort auf die Kantische Frage *Was ist Aufklärung?* „Aufklärung ist der Ausgang des Menschen aus seiner selbst verschuldeten Unmündigkeit. Unmündigkeit ist das Unvermögen, sich seines Verstandes ohne Leitung eines anderen zu bedienen. Selbstverschuldet ist diese Unmündigkeit, wenn die Ursache derselben nicht am Mangel des Verstandes, sondern der Entschließung und des Mutes liegt, sich seiner ohne Leitung eines anderen zu bedienen. Sapere aude! Habe Mut dich deines eigenen Verstandes zu bedienen! ist also der Wahlspruch der Aufklärung“ (Kant 1784/2008: 481).

Die Nutzung des eigenen Verstandes, die Freiheit und der Mut dazu sind Teil von Bildung und zugleich Teil der Emanzipation, der Selbst- und Fremdbefreiung des Menschen von selbst verschuldeter Unmündigkeit sowie des Erkennens gesellschaftlicher *Verbindlichkeit* und ggf. der Fähigkeit zur Auflösung oder Veränderung dieser Verbindlichkeiten. Hier zeigt sich zugleich die für die Erziehungswissenschaft maßgebliche Maxime, aus der sich heraus das Problem der Bestimmung des Verhältnisses von Individuum und Gesellschaft ableitet: Der Mensch solle sich emanzipieren (vgl. Mollenhauer 1968: 10), fähig werden zur eigenen Sinnfindung und Selbstbestimmung. Aber Menschwerdung und Emanzipation vollziehen sich nicht außerhalb realer menschheitlicher Situationen und Bezüge. Ziel eines solchen erziehungswissenschaftlich grundierten emanzipatorischen Interesses ist, dass der Einzelne seinen Ort neben und mit anderen findet (vgl. Böhme 1976: 39). Auch hier spiegelt sich demnach das Verhältnis vom Einzelnen zur Gesellschaft wider, mit der Funktion von Bildung über die Emanzipation selbstbestimmt einen Platz in dieser zu finden und nicht bloß einen *zugewiesenen* Platz einzunehmen. Heute überstrahlt der Begriff der Bildung seinen eigentlichen Bedeutungsinhalt und steht stärker als der Erziehungsbegriff in positivem Licht. Ältere erziehungswissenschaftliche Texte verbinden und setzen gleichwohl den Bildungsbegriff im Kontext des Erziehungsbegriffes unmittelbar mit dem Begriff der Form, des Formens oder der Formung gleich. So betont z.B. Petersen (1969/1931): „Die Funktion des Lebens aber ist Entwicklung, Entfaltung, ist Bildung oder Formung als Vorgang, sowie Bildung oder Form als Ergebnis. In der Form wie in der Formung, also in jeder Bildung, ist, was das Werden der Form betreibt – geistig" (ebd.: 35).

Eduard Spranger spricht von Bildung als Wesensformung des Individuums (vgl. Spranger 1969/1921: 48). Bei Herman Nohl sind Erziehung und Bildung in jedem Lebensverhältnis anzufinden. Beide sind Bildungsarbeit, „in der die Entwicklung und Formung eines ganzen Volkes wie jedes Einzelnen vor sich geht" (Nohl 1969/1933: 39). Tauscht man den Bildungs- gegen den Formungsbegriff aus, bleibt hier der von außen tätige Einfluss sichtbarer, bleiben die kritischen Fragen nach der Formung *durch wen* oder *für was* geformt bzw. gebildet wird virulenter. Über den Begriff des Formens und der Formung wird überdies in solchen früheren erziehungswissenschaftlichen Werken zugleich die Beziehung zwischen Erzieher, Zögling und seiner Formung (Bildung) fundiert und in ihrer Wichtigkeit wie Verantwortlichkeit aufgezeigt, zwischen der die „Bildungsgemeinschaft" (Nohl 1969/1933: 40) als Grundlage der Erziehung geschaltet ist. Diese ist nicht nur theoretischer, sondern auch praktischer Bezugspunkt. Und auch wenn Bildung sich von „kurzsichtiger Zweckmäßigkeit freimachen soll" (Petzelt 1969: 86), so trägt jede Bildung „die kulturellen Züge ihrer Epoche nach ihrer jeweiligen Höhe ebenso wie nach ihren Schlacken und Abwertigkeiten" (ebd.). Dabei changieren Erziehung und Formung zwar zwischen dem Einzelnen und einer solchen Gemeinschaft. Dennoch geht die „pädagogische Wirkung [...] nicht aus von einem System von geltenden Werten, sondern immer nur von einem ursprünglichen Selbst, einem wirklichen Menschen mit einem festen Willen" (Nohl 1969: 41). Nohl versucht hier den Eigenwert und die Autonomie der Pädagogik zu betonen, auch gegen eine stark wirkende soziologische Intervention. Im Sinne Kants liegt das Ziel der Erziehung in der Entwicklung der eigenen Anlagen des Einzelnen. Im Gegensatz dazu hat bereits Durkheim in seinen Vorlesungen 1902/1903 über *Erziehung, Moral und Gesellschaft* die Soziologisierung der Pädagogik betrieben. „Ich stelle daher das Postulat einer jeden pädagogischen Theorie auf, daß die Erziehung eine eminent soziale Angelegenheit ist, und zwar durch ihren Ursprung und durch ihre Funktionen, und daß folglich die Pädagogik stärker von der Soziologie abhängt als jede andere Wissenschaft" (Durkheim 1984: 37). Durkheim sieht die Erziehung auf die Gesellschaft hin gerichtet, in die das Kind hineingeboren wird und an der es gesellschaftlich sowie milieuspezifisch partizipieren können soll. Erziehung erhält damit zuvorderst einen sozialen Charakter. Und aus dieser kollektiven Funktion der Erziehung heraus, der Gesellschaft als Bezugspunkt, „auf den sich das erzieherische Handeln richten muss" (Durkheim 2012/1922: 81), erklärt sich für Durkheim die Rolle des Staates und der Gesellschaft für die Erziehung und der schulischen Bildung. „Wäre die Gesellschaft nicht immer gegenwärtig und wachsam, um zu erzwingen, daß pädagogisches Handeln im sozialen Sinne geschieht, so würde dieses notwendigerweise in den Dienst partikulärer Überzeugungen gestellt" (ebd.). Und auch bei Parsons klingt es ähnlich, wenn er davon spricht, dass es die gesellschaftliche Hauptfunktion der Schule sei,[20]

[20] Hier von Parsons dezidiert auf die amerikanische Gesellschaft bezogen.

die Bereitschaft der Schüler „zur erfolgreichen Erfüllung ihrer späteren Erwachsenenrolle zu verinnerlichen“ (Parsons 2012/1959: 103). Neben der Wissens- und Fertigkeitsvermittlung oder – wie Parsons es nennt – „‚kognitive[m]‘ Lernen von Informationen, Fertigkeiten und Bezugsrahmen, die mit empirischem Wissen und technologischer Bewältigung von Problemen“ (Parsons 2012/1959: 109) angesprochen wird, tritt dergestalt die zweite Hauptkomponente der Schulleistung, die heute mitunter als Kopfnote bezeichnet wird. Es ist die Ausbildung von Sozialverhalten und *Arbeitsgewohnheiten*. Schule vermittelt dergestalt jene Form sozialen Wissens, das die SchülerInnen dazu befähigt, sich in einer Gruppe gruppenspezifisch bzw. der Lehrerschaft gegenüber adäquat zu verhalten.

Das hier nun angedeutete Spannungsfeld, in das die Pädagogik und die beinhaltenden Begriffe wie Bildung und Erziehung eingelassen sind, ist nicht nur das zwischen Kunstlehre und Wissenschaft, sondern auch das klassisch zu nennende Changieren zwischen Subjekt und Gesellschaft und der sich daraus (mehr oder weniger) ableitende Sonderfall des pädagogischen Vorgangs; und damit die Begründung einer autonomen Pädagogik. Bildung ist nach Theodor Geiger in Überbrückung dieser beiden Pole ein wechselseitiger Prozess der *Wirkung* auf die Gruppe durch den Einzelnen und umgekehrt. „*Bildung ist ein Prozeß, der sich zwischen einer Gruppe und den ihr zugehörigen Menschen als Partnern oder Polen vollzieht*“ (Geiger 2012/1930: 90, Herv. i. Orig.).

Vor diesem Hintergrund muss eine Bildungssoziologie zum einen ihr Verhältnis zur Pädagogik sowie die dort wirksamen Grundbegriffe klären und zum anderen ihren Zugriff auf *Bildung* explizieren.

3.1.1 Die Bildung der Bildungssoziologie

Der Begriff der Bildung wird – wie bereits zu Beginn des Kapitels 3 angezeigt – nicht selten als ein genuin erziehungswissenschaftlicher Begriff ausgewiesen bzw. als dem Fach zugehörig verstanden. Eine wissenschaftliche Hinwendung zu ihm drängt damit immer auch zu einer Auseinandersetzung mit eben jener Erziehungswissenschaft und ihrer Exegese des Begriffes, wie sie oben in dem hier nötigen Maße angezeigt wurde. Überdies besteht nicht selten ein gemeinsamer Zugriff auf erziehungs- und bildungsspezifische Klassiker, wie z.B. auf Emile Durkheim, Michel Foucault, Niklas Luhmann oder Pierre Bourdieu (vgl. zur Auswahl Dollinger 2006). Die Soziologie der Bildung ist dergestalt eng mit dem Begriff der Erziehung verbunden; es verwundert daher nicht, dass die Pädagogik eine dominierende Stellung in der Bildungsforschung innehat und damit auch einen wichtigen Bezugspunkt der Bildungssoziologie darstellt. Krais hebt dies in der Rubrik *steckbrief bildungssoziologie* der Sektion Bildung und Erziehung der Deutschen Gesellschaft für Soziologie auch mit ihren weitreichenden Auswirkungen hervor:

> „Dass die Bildungssoziologie eingebettet ist in eine interdisziplinäre, multiperspektivische Bildungsforschung mit dominanter Pädagogik, bleibt nicht ohne Folgen. Zunächst schlägt sich dies in der institutionellen Zuordnung der Bildungssoziologie an den Hochschulen nieder. Die Blütezeit der Bildungssoziologie um 1970 herum mündete in einen Ausbau der Professuren für Bildungssoziologie in erster Linie an erziehungswissenschaftlichen Fachbereichen; dies bedeutete zugleich, dass der wissenschaftliche Nachwuchs – und dies gilt bis heute – sich überwiegend an erziehungswissenschaftlichen Fachbereichen qualifizierte und dort auch seine berufliche Zukunft sah. So dürfte die seit der Mitte der siebziger Jahre abnehmende Präsenz bildungssoziologischer Themen in den Debatten unserer Disziplin auch – wenn auch ganz sicher nicht allein und nicht vorrangig – auf diese schwache institutionelle Präsenz in der Soziologie zurückzuführen sein. […] Die an erziehungswissenschaftlichen Fachbereichen angesiedelten Professuren für Bildungssoziologie sind in den normativ geprägten Diskurs der Pädagogik eingebunden, der auch Problemdefinitionen und Relevanzgesichtspunkte vorgibt“ (Krais 2013: o.S.).

Mit dieser engen Anbindung – institutioneller wie inhaltlicher Art – der Bildungssoziologie an die Erziehungswissenschaft gehen überdies auch mögliche Rückbindungen sowie „der Kontakt zur Ursprungsdisziplin im Regelfall verloren“ (Krais 2013). Damit ist nicht der allgemeine Verlust ihrer soziologischen Identität gemeint. Aber ein pädagogisch geprägter Diskurs mag ein Grund dafür sein, dass die Bildungssoziologie z.B. wissenssoziologische

Anknüpfungspunkte wenig bis gar nicht herstellt.[21] Ähnlich betonen auch Bauer, Bittlingmayer und Scherr, dass soziologisches Wissen mittlerweile „ein zentraler Bestandteil erziehungswissenschaftlicher Forschung und Theoriebildung [ist]. Auf institutioneller Ebene ist allerdings festzustellen, dass Bildungs- und Erziehungssoziologie in der Folge dann erhebliche Schwierigkeiten hat, den Bedarf an disziplinär eigenständiger Forschung und eigener Lehrstühle zu begründen, wenn Erziehungswissenschaftler/innen erfolgreich reklamieren, den Gegenstandsbereich in einer umfassenden interdisziplinären Perspektive zu bearbeiten" (2012: 19).
Gleichwohl werden die Begriffe Erziehung und Bildung bereits unterschieden und damit auch die Differenz von Bildungs- und Erziehungssoziologie angezeigt. Vereinfacht gesagt:

> „Erziehung verweist auf gezielte und bewusste Versuche, absichtsvoll auf die Persönlichkeitsentwicklung, auf Verhaltensmuster, Gewohnheiten, Werte, Normen und Überzeugungen einzuwirken. [...] Erziehung zielt auf die Übermittlung dessen, was jeweilige Erziehungsinstitutionen bzw. Erzieher/innen als erwünschte Empfindungs-, Wahrnehmungs-, Denk- und Handlungsweisen betrachten. [...] Bildung steht demnach für Prozesse, in denen Individuen sich in Auseinandersetzung mit kulturellen Überlieferungen und eigenen Erfahrungen befähigen, eigensinnig und eigenständig zu denken und zu handeln. Emphatisch formuliert: auf Prozesse der Selbstbildung zum autonomen, selbstbewussten und selbstbestimmungsfähigen Subjekt. Der Erziehungsbegriff akzentuiert so betrachtet Erfordernisse der gesellschaftlichen An- und Einpassung, der Bildungsbegriff Prozesse der Individuierung zum selbstbestimmungsfähigen Subjekt" (Bauer/Bittlingmayer/Scherr 2012: 15)

Folgt man den neueren Lehrbuchsammlungen oder Sammelbänden sowie den entsprechenden Debatten und Projektionen der Aufgaben der Bil-

[21] Krais verweist in ihrem Text darauf, dass Bildungssoziologie unscharfe Grenzen zu anderen soziologischen Spezialdisziplinen habe und nennt hier beispielhaft die Soziologie des Kindes, Kultur-, Wissenschafts- Familiensoziologie oder die Ungleichheitsforschung (vgl. Krais 2013). Auch hier spielt die Wissenssoziologie keine Rolle als Bezugs- oder Abgrenzungsperspektive. http://www.bildungssoziologie.de/steckbrief.html [01.11.19].

dungssoziologie in der Gegenwart und Zukunft (vgl. z.B. Bauer/Bittlingmayer/Scherr 2012, Becker/Solga 2012, Becker 2011, Kupfer 2011, Brüsemester 2008, Kopp 2009, Kahlert 2010, Löw/Geier 2014), die zwar nicht *die* Bildungssoziologie darstellen, aber sehr wohl ein Destillat ihrer zentralen Fragen, Forschungsgegenstände und -felder anzeigen, lässt sich trotz aller Disparitäten und unterschiedlicher Foki als Gemeinsamkeiten herausstellen, dass mit dem zu untersuchenden Gegenstand der Bildung eine gesellschaftliche Praxis und ein sozialer Tatbestand gemeint ist, deren Institutionalisierung, gesellschaftlichen Voraussetzungen und allgemein die Vorgänge im Bildungssystem Gegenstände des soziologischen Interesses an Bildung sein können. Die Soziologie hat hernach weniger die Notwendigkeit einer philosophischen Grundierung des Begriffes *Bildung*, sondern kann zunächst darauf verweisen, dass das, was in einer Gesellschaft als Bildung verstanden wird und sich entsprechend in Institutionen, Handlungspraktiken oder Strukturen niederschlägt, das sei, was es zu untersuchen gelte. Ein stark philosophisch grundierter Bildungsbegriff, der darunter den Eigenständigkeits- und Befähigungsprozess des Individuums versteht, der sich im und vom Individuum ausgehend in Form von Selbstbildungsprozessen entwickelt, hat von einem solchen subjekt- bzw. bewusstseinsphilosophischen Ausgangs- wie auch Zielpunkt das Problem zu erklären, was daran eine soziologische Relevanz hat. Schulen als Ort organisierter Lernprozesse können in einer solchen Sichtweise dann auch keine Vermittlungsorte von Bildung oder gar Wissen sein.[22]

So sieht beispielsweise Becker nicht im eigentlichen Bildungsbegriff den Bestimmungsgrund der Bildungssoziologie, sondern in den „ökonomischen, kulturellen, politischen und sozialstrukturellen Rahmenbedingungen von Bildungsprozessen (Erziehung, Sozialisation und Bildung) sowie ihre[n] individuellen und gesellschaftlichen Folgen" (Becker 2011b: 10) dasjenige, was Gegenstand der Bildungssoziologie sei und sich zudem besser über den Begriff der Qualifikation ausdrücke (vgl. ebd. S. 14). Auch hier wird der enge Bezug von Erziehung (exogene Prozesse) und Bildung (endogener Prozess) deutlich bzw. als zwei Seiten einer Medaille erkennbar. In Abgrenzung zu erziehungswissenschaftlicher und psychologischer Bildungsforschung, die

[22] Radikal-konstruktivistische Ansätze in der Pädagogik und Schulforschung gehen letztlich genau hiervon aus, d.h. die Lehrkraft hat keinen „Einfluss auf die kognitive Verarbeitung des angebotenen Wissens durch die Schülerinnen und Schüler" (Klaßen 2005: 169).

in ihrem Fokus auf Bildung nicht nach „den sozialen Ermöglichungsbedingungen von Bildungsprozessen, die die Autonomie und Selbstbestimmungsfähigkeit des Einzelnen fördern“ (Bauer/Bittlingmayer/Scherr 2012: 15), fragen, kann die Bildungssoziologie eben dies tun.
Im Zusammenhang mit Bildungsprozessen spielen daneben vor allem Fragen nach sozialer Ungleichheit und Chancengleichheit sowie „Statusvererbung“ (Becker 2011b: 14) und Bildungsarmut in bildungssoziologischen Untersuchungen eine Rolle (vgl. z.B. auch Hillmert 2012: 327, Becker/Solga 2012b: 16). Schule fungiert hier neben ihrer Qualifizierungs-, Integrations- und Legitimationsfunktion zugleich als Allokations- bzw. Selektionsfaktor (vgl. z.B. Prior 1976: 29 ff.), indem berufliche Positionen sowie gewisse Gehaltsklassen (z.B. im öffentlichen Dienst) an bestimmte Schul- bzw. Bildungsabschlüsse gekoppelt sind.
Bildung findet hier ihren (vergleichenden) Ausdruck über entsprechende Bildungszertifikate, wie Schul- oder Berufsabschlüsse als zentrale Bildungsvariablen, mit denen im Wortsinn auch *gerechnet* werden kann. An diesen lassen sich überhaupt erst nachvollziehbare *Bildungsentscheidungen* ablesen. Selbst angeeignete Fähigkeiten oder das freie und *eigenvergnügliche* Lernen, die Selbstbildung ohne den Erwerb eines Zertifikats, Nachweises oder eines Zeugnisses kommen selten oder nicht in den Blick. So bezieht sich der Begriff der *Bildungschance* dann auch in erster Linie auf den Kompetenzerwerb, der sich in den Bildungsabschlüssen widerspiegelt (vgl. Hillmer 2012: 327). Virulent werden diese Aspekte vor dem Hintergrund einer postindustriellen Wissensgesellschaft, in der Bildung und (zertifizierter) Bildungserwerb scheinbar eine funktionale Notwendigkeit sind, um eine grundlegende ökonomische Teilhabe an der Gesellschaft zu ermöglichen (vgl. auch Solga 2012: 465). Die emanzipatorische Kraft des Bildungsbegriffes muss damit nicht automatisch verloren gehen, gleichwohl verliert die bildungsbezogene Dimension ihre persönliche Interessensgebundenheit und individuelle Unabhängigkeit, d.h. der Entfaltungsgedanke in dem Maße, wie Bildung eine solche funktionale Notwendigkeit wird.
Den Versuch die Bildungssoziologie über den Begriff bzw. seine historische Rekonstruktion der Bildung zu bestimmen, zeigt sich beispielsweise bei Löw (vgl. Löw 2006). Über eine solche Rekonstruktion werden der soziale Ursprung und die soziale Gebundenheit des Begriffes – und damit vor al-

lem auch seine soziologische Relevanz – deutlich (vgl. auch Kupfer 2011), über die sich die Distinktionskraft von und die Differenzierungsprozesse über Bildung im ausgehenden 18. und beginnenden 19. Jahrhundert ausbilden und schlussendlich in den Ungleichheitsdiskurs führen.

3.1.2 Das Wissen der Wissenssoziologie

Davon zu sprechen, dass es *das* Wissen als Untersuchungsgegenstand der Wissenssoziologie gäbe, ist vor dem Hintergrund hermeneutisch-interpretativer, strukturtheoretischer oder funktionalistischer wissenssoziologischer Ansätze, „die weder in Hinsicht auf das ‚Soziale' oder auf das, was als ‚Wissen' verstanden wird, noch in Hinsicht auf die Beziehung zwischen beiden Ebenen übereinstimmen" (Schützeichel 2012: 25), ein schwerliches Unterfangen und eine solche rekonstruktive Arbeit soll hier nicht geleistet werden. Vielmehr dient das Unterkapitel dazu, einen wissenssoziologisch verdichteten Wissensbegriff zu skizzieren, der zwar keine umfängliche Repräsentativität für die verschiedenen wissenssoziologischen Ansätze proklamiert, aber dennoch eine nicht willkürliche Skizze des wissenssoziologischen Wissensbegriffes und seiner Dimensionalisierung zeichnet. So lassen sich daran anschließend Verfugungs- wie auch Bruchstellen zwischen Bildungs- und Wissenssoziologie anzeigen. Die kurze Darstellung insinuiert keine kategorialen Ein- oder Ausschlusskriterien für die eine oder gegen die andere, deutet aber über den kurzen historischen Abriss auf Traditionslinien und eine sich daraus ergebende forscherische Hinwendungspraxis.

Unter der vorklassischen Wissenssoziologie lassen sich jene Denkansätze fassen, die Ideologiekritik und Ideologienlehre betrieben, d.h., „die sich mit der sozialen Bedeutung von Wissen beschäftigt haben, bevor die Soziologie in ihre klassische Phase gelangt (durch Durkheim, Toennies, Simmel, M. Weber und andere) und bevor die eigentliche Wissenssoziologie entstanden ist" (Fuchs-Heinritz 2007: 13). Gefragt wurde in diesem Zusammenhang nicht nur danach, welche Hindernisse einem *wahren* Wissen im Wege stehen (z.B. Religion oder Mythen), um in der Gesellschaft Gültigkeit zu erlangen (Ideologiekritik). Sie hatten dabei selbst „eine pateiische Auffassung davon, was das wahre Wissen ist, das sozial wirksam gemacht werden soll" (Fuchs-Heinritz 2007: 13).

Die frühen Ansätze selbst kamen vor allem aus der Philosophie, der Erkenntnistheorie oder der politischen Ökonomie (z.B. Smith, Marx). Bereits Francis Bacon erkannte mit seiner *Idola-Konzeption* – die Anlehnung an Platons Ideen –, dass der Mensch und sein Erkennen durch Vorannahmen getrübt und beeinträchtigt werden, die es zu erkennen und anschließend abzulegen gelte, um die Dinge – ganz im Sinne eines Realisten – an sich zu erkennen. „Vier Arten von solchen Idolen halten den menschlichen Geist gefangen. Ich habe sie der besseren Darstellung wegen mit Namen versehen; die erste Art soll als Idol des Stammes bezeichnet werden; die zweite als Idol der Höhle; die dritte als Idol des Marktes; die vierte als Idol des Theaters" (Bacon 1999: 101). So geht es dergestalt um die reflexive Erkenntnis und die Explikation von Denkweisen, bestimmender Überzeugungen und Vorannahmen, sind diese doch dem Wissen und der Wissensproduktion vorgeschaltet.

Feuerbachs Religionskritik in seinem Werk „Das Wesen des Christentums" von 1841 lässt sich ebenso beispielhaft für die Ideologiekritik nennen, wie das Werk von Karl Max und Friedrich Engels (vgl. auch Kneer 2010: 708, Knoblauch 2010: 46), die Ideologien bzw. Wissen in Abhängigkeit der materiellen und Herrschaftsverhältnisse sehen. Dem Wissen sind daher bereits die sozialen und ökonomischen Verhältnisse eingeschrieben, aus dem wiederum entsprechendes Wissen bzw. die Bedeutung des Wissens für die Gesellschaft hervorgebracht wird. All jene Perspektiven beinhalten ganz im Sinne der Aufklärung die positive Annahme einer Verstetigung, Zunahme und Ausweitung des menschlichen Wissens, der Vernunft bzw. Rationalität und damit einer Veränderbarkeit der zu kritisierenden Zustände (und damit implizit immer auch den Glauben an die Möglichkeit einer ansatzfreien eigenen Verortung innerhalb solcher Bedingtheiten und Herrschaftsverhältnisse). Wissen ist dergestalt insofern janusköpfig, da es zum einen zu solchen Bedingtheiten und zur Konstitution von Herrschaftsverhältnissen beiträgt, ihm durch es selbst aber zugleich auch die Befreiung aus solchen Herrschaftsverhältnissen zugesprochen wird. In Bezug zur Wissenssoziologie wäre eine entsprechende Metaperspektive dieses Umstandes eine Untersuchung der Art und Form der Wissenssoziologie, ihrer „Moden", Methoden und Fragekomplexe in der Zeit, d.h. eine Wissenssoziologie, die sich selbst als Gegenstand nähme. Auch im weiteren Fortgang und besonders mit und seit der Wissenssoziologie Berger/Luckmanns (vgl. 1980) werden in Anleh-

nung an die Überzeugung der gesellschaftlichen und kommunikativen Konstruktion von Wissen, der darin enthaltenen Tradierung, Institutionalisierung, Weitergabe und sich darauf aufbauenden Neuschöpfungen von Wissen die zugrundeliegenden Prozesse beschaut und analysiert. Wissen stellt dergestalt nicht zwingend das Eigentliche von entsprechenden Untersuchungen dar, sondern dient als Ausgangspunkt, als sichtbare Spitze des Eisbergs, von dem aus sich auf eben solche konstitutiven und dynamischen Prozesse rückbezogen wird. In der Gesamtheit entstehen daraus schlussendlich Wissensordnungen, deren relative Stabilität auch gesellschafts- und alltagsstablisierend wirkt, da – trotz aller Kontingenz und Kontingenzerfahrungen im Alltag – die beiden Idealisierungen über die Konstanz der Lebenswelt wirksam sind: die Überzeugung des „Und so weiter" und „Ich kann immer wieder" (vgl. allgemein Schütz/Luckmann 19994a und b).
Berger verweist mit Hörning (2001) darauf, dass man auf Wissen auch im Sinne des Könnens für die Alltagspraxis abheben kann. In diesem Zusammenhang stellen sich dann „die Fragen nach Zugang, Kontrolle, Übertragung, Speicherung, Beglaubigung und Reproduzierbarkeit von Wissen ganz neu. Die ‚Landschaft' kultureller Wissensbestände erweist sich als erheblich disparater, ‚chaotischer', als es die traditionelle Wissenssoziologie wahrhaben mochte. Wer aus dieser Sicht Wissen besitzt, verfügt über eine Art Eigentum nicht an Dingen, sondern Kompetenzen, mehr oder weniger gut mit den Unwägbarkeiten und Unbestimmtheiten des Lebens zu Rande zu kommen" (Hörning 2001: 198 f.). Für Berger stellt daran anschließend Wissen eine Meta-Kompetenz dar, „zu der dann beispielsweise Fähigkeiten wie das Finden und Auswählen ‚passender' Informationen, aber auch das Nutzen von Ermessens- bzw. Interpretationsspielräumen oder auch eine gewisse Geschicklichkeit im Umgang mit offenen Verhandlungs- oder Entscheidungssituationen gehören" (Berger 2014: 99). Eine solche Sichtweise ist vor dem aktuellen Kompetenzdiskurs in der Schule und in Bezug zur Bildung dann nicht mehr weit vom Bildungsbegriff selbst entfernt. Denn dort wird umgekehrt nicht mehr von Wissen, sondern von Kompetenzen als einer das reine Wissen überschreitenden Eigenschaft gesprochen, eine Form der Methodenkompetenz, die ihren begrifflichen Aufschwung auch „der raschen Spezialisierung des Wissens" (Knoblauch 2010: 250) im Rahmen einer Wissensgesellschaft zu verdanken hat. Kompetenzen stellen dann

eine solche spezialisierte Wissensformen überschauende Perspektive dar. Kompetenz meint überdies einen *kompetenten* Umgang mit Wissen und Nichtwissen (vgl. Kurtz 2010: 13) und zielt damit zugleich auf ein Verhältnis von Wissen und Handeln. „Was ist damit gemeint? Gegenüber vormodernen und frühmodernen Gesellschaften hat sich das Verhältnis von Wissen und Handeln in der Moderne radikal verändert. Die immense Zunahme von Wissen in der heutigen Gesellschaft eröffnet eine solche Vielfalt von Handlungsmöglichkeiten, dass das Wissen zusehends an Sicherheit verliert. Denn mit der Zunahme von Wissen nimmt immer zugleich auch das Nichtwissen“ (Kurtz 2010: 14-15) zu. Eine daraus mögliche und resultierende Handlungsunsicherheit, weil nun Wissen, konkurrierendes Wissen und Nichtwissen in einem stärkeren (und heute schnelleren Maße) zu integrieren sind, soll über die Kompetenz austariert werden. Kompetenz ist dann der Umgang und das Arrangement von Wissen, Nichtwissen und den dazwischen sich befindenden Spannbreiten, um weiterhin handlungsfähig zu bleiben.

3.2 Verbindungen zwischen Wissens- und Bildungssoziologie

Ein gemeinsamer Ur- oder besser Bezugspunkt der Wissens- und Bildungssoziologie lässt sich in der (philosophischen) Anthropologie erblicken, dic natürlich für die Soziologie allgemein von großer Bedeutung ist. Vieles beginnt hier mit der vierten Frage Kants: „Was ist der Mensch?“ Die Anthropologie als „Lehre vom Menschen“ versucht, wenn man sie pragmatisch (vgl. Kant 1980) fasst, dem Wesen Mensch auch „in seinem spezifischen Lebens- und Tätigkeitsbereichen nachzugehen“ (Uhl 2009: 72). Und hier zeigt sich sicherlich eine Trennungslinie zwischen naturwissenschaftlich ausgerichteten Anthropologien, die den Menschen in erster Linie als biologisch verfasst und grundiert betrachten – also eine rein naturalistische Sichtweise vertreten –, und den weit zu fassenden Kulturanthropologien. Sieht man in der Lehre vom Menschen nicht nur seine biologische Verfasstheit und versucht die entsprechenden menschlichen *Entäußerungen* darauf zurückzuführen und diese als Effekte seiner biologischen Ausstattung zu verstehen – sucht man also dergestalt nach der *conditio sine qua non* –, bildet die Anthropologie in geisteswissenschaftlicher Hinsicht eine Reihe von offenen, anthropologischen Spielräumen. So kann der Mensch z.B. als „Mängelwesen“ (Gehlen), in „exzentrischer Positionalität“ zu sich selbst (Plessner), „weltoffen“ (Scheler), mit einem Urhebertrieb versehen und als relationales Wesen (z.B. Buber, Flusser), als signifikante Symbole produzierendes und verwendendes Wesen (z.B. Mead, Ernst Cassirer, Buber) oder als *homo ludens* (z.B. Huizinga oder Schiller) verstanden werden. Auch wenn die Rückbindung an seine biologische und phylogenetische Verfasstheit mitunter einbezogen wird (z.B. bei Plessner, Scheler, Gehlen oder Mead), bleibt in der geisteswissenschaftlichen Tradition der Anthropologie die Suche nach kulturellen Handlungsmustern und steht die sich wandelnde Auseinandersetzung des Menschen mit der Welt und sich selbst im Vordergrund. „Die Frage nach dem Menschen ist nie endgültig beantwortbar, es ist seine Offenheit, welche das Projekt der Anthropologie im historischen Zeitverlauf bestimmt“ (Pietraß/Funiok 2010b: 7). Und das auch vor dem Hintergrund, dass der Mensch „heute fragwürdiger als je“ (Bolz/Münckel 2003: 9) ist. Eine Sichtweise zwischen biologischem und kulturellem Standpunkt findet sich derweil in der Tradition Kants, der die zwei Modalitäten anthropologischen Denkens betont:

> „Eine Lehre von der Kenntnis des Menschen, systematisch abgefaßt (Anthropologie), kann es entweder in physiologischer oder in pragmatischer Hinsicht sein. Die physiologische Menschenkenntnis geht auf die Erforschung dessen, was die Natur aus dem Menschen macht, die pragmatische auf das, was er, als frei handelndes Wesen, aus sich selber macht, oder machen kann und soll“ (Kant 1980: 3).

Die Frage nach dem Menschen, nach dem, was der Mensch sei, ist für Bildungs- wie Wissenssoziologie ein wichtiger Bezugspunkt, bildet sie doch den Kulminationspunkt der drei vorausgegangenen Fragen *was kann ich wissen* (Erkenntnistheorie), *was soll ich tun* (Ethik), *was darf ich hoffen* (Glaube)*?* Im Fokus der Kantischen anthropologischen Auseinandersetzung steht nicht die Frage nach dem, was die Natur dem Menschen mit auf den Weg gibt – also die Sicht einer physiologisch oder biologisch geprägten Anthropologie –, sondern er fragt danach, was der Menschen „als freihandelndes Wesen aus sich selber macht, oder machen kann und soll“ (Kant 1980: 3). Er grenzt solcherart die physiologische von der pragmatischen Fassung der Anthropologie ab. „Die pragmatische Erörterung sucht keine Wesenserkenntnis von Grund auf, sondern will eine ‚Vorübung' für ‚künftige Erfahrungen im Umgang mit Menschen' sein. Der *Zweck* dieses Diskurses selbst ist also pragmatisch" (Jörissen 2002: 160).

Vernunft und freier Wille spielen bei Kant eine zentrale und wiederkehrende Rolle – Kant geht als Ausgangspunkt vom *animale rationale* aus. Das freihandelnde Wesen und nicht das Naturwesen Mensch bildet den pragmatischen Rahmen. Für Kant öffnet sich ein Spalt zwischen dem freihandelnden und dem Naturwesen Mensch, insoweit der Mensch von Natur aus mit Vernunft (animale rationale) versehen bzw. vernunftbegabt ist. Die Kluft liegt hier in der Potentialität und der Verwirklichung dieser Vernunft, die für ihn eine Unterscheidung erzwingen. Dergestalt unterscheidet er das vernunftbegabte und das vernünftige Tier.

> „Es bleibt uns also, um dem Menschen im System der lebenden Natur seine Klasse anzuweisen und so ihn zu charakterisieren, nichts übrig als: daß er einen Charakter hat, den er sich selbst schafft, indem er vermögend ist, sich nach seinen von ihm selbst genommenen Zwecken zu perfektionieren; wodurch er als mit Vernunftfähigkeit begabtes Tier (*animal rationabile*) aus sich selbst ein vernünftiges Tier (*animale rationale*) machen kann" (Kant 1980: 275).

Der Mensch schöpft sich solcherart auf Basis seiner Anlagen selbst, er gibt sich selbst die Zwecke, für die er leben möchte. „Übrigens soll und kann die Menschengattung selbst Schöpferin ihres Glückes sein; nur daß sie es sein wird, läßt sich nicht *a priori* aus den uns von ihr bekannten Naturanlagen [...] schließen" (Kant 1980: 284). Und darin liegt ein wesentlicher Unterschied zu den im 18. Jahrhundert verbreiteten physiologischen Anthropologien (vgl. auch Sturm 2009: 55).

Kant sieht in der Kultur – und damit lässt er sich zugleich als kulturanthropologisch markieren – und dem menschlichen Handeln, den Weg für eine „Perfektionierung des Menschen" (Kant 1980: 275). Der Mensch soll sich solcherart weg vom Natur- und hin zum Kulturwesen entwickeln, wenngleich Kant selbst immer wieder auf physiologische Aspekte eingeht, um z.B. gewisse menschenspezifische Handhabungen zu erklären. So sieht er im

Menschen eine technische Anlage zur Handhabung von Dingen, die es ihm ermöglichen *Techniken* zu entwickeln (z.B. das Schwimmen), um sich in seiner Umwelt besser zurechtzufinden. Und diese Techniken und Handhabungsmöglichkeiten sieht er u.a. in der natürlichen Organisation der Hand begründet:

> „Die Charakterisierung des Menschen als eines vernünftigen Tieres liegt schon in der Gestalt und Organisation seiner Hand, seiner Finger und Fingerspitzen, deren teils Bau teils zartem Gefühl, dadurch die Natur ihn nicht für eine Art der Handhabung der Sachen, sondern unbestimmt für alle [...] gemacht und dadurch die technische oder Geschicklichkeitsanlage seiner Gattung als eines vernünftigen Tieres bezeichnet hat" (Kant 1980: 277-278).

Der Mensch – freigestellt von der Natur – besitzt demzufolge keine Technik, sondern ist frei darin, eigene Techniken zu entwickeln. Hier scheint bereits der von Gehlen so bezeichnete Mensch als *Mängelwesen* durch, dessen Mangel gerade seine größte Freiheit ist und ihn zum Handeln aufruft. Die Fragen nach Freiheit und Bedingtheit führen dann auch zur Frage nach der Ungleichheit. Kann der Mensch frei handeln, werden Menschen unterschiedlich handeln und damit wird ihr Handeln zu unterschiedlichen Ergebnissen führen. Fußt das Handeln der Menschen auf sozialen Bedingtheiten, kann darin Ungleichheit und mehr noch Ungerechtigkeit begründet sein. Die Frage nach Ungleichheit im Sinne einer Benachteiligung berührt dergestalt immer auch die Frage nach Freiheit und (sozialer) Bedingtheit menschlichen Handelns.

Ungleichheit spielt spätestens seit der Aufklärung eine zentrale Rolle, die *Bildung* des Menschen kann für die Epoche der Aufklärung als wichtiges Merkmal ausgewiesen werden. Beispielhaft steht hier Jean-Jacques Rousseau und seine aufklärerische Haltung, die sich in seinen Schriften widerspiegelt. In seinem Bildungsessay *Emile oder Über die Erziehung* (1762) versucht Rousseau die Ungleichheit, die er zwar in der Gesellschaft sieht, aber nicht naturgegeben sei, durch ein Plädoyer für Bildung zu thematisieren und zu überwinden. „Bildung sei nötig, weil nicht der Zufall von Herkunft und Herrschaft über die Geltung von sachlichen Ansprüchen und sittlichen

Normen entscheiden dürfe" (Ladenthin 2007: 129). Rousseau proklamiert ein Zurück zur Natur, da der Naturzustand letztlich ein unhintergehbarer Zustand und im Gegensatz dazu die Kultur und Gesellschaft der (Selbst-)Bildung des Menschen im Wege stünde. Im Gegensatz dazu sieht Friedrich Schiller die Wendung des Menschen in einem sich am Horizont abzeichnenden industriell-technischen Zeitalter mit einer zunehmenden Entzauberung der Welt – anders als Rousseau – nicht in einem zurück zur Natur, sondern in einer ästhetischen Haltung zur Welt. Er hebt den Aspekt des Spiels hervor – den homo ludens –, der in der Moderne und darüber hinaus zu einem geforderten oder zu konstatierenden Element des Menschen werden soll: „Denn, um es endlich auf einmal herauszusagen, der Mensch spielt nur, wo er in voller Bedeutung des Worts Mensch ist, und er ist nur da ganz Mensch, wo er spielt" (Schiller 1997: 63). Die *ästhetische Erziehung* und Bildung des Menschen formieren hernach eine Haltung zur Welt, eine spielerische und spielende Art und Weise der Weltzuwendung und -aneignung. Schiller hat die Doppelnatur des Menschen in seinen Briefen „Über die ästhetische Erziehung des Menschen" (Schiller 1997) behandelt. Der Mensch beinhaltet einen Stofftrieb, d.h. sein stoffliches und physisches Dasein. Zum anderen ist der Mensch gekennzeichnet durch seinen Formtrieb, d.h. seine in ihm angelegte Vernunft, die ihm eine Bewegung zur Freiheit ermöglicht. Der Mensch ist dergestalt Gefühls- und Vernunftswesen. Aber erst in der Vereinigung beider Triebe – Stoff und Form – im *Spieltrieb,* für den eine *ästhetische Kultur* nötig ist, kann der Mensch sein menschliches Potential gänzlich entfalten. Und so sind letztlich bei ihm Ästhetik und Anthropologie miteinander verschmolzen, hat die Ästhetik einen „theapeutische[n] Anspruch" (Bolten 1985: 166). Die Ästhetik dient hier als Mittler der Ausgewogenheit der Sinnlichkeits- und Vernunftspotentiale des Menschen.

Einer neueren wissenssoziologischen Perspektive würde nun Rousseau insofern zustimmen, als die herrschenden, dominanten Diskurse und Deutungsmuster einer Gesellschaft diskursiv und kommunikativ hervorgebrachte Zustände sind. Die Natur als externe Referenz zu betrachten, auf die es sich auszurichten oder anzulehnen gilt, kann aus wissenssoziologischer Sichtweise allerdings verneint werden. So wie Sichtweisen, Deutungsmuster und Diskurse gesellschaftlich hervorgebracht sind, sind auch

Mensch und das Miteinander gesellschaftlich konstruiert. Verliert sich dann in der Wissenssoziologie nicht eine anthropologische Perspektivierung? So könnte man zu Recht fragen. Das wiederum ist nur der Fall, wenn eine philosophische Anthropologie implizit immer noch einen biologischen, naturwüchsigen Ausgangspunkt intendiert und dergestalt Anthropologie nicht prozesshaft bestimmt. Für Rousseau bildet gleichwohl der Naturzustand den Bedingungszustand. Rousseaus Arbeiten

> „sind der stete Versuch, die Bedingungen des natürlichen Menschen unter den Bedingtheiten des kulturellen Menschen zu finden. Unterricht und Erziehung sind also nach Rousseau gerechtfertigt, wenn sie auf die Bildung des Menschen zielen; nicht aber, wenn sie die nachfolgende Generation zum angepaßten und funktionierenden Bürger für gegenwärtige Zwecke ausbilden. Diese Unterscheidung wird von nun an für die Bildungstheorie fundamental; sie beerbt die Theorie der Gottesebenbildlichkeit des Menschen“ (Ladenthin 2008: 131).

Und hierin findet sich eine zentrale Überschneidung von Bildungs- und Wissenssoziologie bzw. kreuzen sich ihre Ansätze. Werden vermittelte Inhalte und die Art ihrer Vermittlung nicht hinsichtlich ihrer Bedeutung für die Gesellschaft, sondern vor dem Hintergrund eines Ideologieverdachts gestellt, findet man sich sowohl in einer wissens- wie auch bildungssoziologischen Perspektive wieder. Gleichwohl ist der Gleichschritt nicht sehr lang, *benötigt* eine auf die Praxis und an die Pädagogik ausgerichtete Bildungssoziologie implizit oder explizit einen Bezugspunkt, der selbst nicht unter Ideologieverdacht gestellt wird oder werden kann. Das wiederum wäre ein – wie oben angezeigt – Menschenbild, eine Anthropologie, die den Menschen im Kantischen Sinne zur Vernunft und zur Bildung aufruft, so dass eine selbstgesteuerte und -entworfene Teilhabe am *Weltprozess* möglich ist. Es ist dann die Emanzipation, der Mut zur Freiheit und der Mut zu einer reflexiven Haltung, die zwar nicht alle gesellschaftlichen Zwänge abzulegen, diese jedoch offenzulegen vermag, damit sichtbar macht und hierdurch zugleich sozialen Wandel antreibt. Im Anschluss an Becker kann man sagen, „dass Bildung einen gesellschaftlichen Charakter impliziert und alles, was mit Bildung zu tun hat, sozial konstituiert, konstruiert und definiert ist“ (Becker

2011b: 10). Auch wenn nun Bildungsprozesse – institutionelle wie individuelle –, Bildungsaktivitäten und die mit ihnen sich ausbildenden, sie umschließenden oder darin eingebetteten gesellschaftlichen Strukturen Untersuchungsgegenstand der Bildungssoziologie sind, folgt sie selbst keinem dezidierten Bildungsbegriff, sondern versteht Bildung eher als Qualifikationen.

> „Qualifikation als Ausdruck erworbener Bildung (Prozess) bezieht sich funktional auf Fähigkeiten und Fertigkeiten, die für die Ausführung bestimmter Aufgaben – insbesondere einer beruflichen Tätigkeit oder eines Berufs – nötig sind und erworben werden müssen. Bildung ist daher auch Erwerb allgemeiner Fähigkeiten wie Lesen, Schreiben, Rechnen, und spezifischer Wissensgehalte oder Fertigkeiten wie etwa Traktor fahren, Bedienung einer Maschine oder Buchführung. Und schließlich gehört dazu auch der Erwerb von Faktenwissen in den allgemeinen (etwa Alltagswissen) und spezifischen Bereichen (etwa Berufswissen)" (Becker 2011b: 14-15).

Gänzlich werturteilsfrei ist auch eine Bildungssoziologie, die Bildung als Qualifikation fast, allerdings spätestens in der empirischen Forschung nicht mehr, betritt sie doch das gesellschaftliche „Spielfeld", das mit Regeln, Normen und Werten ausgestattet ist. Und wenngleich unintendiert, nimmt sie eine Stellung ein auf diesem Spielfeld und wirkt über diese auf das Feld. Mehr noch *reagieren* heute die gesellschaftlichen Untersuchungsfelder auf die Forschung, bieten sich selbst als Forschungsobjekt an oder haben eigens dafür ausgestattete Abteilungen. In Zeiten einer medialen Durchdringung des Alltags, der zunehmenden Inszenierung und Sichtbarmachung eigenen Handelns und dadurch angestoßenen Aufmerksamkeitsästhetik (vgl. hierzu Bidlo 2016 und 2019a) wird die wissenschaftliche Hinwendung zu einem Feld respektive Untersuchungsgegenstand von diesem als Aufmerksamkeitsressource verstanden. Das sich Sichtbarmachen, die Ermöglichung der eigenen Rezeption durch eine Herstellung von (gelenkter bzw. ausgewählter) Transparenz[23] sind solche Reaktionsmuster. Die schon immer mehr

[23] Der Aspekt der Transparenz wird im späteren Verlauf in Bezug zur Nachhilfe noch bedeutsam werden und an Kontur gewinnen.

oder weniger vorhandene Wechselwirkung zwischen Forscher und Feld findet darin eine weitere Überformung.[24] Eine zusätzliche normative Verwicklung bildungssoziologischer Forschung liegt in Bildungsungleichheitsuntersuchungen. Die „Ungleichheitssoziologie [wird] oft als die normative Seite der Soziologie angesehen [...]. Wie immer man dies beurteilt – fest steht: Es ist für die Ungleichheitssoziologie unterlässlich, sich auf Gerechtigkeitspostulate zu beziehen, weil sie ansonsten überhaupt kein Maßstab für gleich oder ungleich bestimmen kann“ (Barlösius 2004: 10).

Auch Houben (vgl. Houben 2013) sieht in der fluiden Variable *Wissen* einen Grund dafür, dass in der Ungleichheitsforschung, die u.a. durch die Sozialstrukturanalyse und Bildungssoziologie betrieben wird, die Wissenssoziologie zumindest in bildungssoziologischen Perspektiven nur selten anzutreffen ist. Die Sozialstrukturanalyse nutzt überdies – und dies ist im Kontext bildungswissenschaftlicher Untersuchungen ebenfalls zu beobachten – oft quantitative Methoden „mit klar operationalisierbaren Attributs- oder Strukturvariablen“ (Houben 2013: 325, vgl. auch Rössel 2009: 22 ff.), um soziale Ungleichheiten zu erfassen und zu operationalisieren. Das mag auch der „für die Sozialstrukturanalyse typischen Großgruppensoziologie als Ansatzpunkt für die Erklärung von sozialem Handeln und von Einstellungen“ (Rössel 2005: 15) geschuldet sein.[25]

Die Ungleichheitsforschung beinhaltet seit der Moderne den „aufklärerischen Common Sense“ (Sachweh 2011: 561), dass Ungleichheit weder einer natürlichen oder göttlichen Ordnung entspringe, sondern menschengemacht und damit auch, bei korrekter Analyse der Ungleichheiten und ihrer sozialen Bedingtheiten, veränderbar ist. So bedarf es dann aus zweierlei Gründen eines Operators, der Ungleichheit empirisch fass- und (z.B. auch international) vergleichbar macht. Ungleichheit wird in dieser Sichtweise sichtbar und zugleich legitimier- oder delegitimierbar, d.h. entkommt letztlich einer normativen Aufladung nicht. Bildung- und Berufsschichtung sind hier klassische Konzepte einer vertikalen Dimension von Sozialstruktur (vgl. Rössel 2009: 23), wenngleich betont wird, dass z.B. die *Bildung* sowohl direkte als auch indirekte Effekte beinhaltet, die empirisch nicht immer situa-

[24] Dieser Aspekt wurde u.a. auf den 5. Fuldaer Feldarbeitstagen „Old School – New School. Zur Frage der Optimierung ethnographischer Datengenerierung“ diskutiert.

[25] Im Gegensatz dazu vgl. Rössel 2005, der die Sozialstrukturanalyse „auf den Kopf“ stellt und von einem handlungstheoretischen und damit mikrosoziologischen Punkt ausgeht.

tiv erfasst werden können. Daher „wird man sich häufig auf […] Zertifikate als manchmal unzureichenden Indikator für [die] wirkliche Qualifikation verlassen müssen" (Rössel 2009: 174). Und mit diesen Bildungszertifizierungen wird dann, wie bereits erwähnt, in bildungsbezogenen Sozialstrukturanalysen in der Regel operiert.

Rössel betont in diesem Zusammenhang nochmals, dass Ungleichheit und Ungerechtigkeit keine zusammenfallenden Entitäten seien. Während das Eine (Ungleichheit) empirisch erfassbar ist, könne das Andere (Ungerechtigkeit) nur durch einen moralphilosophischen Diskurs einer Klärung zugeführt werden. Sichtbar wird hier zugleich die hinterlegte Diskussion um eine werturteilsfreie Soziologie.

Gleichzeitig wird deutlich, dass mit dem Ungleichheitsbegriff auch der Ungerechtigkeitsbegriff angestoßen bzw. mitgedacht wird. So lässt sich z.B. gerade in der Bildungsforschung das Zusammenfallen von Bildungsungleichheit und Bildungsungerechtigkeit beobachten. Beispielsweise plädieren Bauer und Bittlingmayer (2014) in Anlehnung an die Milieutheorie Michael Vesters in der Bildungsforschung gerade gegen eine reine Registratur von Ungleichheit. Eine bildungssoziologische Perspektive sei nur dann sinnvoll, „wenn sie mit eine[r] herrschaftssoziologische[n] Perspektive verknüpft wird" (Bauer/Bittlingmayer 2014: 217), sodass soziale Ungleichheit nicht nur vermerkt, sondern analysiert und prozesshaft ausgewiesen wird.

Interessant in diesem Zusammenhang, darauf weist Sachweh auf der Basis einer qualitativen Befragung hin, ist hingegen die Diskrepanz zwischen den regelmäßig sich ergebenen Analyseergebnissen, die Deutschland eine milieubedingte Chancenungleichheit in Bildungsmöglichkeiten ausweist, hingegen sich in Befragungen ein „Deutungsmuster sozialer Ungleichheit" (Sachweh 2011: 566) abzeichnet, das in Abgrenzung dazu der Auffassung folgt, „dass Deutschland eine offene Gesellschaft sei, und was man erreiche, hänge von der Bildung und den eigenen Fähigkeiten ab" (ebd.). Überdies lässt sich in der Gesellschaft eine Koexistenz zweier Deutungsmuster von Ungleichheit anzeigen, nämlich dass es soziale Umstände sind, die zur sozialen Ungleichheit führen. Umgekehrt heißt es in der Fortdauer naturalistischer und essenzialistischer „Erklärungsmuster sozialer Ungleichheit" (Sachweh 2011: 581), dass diese eine zwangsläufige und unvermeidbare Erscheinung gesellschaftlicher Ordnungen sei.

Wissen wird nun im Kontext einer Sozialstrukturanalyse durch den Bildungsbegriff, der über Bildungszertifikate besser formalisierbar ist, ersetzt:

> „Der Einfluss von Wissen auf Prozesse gesellschaftlicher Schichtung lässt sich weniger eindeutig belegen, als dies bei Variablen wie Einkommenshöhe, Berufsprestige oder Geschlecht der Fall ist. Anstelle eines umfassenderen Konzepts von Wissen hat sich der Sozialstrukturanalyse Bildung zu einer der wichtigsten Zusammenhangsvariablen entwickelt. So ist zwar der Grad der zertifizierten Bildung in vielen Fällen ein extrem zuverlässiger Prädiktor für soziale Mobilität, Einkommen oder Gesundheit (um nur einige zu nennen), allerdings wird Wissen darüber streng genommen nur unzureichend erfasst" (Houben 2013: 325).

Bildung wird damit nicht nur zu einem zwar nicht ausschließlichen, aber oft genutzten und sichtbaren Operator für soziale Ungleichheit, sondern wird zugleich zur Legitimation von Ungleichheit herangezogen. Denn in der Regel steht nicht die Bildung in der Kritik für soziale Ungleichheit, sondern ihre Abwesenheit, der ungleiche Zugang zu ihr, Chancengleichheit im Bildungssystem o.Ä. Die Fluidität von Wissen hingegen, die sich beispielsweise auch in distinktiven Praktiken *in* sozialen Situationen ausdrückt, um so Differenz zu erzeugen, wird daher nicht selten von der Wissenssoziologie in Form qualitativer Untersuchungen empirisch sichtbar, aber nur bedingt vergleichbar gemacht.

Die Wissenssoziologie kann nun in Abgrenzung dazu in allem Gegebenem (mehr oder weniger) herrschende oder andere Ideologien markieren und dadurch implizit oder explizit kritisieren. Sie ist daher zuvorderst zur Kritik befähigt, ohne derweil einen eigenen Entwurf der Welt anzubieten, wenngleich es auch eine auf die Praxis, im Sinne eines Gestaltens und Entwerfens ausgerichtete Wissenssoziologie, wie z.B. bei Karl Mannheim, gibt. Gekennzeichnet ist sie durch Multioptionalität und entsprechend eine gewisse Offenheit und Konnektivität. Mannheim hat in seinen späteren Werken[26]

[26] Gerade seine späteren Werke nach seiner Flucht vor den Nazis und der erzwungenen Emigration nach England behandeln Zeitdiagnosen und Verbesserungsvorschläge, z.B. *Mensch und Gesellschaft im Zeitalter des Umbaus* (1935) oder *Diagnose of Our Time*, (1943).

sozusagen eine gestaltende Wissenssoziologie betrieben. Zuvorderst arbeitet die Wissenssoziologie allerdings rekonstruktiv und/oder kritisch. Sicherlich spiegelt sich in diesem Umstand auch der *Streit in der Wissenssoziologie* und der Werturteilsstreit in der deutschen Soziologie wider, d.h. die Frage danach, ob die Soziologie sich eher werturteilsfrei oder normativ ihrem Untersuchungsgegenstand zuwendet bzw. zuwenden soll.

Selbstredend ist – um hier wieder auf An- und Abgrenzungen zurückzukommen – eine Bildungssoziologie nicht unkritisch, vielmehr – verwiesen sei auf die obigen Ausführungen – spielt Ungleichheit als Thema eine wichtige Rolle. Aber es gibt eine mehr oder weniger geteilte normative Basis, den Bildungsbegriff als die Befähigung sich selbstständig und selbstbildend in der Gesellschaft orientieren zu können (Emanzipation) zu verstehen. D.h., in ihrer praktischen Ausführung bedarf es eines normativen Konzeptes vom Menschen und von Gesellschaft, das sich in einem entsprechenden Bildungsbegriff und -ideal – wie oben bereits dargestellt – niederschlägt. Bildung in Form eines praktischen Bildungsideals steht daher immer auch unter Ideologieverdacht, sei es als Ergebnis herrschender Diskurse oder als gegeben verstandene Wissens- und Sachverhalte. Die Soziologie, der Soziologe oder die Soziologin sind dann, im Anschluss an Norbert Elias, aufgerufen, sich als „Mythenjäger“ (Elias 1993: 51) zu bewähren oder „Mythen des Alltags“ (Barthes 2003) aufzuspüren. „Diese Mythenjagd, die Entlarvung von zusammenfassenden Vorstellungsmythen als faktisch unfundiert, bleibt immer eine Aufgabe der Wissenschaften, denn innerhalb oder außerhalb der Gruppe von wissenschaftlichen Spezialisten verwandelt man wissenschaftliche Theorien selbst häufig genug in Glaubenssysteme“ (Elias 1993: 54). Aber auch hier, und das verweist erneut auf die erkenntnistheoretische Dimension dieses Punktes, lässt sich kein fixer, aber ein diskursiver (z.B. Foucault 2008) oder konsenstheoretischer (z.B. Habermas 1995) Bezugspunkt ausmachen, von dem aus die Mythen als solche erkannt werden können. Salopp formuliert, könnte man sagen, dass sich die Wissenssoziologie mit ihrer Nachführung der Bedingtheit allen Wissens eine nie endende Arbeit auferlegt. Ob es sich dabei um eine Sysiphosarbeit oder Sicherstellung der eigenen Notwendigkeit handelt, soll hier unbehandelt bleiben. Berger und Luckmann haben sich dem erkenntnistheoretischen Dilemma insofern entledigt, als sie das Problem an die Philosophie weitergereicht haben (vgl. Berger/Luckmann 1971: 1ff.). Dennoch bleibt die Frage virulent, und damit die Aufgabe der Wissens- und Bildungssoziologie, wie die gesellschaftliche bzw. kommunikative Konstruktion (vgl. Keller/Knoblauch/Reichertz 2013a, Knoblauch 2017) von Gesellschaft, Bildung, Wissen und von Individuen vonstattengehen. Folgt man einem solchen sozialkonstruktivistischen Ansatz, lässt sich, mit einem Rekurs auf die vorgängigen anthropologischen Anmerkungen, der Mensch immer nur situativ und der Situation nachrangig oder mit ihr verwoben bestimmen. Das meint, dass es keine unveränderliche anthropologische Bestimmung des Menschen geben kann, zumindest, wenn man den Menschen nicht als biologische, sondern als gesellschaftliche und kulturelle Entität beschauen möchte. Aus der anthropologischen Bestimmung des Menschen wird gleichwohl nicht selten eine explizite oder implizite normative Bestimmung abgeleitet bzw. eine solche aufgeworfen, die einerseits eine ethische Perspektive tangiert (Kants „Was soll ich tun?“) andererseits aus der anthropologischen Bestimmtheit auch auf das Handlungsgerüst zurückverweist, das diese Bestimmtheit ausmacht. Wenn der Mensch daher als zunächst handlungsfrei ausgewiesen wird bzw. er über seine kognitiven und emotionalen Fähigkeiten die Möglichkeit zur Freiheit besitzt, dann liegt in der Verwirklichung dieser Freiheit auch ein Ziel: die Bildung zur Freiheit und das Erkennen von dem, was den Menschen unfrei macht. Und in diesem Feld liegt dann auch ein Reservoir, auf das Bildungs- und Wissenssoziologie gleichermaßen Zugriff nehmen. Die Bildungssoziologie fokussiert allerdings kaum den Wissensbegriff der Wissenssoziologie, der ja gerade die Abhängigkeiten sowie ideologischen und herrschaftsspezifischen Aspekte gültigen Wissens in einer Gesellschaft untersucht und kritisch befragt.

Umgekehrt zeigt sich in der Wissenssoziologie nur selten eine Hinwendung zum Thema *Bildung* – zumal vor dem Hintergrund des Schulsystems –, das zu bildungssoziologischen Anknüpfungspunkten führen könnte. Der Bildungs- und vor allem Schulsektor, seine Strukturen, Institutionen, politischen Agenden und die damit einhergehenden weltanschaulichen Entwürfe kommen daher kaum in den wissenssoziologischen Blick und wenn, dann sind es in erster Linie Bereiche der Erwachsenenbildung. Gleichwohl gibt es Arbeiten, die an der Schnittstelle von Wissens- und Bildungssoziologie arbeiten, so exemplarisch[27] die Untersuchung von Maeder (vgl. Maeder 2015), der „ Informations- und Kommunikationstechnologie im Unterricht in einer ethnographischen Perspektive darstellt und im Hinblick auf Anschlussfähigkeit solcher Forschung im Feld thematisiert“ (Maeder 2015: 141). Maeder untersuchte dies am Beispiel zweier Primarstufenklassen in der Schweiz. Wissens- wie bildungssoziologisch relevant ist gleichwohl nicht nur der Ort, sondern die Fragestellung und Fokussierung der Untersuchung:

> „Genau zu verfolgen, was mit dieser Technologie getan wird, dies mit Daten zu belegen und zu analysieren und dann Aussagen darüber zu erzeugen, was exakt damit definiert, eingeübt, erweitert, ausgegrenzt, gelernt und letztlich insgesamt erreicht und verändert wird, das ist keineswegs einfach. Und die Schule, deren Proprium ja die Produktion und Verteilung von Wissen und Können in Interaktionen mit anderen ist, ist ein relevanter und interessanter Ort, wenn es um die Verwendung von ICT [*Information and Communication Technologies*, Anmerk. O.B.] geht“ (Maeder 2015: 142).

Eine Schnittstelle zwischen Wissenssoziologie, praxeologischen Ansätzen und Bildungswissenschaft findet sich z.B. in dem Band „Bildung unter Bedingungen kultureller Pluralität“ (von Rosenberg/Geimer 2014), wo eine Reihe von Aufsätzen versammelt sind, die u.a. wissenssoziologische und bildungswissenschaftliche Kontextualisierungen der Lebenswelt herstellen, dabei aber meist auf ausgefallene Subsinnwelten (vgl. Hitzler 1988) – z.B. von Hexen und Umweltaktivisten (vgl. Giese/Wittpohl 2014: 155 ff.) und die dort vorzufindenden informellen und selbstgesteuerten Formen des Lernens – und nur selten auf das hier interessierte Schulsystem abheben. Als abschließendes Beispiel für eine bildungssoziologische Perspektivierung der Wissenssoziologie sei auf den Band „Bildungssoziologie“ von Brüsemeister (vgl. Brüsemeister 2008) hingewiesen, der eine „Einführung in Perspektiven und Probleme“ der Bildungssoziologie gibt und dabei auf der Makroebene der Gesellschaft u.a. auf die institutionentheoretische Perspektive der

[27] Die nachfolgenden Beispiele sind eben dies: Beispiele, die natürlich keinen Anspruch auf Vollständigkeit erheben, sondern beispielhaft mögliche Konnektivitäten anzeigen sollen.

Wissenssoziologie Berger/Luckmanns verweist. „Die *Gegebenheit* von Bildungsinstitutionen ist nach der *Alltagserfahrung* mit das erste, wenn man an Bildung denkt. Schule, Hochschule, Berufsschule oder der Kindergarten werden *im Alltag* als *Institutionen* wahrgenommen, die als mehr oder weniger selbstverständlich erscheinen [Hervorh. i. Original, O.B.]" (Brüsemeister 2008: 23). Die Kontextualisierung von Wissenssoziologie und Bildungsinstitutionen – und damit z.B. das Aufzeigen empirischer bildungssoziologischer Analysen mittels eines mit wissenssoziologischen Theorieperspektiven angereicherten Forschungssettings – zielt in diesem Zusammenhang auf die Entlastungs-, Orientierungs- und Sinnstiftungsfunktion von Institutionen, aus denen sich zugleich auch Machtfunktionen über die Verteilung von Wissen ableiten lassen. Für Berger/Luckmann sind in diesem Zusammenhang „Rollen als Vermittler besonderer Ausschnitte des allgemeinen Wissensvorrates" (Berger/Luckmann 1980: 81) von zentraler Bedeutung: ihr Ursprung liegt zudem im selben grundlegenden Habitualisierungs- und Objektivationsprozess, der auch den Institutionen zugrunde liegt (vgl. ebd. 79). „Mittels der Rollen, die er spielt, wird der Einzelne in einzelne Gebiete gesellschaftlich objektivierten Wissens eingewiesen [...]. All das setzt die gesellschaftliche Zuteilung von Wissen voraus" (ebd. 81). Und aus dieser Zuteilung von Wissen lässt sich ein System unterschiedlich verteilter Wissensbestände ableiten. So beinhaltet der allgemeine Wissensvorrat nicht nur ein hohes Maß an Rezeptwissen zur Lösung von Routineproblemen, das von vielen geteilt wird (z.B. die Bedienung eines Telefons), sondern auch Spezialwissen, das von vielen nur skizzenhaft geteilt wird (z.B. die dezidierte Funktion eines Automotors).

Die Wirklichkeit ist im gesellschaftlichen Wissensvorrat dergestalt nach den Graden der Vertrautheit differenziert. Für eine bildungssoziologische Perspektive auf Berger/Luckmann, das ist gleichwohl zu verzeichnen, können in erster Linie das Modell der Strukturierung von Wissen in der Gesellschaft und die damit einhergehenden Prozesse von Objektivationen und Institutionalisierung hilfreich sein. Eine (normative) Sichtweise auf die Distribution und den Zugang von Wissen und damit Fragen nach Ungleichheit oder Macht ist dabei nicht vorrangiges Ziel der Wissenssoziologie Berger/Luckmanns, ist es doch gerade ihr Impuls – in Anlehnung an Alfred Schütz – sich zuvorderst dem Alltagswissen, seiner Funktion und Struktur zuzuwenden, dieses zu systematisieren und in Bezug zur Hervorbringung „objektiver Faktizität“ zu untersuchen. Dem Problem der Distribution von Wissen messen sie einen hohen Wert zu, allerdings mit Bezug auf Alfred Schütz nicht um ideologische Grundlagen von Wahrheit, ökonomische Bedingungen oder die mit Bildung und Erziehung zusammenfallenden Probleme dieses Themenkomplexes (vgl. Berger/Luckmann 1980: 17) zu beleuchten. Das wiederum kann auch als Kritik Berger/Luckmanns an einer solchen (bis dahin wirkende) Wissenssoziologie erachtet werden, die eben zu wenig den Blick auf die Distribution des Wissens in einer Gesellschaft legt, zumal wenn sie den Bereich der Bildung und Erziehung betreffen, obwohl in diesen doch eine wesentliche Grundlage für die Aufnahme, Sedimentierung und Etablierung von Wissen, Habitus und Weltdeutung gelegt wird.[28] Implizit sind Ungleichheitsaspekte dennoch enthalten, z.B. wenn in der weiteren Ausarbeitung dieses wissenssoziologischen Stranges von Luckmann (vgl. z.B. Luckmann 2006) die Bedeutung von kommunikativen Prozessen für die Gesellschaft im Allgemeinen und die Wissensvermittlung im Besonderen hervorgehoben wird. Der Zugang zu (z.B. technischen) Kommunikationsmöglichkeiten und überhaupt die *Möglichkeit* zur Kommunikation sind dann essentielle Bestandteile für eine gesellschaftliche Teilhabe, deren Fehlen oder ein mangelnder Zugang zu ihr Ungleichheitsstrukturen etabliert. Die historische Einbettung von Wissenskonstruktionen, die Arten und Weisen ihrer Kommunikationsformen und ihrer Analyse, die „in der Abklärung des gesellschaftlichen Wissens durch Re- und Dekonstruktionen gesellschaftlicher Wirklichkeitskonstruktionen“ (Tänzler/Knoblauch/-Soeffner 2006b: 8) liegt, sind dann das Projekt der Wissenssoziologie.

Ein weiteres Beispiel, das dezidiert eine wissenssoziologische Untersuchung in einem bildungssoziologischen Umfeld durchgeführt hat, ist die Arbeit von Pfahl (vgl. Pfahl 2011 und 2012). Sie untersucht dort aus einer wissenssoziologischen Perspektive und mittels einer wissenssoziologischen Diskursanalyse die Wechselwirkung von Bildung und Behinderung für die Zuschreibung von Ungleichheit. „Die Wechselwirkung entsteht dadurch, dass Individuen, etikettiert mit dem Label sonderpädagogischer Förderbe-

[28] Das wiederum umspielt eine der dieser Untersuchung unterlegten Thesen, nach der es ein gewisses Maß an „Blindheit“ der Wissenssoziologie für bildungsbezogene Themen und umgekehrt eine solche für die Bildungssoziologie hinsichtlich des Wissens in einer Gesellschaft gibt.

darf, geringere Bildungschancen eingeräumt werden" (Pfahl 2012: 415). Dergestalt stehen hier Zuschreibungsprozesse, aus denen sich heraus die soziale Kategorie und Klassifikation *(Lern-)Behinderung* konstituieren und die ihre Wirkung im Bildungssystem selbst und in der weiteren beruflichen Entwicklung negativ entfalten. „Die Analyse von sozialen Konstruktionsprozessen von Behinderung, von professionellen Anwendungen der entsprechenden Klassifikationen und von deren Auswirkungen auf die Subjektivierungs- und Handlungskontexte der betroffenen Schülerschaft ermöglicht es, den Zusammenhang wichtiger Determinanten der Produktion und Reproduktion sozialer Ungleichheit zu bestimmen, die durch die hierarchische Gliederung des Bildungswesens und die Praxis schulischer Segregation von Bevölkerungsgruppen verursacht werden" (Pfahl 2012: 416). Wissenssoziologisch ist die Untersuchung nicht nur, weil sie anhand der sozialen Kategorisierung „Lernbehinderung" die Entstehung und Etablierung von spezifischem Wissen und die Praxis der Segregation aufzeigt und nachzeichnet, sondern durch die Selbst- und Fremdzuschreibungsprozesse den sozialkonstruktiven Charakter und den sozialen Wirkungskontext von der Schule über Techniken des Selbst bis hin zu beruflichen Perspektiven sichtbar macht. Die Tragweite solcher Bildungsdiskurse – hier dezidiert der Diskurs über Segregation und/oder Inklusion[29] – bis weit hinein in den gesamten Lebensverlauf der entsprechenden SchülerInnen ist auch ein Zeichen für die Wandlung und Bedeutungserhöhung des Bildungsbegriffes, der sich von Dahrendorfs (vgl. Dahrendorf 1965) proklamierter „Bildung als Bürgerrecht" weiter in Richtung eines Verständnisses von Bildung als Menschenrecht (vgl. auch Allmendinger 2013) entwickelte. Hamann (vgl. Hamann 2012) untersucht dagegen methodisch mittels einer wissenssoziologischen

[29] Mittlerweile hat sich dieser Diskurs (Pfahls Arbeiten reichen hier bis 2011 bzw. 2012) vor dem Hintergrund der nun stattfindenden Inklusion in Schulen von der Segregation stärker in Richtung Inklusion verlagert. Für NRW gilt z.B.: „Am 16. Oktober 2013 hat der nordrhein-westfälische Landtag das Erste Gesetz zur Umsetzung der UN-Behindertenrechtskonvention verabschiedet. Diesem Schritt ist ein umfangreiches Beteiligungsverfahren vorausgegangen, in das neben den Lehrer- und Elternverbänden, den Kommunalen Spitzenverbänden, Kirchen und vielen Fachverbänden auch die Selbsthilfeorganisationen der Menschen mit Behinderungen eingebunden waren. [...] Gemeinsames Lernen von Schülerinnen und Schülern mit und ohne Bedarf an sonderpädagogischer Unterstützung wird zum gesetzlichen Regelfall." Zugriff unter: https://www.schulministerium.nrw.de/docs/Schulsystem/Inklusion/Rechtliches/Schulrechtsaenderungsgesetz/index.html [30.07.15].

Feld- und Diskursanalyse den Bildungsdiskurs der preußischen Universitätsreform und wirft dergestalt einen historischen Blick auf die Entwicklung geisteswissenschaftlichen Denkens (vgl. Hamann 2012: 345). Bormann (vgl. Bormann 2014) sucht mittels der wissenssoziologischen Diskursanalyse als Analyseinstrument den Anschluss an die Forschungsperspektive der Educational Governance (vgl. z.B. Maag Merki/Langer/Altrichter 2014), die in der Bildungsforschung seit einiger Zeit diskutiert wird.

Partiell kann man zudem – als abschließendes Beispiel – die Arbeit von Nohl (vgl. A.-M. Nohl 2006) nennen, der im Rückgriff auf Dewey, Mead, Mannheim und Bohnsacks Ausarbeitungen zur praxeologischen Wissenssoziologie (vgl. aktuell Bohnsack 2017) eine pragmatistisch und interaktionistisch orientierte Bildungstheorie konzipiert, die den Aspekt der Spontaneität für Bildungsprozesse ins forscherische Sichtfeld schiebt.

Irritierend ist nun der Umstand der wenig vorhandenen wechselseitigen Bezugnahme von Bildungs- und Wissenssoziologie insofern, als man entweder annehmen muss, dass der Bildungssektor kein Gegenstand wissenssoziologischer Forschung sein kann, die Bildungssoziologie die analytischen Aufgaben der Wissenssoziologie im Bildungssektor übernimmt oder aber sich eine funktionale und diskursive Trennung bzw. Teilung entwickelt hat, die als imaginäre *Grenze* fortbesteht und sich etabliert hat. Die vorliegende Arbeit tendiert – das sollten die bisherigen Ausführungen bereits angezeigt haben – zur letzteren These. Der Bildungssektor, seine Institutionen, Akteure und Praktiken sind genuin wissenssoziologische Problemfelder. Die Bildungssoziologie hingegen folgt anderen Fragen – nicht nur, aber auch aufgrund ihrer Nähe zu erziehungswissenschaftlichen Diskursen – und betreibt dergestalt auch keine wissens-, sondern bildungssoziologischen Analysen.[30] Dass wissenssoziologische Ansätze in der Bildungssoziologie unterrepräsentiert sind, vermerken Becker und Solga in einer kritischen Bestandsaufnahme zur Bildungssoziologie von Ende der 1950er Jahre bis hin zur Gegenwart (vgl. Solga/Becker 2012). In den 81 eingereichten Skizzen zu dem umfangreichen Band (vgl. Becker/Solga 2012) wurde nur „in einer Skizze eine wissenssoziologische Herangehensweise ausgewiesen“ (vgl. Solga/Becker

[30] Um hier nicht missverstanden zu werden: Es geht nicht darum, dass dies Aufgabe einer Bildungssoziologie wäre. Das ist es natürlich nicht. Der Punkt dient allein dazu, die vorangestellte Vermutung, dass möglicherweise die Bildungssoziologie die Aufgaben der Wissenssoziologie im Feld *Bildung* übernähme, zurückzuweisen.

2012: 19).[31] Erklärt wird dies mit einem wenig erhellenden Hinweis, dass Bildungssoziologie aktuell einen Fokus auf Bildungsungleichheit lege. „Durch den Schwerpunkt der Forschung auf (soziale Prozesse und Mechanismen von) Bildungsungleichheiten [...] ist zunächst wenig überraschend, dass [...] wissenssoziologische Ansätze eine eher untergeordnete Rolle spielen" (ebd.: 19).
Als ein Konvergenzpunkt von Wissens- und Bildungssoziologie kann die nun schon knapp 40-jährige Diskussion um die Wissensgesellschaft (s.o.) angesehen werden, die durch Ausbreitung und Etablierung des Digitalen in allen Bereichen der Gesellschaft – Schule, Beruf oder Alltag – und die dadurch angestoßenen Veränderungen des Zugriffs auf Wissen, seine Darstellung und Vermittlung, eine erneute und andauernde Aktualität erfährt. Fragen nach einem neuen Urheberrecht in Zeiten von Open-Source und Open-Access, freiem und mobilem Zugang zum Internet oder der voranschreitenden Digitalisierung, dem Umgang mit digitalen Artefakten und Techniken, aber auch sich verändernden Praktiken des Handelns und Denkens sind sowohl für Bildungs- wie auch für wissenssoziologische Fragestellungen relevant. Für die Bildungssoziologie konstatiert Krais, dass der Begriff „der Wissensgesellschaft [...] neue Perspektiven auf das Verhältnis von Bildung und Arbeit, auf die Beziehungen zwischen Qualifizierungs- und Lernprozessen, auf Arbeit und sozialen Status [eröffnet]; der Blick auf die Fülle und Differenziertheit kultureller Produktion in der modernen Gesellschaft wirft neue Fragen nach der Bedeutung der Schule und nach den Modi der Aneignung grundlegender kultureller Kompetenzen von Schülerinnen und Schülern auf" (Krais 2013: o.S.). Und für die Wissenssoziologie ist die Wissensgesellschaft gleichsam ein gesellschaftlicher Diskurs, der genuin in ihr Fragen- und Forschungsfeld fällt.

3.2.1 Der Wissensbegriff der Bildungssoziologie

Der Wissensbegriff spielt in bildungssoziologischen Forschungen und Diskursen meist nur eine untergeordnete Rolle. Wenngleich *Wissen* selbst seltener definiert bzw. der Wissensbegriff nicht expliziert wird, zeigt sich mit Blick auf seine Verwendung entweder ein unspezifischer Wissensbegriff, wie

[31] Bei dieser einen wissenssoziologischen Untersuchung im Rahmen soziologischer Bildungsforschung, handelt es sich um die oben bereits dargestellte Arbeit von Pfahl (vgl. Pfahl 2012).

er uns in der Alltagswelt begegnet oder nicht selten ein Verständnis von Wissens als einem praktischen Wissen von oder über etwas, das zu erlernen ist, das man erwerben kann und vermittelt werden kann und muss (z.B. in der Schule). Wissen wird damit zu einer Inhaltskategorie von Bildung, zu einem Teil des Bildungsprozesses (vgl. z.B. Grundmann 2011: 70). Es kann vermittelt, erworben, erweitert werden, kann veraltern, abgefragt und verglichen werden. Der Begriff des Wissens wird dergestalt weitgehend (s.u.) als Teilaspekt von *Bildung* behandelt bzw. darunter subsummiert.

> „Aus soziologischer Perspektive verstehen wir unter ‚Bildung' einen Zustand, den individuellen Besitz von Kultur, und einen Prozess, die individuelle Aneignung von Kultur. Als Zustand ist Bildung ein Merkmal von Individuen, die über entsprechende Wissensbestände, Kompetenzen und Qualifikationen verfügen. Damit sind nicht ausschließlich in der Ausbildung erworbene formale Qualifikationen gemeint, die als Humankapital auf dem Arbeitsmarkt angeboten werden können, sondern auch Wissen über gesellschaftliche Vorgänge und die Kompetenz, gesellschaftliche Vorgaben sinnvoll verarbeiten zu können" (Becker 2011b: 12).

Während der Wissensbegriff Fertigkeiten, Fakten-, Alltags-, aber auch Handlungswissen umfasst, die allesamt Teil der Bildung sind bzw. sein können, ist Bildung der individuelle und grundlegendere Prozess der Aneignung und handlungsausgerichteten Prozessierung solchen Wissens. Während Bildung dergestalt den (Binnen)Prozess markiert, stellt individuelles (Welt-)Wissen in seinen verschiedenen Formen die Ausprägung des Bildungsprozesses dar (Wissen *bildet* sich aus, vgl. implizit auch Grundmann 2011: 70), ohne dass Bildung derweil darin aufgeht. Die zweite Seite des Wissens liegt in seiner Brückenfunktion im Rahmen der Vermittlung von Wissen in der Erziehung. Gesellschaftlich erwünschtes Wissen wird hier von außen vermittelt in der Hoffnung, Bildungsprozesse im gesellschaftlichen Sinne ziel- und sinngeleitet anzustoßen. Grundmann sieht hierin die Möglichkeit in einem engen Fokus Bildung in erster Linie als sich *herausgebildetes* individuell erworbenes Handlungswissen durch soziale Austauschprozesse zu erfassen. Im Gegensatz dazu kann Erziehung dann „als gezielte

Formung Heranwachsender zum Zweck der sozialen Integration" (Grundmann 2011: 71) verstanden werden, die die grundsätzlichen Pole der „Selbst- und Fremdbezüglichkeit sozialen Handelns [anzeigen]. Insofern geht ein so verstandener Bildungsbegriff weit über den Erziehungsbegriff hinaus, weil er mit der Komplexität der individuellen Aneignung und Optimierung von Orientierungs- und Handlungswissen verbunden ist, während mit dem der Erziehung eher der rein reproduktive Aspekt normativer Prägung von Individuen seine Bedeutung erfährt" (ebd.). Eine solche Trennung hat gleichwohl eher idealtypischen Charakter, will man bildungssoziologische Untersuchungen nicht allein auf die subjektspezifische Rekonstruktion von Bildungsprozessen verengen. Vielmehr wird durch den Punkt der Selbst- und Fremdbezüglichkeit die enge Verwicklung von Bildung und Erziehung deutlich, die daran anschließend sowohl eine mikro-, meso- als auch makrosoziologische Perspektivierung erlaubt. In Bezug zum Wissensbegriff bleibt es derweil bei einer Ressourcenperspektive, die Wissen und Wissenserwerb als Teilaspekt der Bildung versteht und Ermöglichungsspielräume in einer Gesellschaft offeriert. „Bildung befähigt also Individuen, sich gesellschaftlich und politisch im Horizont ihres Wissens zu positionieren" (ebd.). Wird diese Sichtweise wiederum in Richtung gesellschaftlicher Erfordernisse verengt, führt sie zu einem formalen und kategorisierbaren Wissensbegriff und einer entsprechenden Bildung. Hier fallen dann Wissen und Bildung eng zusammen, indem sie – ablesbar an zertifiziertem Erfolg – als politische und ökonomische Erfüllungsmaße gesehen werden.[32]

Einen kaum zu überhörenden bildungssoziologischen Klang erhält der Wissensbegriff in seiner Kontextualisierung mit der gesellschaftlichen Zeitdiagnose der „Wissensgesellschaft" (vgl. hierzu Kapitel 4.2.1). So wird auf die „Bildung in der Wissensgesellschaft" (Bauer/Bittlingmayer/Scherr 2012: 19) als Ausblick auf zukünftige Arbeitsfelder abgehoben und werden nicht nur ein ökonomisch gefasstes Interesse und diskursive „Erwartungen an Erziehungs- und Bildungsinstitutionen" (ebd.: 20) konstatiert, sondern Wissen z.B. im Rahmen der „Wissensarbeit" perspektiviert. Problematisiert wird hier eine zunehmende ökonomische Fassung von Bildung, Wissen selbst wird weiterhin als fertigkeitsbezogene Teilmenge von Bildung verstanden. Im Gegensatz dazu wird in der Wissenssoziologie der *Wissensbegriff*

[32] Z.B. in Form von HochschulabsolventInnenzahlen.

prozesshaft aufgeladen, werden alle Prozesse, Handlungen und Verfahrensweisen, die am Begriff des Wissens gekoppelt sind, in den Blick genommen und der Wissensbegriff selbst von einer Inhaltskategorie zu einem relationalen sozialen Prozess, der in der sozialen Bedingtheit des Wissens sein Selbstverständnis und wissenschaftstheoretischen Ausgangspunkt findet. Eine solche soziale Bedingtheit des Wissens (und damit auch des Erkennens) ist überdies der kardinale Unterschied zur (philosophischen) Erkenntnistheorie (vgl. z.B. auch Kneer 2010: 707) und ihren Theorien des Wissens und der Wahrnehmung.[33] Erst mit dem Blick auf die zwischenmenschlichen und sozialen Wechselwirkungen, so zugleich der erkenntnistheoretische Standpunkt Georg Simmels im Hinblick auf Relationen, werden die Bedingtheiten der Wahrnehmung und des Wissens fassbar. Bei Simmel (vgl. Simmel 1983) wird die zwischenmenschliche Wechselwirkung zu einer grundlegenden ontologischen Kategorie, d.h. die Relationen zwischen Individuen und nicht diese selbst werden zum wesentlichen (Problem-)Bereich und damit auch zum Untersuchungsgegenstand erhoben. Dergestalt eröffnet Simmel in den Beziehungsmodi der Menschen eine soziologische Kategorie. Er folgt damit einem erkenntnistheoretischen Standpunkt, nach dem der Sitz der Realität und zugleich des Wissens in den Beziehungen und Wechselwirkungen zu finden ist. Die Wechselbeziehungen und -wirkungen zwischen Personen konstituieren das soziale Leben. Und dieses ist als Erleben wirklich und folglich der apperzeptiven Wahrnehmung zugänglich (vgl. auch Bidlo 2006: 46 ff.).[34] Damit wird zudem nicht nur *Wissen*, sondern auch die menschliche Wahrnehmung soziologisch konturiert (vgl. Raab 2008), das Soziale ist der Wahrnehmung und dem Wissen bereits im Vorgang (Wahrnehmung) bzw. Generierung (Wissen) fest eingeschrieben.

[33] Wenn beispielsweise Schopenhauer zu der Überzeugung kommt: „Die Welt ist meine Vorstellung" (1999), dann entlehnt er diesen Punkt nicht nur vom irischen Philosophen und Theologen George Berkeley (1685-1753) und seinem Prinzip des „esse est percipi". Schopenhauer verweist hier auf den großen Fehlschluss, unter dem wir in erkenntnistheoretischer Hinsicht leiden: Wir nehmen die Welt wahr und stellen sie uns z.B. in Form einzelner Objekte oder Personen vor. Wir können als mit Sinnesorganen und Wahrnehmungsapparat versehene Wesen diese, nach Schopenhauer, grundlegend *falsche* Sicht- und Wahrnehmungsweise der Welt nicht vermeiden; und sie ist laut Schopenhauer der Grund für viele unserer schmerzlichen Erfahrungen und Einbildungen (vgl. Bidlo 2006: 31)

[34] Eine solche relationistische Haltung teilt Simmel z.B. mit Martin Buber, Georg Herbert Mead oder auch Michail Bachtin.

Mannheim spricht hier klassisch von der *Seinsgebundenheit des Wissens* (vgl. Mannheim 1929: 161). Und Mannheim ist durch eine Strukturanalyse der Erkenntnistheorie (vgl. Mannheim 1922), d.h. in Auseinandersetzung mit und Verlängerung der Erkenntnistheorie, zu einer sozialen Theorie des Wissens gekommen. Auch Berger/Luckmann verweisen auf die soziologische Geltung ihres wissenssoziologischen Ansatzes und überlassen den Philosophen eine erkenntnistheoretische Analyse oder Ausarbeitung: „In unserer ganzen Studie haben wir jede erkenntnistheoretische oder methodologische Frage nach den Möglichkeiten soziologischer Analyse entschlossen unterlassen – auf wissenssoziologischem wie auch auf jedem anderen soziologischen Gebiet. Wir betrachten die Wissenssoziologie als ein Teilgebiet der empirischen Wissenschaft Soziologie.[…] Im Rahmen der Soziologie als empirischer Wissenschaft wäre es durchaus möglich, diese Wirklichkeit als gegeben anzunehmen, ohne nach ihren Grundlagen zu fragen. Dies wäre Sache der Philosophie" (Berger/Luckmann 1980: 15 und 21). Auch wenn Berger und Luckmann dieses Problem sehen, es aber ausblenden und an die Philosophen weiterreichen, können diese nicht anders, als zu urteilen, dass ein übertriebener Relativismus in der Wissenssoziologie selbstwidersprüchlich sei.

3.2.2 Der Bildungsbegriff der Wissenssoziologie

Der Bildungsbegriff spielt in der Wissenssoziologie eine eher untergeordnete Rolle. Meist wird gegenwärtig auf Bildung, Bildungspolitik und Bildungsinstitutionen als allgemeine Einzelaspekte im Zusammenhang mit übergeordneten Konzepten wie der Wissensgesellschaft (z.B. Knoblauch 2013b) verwiesen, in aller Regel ohne eine inhaltliche Auseinandersetzung oder gar Aufladung des Begriffes. Interessant erscheint dieser Umstand, da sich mit Max Scheler einer der Gründerväter der neueren Wissenssoziologie dezidiert mit *Bildung und Wissen* (vgl. Scheler 1947, 1926) auseinander gesetzt und beide (zumindest) grob zueinander bestimmt hat. Scheler versucht eine *„philosophische Wesensbestimmung der Bildung*" (Scheler 1947: 5), die er als eine Kategorie des Seins und nicht des Wissens oder der Erfahrung versteht. „Bildung – das ist eine gewordene Prägung, *Gestaltung des menschlichen Gesamtseins*" (ebd: 5. Herv. i. Org.). Der Prozess der Bildung ist ihm die Übernahme des Makrokosmos in den Mikrokosmos des Individuums, ein Gestaltungsprozess. Daher – und hier begegnet man erneut der Schelerschen Anthropologie – wird der Prozess der Bildung zum Prozess der Menschwerdung, die sich damit gegen eine von der Naturwissenschaft nahegelegte Ansicht vom Wesen des Menschen in Stellung bringt, indem Bildung einen Selbstwert erhält, der sich nicht auf ein Mittel zur Weltbearbeitung oder -erschließung reduzieren lässt. Während der Mensch als Vitalwesen (Natur) nach Scheler eine „Sackgasse" ist, besitzt er als mögliches „Geistwesen" den Ausweg daraus und die Möglichkeit zur Überschreitung dieser Festlegung. Der Mensch ist Natur, besitzt zugleich die Anlage über sie hinauszugehen, zu einem Geistwesen zu werden. „Der Mensch ist also beides zugleich: eine Sackgasse und – ein Ausweg!" (Scheler 1947: 11).

Bildung als Prozess wird von Scheler in eins mit dem Prozess der Humanisierung (Menschwerdung) gestellt, der zugleich Selbstdeifizierung und Gottmitverwirklichung ist. Und in dieser Formung des Seins, der *Bildung* des Menschen, liegt der Impetus der Bildung des Individuums. Daher kann Bildung nicht Ausbildung für etwas sein. Schelers Bildungsbegriff steht in diesem Zusammenhang nicht weit von Humboldts Idee der Veredelung des Menschen durch Bildung. Diese Humanisierung, der Prozess der *Bildung* nach Scheler, geht aber bei ihm über den klassischen Humanismus hinaus. Er löst nämlich die Bildung von Intentionen und Willenszwecken, die er beispielhaft im Dandysmus jener Zeit ausmacht. „Bildung ist nicht ‚Sichzumkunstwerkmachenwollen', ist nicht selbstverliebtes Sichselbstintendieren [...]. Sie ist das gerade Gegenteil solchen gewollten Selbstgenusses, dessen Kulmination der ‚Dandysmus' ist" (Scheler 1947: 16). Der Prozess der Bildung des Geistes verwirklicht sich über Wissensformen, über die Kategorisierung und Umbildung bzw. Überführung von gegenständlichem Wissen in eine Kraft und Form, die dazu befähigt Neues durch Akte des Rückgriffs sich einzuverleiben.

Um das Verhältnis von Bildung und Wissen weiter bestimmen zu können, fragt Scheler fundamental danach, was Wissen sei und überführt es ins Ontologische: „*Wissen ist ein Seinsverhältnis*" (24), das als objektives Ziel nicht selbst wieder Wissen haben könne und daher ein *Werden* sei. Aus der Frage nach dem Wozu eines solchen Werdens destilliert Scheler dann drei Werdensziele, die mit entsprechenden Wissensformen bzw. Wissensidealen, verbunden sind. Pyramidisch bzw. vertikal aufgebaut, so geht die Entwicklung dann aus vom Wissen über die praktische Veränderung der Welt, das Scheler als Wissen der positiven Wissenschaften bezeichnet und als „Herrschafts- und Leistungswissen“ (26) fasst. Das in weiterer Wegrichtung liegende „Bildungswissen“ stellt das Suchen der Teilhabe des Individuums an der Welt und der Entfaltung des dem Individuum inhärenten Mikrokosmos in den Vordergrund. Kennzeichnend für das Bildungswissen ist überdies seine implizite Verankerung im Geist, seine situative Präsenz ohne Rückführbarkeit auf seine(n) „Herkunft und Ursprung“ (20/21).

Das schlussendliche „Erlösungswissen“ ragt darüber und führt das Individuum zur Teilhabe an dem Grund der Dinge und der Welt. Auch in weiterer Hinsicht strukturiert sich das Wissen. So entspringen nach Scheler aus den Bereichen der Religion, der Metaphysik und der positiven Wissenschaft „drei völlig verschiedene Motive, völlig verschiedene Gruppen von Akten des erkennenden Geistes, drei verschiedene Ziele, drei verschiedene Persönlichkeitstypen und drei verschiedene soziale Gruppen“ (Scheler 1982: 61), aus der eine unterschiedliche Struktur des Wissens folgt. Der *homo religiosus* sieht sein Wissen nicht in äußeren Aspekten und Sachnormen begründet, sondern durch Glaube und Vertrauen. Hier ist der Priester Mittler und Führungsperson, die soziale Gruppe drückt sich in der Kirche oder in Gemeinden aus.

In der Metaphysik hingegen ist es der *Weise*, der für eine spezifische Strukturform des Wissens steht. Das Wissen des *Weisen* bezieht sich immer auf die ungeteilte, ganze Welt, es ist kein spezifisches Fach- oder Berufswissen. Der Weise „begründet, was er behauptet, in letzten unmittelbaren Einsichten, die zu vollziehen er auffordert“ (Scheler 1982: 62). Die Schulen im klassischen Sinne sind an dieser Stelle der soziale Kreis, in dem sich diese Form des Wissens in erster Linie repräsentiert.

Der Forscher bildet schlussendlich den Typus der positiven Wissenschaft, der durch die Überzeugung der prinzipiellen Unabgeschlossenheit des Wissens und des Prozesses der Wissenschaft angetrieben wird und dem die wissenschaftlichen Institutionen wie Universitäten und Akademien als sozialer Kreis entsprechen. Entsprechend dieser unterschiedlichen Formen fordert Scheler die Diversifizierung der Bildung und der Bildungsinstitutionen im Sinne ihrer harmonischen Verbindung der entsprechenden Wissens- und Erkenntnisformen (vgl. Scheler 1982: 66).

In moderner wissenssoziologischer Hinsicht werden Bildung bzw. das Bildungssystem als spezialisierte Institutionen der Wissensvermittlung verstanden (vgl. z.B. Knoblauch 2010: 300). Nicht *jedes* Wissen wird dort vermittelt, sondern nur dasjenige, welches zuvor als besonders gesellschaftlich relevant ausgewiesen wurde. Was als Bildung gesellschaftlich zählt, ist in Institutionen ausgelagert und wird von diesen zertifiziert. Das ist nicht nur für die Frage nach der Relevanz von Wissen von Bedeutung, sondern hat zugleich „enorme Auswirkungen auf die soziale Verteilung von Wissen" (vgl. Knoblauch 2010: 301), erhält in einer solchen gesellschaftlichen Konzeption von Bildung doch der *Zugang* (über den Weg der Institutionen) zu ihr eine eigenständige Relevanz. Dass Bildung bzw. die Bildungsinstitutionen hier bereits Strukturen vorgeben, zeigt sich beispielsweise an der sich zwar aufweichenden, aber immer noch vorhandenen Kopplung von Bildung an gewisse Lebensphasen (Schule, Studium, berufliche Weiterbildung).

Dasjenige Wissen, das als Bildung und Bildungsinhalt ausgewiesen wird, erhält durch die Institutionalisierung besondere gesellschaftliche Relevanz und trägt zur sozialen Hierarchisierung und Distinktion bei: durch höheres Einkommen, sichere Arbeitsplätze, höheres Ansehen oder größeren politischen Einfluss. Bildung stellt dergestalt eine Klassifikation von Wissen dar, aus der heraus z.B. die Einkommensunterschiede zwischen einem Kindergärtner und einer Gymnasiallehrerin oder die divergierenden Stundensätze von Gasinstallateuren und Rechtsanwälten erklärt werden.

In diesem Zusammenhang ist Foucaults Gegengeschichte zur klassischen aufklärerischen Position von Wissen und Bildung eine interessante und wichtige Perspektive für die Wissenssoziologie, wenn er nicht mehr der Konzeption „Wissen ist Macht" folgt, sondern Wissen und auch die Bedeutungszuschreibung von Wissen durch Herrschaftsverhältnisse hervorgebracht sieht (vgl. Foucault 2008). Wissen ist dann keine Macht mehr, sondern „Macht ist Wissen" bzw. führt zu Wissen, bringt Wissen hervor. Der herrschende Diskurs ist dann immer der Diskurs der Herrschenden. Macht und Wissen treten in Foucaults Perspektive immer als Tandem auf, so dass, es keine Machtbeziehung gibt, „ohne daß sich ein entsprechendes Wissensfeld konstituiert, und kein Wissen, das nicht gleichzeitig Machtbeziehungen voraussetzt und konstituiert" (Foucault 2008: 730). Diese Macht-Wissen-Komplexe und -relationen sind den Subjekten vorgelagert, das erkennende

Subjekt der Aufklärung – ihr *pädagogisches* Projekt (vgl. Volkers 2008: 14) –, das zu erkennende Objekt und die Arten und Weisen der Erkenntnis sind für Foucault *Effekte* dieser Macht-Wissen-Relation. Dergestalt gibt es auch keinen außengelagerten Stand- oder Fixpunkt, den das Subjekt mit Bildung oder Wissensakkumulation erreichen könnte, von dem aus es *frei* diese Macht-Wissen-Relation durchschauen und sich ggf. von diesen befreien kann. Damit verkettet Foucault den Leitgedanken der Aufklärung, wie er sich in Kants *sapere aude* ausdrückt und auf ein freiheitliches Subjekt zielt, mit dem Apriori des Macht-Wissen-Komplexes. Der Pädagogik als Wissenschaft wie auch als institutionalisierter Praxis geht damit ihr zentrales moralisches und politisches Anliegen, nämlich die Aufklärung des Subjektes über Bildung, verloren. Vielmehr bringt sie durch eine solche Perspektive selbst wiederum neue bzw. andere Macht-Wissen-Verhältnisse hervor (vgl. Volkers 2008: 16).

Wenn unter Bildung also die freie Subjektbildung verstanden wird, dann ist diese Subjektbildung, bedingt durch die nach Foucault vorgelagerte Macht-Wissen-Konstellation und dadurch die Freiheit des sich bildenden Subjektes, gerade nicht möglich. Umgekehrt lässt sich das aus der Bildung emporsteigende, sich *entwickelnde* Subjekt dann als eine anthropologische Figuration vor dem Hintergrund gesellschaftlicher Formationen verstehen. Foucault untergräbt damit das klassische Anliegen der Pädagogik, ganz ähnlich wie übrigens Nietzsche. Angestoßen ist damit einer seiner gedanklichen Orientierungspunkte, der für die Pädagogik ebenfalls unverdaulich bleibt.[35] Denn er fordert die Abschaffung der Bildungsinstitutionen, weil diese aus den Schulen einen Wirtschaftsfaktor machen. In der Kopplung von Staat und Bildung als staatlicher Bildung erkennt er eine Verlustigung von Philosophie und Kunst und ein Andienen an die staatlich gewünschte, zweckdienliche Bildung. Staatliche Bildung wird zu einer „Indienstnahme für die Produktion, für die Jagd nach Glück und Gewinn“ (Ottmann 1999: 24). Diese große Nähe zur heutiger Bildungskritik, z.B. hinsichtlich einer Ökonomisierung von Bildung, formuliert Nietzsche auch, wenn er schreibt:

„Die Erweiterung [der Bildung] gehört unter die beliebten national-

[35] Zu Nietzsche in der Pädagogik bietet sich z.B. an: Niemeyer, Chr.; Drerup, H.; Oelkers, J. & Pogrell, L. v. (Hrsg.) (1998): Nietzsche in der Pädagogik? Beiträge zur Rezeption und Interpretation.

ökonomischen Dogmen der Gegenwart. Möglichst viel Erkenntniß und Bildung – daher möglichst viel Produktion und Bedürfniß – daher möglichst viel Glück: – so lautet etwa die Formel [der Bildung]. Hier haben wir den Nutzen als Ziel und Zweck der Bildung, noch genauer den Erwerb, den möglichst großen Geldgewinn. Die Bildung würde ungefähr von d[]er Richtung [der Ökonomie] aus definirt werden als die Einsicht, mit der man sich ‚auf der Höhe seiner Zeit' hält, mit der man alle Wege kennt, auf denen am leichtesten Geld gemacht wird, mit der man alle Mittel beherrscht, durch die der Verkehr zwischen Menschen und Völkern geht“ (Nietzsche 2014: 14).

So ist der Gegenstand des Schulunterrichts, zumal des gymnasialen Unterrichts, nicht mehr das Subjekt Humboldtscher Prägung (vgl. Vogt 2010: 175 ff.), sondern ein Mensch, der nicht „an dem Mausoleum seines Subjekts“ baut (Nietzsche 2014: 45). Nicht mehr um Bildung geht es dabei in seinen Augen, sondern um „den lächerlichen Anspruch auf Selbständigkeit des Urtheils zu unterdrücken und den jungen Menschen an einen strengen Gehorsam unter dem Scepter des Genius zu gewöhnen“ (Nietzsche 2014: 23). Bildungsbezogen wirft Nietzsche hier überdies die auch heute noch drängende Frage danach auf, ob durch die Losung der gleichen Bildung für alle, die einen Verbesserungs- und Gleichheitsanspruch emittiert, nicht vielmehr einer rein ökonomisch ausgerichteten Bildungsperspektive das Wort gesprochen wird, die darüber hinaus Bildung als eine weitere Maßnahme der Erzeugung von Bedürfnissen und Wettkampf versteht und aus solcher Motivlage distribuiert.
Für Foucault ist die Schule hier in mehrfacher Hinsicht als Disziplinaranstalt zu verstehen, indem sie das herrschende Wissen der Herrschenden inhaltlich (Lerninhalte) und strukturell (Bildungsabschluss) vermittelt und als gültig und erstrebenswert ausweist. Dabei geht es gerade nicht darum, die (Macht-)Beziehungen zwischen SchülerInnen und LehrerInnen als einfaches Verhältnis zwischen Machthaber und Wirkungsempfänger dieser Macht zu fassen. Dies lässt sich natürlich ohne Weiteres tun, indem man die Hierarchie zwischen beiden am Offensichtlichen festmacht, wie z.B. die Bestimmungsmacht über Unterrichtsinhalte, Notenvergaben usw. Je breiter

man jedoch solche Aspekte in den Blick nimmt, desto mehr fallen weniger offensichtliche Punkte auf, die die Macht als Feld markieren und weniger als zu nutzendes *Ding*. Ein Beispiel hierfür wird sichtbar, wenn man die Schule und das Klassenzimmer als Räume analysiert und zu dem Ergebnis kommt, dass es zweifellos eine Hierarchie gibt, die sich auch über die Räume und ihre Gestaltung, also über die *Ordnung der Dinge* ausdrückt. Gemeint sind Bereiche, die nur LehrerInnen zugänglich sind (z.B. Lehrerzimmer, Bibliotheken) oder durch *Schlüsselgewalt* ver- oder aufschließbar werden, wenngleich hier das Dinghafte in Form des Schlüssels noch evidenter ist als die Anordnung des Lehrerpults bzw. -schreibtischs in der Klasse usw. Ohne an dieser Stelle zu weit in raumsoziologische Fragestellungen abzugleiten (vgl. Kapitel 5.4), hebt Foucault den Raum und unsere Platzierung darin selbst hervor, indem er die reziproke konstitutive Kraft des Raumes auf den Menschen und umgekehrt des Menschen und seine Beziehungen auf den Raum hervorhebt: „Anders gesagt: wir leben nicht in einer Leere, innerhalb derer man Individuen und Dinge einfach situieren kann. Wir leben nicht innerhalb einer Leere, die nachträglich mit bunten Farben eingefärbt wird. Wir leben innerhalb einer Gemengelage von Beziehungen, die Plazierungen definieren“ (Foucault 1992: 38).

Eine solche gesellschaftstheoretisch pointierte Bildungsperspektive, die man auch bei Bourdieus Macht- und Distinktionsanalyse erkennen kann (vgl. Bourdieu 1987, 1992), sieht nun in Bildung nicht die „Abschaffung sozialer Ungleichheit, sondern [...] ein Mittel zu deren Perpetuierung“ (Thompson 2009: 9). Bildung reproduziert die vorhandenen Machtverhältnisse und dient im Gegenteil nicht nur nicht ihrer Auflösung; mehr noch ermöglicht sie, in einer strengen Foucaultischen Lesart, nicht einmal die Kenntnisnahme einer solchen Reproduktion. Vielmehr ist die Bildungsaneignung bereits prozesshafter Teil vorhandener Machtverhältnisse.

3.3 Zusammenfassung

Wenn man Bildung als eine Verfassung oder eine Haltung versteht, die über reines Faktenwissen hinaus geht und im Sinne des Bildungsideals der Aufklärung der Dekodierung und dem Verstehen der Welt dient, um daran anschließend den eigenen Platz in der Welt selbst zu bestimmen, dann ist Bildung gerade jene Verfasstheit des Menschen, die es ihm ermöglichen soll, die ideologischen Einlassungen von Wissen in der Welt und die eigene Verstrickung darin als solche zu erkennen und zu explizieren. Damit wäre Bildung dann ein Prozessergebnis, eine Fähigkeit des Erkennens seiner gesellschaftlichen Bedingtheit, die sich aus den Strukturen, Vorgaben und Vorfindbarem – z.B. Religion, Bildungseinrichtungen, gesellschaftliche Organisationen und Institutionen und daraus erwachsene Deutungen – ergeben. Bildung wäre damit dann genau die Befähigung, die von der Wissenssoziologie thematisierten und explizierten Bedingtheiten des Wissens und gesellschaftlicher Strukturen aufzunehmen und anzuwenden. Zumindest aber hätte Bildung theoretisch als relationalen Bezugspunkt die Erfassung ideologischer Determinierung. Das wiederum schließt nicht aus, dass Bildung selbst auch Teil dieser Determinierung werden kann. Aber die Grundannahme, die sich aus einem solchen aufklärerischen Bildungsideal ergibt, ist die grundsätzliche Möglichkeit der Erkenntnis einer (möglichen) ideologischen und gesellschaftlichen Determinierung und damit auch die Option ihres Hintergehens. Gelingende Bildung machte in dieser Sichtweise die Menschen zu WissenssoziologInnen, die sich im Prozess der Bildung reflexiv ihrer sozialen Bedingtheiten bewusst werden, um diese in einem möglichen Maße selbst bestimmen zu können.

Solcherart wären Bildungs- und Wissenssoziologie zwei nahestehende Teildisziplinen, die es letztlich mit dem gleichen Untersuchungsgegenstand zu tun haben – dem Wissen, seiner Funktion, Etablierung, Erschaffung, dem Zugang und letztlich den Bedingtheiten –, wobei die Bildungssoziologie einen stärkeren Blick auf die gesellschaftlichen Arten und Formen der unmittelbaren Vermittlung von Bildung wählt und auf die Veränderungen solcher Formen abhebt. Die Bildungssoziologie wendet sich dergestalt jenen sozialen Tatbeständen zu, die sich aus dem Handlungsproblem „Bildung" ergeben, z.B. Bildungsinstitutionen, ihrer Art und Form der Legitimation, Möglichkeiten des Zugangs oder der gesellschaftlichen Funktion von Bildung. Die Wissenssoziologie hingegen fokussiert vermehrt auf allgemeinere Aspekte; wo und wie sich Wissen in Handlungen, Strukturen und Organisationen ablagert und welchen Bedingtheiten das Wissen im Verlauf des sozialen Prozesses unterliegt. Damit wären Bildung- und Wissenssoziologie quasi ein Tandem, das sich dem Prozess und der Analyse von Bildung und dem Wissen als Haltung zuwendet. Eine Bruchstelle in einer solchen Idee von Bildung- und Wissenssoziologie ist z.B. dort zu finden, wo Bildung nicht mehr dem klassischen Bildungsideal entspricht oder daran ausgerichtet ist, sondern zu Kompetenzbildung und (beruflicher) Befähigung bzw. reinen Ausbildung wird. Die Stärkung eines solchen, in erster Linie funktionalen und weniger kritisch-rekonstruktiven Bildungsbegriffes kappt dann im besonderen Maße den Bezug zur Wissenssoziologie. Die Bildungssoziologie wird damit zu einer *Insel-Wissenssoziologie*, die in erster Linie auf das abhebt, was als gesellschaftlicher Bildungsbegriff – vom Kindergarten, über die Grundschule bis hin zur weiterführenden Schule und Ausbildung/Studium und der weiterführenden Erwachsenenbildung – verstanden wird. Zudem bleibt die Bildungssoziologie – trotz ihres möglichen breiten Zugriffs auf Bildung – in erster Linie dem Ungleichheitsdiskurs verhaftet, der paradigmatisch den ungleichen Zugang zur Bildung oder zu Bildungsabschlüssen und die darin liegende Distinktionsarithmetik in den Blick nimmt und darüber die Begrenzungen der individuellen Entfaltung thematisiert und anzeigt.

Mittelbar fördert die Bildungssoziologie gleichwohl damit ein Bildungsparadigma und eine ökonomisch orientierte Bildungsideologie, die Bildung als das Maß für ein gelingendes Leben fasst. Das hier noch durchscheinende Narrativ *Wissen ist Macht*, dem im Zuge der Aufklärung die *Emanzipation* des Menschen zugesprochen wurde, wandelt sich dann in ein *Wissen ist Geld* (ökonomische Sicherheit). Bildung wird heute im öffentlichen Diskurs noch stärker und offener als in früherer Zeit zu *dem* Maß für die ökonomische Absicherung. Akademiker sind seltener und kürzer arbeitslos (vgl. Bundesagentur für Arbeit 2015: 5 ff.), zahlen daher kontinuierlicher in die sozialen Sicherungssysteme, können überhaupt und systematischer Wohlstand aufbauen und sich so z.B. gegen Altersarmut absichern. Die Aufnahme eines Studiums, das immer noch in erster Linie durch das Abitur ermöglicht wird, das wiederum zuvorderst durch den Besuch eines Gymnasiums erlangt wird, suggeriert damit zwangsläufig und noch einträglicher als früher eine Entscheidung für ökonomische Sicherheit. Die angemerkte Zwangsläufigkeit dreht so die ursprüngliche Bildungsintention um, zumindest wenn man die gegenwärtigen gesellschaftlichen Narrationen ernst nimmt.

Aus dem Emanzipationsideal des *sapere aude* wird damit eine ökonomisch alternativlose Zwangshandlung, die – zugespitzt formuliert – sodann das genaue Gegenteil von Emanzipation und Freiheit erzeugt. Bildung wird hier zum *Terror der Bildung*,[36] zu einem gesellschaftlichen Bildungsdispositiv, das trotz der vielfältigen Diskussionen über sie, kaum wirklich hinterfragt wird. Diesem Transformationsprozess von Bildung von der emanzipatorischen hin zur (ökonomisch) motivierten Bildungsverpflichtung, ist dann kaum zu entkommen; oder in wissenschaftlicher sowie alltäglicher Hinsicht wird es kaum möglich *gegen* das Narrativ Bildung zu argumentieren. Selbstredend soll an dieser Stelle nicht gegen einen gelingenden Schulabschluss oder eine gelingende Schulbildung argumentiert werden. Aber die intentionale Verengung von Bildung für ein gelingendes Leben als ein Bildungsversprechen, das sich nahezu ausschließlich in seiner ökonomischen Dimensionierung ausdrückt und schulische Leistungen so bereits frühzeitig in einem solchen Koordinatensystem verortet, sind hier zu bemerken. Kritik an einen solchen Transformationsprozess im Allgemeinen und dem Verlust des aufklärerischen Potentials von Bildung wurde insbesondere von Adorno (vgl. Adorno 1981) ins Feld geführt. Besonders vor dem Hintergrund des Holocaust als Ausdruck absoluter Inhumanität (vgl. auch Borst 2009: 110) fragte er danach, wo die (prozessuale) Bruchstelle im humanistischen Bildungsbegriff sei, der Auschwitz ermöglichte und damit als Beleg des Scheiterns dieses Bildungsbegriffes angesehen werden muss. Adorno identifiziert diese Bruchstelle in der Struktur des Bürgertums selbst, das Bildung nicht nur als Emanzipation von herkömmlichen politischen Strukturen ansah, sondern gleichzeitig als Distinktionsmerkmal ausbildete, um damit den eigenen Sta-

36 Man könnte in Anlehnung an eine Filmdokumentation über die *Schulsklaven in Südkorea* (vgl. hierzu Kapitel 7) auch von Bildungssklaven bzw. Bildungsversklavung sprechen. Zudem lässt sich der Terror der Bildung zugleich als eine Neueinkleidung des *Terrors der Ökonomie* (Forrester 1997) verstehen und zwar genau dann, wenn Bildung in erster Linie der ökonomischen und beruflichen Perspektivierung unterworfen, wenn also Bildungserfolg mit ökonomischem Erfolg gleichgesetzt wird.

tus zu sichern und zu legitimieren. Eine so verstandene Bildung, die sich beispielsweise auch in dem Besitz von Hochkulturgütern formieren will, ist dann ein Herrschaftsinstrument zur Verfestigung gesellschaftlicher Strukturen bzw. zur Abgrenzung der Arbeiterklasse. Bildung wird solcherart zur „Halbbildung“ (Adorno 1959), bei der sich der (neu)humanistische Anteil verflüchtigt und sogar ins Gegenteil verkehrt wird, indem Bildung als Status eine immer größere Rolle spielt und die „Profitmotive“ zunehmend in den Vordergrund rücken. „Halbbildung ist der vom Fetischcharakter der Ware ergriffene Geist“ (Adorno 1959: 108) und wird damit eine Signatur der Zeit. Halbbildung ist damit nicht einfach eine verkürzte Bildung, sondern steht ihr als Antithese gegenüber. Und damit ist sie zugleich ein Opponent der (soziologischen) Aufklärung der objektiven Formen der Vergesellschaftung wie auch ihr Gegenstand. Die Halbbildung ist damit ein Bestandteil der *Dialektik der Aufklärung*, in der sich die Verdinglichung der menschlichen Beziehungen über diesen Fetischcharakter von Ware und Produktion manifestiert. Dies führt schließlich zur *Unbildung* und entsprechenden Irrtümern der Wissensgesellschaft, in der es keine andere Idee der Bildung gubt als jene, die an politischen und ökonomischen Interessen ausgerichtet ist (vgl. Liessmann 2006: 8). Mit dem Bild des Wissens als Ressource wird zugleich eine Abkehr vom ursprünglichen Bildungsbegriff der Aufklärung angestoßen.

Bildung befähigt im besten Falle nicht nur zur Durchdringung sozialer und politischer Verstrickungen, sondern befähigt gleichermaßen zur Macht- wie auch zur Manipulationsausübung. Bildung beinhaltet dergestalt auch eine Dimension der Ethik, enthält normative Koordinaten, vor denen sich die praktische Dimension von Bildung abspielt.

Dass die heutige (wohlfeile) Forderung nach mehr Bildung für alle Menschen und der Imperativ zu einem lebenslangen Lernen vor dem Hintergrund einer ökonomisch orientierten Bildung zu mehr Konkurrenz und damit zu einer Verschärfung von Ungleichheit führt, wäre eine Kontradiktion, der es kaum lohnt nachzugehen. Gleichwohl kann man dem Gedanken folgen, dass es zu einer Verschärfung der Ungleichheit durch mehr Bildung kommt, weil auf eine begrenzte Menge an ökonomisch profitablen Stellen immer mehr hochqualifizierte Absolventen kommen. Flankiert von Prozessen wie beispielsweise der *Digitalisierung 4.0* oder der weiter voranschreitenden Robotisierung, die zunehmend Arbeitsabläufe automatisieren und von Arbeitskräften löst, wird eine solche Situation nur gangbar durch eine progressive, auf Neuerungen und Innovationen ausgerichtete Gesellschaft (vgl. Reckwitz 2012), die dann wiederum den Fortschritt (vgl. Bidlo 2002, 2009) und die Beschleunigung (vgl. Rosa 2005) zum Ziel erhebt. Ohne an dieser Stelle zu weit in einen Exkurs zu geraten, kann die mittlerweile weltweite Diskussion um ein Bürgergeld oder ein solidarisches Grundeinkommen als eine Gegenbewegung und Alternative hierzu verstanden werden. Denn hierdurch soll u.a. die Bildung und das Wissen der Menschen zumindest teilweise von der Erwerbsarbeit abgekoppelt werden. Zumindest könnte dann ein Bildungsdispositiv vermieden werden, das selbst in erster Linie merkantilistisch und meritokratisch ausgerichtet ist und vor diesem Hintergrund Bildung zu einem Problem macht. Bildung könnte dann z.B. erneut der gedachten *emancipatio* der Aufklärung dienen. Hieran wird zugleich deutlich, dass die Frage nach Normativität und dem Werturteil (vgl. z.B. Weber 1904) soziologischer bzw. sozialwissenschaftlicher Forschung ein begleitendes Kondensat solcher Untersuchungen ist.

Nachhilfeinstitute sind nun Akteure im Bildungssystem und können, wenn man unter ihnen die schulische Nachhilfe versteht, als parallele sowie auch mit der Schule verzahnte Struktur verstanden werden. Auch wenn ihnen bereits ein ökonomisches Interesse inhärent ist, da sie ökonomisch orientierte bzw. betriebswirtschaftliche Unternehmungen mit Gewinnabsicht sind, folgt daraus nicht zwangsläufig, dass dem *Gegenstand*, den sie vermitteln – Schulbildung mit Verbesserungsabsicht – ein für die Nutzer ökonomischer Wert zukommt. Vielmehr lässt sich überlegen, ob und wie die beiden großen Bildungserzählungen – Bildung in humanistischer und in ökonomischer Perspektive – am Beispiel von Nachhilfeinstituten, ihren Perspektiven, Motivationen, Selbstzuschreibungen und ihrer Selbstverortung im Schul- bzw. Bildungssystem verhandelt werden. Dem soll in den folgenden Kapiteln nachgegangen werden.

4. Nachhilfeinstitute als Forschungsgegenstand zwischen bildungs- und wissenssoziologischer Perspektive

Neben dem philosophisch grundierten Bildungsbegriff und seiner anthropologischen Rückspielung, die in Kapitel 3 als eine Teilverbindung zwischen Bildungs- und Wissenssoziologie ausgewiesen wurde, steht besonders die gesellschaftliche Verankerung der Bildung im Fokus dieser Untersuchung, insofern Nachhilfeinstitute in einem ersten Schritt zumindest approximativ dem Bereich Bildung bzw. Bildungswesen zugeschrieben werden können. Denn gerade hierin liegt eine Bruchstelle des in dieser Analyse behandelten Untersuchungsgegenstandes „Nachhilfe“ im Allgemeinen und „Nachhilfeinstitute“ im Besonderen. Denn diese können, je nach Blickwinkel (systemtheoretisch gesprochen) entweder dem Bildungs- oder dem Wirtschaftssystem zugeschlagen werden. Eine solche Zuordnung und Zuschreibung wiederum, das hat sich in Kapitel 3 bereits angedeutet, ist eine umkämpfte Deutung, die sich nicht nur in wissenschaftlichen Arbeiten, sondern auch im politischen und je eigenen Selbstverständnis von betroffenen Akteuren widerspiegelt. Letzthin wird auch verhandelt, ob Bildung selbst nicht in erster Linie ein ökonomisches Gut ist und ein entsprechend ökonomisch ausgerichtetes Handeln sowohl *von innen* (z.B. durch ein Curriculum, das wirtschaftlichen Erwägungen und berufsqualifizierenden Erfordernissen folgt) als auch *nach innen* (z.B. durch die Übernahme entsprechender wirtschaftlicher Steuerungskonzepte im Bildungswesen) anzustreben sei. Während das Bildungswesen bzw. – um den systemtheoretischen Duktus kurz aufrecht zu erhalten – das Bildungssystem sich nicht selten vor einer zu starken strukturellen Kopplung an das ökonomische System schützen möchte,[37] ist es auch seine gesellschaftliche Funktion der Vorbereitung und Vermittlung von Ausbildungs- und Berufsfähigkeit. Für die Umsetzung der meritokratischen Prinzipien sind die Leistungsüberprüfung und Notenvergabe grundlegend. Darüber hinaus zeigt sich dies auch an ökonomischen und betriebswirtschaftlichen Konzeptübernamen, wenn beispielsweise vom „Wissensmanagement am Gymnasium“ (Maisch 2006) die Rede ist und die

[37] Ein einfaches Beispiel ist das Werbeverbot an Schulen.

Frage nach den „Anforderungen der Wissensgesellschaft“ (ebd.) aufgeworfen wird. Die schulische Bildung beinhaltet dergestalt eine gewisse Janusköpfigkeit, dient sie doch zum einen einer auf Egalität und mit gleichen Chancen ausgestatteten gesellschaftlichen Perspektive, während sie auf der anderen Seite durch das meritokratische Leistungsprinzip konsequent auf die Unterscheidung und Unterscheidbarkeit von Leistungen zielt, um eine leistungsbezogene Ungleichheit zu erzeugen. Vor diesem Hintergrund soll das Kapitel zugleich den gesellschaftlich relevanten Rahmen und Anknüpfungspunkte an aktuelle gesellschaftliche und bildungspolitische Diskurse aufzeigen. Die Darlegung der diskursiven Verkettung des Themas dient dann im empirischen und analytischen Teil der Arbeit als Hintergrundfolie.

4.1 Nachhilfeinstitute als Forschungsgegenstand – Zum Stand der Forschung

Wie in der Einleitung bereits kurz angezeigt, finden sich vereinzelte bildungssoziologische bzw. -wissenschaftliche Studien zur Nachhilfe im Allgemeinen und zu Nachhilfeinstituten im Besonderen. Das Thema *Nachhilfe* selbst wird zwar als virulent verstanden vor dem Hintergrund allgemeiner Förderung oder der Perspektive sozialer Ungerechtigkeit, die im Ergebnis zum Programm *Bildung und Teilhabe* (BuT oder auch Bildungspaket) des Bundes geführt haben;[38] aber es wurde bisher im Rahmen der bildungswissenschaftlichen Untersuchungen eher stiefmütterlich behandelt und so „führt die Nachhilfe in der bildungswissenschaftlichen Forschung wie in der bildungspolitischen Debatte nach wie vor ein Schattendasein“ (Birkelbach/-Dobischat/Dobischat 2017: 97).

Aktuell betrachtet gibt es im Verlauf der letzten Jahre einige Studien zur Nachhilfe, die diese Lücke schließen wollen. Erhebungen der Bertelsmannstiftung zur Nachhilfe (vgl. Klemm/Hollenbach-Biele 2016), eine quantitative Studie von 2012 und 2013 der Universität Duisburg-Essen oder die Hans Blöckler-Stiftung aus dem Jahr 2016 (ebenfalls durchgeführt von einer Forschungsgruppe der Universität Duisburg-Essen) weisen dies aus. Be-

[38] Für eine ausführliche, gleichwohl politische, Darstellung vgl. die vom Bundesministerium für Arbeit und Soziales betriebene Internetseite unter: http://www.familien-wegweiser.de/wegweiser/stichwortverzeichnis,did=167908.html [16.06.15]. Das Bildungs- und Teilhabepaket gibt es seit 2011.

reits 2008 wurde eine Überblicksarbeit zur Nachhilfe erstellt (vgl. BBF 2008). 2010 wurde dann mit dem Bildungssystem- und Teilhabepaket die Nachhilfe auch als förderungswürdige Aktivität ausgewiesen, für die sogenannten Bildungsgutscheine abgerufen werden können.

Allen o.g. Studien gemein ist die hinterlegte Vorannahme zur Nachhilfe, dass es sich hier um einen entfernten Nebenschauplatz der Schule handelt, der im besten Falle der Schule nacharbeitet oder einen Reparaturbetrieb dazu darstellt. Die in erster Linie quantitativen Erhebungen fragen nach den nachgefragten Fächern, dem wöchentlichen Stundenumfang, der in den jeweiligen Nachhilfefächern geleistet wird, der Schulformen sowie auch insgesamt nach Umsatzzahlen der Institute. Diese unerlässliche Nachzeichnung des Nachhilfefeldes erlaubt dann eine Aussage über den abgerufenen Umfang der Nachhilfe, die entsprechenden Fächer, die nachgefragt werden sowie auch die wirtschaftliche Entwicklung des Nachhilfemarktes. Schule und Nachhilfe stehen somit in einem engen Zusammenhang. Die diskursive Ausgestaltung dieses Verhältnisses ist meist so konturiert, dass Nachhilfe in einer Komplementärbeziehung zur Schule steht, d.h. ein Macht- und Aushandlungsgefälle zwischen Nachhilfeinstituten und Schulen bestehen. Schulen setzen die (Lern-) Agenda und vergeben schlussendlich die Noten, während Nachhilfeinstitute sich um jene kümmern, die der schulischen Agenda nicht gerecht werden und sich an sie wenden. Nachhilfehandeln wird dergestalt dann seiner Aufgabe gerecht, wenn es zu einer Notenverbesserung des Schülers führt. Nachhilfe muss sich dergestalt der Schule und den schulischen Inhalten zuwenden und sich an diesen orientieren.

Eine Wechselwirkung zwischen Schule und Nachhilfe soll hier gar nicht ausgeblendet werden. Aber in einem ersten, vorgelagerten gedanklichen Schritt sollen Nachhilfeinstitute zunächst als eigenständige Akteure im Bildungssystem betrachtet werden.[39] Eine solche Perspektivierung lässt dann leichter z.B. eine Rekonstruktion von Motiven, Deutungen und Sichtweisen zu, indem sie zunächst vom schulischen Gegenüber getrennt sind. Wenn dann in einem zweiten Schritt die enge und von der bisherigen Forschung zur Nachhilfe konstatierte oder implizit vorausgesetzte Beziehung zwischen Schule und Nachhilfe evident wird, lässt sich diese gleichwohl ver-

[39] Dazu gehört zweifellos auch, dass man ihre Doppelrolle als Wirtschafts- und Bildungsakteur nicht aus dem Blick verliert.

merken. Es geht dergestalt zunächst um eine Einklammerung des Wissens über den Untersuchungsbereich, um in einem weiteren Schritt mögliche Beziehungsformen zu kennzeichnen. Eine dann „möglicherweise" angezeigte Beziehung und Wechselwirkung von Schulen zu Nachhilfeinstituten kann in einem zweiten gedanklichen Schritt dann beschauen, welche *wechselseitigen* Informationsasymmetrien zwischen Schule und Nachhilfeinstituten herrschen.

Untersuchungen, die Nachhilfeinstitute nicht von vornherein als Appendix der Schule und des Schulsystems adressieren, sondern zunächst rekonstruieren wollen, wie sich Nachhilfeinstitute selbst verstehen und im Bildungssystem verorten, fragen z.B. entsprechend nach dem je eigenen Selbstverständnis von Nachhilfeinstituten. Solche Untersuchungen, die sie nicht bereits als Satelliten der Schulen betrachten, gibt es bisher nicht. Fragen, die daher bisher nicht in den Blick gekommen sind, sind jene danach, ob sich die gesellschaftliche Funktion von Nachhilfeinstituten darauf beschränkt oder ob nicht noch weitere und andere Funktionen vorhanden sind, die durch die Überlagerung eines dominierenden schultheoretischen Diskurses nicht oder nur wenig in den Blick kommen. Gerade diese Lücke will die vorliegende Untersuchung schließen, indem die Perspektive(n) der Nachhilfeinstitutsleiter rekonstruiert werden sollen, um darüber auch mögliche weitere zugeschriebene Funktionen von Nachhilfeinstituten zu entdecken. Dass „besondere" Perspektiven zur Nachhilfe bisher nicht in den Blick gekommen sind, zeigt sich in der breiten (schul-)bildungswissenschaftlichen Textproduktion und -rezeption, die Nachhilfe in erster Linie mit dem Bild des reinen Nachhelfens und Reparierens fasst.[40] Vor diesem Hintergrund können und werden dann auch keine bildungstheoretischen Impulse oder zumindest Flankierungen entsprechender Diskurse durch die Beforschung von Nachhilfeinstituten erwartbar, bleibt Nachhilfe eine Bildung im Schatten.

Im Rahmen des Bildungspaketes „Bildung und Teilhabe" wird die Nachhilfe als *Lernförderung* explizit eingeschlossen und gefördert. So heißt es dort:

> „**Bildung und Teilhabe: Lernförderung**
> Kinder brauchen manchmal Unterstützung, um die Lernziele in der

[40] Diese Perspektive ist gleichwohl nicht falsch, verengt und reduziert allerdings – so wird zu zeigen sein – das Agieren von Nachhilfeinstitutionen als Teil des Bildungssystems.

Schule zu erreichen. Mit dem Bildungspaket können Eltern für ihre Kinder nun Lernförderung beantragen.

Unkomplizierte Antragstellung

Der Förderbedarf der Schülerin oder des Schülers wird durch die Lehrerinnen und Lehrer, die das Kind am besten kennen, festgestellt und unkompliziert bescheinigt.

Die Bestätigung muss neben dem Fach auch Angaben enthalten, wie lange die Förderung dauern und welche Lernschwächen durch die Förderung beseitigt werden sollen.

Außerschulische Förderung möglich

Wenn vor Ort keine ausreichende reguläre schulische Lernförderung für alle Kinder angeboten wird, bewilligt die zuständige Behörde den Antrag der Eltern auf schulnahe Lernförderung. Voraussetzung ist, dass die Lernförderung erforderlich, geeignet und angemessen ist, um das Lernziel zu erreichen".[41]

Die Lernförderung, die schulische Nachhilfe, wird solcherart zumindest temporär als mögliche, Notwendigkeit konstatiert und als (finanziell) förderungswürdig erachtet. Die Rahmung und damit zugleich die Bedeutungszuschreibung bzw. die Verortung im Bildungswesen von außerschulischer Nachhilfe (Förderung) werden im BuT vorgegeben. Hierzu muss ein Förderbedarf überhaupt erst vorhanden sein und durch die LehrerInnen bescheinigt werden und bleibt damit handelnd im Schulsystem verhaftet. Selbst die Dauer der Förderung und die Art der „Lernschwächen" werden diagnostisch – man könnte sagen in Form einer Lernanamnese – dem Lehrer bzw. der Lehrerin zugeschrieben. Referenz ist hier weiterhin das Lernziel, das sich in erster Linie an der Note ablesen lässt. Damit wird der Nachhilfe die klassische Funktion des *Nachhelfens* von ausreichenden oder mangelhaften hin zu besseren Leistungen von SchülerInnen zugewiesen. Sie fungiert als Ausgleich defizitären Lernens. Nachhilfe beispielsweise für den Wunsch nach einer guten oder besseren Note ist nicht vorgesehen. Erst wenn zudem

41 http://www.familien-wegweiser.de/wegweiser/stichwortverzeichnis,did=168010.html [20.06.16].

eine zusätzliche schulische Förderung nicht möglich ist, z.B. weil kein ausreichendes Lernpersonal vorhanden ist, um Förderunterricht anzubieten oder anderweitige innerschulische Nachhilfe, ist eine externe, schulnahe Lernförderung möglich. Diese Nachhilfe soll derart *in* der Schule stattfinden oder in inhaltlicher *Nähe* zur Schule extern erfolgen. Zudem muss sie „erforderlich, geeignet und angemessen“ sein, „um das Lernziel zu erreichen“. Externe Nachhilfe wird dergestalt – wie erwähnt – an das Erreichen der schulischen Lernziele und damit weiterhin an Schule gekoppelt, bleibt ein Appendix des Schulsystems.

Umgekehrt lässt sich konstatieren, dass Nachhilfe durch die Aufnahme in das BuT-Paket auch offiziell zum Teil des Bildungs- und Schulsystems wird, auch wenn dies in der Praxis schon lange der Fall war. In theoretischer Hinsicht steht dieser Schritt noch weitgehend aus. So findet sich beispielsweise noch 2008 kein Hinweis oder Notiz zur Nachhilfe im Lehrbuch „Neue Theorie der Schule. Einführung in das Verstehen von Bildungssystemen“ (Fend 2008), was zumindest andeutet, dass Nachhilfe dort nicht als fester Bestandteil des Schulsystems verstanden wurde.

Die Wahl der Nachhilfe bzw. der Nachhilfeinstitute bleibt nun allerdings – das zeigt ebenfalls die Praxis – den Eltern überlassen. So bieten mittlerweile nahezu alle Nachhilfeinstitute eine Abrechnung über BuT-Bescheinigungen an. Das Verzeichnen von externer Nachhilfe in dem förderungswürdigen Kanon des BuT schließt bildungssoziologisch betrachtet an die Ungleichheitsdiskussion (vgl. z.B. Geißler/Weber-Menges 2010, Brüsemeister 2007) und den Meritokratiediskurs (vgl. z.B. Hadjar 2008, Becker/Hadjar 2009, Kupfer 2011) an, d.h. an die Problematik, dass ökonomisch stärkere Familien sich mehr und bessere Nachhilfe leisten können als wirtschaftlich schwächere Familien und so durch die Struktur der Nachhilfe und Nachhilfeinstitute als privatwirtschaftliche Akteure eine Ungleichheit zementiert wird.

Das meritokratische Prinzip stellt das „wesentliche Argument zur Rechtfertigung sozialer Ungleichheiten in westlichen Gesellschaften“ (Hadjar 2008: 10) dar. Ungleichheit kann zwar in einigen Aspekten biologisch beschrieben werden (z.B. Körpergröße, Intelligenz), ihre Bedeutung und Wirkung in einer Gesellschaft lässt sich allerdings nicht natürlich, sondern nur sozial erklären. D.h. dass, was vor einem gesellschaftlichen Hintergrund als ungleich angesehen wird und wirksam ist, ist „von Menschen bzw. durch von Menschen geschaffene Institutionen produziert und somit auch vom Menschen veränderbar" (Hadjar 2008: 11). Der relationale Charakter von Ungleichheit benötigt ein soziales, normatives Ordnungsmuster, vor dessen Hintergrund soziale Ungleichheit sich erst entwirft und bewertet wird, aber auch legitimieren kann. Dass eine Richterin im Staatsdienst mehr verdient als ein Kassierer im Supermarkt, wird z.B. vor dem Hintergrund von unterschiedlichen Lern- und Ausbildungszeiten akzeptiert. Nicht nur Ausbildungszeiten, die in gewisser Hinsicht als Maßeinheit für die Schwierigkeit und Exklusivität der beruflichen Tätigkeit stehen, gelten als richtungsweisend für eine solche Bedeutungszuschreibung. Auch die – nicht immer, aber mitunter – damit zusammenhängende Verantwortung der beruflichen Tätigkeit spielt hier mit hinein. So werden Pilotinnen und Ärzte auch vor dem Hintergrund ihrer verantwortungsvollen Tätigkeit und ihrer langen Ausbildungszeit (die wiederum darin mit begründet liegt) gut bezahlt und diese Bezahlung wird gesellschaftlich akzeptiert. Da solche Norm- und Wertesystem, aus denen sich diese Zuschreibungen und Sichtweisen ergeben, historisch gewachsen sind, sind sie – wie man an diesen Beispielen absehen kann – nicht zwingend logisch, sondern tradierte und sich wandelnde Strukturen. Denn hinsichtlich ihrer Verantwortung können z.B. Zuglokführerinnen (und die entsprechenden Gewerkschaften tun dies auch) ebenfalls auf die dort vorhandenen hohen Verantwortungserfordernisse verweisen, ebenso wie Kindergärtner vor dem vergleichenden Hinweis auf Lehrergehälter. Trotz der hier bereits angedeuteten Schwierigkeiten der Nachführbarkeit von Leistungsgerechtigkeit lässt sich für Deutschland vermerken, dass die Legitimation ungleicher Verteilung von Einkommen oder Gütern aus dem Prinzip der Leistungsgerechtigkeit erwächst. Wer viel leistet, erhält auch mehr. Über die meritokratische Perspektive lässt sich anschließend die Konkurrenz nicht nur als ein primär ökonomisches Phänomen ansehen, sondern, wie Karl Mannheim betont, muss sie „als Phänomen des gesamten gesellschaftlichen Lebens betrachtet werden" (Mannheim 1982: 328), aus dem die These geführt wird, „daß die jeweilige Gestalt der Konkurrenz der kulturschaffenden Subjekte mitkonstituierend sei für die konkrete Gestalt des geistigen Lebens" (Mannheim 1982: 329). Die Schule bzw. der umfängliche Bildungsprozess ist sozialer Träger von Konkurrenz, ihre soziale Struktur ist darauf angelegt zu konkurrieren. Und Konkurrenz spielt sich vor der Hintergrundfolie relational und sozial hervorgebrachter Bedeutungen ab, wiewohl sie gleichzeitig „von mitkonstituierender Bedeutung" (Mannheim 1982: 332) jener Hintergrundfolie ist, vor der sie sich abspielt.[42] Letztlich spiegelt sich so in der schulischen Organisationsform ihre Bonus- und Malusfunktion, „Konkurrenz, Sieg und daraus sich ergebende Selektion" (Mannheim 1982: 350) wider, in der die Produktion von Ungleichheit ein essentieller Bestandteil ist. Aus Ungleichheit folgt gleichwohl nicht zwingend eine Ungerechtigkeit. Hier schließt sich vielmehr die Diskussion über Bildungschancengleichheit bzw. -ungleichheit an; ein Thema, das es auch ins umfängliche „Handbuch Wissenssoziologie und Wissensforschung" (Schützeichel 2007) geschafft hat[43] (vgl. Brüsemeister 2007) und besonders ab Mitte der 1960er Jahre virulent war. Die Diskussion verlor durch die darauf einsetzenden Bildungsreformen an Bedeutung. „Etwas pointiert kann man sagen: Seit Mitte der 1970er Jahre breitete sich in Politik und Öffentlichkeit stillschweigend die Illusion der Chancengleichheit im Bildungssystem aus; dieser Trend wurde durch das weitverbreitete Desinteresse der Bildungsforschung an der Ungleichheitsthematik unterstützt. Erst die Wucht der internationalen PISA-Studien rüttelte Politiker und viele Bildungsforscher aus einem 25-jährigen Dornröschenschlaf wach" (Geißler/Weber-Menges 2010: 155-156). Die Förderungsmöglichkeit externer Nachhilfe durch das BuT kann dann dergestalt auch vor dem Hintergrund dieses Ungleichheitsdiskurses gelesen werden. Gleichzeitig wird implizit durch die Notwendigkeit dieser Förderungsaufnahme auf ein Defizit des Schulsystems hingewiesen, da es ohne externe Hilfe ein systemüberschreitendes Maß an förderungsbedürftigen Schülerinnen und Schülern nicht zu den selbst gesetzten und eingeforderten Lernzielen führen kann und damit externe Nachhilfe als Notwendigkeit ausweist.

42 Dabei besitzt die *Konkurrenz* sowohl die Tendenz in Konflikten auszuarten als auch „in eine Beziehung des Miteinander sich umzuwandeln" (Mannheim 1982: 333).

43 Dieser Hinweis ist nicht *lakonisch* gemeint, sondern will allein darauf hinweisen, dass auch die Wissenssoziologie nur wenig Bezüge aus dem Feld der vor allem (vor)schulischen Bildung und bildungssoziologischen Ausarbeitungen hierzu aufnimmt.

4.2 Das diskursive Umfeld der Nachhilfe

Nachhilfeinstitute stehen in verschiedenen gesellschaftlichen Diskursen, aus und von denen ihre gesellschaftliche Relevanz mitbestimmt wird. Wenn in diesem Zusammenhang von Diskursen gesprochen wird, dann sind damit im Sinne Foucaults (vgl. Foucault 2008) Wissensformationen und gesellschaftlich dominierende Sichtweisen und Perspektiven gemeint, die zugleich Zuschreibungspotentiale besitzen und damit Bedeutung zuschreiben. Der *quasi-natürliche* Diskurs von Nachhilfeinstituten ist zunächst die Frage nach Bildung in der Gesellschaft und betrifft z.B. die Fragen nach der Bedeutung von Bildung für das eigene Leben und des beruflichen Werdeganges, des Zugangs zur Bildung oder nach der inhaltlichen Bestimmung eines Curriculums. Eine erste Eingrenzung erfahren Nachhilfeinstitute und ihre diskursive Veortung dann durch ihre Anbindung an die Schule und damit an die Zeit von der Grundschule bis zum Abschluss der weiterführenden Schule, wenngleich die jeweiligen angrenzenden Ausläufer (Kindergarten auf der einen und Studium bzw. Ausbildung auf der anderen Seite und schlussendlich die berufliche Weiterbildung) einen nicht zu unterschätzenden Einfluss haben. Gleichwohl stellt die Schullaufbahn den zentralen Bezugspunkt dar. Damit ist die Frage nach der Schulbildung und ihrer Bedeutung sowie ihrem gesellschaftlichen Wandel ein Referenzpunkt für Nachhilfeinstitute. Die immer wieder aufflammende Diskussion um die gymnasiale Gestaltung (G8/G9), Fremdsprachenunterrichtung ab dem Kindergarten und dann schulgeleitet ab der Grundschule, die Durchlässigkeit des Bildungssystems, Inklusion, die Ausgestaltung des jeweiligen Curriculums und allgemein die Frage nach der Qualität der schulischen Ausbildung vor dem Hintergrund studien- und ausbildungsbezogener Anforderungen sind hier entsprechende Beispiele. Weitere Schlagworte in diesem Zusammenhang, ohne die allerdings die heutige Bedeutung von Nachhilfeinstituten kaum adäquat erfasst werden kann, sind der Bologna-Prozess, Überakademisierung, die Qualität der Studierenden, die Frage nach der psychischen Be-/Überlastungen von Schülern und Lehrern, Kompetenzvermittlung oder die Frage nach Formen des Lernens (z.B. Bulimie-Lernen, die Bedeutung des Lehrers für die erfolgreiche Wissensvermittlung). Auch wenn in Deutschland die Bildungspolitik Ländersache ist – was man eindrucksvoll an den unterschiedlichen Kernlehrplänen für die einzelnen Fächer sehen kann (vgl. Kröger-Bidlo 2018: 70

ff.) – sind die o.g. Themen in unterschiedlicher Ausprägung bundesländerübergreifend. Umschlossen werden diese (Teil-)Diskurse von dem diskursiven Begriff der *Wissensgesellschaft*, der in den letzten vier Jahrzehnten immer wieder als Leit- und Entwicklungsbegriff für die Erfordernisse einer gegenwärtigen und zukünftigen Gesellschaft genannt wurde.[44] Dabei steht die Wissensgesellschaft für einen neuen Zustand in der Entwicklung fortgeschrittener industrieller Gesellschaften, in der der Bedeutung von Wissen und Wissensformationen, ihrem Zugang, der Gestaltung und ihrer Vermittlung eine exaltierte Geltung zukommt.

Ein weiterer wichtiger diskursiver Anknüpfungspunkt für das Feld Nachhilfeinstitute ist der bereits in der Einleitung und Kapitel 2.1 angedeutete ökonomische Aspekt und zwar in zweifacher Hinsicht. Zum einen als Frage danach, inwieweit Nachhilfeinstitute, die kostenpflichtig Hilfe bei schulischen Problemen anbieten, damit ein Verstärker für Bildungsungleichheit sind, da ärmere Familien sich Nachhilfe nicht in dem Maße leisten können wie reiche Familien. Diese Frage lässt sich – wie bereits erwähnt – als eine klassische bildungssoziologische Frage nach Ungleichheit bezeichnen. Und eine Reaktion auf diese Frage ist politisch z.B. das Bildungs- und Teilhabepaket der Bundesregierung, das seit 2011 auch Schülern aus finanzschwächeren Familien die Möglichkeit bietet, zahlungspflichtige Nachhilfe zu erhalten. Damit wird, und das wird im späteren Verlauf der Arbeit noch eine Rolle spielen, die Verkettung von Schule und Nachhilfeinstituten von offizieller Seite bestätigt und werden Nachhilfeinstitute auch – zumindest an dieser Stelle – als Teil des Schul- und Bildungssystems ausgewiesen.

Zum anderen stellt sich die gegenläufige Frage danach, wie Nachhilfeinstitute als wirtschaftliche Akteure agieren, um wirtschaftlich überleben zu können. Nachhilfe ist aus ökonomischer Sicht ohne Weiteres ein attraktiver Markt. Auf die bereits angesprochene und noch zu vertiefende Konzeption des Franchisings sei hier verwiesen. Von diesen Inhabern sind bzw. waren nicht wenige selbst Lehrer. Und damit werden solche Institute auch eine berufliche Möglichkeit für Lehrer, die nicht unbedingt in einer Schule unterrichten wollen. Zu den wenigen beruflichen Alternativen von Lehrern zählt die Nachhilfe bzw. die Übernahme oder Gründung eines Nachhilfeinstitu-

---

[44] Dabei trifft eine bereits große wissenschaftliche Auseinandersetzung bzw. hohe Publikationsdichte auf eine nahezu unüberschaubare Nutzung des Begriffes in Medien und Politik.

tes. Insgesamt lässt sich in diesem Zusammenhang als ein diskursiver Anknüpfungspunkt die Ökonomisierung der Bildung nennen (vgl. unten Kap. 4.2.3). Und diese ist nicht nur dadurch gekennzeichnet, dass zu diesem Aspekt das Verdikt der ökonomischen Logik über Bildung geworfen wird. Zweifellos ist dies ein zentraler und wiederkehrender Diskussionsansatz, der nicht selten mit dem Duktus von Kassandrarufen einhergeht. Ein in diesem Kontext dann nicht thematisierter Verlauf, der gleichwohl den Prozess der Ökonomisierung begleitet, ist der der vielfältigen Professionalisierung – hier auch der Nachhilfe. Die nachfolgenden Unterkapitel konturieren die zentralen und wiederkehrenden Diskurse, in denen Nachhilfediskurse als Teil des Bildungssystems eingebunden sind und die in der späteren empirischen Analyse dann als Hintergrundfolie dienen.

4.2.1 Wissensgesellschaft

Neben den zentralen Begriff der *Risikogesellschaft* von Ulrich Beck für die Mitte bis Ende der 1980er Jahre und darüber hinaus den Begriff der *Erlebnisgesellschaft* von Gerhard Schulze zu Beginn der 1990er Jahre sowie die zeitlich zwar ältere, aber in den 1990er Jahren eine Blüte erlebende *Informationsgesellschaft*, hat sich der Begriff der *Wissensgesellschaft* gesellt. Auch diese Gesellschaftsfassung wurde bereits Ende der 1960er Jahre (vgl. z.B. Lane 1966) bzw. Anfang der 1970er Jahre (vgl. Bell 1973), besonders jedoch durch die sich durchsetzenden Netzwerkmedien Ende des 20. Jahrhunderts virulent. Aus seiner ‚historischen' Ableitung, z.B. über die Darstellung von Bell und Lane, lassen sich zwei unterschiedliche Schwerpunkte einer Wissensgesellschaft aufzeigen. Zum einen die Bedeutung des Wissens für die Ökonomie als zunehmender Bedeutung von (Wissens-)Dienstleistungen im Gegensatz zur industriellen Produktion. Hier spielt Wissen als Ware in Form von Dienstleistungen die zentrale Rolle. Damit verbunden ist in ökonomischer und arbeitsplatzbezogener Hinsicht eine auf Dienstleistungen und weniger auf Warenproduktion orientierte Perspektive. Die heutigen Diskussionen zu den Stichworten von *Digitalisierung und Industrie 4.0* (z.B. Mertens/Barbian/Baier 2018) unterstreichen überdies, dass die Produktion zunehmend durch automatisierte Verfahren erfolgt und es in beruflicher Hinsicht weniger auf Fertigkeiten als auf Kompetenzen ankommt. Und mit diesen Kompetenzen sind in erster Linie der Erwerb und das Arbeiten an und mit neuen Wissensinhalten gemeint. Zum anderen bildet in der Diskussion um die Wissensgesellschaft der mit Wissen einhergehende Validitätsanspruch eine wichtige Rolle. Dieser führt zu einer Verwissenschaftlichung z.B. von Politik und letztlich der gesamten Gesellschaft. Wissenschaftliches Wissen oder solches Wissen, das sich als wissenschaftliches Wissen ausgibt, wird zur dominierenden Figuration in Wirtschaft, Politik und Gesellschaft.[45] In einer solchen Perspektive ist in erster Linie wissenschaftlich eruiertes Wissen gültiges Wissen und wird daher der Transfer von wissenschaftlichem Wissen in politische und wirtschaftliche Kontexte wesentlich und mithin die Notwendigkeit einer so ausgerichteten Ausbildung nachkommender Gesellschaftsmitglieder.

Der Begriff der Wissensgesellschaft beinhaltet nun beide dieser Schwerpunkte und lässt sich vor diesem Hintergrund als eine zentrale Beschreibungskategorie, als ein Leitbegriff für postindustrielle, moderne Gesellschaften bezeichnen, wenngleich er dieses *Label* nicht allein trägt, wenn man sich die Derivation von Gesellschaftsbegriffen der letzten 30 Jahre ansieht.[46]

Ob nun zu Recht oder zu Unrecht von einer Wissensgesellschaft gegenwärtig oder zukünftig gesprochen werden kann, soll hier nicht diskutiert und entschieden werden, wenngleich im weiteren Verlauf auch auf mögliche Kritik hingewiesen werden soll (vgl. z.B. Tänzler/Knoblauch/Soeffner 2006c). Vielmehr lässt sich vermerken, dass seit dem Ende des 20. Jahrhunderts bis heute Wissen und Nichtwissen, freier Zugang zu Wissen (Open access), Mediatisierung des Wissens und der Wissensproduktion oder Wissen als Ressource zu zentralen Themen geworden sind, um gesellschaftliche Zustände, Perspektiven und Prognosen entschlüsseln und entwerfen zu können. Besonders der Open-Source-Gedanke hat für die letztgenannten Punkte eine gewisse Prägekraft. Open-Source-Projekte sind in der Produktion von Software oder Wissensdatenbanken eine feste Größe; man denke z.B. an die verschiedenen Linux-Betriebssystemdistributionen (z.B. Ubuntu), die Bürosoftware OpenOffice oder LibreOffice, den Webbrowser Firefox, das DTP Programm Scribus, aber auch die Plattform Wikipedia,

[45] Ein bildhaftes Beispiel findet sich in den Leserkommentaren großer Online-Zeitungen, in denen von den Nutzern auch wechselseitig zur Belegausweisung aufgefordert wird.

[46] So ist, wie erwähnt, beispielsweise von Risikogesellschaft (Beck), Erlebnisgesellschaft (Schulze), Informationsgesellschaft (Lane), Mediengesellschaft (z.B. Saxer), Beschleunigungsgesellschaft (Rosa) oder Bildungsgesellschaft (z.B. Bergsdorf) die Rede.

die als eine Open-Source-Wissensdatenbank verstanden werden kann. In nahezu allen digitalen Arbeitsbereichen ist mittlerweile Open-Source-Software präsent bzw. nutzbar. Ohne nun an dieser Stelle eine ausführliche Definition zu Open Source zu geben (vgl. z.B. Gehring/Lutterbeck 2004), lässt sich vermerken: Es stammt ursprünglich aus der Softwareproduktion und meint, dass der Quelltext, aus dem die Software besteht, komplett offen gelegt und einsehbar ist. Jeder, der die Fähigkeit des Programmierens besitzt, kann daran mitschreiben und Veränderungen vornehmen. Besonderes Kennzeichen ist die offene, partizipative und kooperative Zusammenarbeit an einem Projekt, aus dem ein Produkt wird, das jedoch im Ergebnis kostenfrei für die Allgemeinheit zur Verfügung gestellt – geteilt – wird und weiterhin von jedem verändert werden kann. Darüber hinaus entwickeln sich zunehmend Unternehmungen, die den Open-Source-Gedanken in andere gesellschaftliche Bereiche tragen, z.B. im Rahmen der Stadtplanung, von Bürgerbeteiligungen usw. Die normative Grundlage der Open-Source-Gemeinschaft ist die freie Zugänglichkeit zum Wissen für alle Menschen. Durch die Möglichkeit der digitalen Distribution wird zudem die Standortgebundenheit desselben aufgebrochen. Wissenssoziologisch fällt diese Ausdifferenzierung und Veränderung des Wissens und seiner Verfügbarkeit in die Analyse, dass sich im Rahmen der Ausweitung der Wissensgesellschaft neue Funktionssysteme und Wissensorganisationen bilden, die die Wissenschaft in ihrer alleinigen Rolle als Erzeuger, Bewerter und Vermittler von Wissen zurückdrängt (vgl. Knoblauch 2005: 275). Solcherart weist die Entwicklung solcher Wissensformationen darauf hin, dass es zunehmend nicht mehr nur einzelne Experten, sondern arbeitsteilige Gemeinschaften gibt und geben wird, die den Erfordernissen und Anforderungen der Gesellschaft entsprechen können (vgl. Bidlo/Englert 2013: 268 ff., insgesamt auch Bidlo 2019a: 265 ff.). Die Verknüpfung des Begriffs der Wissensgesellschaft mit dem vom Ursprung her technisch geprägten Open-Source-Gedanken ist insofern beachtenswert, da der Begriff der Wissensgesellschaft besonderen Wert auf die nicht-technische, menschliche Seite des Wissens legt und damit dem Begriff der Informationsgesellschaft, der stark von einer technikdeterministischen Auffassung geprägt ist, eher entgegen steht. Wissen kann mit Rekurs auf wissenssoziologische Vorstellungen als die Zunahme von Handlungsoptionen und -möglichkeiten verstanden werden (vgl. Bidlo/Englert 2013: 268 ff.). Eine solche Sichtweise entspricht dem wissenssoziologischen Grundgedanken, dass der erkennende Mensch ein Bestandteil eines sozialen Zusammenhanges ist, welcher selbst wiederum in den Vorgang des Erkennens einfließt. Und damit wird Wissen kein freistehender Einzelakt. „Denn während die philosophische Erkenntnistheorie Wissen traditionell als eine Leistung solitärer Erkenntnisakte versteht, sieht die Wissenssoziologie Erkenntnis und Wissen als Produkte sozial vermittelter Bedeutungen, die mehr von der Akzeptanz als von der Wahrheit geleitet sind“ (Tänzler/Knoblauch/Soeffner 2006b: 7). Zentrales Element dieses Prozesses ist Kommunikation (vgl. auch Keller/Knoblauch/Reichertz 2013a). Damit zeichnet sich der Wandel von Wissen und Gesellschaft in modernen Gesellschaften insbesondere durch Veränderungen der Kommunikation aus (vgl. Knoblauch 2005: 130). Solche Veränderungen sind gegenwärtig auf der technischen Seite besonders durch einen schnelleren Zugriff auf und Verbreitung von Wissen, aber auch durch einen in zunehmendem Maße offenen Zugang (open access) gekennzeichnet – Entwicklungen, die sich auch in der Praxis der Nachhilfe niederschlagen. Gerade dieser offene Zugang von Wissen z.B. in Open-Source-Projekten lässt den Übergang von Sonderwissensbeständen und Alltagswissen durchlässiger werden, wirft in einer Wissensgesellschaft, die heute durch die digitalen Produktionen, Distributionen und Rezeptionen (vgl. Kapitel 3) wesentlich mitgestaltet ist, die Frage nach der Entstehung, Relevanz und gesellschaftlichen Legitimierung von Wissensbeständen neu auf und verweist auf den Zusammenhang von technischer Entwicklung und handlungsspezifischen Praktiken.

Damit ist die *Wissensgesellschaft* nicht eine Formation, in der Wissen eine besondere Rolle spielt – das tat Wissen schon immer –, sondern in der Aneignung, Verwaltung und Befähigung des Umgangs mit Wissen und komplexen Wissensformationen (z.B. Netzwerke) von vielen, wenn nicht gar von den meisten Gesellschaftsmitgliedern erwartet und vorausgesetzt werden. Neben der gesellschaftlich hochdifferenzierten Arbeitsteilung, spielen in einer nachindustriellen Gesellschaft die Globalisierung[47] und digitale Technisierung eine grundlegende Rolle. Damit wird mit dem Begriff der Wissensgesellschaft

47 Hier z.B. allein die Befähigung zur Kommunikation durch eine Fremdsprache.

> „die steigende Bedeutung von Wissen und Bildung hervorgehoben: Danach wird Wissen neben Kapital zu einem immer wichtigeren Produktionsfaktor der modernen Wirtschaft. Es ist nicht nur wesentlicher Bestandteil von (neuen) Technologien, in die Erfindergeist und Wissenschaft eingeflossen sind und die durch Patente und Nutzungsrechte kontrolliert werden. Vielmehr spielt Wissen auch beim Einsatz der lebendigen Arbeitskraft eine große Rolle“ (Poltermann 2013: o.S.).

Daraus resultieren sodann höhere Bildungsansprüche, der Anstoß zur weiteren Akademisierung und mithin die Etablierung der Hochschulbildung als gesellschaftlichen Ausbildungsstandard der Menschen und eine Abwertung des dualen Ausbildungssystems. Die Kritik, die in dem Begriff des „Akademisierungswahns“ gefasst wird, zielt darauf, das Postulat nach fortschreitender Akademisierung selbst als eine Bildungsideologie auszuweisen (vgl. Nida-Rümelin 2014: 14 ff.), in deren Fahrwasser zudem weitreichende Veränderungen des (Hochschul-)Bildungssystems durchgeführt werden, wie z.B. die zunehmende Umbildung von Berufsausbildungsgängen in Hochschulstudiengänge. Dieser Prozess wiederum lässt die Diskrepanz in der gesellschaftlichen Wertzuschreibung von dualer Ausbildung und Hochschulstudium größer werden. Nur wer ein Hochschulstudium absolviert, erhöht die Möglichkeit eines beruflichen und gesellschaftlichen Erfolgs, verringert die Wahrscheinlichkeit arbeitslos zu werden. Zumindest aber sichert er sich einen gewissen sozialen Status. Eine solche Begründungslogik – hier: Akademiker sind seltener arbeitslos und verdienen mehr, dergestalt muss man die Anzahl der Hochschulabsolventen erhöhen – ist auch Teil und Ergebnis der Idee und praktischen Ausbildung einer Wissensgesellschaft.
Nida-Rümelin zeichnet pointiert nach, dass eine solche Begründungslogik sowohl der Empirie (vgl. Nida-Rümelin 2014: 30ff.) wie auch dem klassisch-humanistischen Bildungsideal widerspricht (vgl. ebd. 48ff.) und dass das von allen Seiten gelobte duale Ausbildungssystem sowohl inhaltlich, da gute und sehr gute SchülerInnen fehlen, die sich einer Ausbildung zuwenden, als auch von außen, da das Ansehen einer Ausbildung vor dem Hintergrund wachsender HochschulabsolventInnen schwindet, bedroht ist. Zudem sind die beruflichen Anforderungen rückgebunden an schulische Er-

fordernisse. So ist im gesellschaftlichen Diskurs der höchste Schulabschluss, das Abitur, zu einer faktischen Notwenigkeit geworden, um den gesellschaftlich vermittelten Zielen hinsichtlich beruflicher Anforderungen gerecht zu werden. Diese spiegeln sich beispielhaft in den Forderungen der OECD wider, die für Deutschland immer wieder eine höhere Akademikerquote fordert.[48] Gute und sehr gute schulische Leistungen werden vor diesem Hintergrund virulent.

Die Wissensgesellschaft findet darüber hinaus nicht nur mittelbaren, sondern auch unmittelbaren Eingang in die Schule, die hier zugleich einen inneren Bezugspunkt zur Nachhilfe darstellt, indem in der Diagnose *Wissensgesellschaft* die „Grundlage jeder aktuellen Veränderung im Bildungssystem" (Maisch 2006: 18) gesehen wird und diese sich z.B. in neuen Formen des Wissensmanagements in Schulen ausweist (vgl. Maisch 2006). Ein veränderter Stellenwert von Bildung in der Wissensgesellschaft gründet somit zum einen in den immer höheren Anforderungen an das Wissen von Arbeitnehmern,[49] das zunehmend erforderlich wird, um komplexer werdende Arbeitsabläufe zu bedienen, in der Expansion vorhandener und zugänglicher Informationen, die in eigene Arbeitsprozesse eingefügt werden müssen sowie der Zunahme wissensbasierter Dienstleistungen. Zum anderen muss die Bildung der schneller werdenden Obsoleszenz (vgl. z.B. Bardmann 1994) und der Veränderung von Wissen durch voranschreitende Innovationen Rechnung zollen. Ein Beispiel ist hier die bereits erwähnte und später noch näher zu beleuchtende Fokussierung der Vermittlung von Kompetenzen im Gegensatz zur reinen Wissensvermittlung, die zugleich die Notwendigkeit einer gewissen Änderungsbereitschaft impliziert. „In Folge dessen werden neue Anforderungen an die Menschen herangetragen und damit steht das Bildungssystem vor der Aufgabe die jungen Menschen auf diese

---

48 Vgl. beispielhaft www.deutschlandfunk.de/akademisierungswahn-studium-als-normalfall.724.de.html?dram:article_id=315749 [15.08.19].

49 Die OECD kommt 2017 in einer Studie zum Beschäftigungsausblick zu dem Ergebnis, dass sich die Struktur des Arbeitsmarktes in den letzten zwei Jahrzehnten grundlegend gewandelt hat und sich eine Polarisierung in Bezug zur Qualifikation und vorhandenen Arbeitsplätzen abzeichnet. Besonders im niedrig qualifizierten wie auch im hoch qualifizierten Bereich entstehen mehr Jobs bei gleichzeitigem Rückgang im Bereich der mittleren Qualifikation. Die für die Wissensgesellschaft prognostizierte Strukturveränderung von der Industric hin zu einer Vergrößerung des Dienstleistungsbereiches ist dort ebenfalls verzeichnet, vgl. OECD (2017), OECD Employment Outlook 2017, OECD Publishing, Paris.

Anforderungen vorzubereiten. Hierbei wird vorsichtig abzuwägen sein, welche traditionellen Bildungsinhalte und Methoden in diesem Zusammenhang neuen Inhalten und Methoden weichen müssen und welche unter dieser neuen Perspektive geradezu unverzichtbar sind" (Maisch 2006: 21). Die „Schule in der Wissensgesellschaft" (Gill 2005) muss dergestalt auf solche gesellschaftlichen Entwicklungen reagieren, bringt aber durch „die verstärkte Bildungskonkurrenz beinahe zwangsläufig mehr ‚Versager' [hervor] – und zwar nicht etwa deshalb, weil die Schulen schlechter und die Jugendlichen dümmer oder fauler geworden waren. Sondern im Gegenteil: Gerade weil heute die Jugendlichen im Durchschnitt besser, d.h. formal gebildeter, sind, fallen jetzt diejenigen auf, die hinter dem Durchschnitt zurückbleiben" (Gill 2005: 275).

Im Anschluss daran lässt sich die These vertreten, dass Nachhilfe bzw. Nachhilfeinstitute von dieser gesellschaftlichen Entwicklung nicht unbeeinflusst bleiben, sondern als Teil des Bildungssystems eine Positionierung zu dieser Entwicklung einnehmen. Ob diesbezüglich eine Stellungnahme erfolgt, wie diese aussieht oder ob bereits die digitalen Lernplattformen eine Stellungnahme zu dieser Entwicklung sind, soll ein Aspekt im empirischen Teil der Arbeit sein.

4.2.2 Schule – Aktuelle Bildungsdiskurse

Die Schule in Deutschland, verstanden als eine für alle Kinder verpflichtende Bildungseinrichtung, die man für Gesamtdeutschland mit ihrer Festschreibung in der Weimarer Verfassung 1919 beginnen lassen kann, ist seit ihrem Bestehen einem fortwährenden Wandlungs- und Anpassungsprozess ausgesetzt, der mit Reformen und Veränderungen einherging. Die Schule als zentraler Kern des Bildungssystems hat – so die Festsetzung im Schulgesetz eines jeden Bundeslandes – den gesellschaftlichen Auftrag zur Bildung und Erziehung junger Menschen auf der Basis des Grundgesetzes und der jeweiligen Landesverfassung. Bildungsinstitutionen im Allgemeinen und Schule im Besonderen sind selbstverständlicher Teil der Gesellschaft und unterliegen dergestalt auch dem gesellschaftlichen Wandel, sind politischen, wirtschaftlichen und anderweitig interessengeleiteten Absichten ausgesetzt, welche sich sowohl strukturell wie ideologisch in der Diskussion um das Bildungssystem abbilden und zugleich unmittelbar auf die Schule, das Klassenzimmer, die Lehrer und Lehrerinnen und Schüler und Schülerinnen wirken. Kurz gesagt: Schule ist immer auch Ausgangs- und Zielpunkt von Bildungsideologien (vgl. Pirsching 2008).

Die hier eingebrachten schulischen Bildungsdiskurse der letzten Jahre zeichnet aus, dass sie mehr oder minder durch PISA als zweiten Bildungsschock in der Bundesrepublik (vgl. z.B. Sitter 2016) entweder verursacht sind oder unmittelbar darauf bezogen werden, unabhängig, ob es sich um *nationale Bildungsstandards*, das *Turbo-Abi* oder den *Governance-Ansatz* handelt. Und selbst die Diskussion um die *Inklusion*, die durch die Vereinten Nationen in Art. 24 der Behindertenrechtskonvention zu einem nachdrücklichen Handlungsimpuls in der Schul- und Bildungspolitik geworden ist, kommt an den PISA- oder ähnlich gelagerten international vergleichenden Schulleistungsstudien als diagnostische Verfahren nicht vorbei. Vielmehr jedoch handelt es sich bei „der deutschlandweiten Umsetzung von Inklusion […][50] um eine der umfangreichsten Schulreformen der letzten 100 Jahre" (Groschke 2015: 18).

Die (Kurz-)Darstellung dieser Diskurse ist derweil kein Selbstzweck, sondern soll – daran sei hier nochmals erinnert – das Feld und die bildungspolitische *Atmosphäre* der außerschulischen Nachhilfe konturieren und damit eine Hintergrundfolie für die im zweiten Teil dieser Arbeit folgende empirische Analyse bilden. Der Aspekt der Digitalisierung und Mediatisierung von Schule bleibt dabei an dieser Stelle ausgespart, da er selbst dezidiert dem Kapitel 6 und überdies als Hintergrundfolie der gesamten Arbeit hinterlegt ist und dergestalt an vielen Stellen behandelt wird.

4.2.2.1 Der schiefe Turm von PISA? Die Ganztagsschule

Auch wenn *Schule* den jeweiligen Bundesländern zufällt, gibt es übergeordnete Themen, die über Bundeslandgrenzen hinweg von Bedeutung sind. Eine der größten Anstöße für Veränderungen im Schul- und Bildungssystem in Deutschland ist sicherlich der „PISA-Schock" gewesen, der sich aus den internationalen, aber auch national erweiterbaren Schulleistungsuntersuchungen der OECD und seiner Mitglieds- und Partnerstaaten ergeben hat. Das *Programme for International Student Assessment* (PISA), das seit dem Jahr 2003 in dreijährigen Abständen durchgeführt wird, hat in Deutschland

[50] Groschke nutzt an dieser Stelle den Konjunktiv, der hier ausgespart ist.

in seiner Wirkung zu Kassandrarufen auf das Bildungssystem geführt und sowohl in der schulischen Ausbildung, der Lehrerausbildung und in der gesellschaftlichen Perspektive auf schulische Bildung allgemein eine nachhaltige Auswirkung gehabt. So führten die Testergebnisse zur nachhaltigen Forderung nach Ganztagsschulen, die heute in der Definition der deutschen Kultusministerkonferenz aus dem Jahre 2003, in der Ganztagsschulen an mind. 3 Tagen in der Woche ein ganztägiges Angebot vorweisen müssen, vielfach umgesetzt ist. Das Halbtagsschulsystem, das man im Gegensatz zum Ganztagsschulsystem vieler anderer Länder, die besser bei den PISA-Tests abschnitten, als ein Grund für die schwachen Leistungen ausgemacht hatte, gilt zudem als eine Ursache für die Ungerechtigkeit des Schulsystems. „Weiter legt PISA offen, dass unser Schulsystem extrem ungerecht ist; in keinem vergleichbaren Land (auch nicht, wie viele vermutet hätten, in den USA oder Irland) bestimmt die soziale Herkunft so stark den Schulerfolg wie in Deutschland" (Gottschall/Hagemann 2002: 12). Das längere gemeinsame Lernen in einer Ganztagsschule hat somit auch zum Ziel, solche sozialen Ungleichheiten zu begrenzen, indem sich alle wesentlichen Lernprozesse *in* der Schule selbst abspielen und damit *Interventionen* des sozialen Umfeldes (Familie, Freunde) für den Lern- und damit den schulischen Erfolg zu begrenzen.
Das entsprechende Bundesministerium sieht dann auch die Ganztagsschule als Chance für die Familie:

> „Die Ganztagsschule muss, einem erweiterten Bildungsverständnis folgend, einen **Zuwachs an Bildung** [Hervh. i. Org.]gewährleisten und nicht ein Mehr an Schule bereitstellen. Hierzu sind die Bildungsleistungen von Schule und Familie, der außerschulischen Kinder- und Jugendhilfe sowie der Einfluss der Gleichaltrigengruppen so zu bündeln und aufeinander zu beziehen, dass eine umfassende Kompetenzentwicklung der Kinder und Jugendlichen ermöglicht wird und mögliche Benachteiligungen aufgrund ihrer sozialen Herkunft ausgeglichen werden können" (BMFSFJ 2006: 4)

Die Entwicklung hin zu einer Ganztagsschule hat überdies nicht nur eine bildungs-, sondern insgesamt eine gesellschaftspolitische Tragweite. Die

Halbtagsschule, die sich zum Ende des 19. und Beginn des 20. Jahrhunderts in Deutschland etablierte, mit ihrer geringen Unterrichtsstundenanzahl am Vormittag, ohne Mittagsverpflegung und der ergänzenden Bearbeitung von Aufgaben und Übungen in Form von Hausaufgaben setzte eine Hausfrau voraus, die sich um Mahlzeit und Hausarbeiten kümmerte. Die Halbtagsschule „impliziert weiter, dass es einen Ehemann und Vater gibt, der einen für die Familie ausreichenden Lohn nach Hause bringt. Tatsächlich aber kam in Kaiserreich und Weimarer Republik nur eine Minderheit von Familien diesem Ideal nahe; es wurde erst mit dem Ausbau des Sozialstaats und dem Wirtschaftswachstum der fünfziger und sechziger Jahre in der Bundesrepublik zu einem dominanten Modell" (Gottschall/Hagemann 2002: 14). Die Umstellung auf die Ganztagsschule war und ist damit nicht nur eine bildungsspezifische, sondern zugleich eine familien- und gesellschaftspolitische Entscheidung. Im Rahmen der Halbtagsschule waren Bildung und Erziehung stärker voneinander getrennt, d.h. der Staat hatte einen „von Betreuung und Erziehung befreiten Bildungsauftrag. Diese Trennung von Bildung und Erziehung schlug sich nicht nur in unterschiedlichen bundespolitischen Ressortzuständigkeiten für Bildung und Wissenschaft einerseits, Erziehung und Soziales andererseits sowie einem eher geringen Ausbau sozialer und haushaltsbezogener Dienstleistungen nieder. Sie hatte vor allem auch Auswirkungen auf die Berufsstruktur" (Gottschall/Hagemann 2002: 16), indem z.B. KindergärtnerInnen eine duale Ausbildung, GrundschullehrerInnen hingegen eine akademische Ausbildung und damit auch ein höheres Gehalt erzielten.

Vor dem Hintergrund des Erziehungsauftrages der Familie wurde von konservativer Seite die Ganztagsschule bis Ende der 1990er Jahre abgelehnt. Erst nach PISA veränderte sich diese Haltung (vgl. Tillmann et.al. 2008: 188, für einen bildungspolitischen Diskurs auch Kuhlmann/Tillmann 2009). Die Verschiebung hin zur Ganztagsschule schaffte einen Legitimationsdruck für die raumzeitliche und aufgabenspezifische „Grenzverschiebung von Schule" (Scholz/Reh 2009: 159, vgl. auch Rehm 2018, Kolbe et.al. 2009), der sich zum einen auf die Verfügung von einem Mehr an Zeit bezog – und damit einem Weniger an Zeit für die Familie –, aber zugleich nicht nur ein Mehr an Wissensvermittlung, sondern auch einen kompensatorischen Erziehungsauftrag ausdrückt. D.h., durch das längere Verweilen im institutionellen Kontext Schule „nimmt die Verantwortung der Institution(en) für die Entwicklung der Kinder und Jugendlichen zu“ (Oelerich 2007: 28) und damit auch für die Lernleistungen, -erfolge und -misserfolge. Die (offene) Ganztagsschule wird heute als „Lebensort“ (Deinet et al. 2018) betrachtet und nicht mehr nur als Lernort. Besonders die Ganztagsgestaltung an Grundschulen benötigt hier einen inneren wie äußeren Legitimationsrahmen. Der äußere Rahmen ergibt sich durch die zunehmende Berufstätigkeit beider Elternteile bzw. der Möglichkeit einer solchen. Der Binnenrahmen ergibt sich aus dem Anspruch einer gleichberechtigten und chancengleichen Bildung für alle Kinder. Die „symbolischen Konstruktionen, den Sinnentwürfen einer Ganztagsbeschulung“ (Fritzsche et al. 2009: 83) der dortigen Akteure deuten darauf, dass – in dieser Akteur-Binnenperspektive – das sozialisatorische und das Bildungs- und Sinnstiftungspotential von Familie zunehmend nachlässt. „Im kompensatorischen Entwurf einer Scholarisierung der Freizeit dringt Schule in Domänen familialer Alltagsorganisation, nämlich die Freizeitgestaltung der Kinder ein, und im Konstrukt der Familiarisierung von Schule wird der Anspruch erhoben, familienähnliche soziale Beziehungsstrukturen zu etablieren, d.h. Schule als eine Art Ersatzfamilie zu gestalten“ (Fritzsche et al. 2009 : 84). Bei genauer Betrachtung wird hier ein gesellschaftlicher Zirkelschluss entworfen, in der die Ganztagsschule zunächst die Möglichkeit zur Berufstätigkeit beider Elternteile und damit ökonomischen Versorgung absichert und in der weiteren Entwicklung rekursiv aus der dadurch entstehenden familiären Unverfügbarkeit der Eltern die Familiarisierung der (Grund-)Schule ableitet. Die Ganztagsschule ist damit auch *Gegenstand* einer symbolischen Konstruktion. Fritzsche et al. 2009 rekonstruieren hier dieses Motiv auf Basis von Interviewdaten mit Schulleitern. „Mit Hilfe der Dramatisierung der häuslichen Situation und der Diagnose der ‚Untätigkeit' von Kindern stellt der Schulleiter die Notwendigkeit einer Intervention durch die Institution Schule heraus. Häusliche, möglicherweise aber auch gesellschaftliche Defizite sollen durch eine verlängerte ‚Aufenthaltszeit' der Kinder kompensiert werden“ (ebd. 89). Neben diesen gesellschaftlichen Defiziten sollen durch die Ganztagsschule auch ein besseres, längeres Lernen und die Kompensation schulinterner Mängel ermöglicht werden. Sie soll dadurch auf Schule bezogen nicht nur systemverändernd, sondern auch systemstabilisierend wir-

ken, indem strukturelle Probleme (z.B. Sitzenbleiber bzw. schlechte Schüler, Inklusion, Notwendigkeit von außerschulischer Nachhilfe) durch das Mehr an Zeit ausgeglichen werden. Die Legitimation dieses Vorgehens wird mit gesellschaftlichen bzw. familiären Defiziten begründet (vgl. z.B. Rehm 2018: 19. Gleichzeit kann die Ganztagsschule umgekehrt auf die durch sie erfolgte Abschwächung sozialer (Bildungs-)Ungleichheit und sozialer Distinktion verweisen. Je länger gemeinsam gelernt wird, desto weniger sollten familiäre Vor- oder Nachteile zur Geltung kommen. *Wenn* sie zur Geltung kommen, verweist Schule nicht selten darauf, dass Schule Eltern und Familie nicht ersetzen können, und dass die Zusammenarbeit von Eltern und Schule verbessert werden müsse. Die Sprache ist dann von Bildungspartnerschaften zwischen Elternhaus und Schule (vgl. z.B. Sacher et al. 2013).
Die Ausweitung der Schulzeiten auf den Nachmittag wirkt sich überdies auf die Freizeitstruktur der Schülerinnen und Schüler aus. Alternative Angebote von Sportvereinen, Musikschulen oder Nachhilfeinstituten werden zeitlich zurückgedrängt und inhaltlich – zumindest in Ansätzen – in die Ganztagsschule versucht zu integrieren. Die Schulentwicklung zur Ganztagsschule, der Strukturwandel des Schulsystems hat damit auch Auswirkungen auf die räumliche wie soziale Umgebung der Schule, so dass sogar „die Öffnung der Schule für die Nachbarschaft und die Vernetzung mit anderen Institutionen" (Baumheier/Fortmann/Warsewa 2013: 197) gefordert wird. Zu solchen lokalen Bildungsnetzwerken und Institutionen kann man z.B. auch die ortsansässigen Nachhilfeinstitute zählen.
So ergibt sich aus der Perspektive der Ganztagsschule auf Nachhilfe die Hoffnung, dass sich durch die Ganztagsschulen die außerschulische, kommerzielle Nachhilfe verringern lässt, da der Schule nun mehr Zeit zur Verfügung stehe, um auf die lernbezogenen individuellen Eigenrhythmen der SchülerInnen einzugehen und entsprechende Zeit für die Diagnostik schwächerer Schüler einzubringen (vgl. Jürgens 2008). Auch hier wird mit dem Ausbau von Ganztagsschulen und der damit einhergehenden Ausweitung der schulischen Lern- und Betreuungszeiten „der Abbau von Chancenungleichheit" (Jürgens 2008: 419) in Verbindung gebracht. Seltener hingegen kommt in den Blick, dass mit der Ausweitung der Schule in den Freizeitbereich der SchülerInnen, dieser entsprechend geringer wird und damit verbundene soziale Räume des informellen Lernens, Aspekte der Selbstorgani-

sation und Selbstständigkeit verlustig gehen (vgl. Opaschowski/Pries 2008). Coelen und Siewert betonen in diesem Zusammenhang: „Die Bedeutung außerschulischer Faktoren für die Entwicklung von originär in der Schule erworbenen fachlichen Kompetenzen wird in der bildungspolitischen Diskussion unterschätzt" (2008: 432).[51]

Die schwachen PISA-Ergebnisse dienten dergestalt als Katalysator für die Entwicklung von Ganztagsschulen – die Tradition des Themas reicht bis in 19. Jahrhundert, in der die ganztägige Schulform üblich war (vgl. Oelerich 2007: 13) –, die heute zunehmend flankiert wird von dem Hinweis auf die ökonomischen und gesellschaftlichen Notwendigkeiten der Berufstätigkeit beider Elternteile, die nur gewährleistet werden kann, wenn diese von Erziehungs- und Bildungszeiten (z.B. Hausaufgaben) entlastet werden. Die Ganztagsschule wird damit zu einem notwendigen Bindeglied von Familie und Schule und für die Vereinbarkeit von Familie und Beruf (vgl. allgemein auch Rehm 2018: 16 ff.).

Auch wenn die PISA-Tests selbst keine Auskunft darüber geben, worin die Ursachen für das schlechte Abschneiden der Schülerinnen und Schüler liegen, drängte es „nach PISA 2000 und 2003, über die Qualität von Unterricht und die Ausrichtung der Lehrerbildung neu nachzudenken" (Frederking/Heller/Scheunpflug 2005b: 7). Für die deutschen Leistungsdefizite bei PISA und die daran anschließenden Schlussfolgerungen für entsprechende Veränderungen werden dergestalt die „Bedingungsfaktoren in Unterricht, Schule und Gesellschaft" (Sacher 2005) verantwortlich gemacht.

Neben der Diskussion der PISA-Ergebnisse, die sich im PISA-Schock ausdrückten, folgte parallel die Diskussion darüber, inwieweit der PISA-Test selbst überhaupt Auskunft über etwas geben könne. Karg spricht hier vom „Mythos PISA" und thematisiert die „[v]ermeintliche Vergleichbarkeit und die Wirklichkeit eines Vergleichs" (Karg 2005: Untertitel). Anhand einer Reihe von Beispielen aus der PISA-Ergebnisdarstellung expliziert sie, wie z.B. Zusammenhänge hergestellt und durch *eine* Form der statistischen Darstellung Korrelationen konstruiert und in die Öffentlichkeit getragen werden. Ein dort angeführtes Beispiel ist die gängige Vorstellung, dass Menschen, „die regelmäßig lesen, auch gute Leseleistungen erzielen […]. Die

[51] Coelen und Siebert heben hier besonders auf „Ferieneffekte" ab, d.h. auf längere Zeiten der Abwesenheit von Schule und die damit verbundenen Auswirkungen von Lerneffekten.

Berichterstattung bestätigt dies und erzeugt durch ihre Präsentation, d.h. die Anordnung von Diagramm und Text, solche Bilder, die dies zu belegen scheinen. Die Bestätigung verfestigt damit das, was man schon immer gedacht und schon immer gewusst hat, ja scheint es nun empirisch auf eine wissenschaftliche Grundlage zu stellen – und man kann sich darauf berufen. Die Unterstützung durch Zahlen, die durch statistische Erhebungen und untrügliche Rechenoperationen zustande gekommen sind, bedürfen dann vermeintlich keiner weiteren Untermauerung und erübrigen eine verbale Argumentation" (Karg 2005: 49). Eine andere Form der Darstellung zeigt dann jedoch ein anderes Bild. „Die Probanden mit dem höchsten Leseinteresse belegen in der Rangliste der Lesekompetenzpunkte nur Platz 28. Das Spitzenland Finnland hat weniger Schüler, die mehr als eine Stunde zum Vergnügen lesen, als Deutschland. Länder mit gleichem Rang (Belgien, Island, Österreich) haben höchst unterschiedliche Leseinteressen" (ebd.).
Karg dechiffriert am Beispiel PISA eine moderne Mythenbildung, die insofern ernst zu nehmen ist, als neu entstehende Mythen „über die kommunikative Rolle hinaus eine Interpretations- und Deutungsfunktion erhalten, der ein normativer Anspruch und eine Anweisung zum Handeln innewohnt, wie dies für die alten Geschichten in alter Zeit der Fall war" (Karg 2005: 10). Eine solche Rekonstruktion der Entstehung, Etablierung und Tradierung moderner Mythen, wie sie z.B. von Norbert Elias, Roland Barthes oder Pierre Bourdieu veranschaulicht wurde, macht am Beispiel PISA auch deutlich, dass *Wissenschaft* nicht selten selbst die Voraussetzungen für diese Entstehungsmuster liefert und damit einen Legitimationshintergrund für solche Mythen schafft bzw. anbietet. Wie weitreichend die entstehenden Deutungsmuster sind und wie tiefgreifend (sprachliche) Diskurse wirksam werden, zeigt sich an der Sportmetapher. Wenn „Olympiaden [...] zum Leitprinzip von Bildung, Schule und Unterricht werden [...] ist zu befürchten, dass man es dann mit einer Schule zu tun bekommt, in der nichts gelernt wird als die Teilnahme an Tests. Man könnte die Sportmetapher ausbauen und sich die Konsequenzen überlegen, die das Muster, wenn es zum Verfahren würde, mit sich bringt – einschließlich solcher Erscheinungen wie Dopingskandale" (Karg 2005: 237). Die aktuelle Enhancement-Debatte (vgl. Kapitel 4.2.3), die sich auch über das Bildungssystem legt, spiegelt sich in diesem Aspekte wider und gibt zugleich die Hintergrundfolie für die Fra-

ge danach, ob Nachhilfeinstitute in erster Linie *Krücken* des Bildungssystems und von Schülern sind oder Potentialerweiterer, die aus befriedigenden und guten Schülern noch bessere Schüler machen.
PISA dient den teilnehmenden Ländern auch als Anzeige, „wo sie sich auf dem Weg zur Steigerung ihrer Wirtschafts- und Inklusionsleistung befinden“ (Münch 2013: 695). PISA wird damit zugleich zu einem Vereinheitlicher nationaler Bildungstraditionen und etabliert den Leistungswettbewerb zwischen den Ländern, der gleichwohl auf nationaler Ebene ebenso wirksam wird. Münch sieht dadurch eine sich ausbildende und manifestierende Stratifikation und damit einhergehende Exklusion angestoßen; ein Prozess, dem PISA eigentlich entgegenwirken wollte. Ausgerichtet ist PISA dabei nicht mehr an der klassischen Idee von Bildung, sondern an dem *literacy-Konzept*, das Basiskompetenzen formuliert. Diese wiederum zielen in erster Linie nicht mehr auf eine *Veredelung* des Menschen, sondern auf eine wesentlich alltagspraktischere Befähigung, die schlussendlich auf eine Befähigung für den Arbeitsmarkt hinaus läuft. Dieser Prozess und die damit einhergehende Standardisierung – und damit wiederum leichtere Mess- und Vergleichbarkeit – führt dann zu einem Wettbewerbsstaat, in dem sich, durch PISA befördert, ein Bildungsmodell verankert, „das nicht mehr auf einen staatsbürgerlich konsentierten Bildungskanon ausgerichtet ist, sondern auf die beliebige Sammlung von Kompetenzen nach Bedarf“ (Münch 2013: 697). Zugleich tangieren die internationale sowie auch nationale Mess- und Skalierbarkeit von Schulleistungen und die damit einhergehenden Bildungsrenditen auch die Nachhilfe. So gibt es international deutliche Unterschiede in der Nachhilfenutzung. „Mehr als zwei Drittel der Schüler/innen in Kolumbien, Lettland, Südafrika und auf den Philippinen gaben an, regelmäßig Nachhilfeunterricht in Mathematik zu nehmen. Ähnlich hohe Prozentsätze werden aus Japan, Hongkong und Korea berichtet. In Europa sind die Quoten hingegen deutlich niedriger“ (Dohmen et al. 2008: 96).
Die sich zuvor mehrheitlich durch Waren und Warentransporte gekennzeichnete Globalisierung und Internationalisierung wirkt sich nunmehr über die Bildung und vermittelte Kompetenzen verstärkt auf die Bürger und damit zugleich auf nichtstaatliche Akteure aus, sie wird damit auch Ausdruck einer Transnationalität bzw. transnationaler Vergesellschaftung (vgl. Soeffner 2013b), die nicht zuletzt eine Konkurrenz zwischen Kulturen und

Kulturerscheinungen hervorbringt und befördert.

4.2.2.2 Nationale Bildungsstandards

Im Zuge der PISA-Ergebnisse und der TIMSS-Leistungsuntersuchungen (*TIMSS – Trends in International Mathematics and Science Study*) Ende der 1990er bzw. Anfang der 2000er Jahre und der sich daraus ergebenen Schulentwicklung ist die Formulierung nationaler Bildungsstandards „zur Sicherung und Steigerung der Qualität schulischer Arbeit ein zentrales Gelenkstück“ (Klieme et al. 2007: 9) geworden. Dabei legen Bildungsstandards nicht nur Bildungsziele und Kompetenzen für Schülerinnen und Schüler fest, die in einer Zeit (Jahrgangsstufe) erworben werden müssen. Hinzu kommt die Überprüfbarmachung und Vergleichbarkeit mittels entsprechender Testverfahren (vgl. allgemein Zuber/Altrichter/ Heinrich 2019). Durch die Gestaltung von Kompetenzmodellen werden Inhalte und „Stufen der allgemeinen Bildung“ konkretisiert. Kompetenzmodelle „formulieren damit eine pragmatische Antwort auf die Konstruktions- und Legitimationsprobleme traditioneller Bildungs- und Lehrplandebatten“ (Klieme et al. 2007: 9). Drieschner hebt ebenfalls „die Förderung der Kompetenz der Schülerinnen und Schüler“ (Drieschner 2009: 8) hervor. Bildungsstandards fokussieren dergestalt besonders auf den Kompetenz- und nicht mehr auf den klassischen und anthropologisch aufgeladenen Bildungsbegriff. „Dieser pädagogische Grundgedanke, prozedurales und in vielfältigen Kontexten anwendbares Handlungswissen zu vermitteln, findet unter dem Leitbegriff der Kompetenz in der aktuellen Bildungsdiskussion erneut besondere Beachtung. Von Kompetenzerwerb als zentralem Bildungsziel ist hier bezogen auf zahlreiche fachliche wie fachübergreifende Lernfelder die Rede“ (ebd.).
Das Verhältnis von nationalen Bildungsstandards und den länderspezifischen Kernlehrpläne kann nach Klieme et al. über die Begriffe *Input* und *Output* veranschaulicht werden: „[I]hrer Funktion nach setzen Bildungsstandards am Output an, für den sie Vorgaben spezifizieren, Kerncurricula hingegen am Input, d.h. an der Auswahl der Inhalte und Themen und der Gestaltung von Lehr-Lernprozessen“ (Klieme et al. 2007: 95). Im Gegensatz zu den nationalen Bildungsstandards sind die Kernlehrpläne länder- und schulformorientiert (vgl. Scholl 2009: 177, vgl. auch Kröger-Bidlo 2018). Die Qualitätsentwicklung und Standardsicherung einzelner Schulen

und Bundesländer wird über das Bildungsmonitoring zurückgebunden an das nationale und internationale Bildungssystem (vgl. Scholl 2006: 98). Instrumente hierfür sind vor allem die internationalen Schulleistungsuntersuchungen, zentrale Überprüfungen des Erreichens der Bildungsstandards im Ländervergleich, Vergleichsarbeiten in Anbindung an die Bildungsstandards zur Überprüfung der Leistungsfähigkeit einzelner Schulen (vgl. Kröger-Bidlo 2018: 62 ff.) sowie die gemeinsame Bildungsberichterstattung von Bund und Ländern (vgl. KMK 2006: 1f.). Eine solche Sichtweise auf die Durchführung solch einer Qualitätssicherung offenbart ein anderes Verständnis von Bildung als in früheren Zeiten. „Bildungsstandards und Kerncurricula [stellen] nicht den Versuch dar, die historisch gewordene Tradition eines klassischen Bildungskanons einfach neu zu beleben", sondern sind als eine „Form der Kanonisierung schulischer Lernprozesse" zu verstehen (Klieme et al. 2007: 95 f.).

Dieses veränderte Bildungsverständnis führt dann zu einer output- und wirkungsorientierten Steuerung im Gegensatz zu einer zuvor inputorientierten Lenkung. Bei dieser wurden „in Lehrplänen für die einzelnen Länder mehr oder minder weitreichend festgeschrieben was (Stoff und Inhalt), wann (Klasse), wie (Methode) und wo (Schulort) zu lehren ist" (Klieme et al. 2007: 91). Die outputorientierte Steuerung zielt in erster Linie darauf, „Basiskompetenzen und Bildungsstandards zu definieren und ihre Umsetzung regelmäßig durch Messungen und Vergleiche zu überprüfen" (Koch/Gräser 2004: 14). Als Referenz dient hier, wie zuvor kurz erwähnt, der Kompetenzbegriff bzw. das zugrunde liegenden Kompetenzmodell als Aussagezusammenhang und Operationalisierungsmodell über und für Kompetenzen. Bildung wird damit neu gefasst: „Bezugspunkt der Bildungsstandards sollen nicht Stoffe und Inhalte, sondern Kompetenzen sein" (Scholl 2009: 121). Kompetenzen werden hier verstanden als kognitive Leistungen (Wissen) und die Möglichkeit ihrer tatsächlichen Umsetzung (Können) (vgl. Weinert 2001: 27f.). „Die Rolle von Kompetenzmodellen ist es, [...] zu beschreiben, welche Lernergebnisse von Schülerinnen und Schülern in bestimmten Altersstufen in den jeweiligen Fächern erwartet werden. [...] Kompetenzmodelle stellen damit die Grundlage für Operationalisierenden von Bildungszielen dar die den Output des Bildungssystems über das Erstellen von Testverfahren [...] empirisch zu überprüfen erlauben" (Klieme et al. 2007: 71).

Keller (vgl. Keller 2010) sieht in der soziologischen Kompetenzforschung (vgl. z.B. Kurtz/Pfadenhauer 2010) überdies ein erweitertes Feld für eine durch die Bildungswissenschaft an den Rand gedrängte Bildungssoziologie (vgl. Keller 2010: 29 ff.) und damit die Möglichkeit einer Neuprofilierung der Bildungssoziologie.

Die Kompetenzorientierung und die Standardisierung fallen im Rahmen der Diskussion zur Qualitätssichtung und -bestimmung in Schule zusammen bzw. werden miteinander gekoppelt, wenn z.B. Bildungsstandards als Orientierungsfunktion betrachtet werden, „was z.B. unter ‚zeitgemäßer' Mathematik-, Physik-, Chemie-, Sprach- oder Fremdsprachenkompetenz verstanden werden kann" (Maaz et al. 2019: 29).

Einheitliche Bildungsstandards – die Einführung für Schulen wurde im Jahre 2002 von der Kultusministerkonferenz beschlossen – dienen in Anlehnung an durch die PISA-Ergebnisse aufkommende Debatten zur Qualitätsbestimmung und -überprüfung von Unterricht und Schule damit der Vergleich- und Überprüfbarkeit. Gefragt wird gleichwohl auch danach, wie standardisierbar Bildung eigentlich sei (vgl. Sander 2009) oder ob die neuen Bildungsstandards die traditionellen Lehrpläne ablösen und ersetzen (vgl. Scholl 2009). Die erstgenannte allgemeine Frage nach der Standardisierbarkeit eröffnet das Spannungsfeld zwischen der individuellen, prozesshaften Entwicklung zwischen Ich und Welt, wie es im Humboldtschen Bildungsideal mit seiner Formung des Ichs angezeigt ist und einer auf Ab- und Überprüfung ausgerichteten Leistungsabfrage, die durch Standardisierung erst valide möglich wird und aus der heraus dann Qualitätsaspekte ausgewiesen werden können. Die idealistische trifft hier auf eine pragmatische Perspektive, die sich stärker der Praxis und den angelsächsischen Literacy-Konzepten zugeneigt sieht (vgl. Sander 2009: 23), denen die Kompetenz- und Überprüfbarkeitsorientierung bereits inhärent ist. Die an Kompetenzmodellen ausgerichtete Standardisierung wird daher kritisch als eine Anpassung des Menschen an technische Erfordernisse verstanden. „Durch diese Umstellung der Bildungsforschung auf eine empirisch ausgerichtete Wissenschaft nach dem Modell der Naturwissenschaften, wird Kompetenz als das begriffen, was Bildung graduiert messbar und bestimmbar macht" (Klein/Dungs 2010b: 11). Klein fasst daher den Prozess der Bildungsstandardisierung als eine Kolonialisierung der Bildung, die durch Normierung, Definition und

Überwachung bestimmt ist (vgl. Klein 2010: 46). Bereits in der Expertise zur Standardisierung der Bildung wird überdies die Reichweite einer solchen *Feststellung* von Bildungszielen angezeigt. „Generell lässt sich damit erkennen, dass Bildungsziele die Beziehungen von Individuen und Gesellschaften normieren. Sie bestimmen Anspruch und Form der Vergesellschaftung und die Rolle der Subjekte" (Klieme et al. 2007: 63). Verstanden wird eine solche Normierung dort allerdings nicht als eine Beschneidung der bildungsbezogenen Entwicklungsprozesse des Individuums, sondern im Gegenteil als Möglichkeitsraum für die gleichberechtigte Teilhabe an der Gesellschaft. Standardisierung versteht sich in dieser Sichtweise als praktischer Konsens über das, was Bildung in der heutigen Gesellschaft sei bzw. welche Funktion sie dort einnehme. Diese Funktion wird über die grundgesetzliche Forderung nach der freien Entfaltung der Persönlichkeit an die selbstständige demokratische Partizipation an „Politik, Gesellschaft und Kultur" (ebd.) abgeleitet. Da jedoch die Vergleichbarkeit und die Qualitätssicherung und damit die Steuerungsrichtung ausdrücklich an und auf internationale Validität ausgerichtet sind, lassen sich nationale Bildungsstandards nur noch im Kontext ihrer internationalen Vergleichbarkeit verstehen und überdies legitimieren. Standardisierung überschreitet damit nicht nur die Sphäre des Individuums, der (Schul-)Gemeinschaft, der Bundesländer oder des Landes selbst, sondern bewegt sich globalisiert im Rahmen einer Weltgemeinschaft. Meritokratisch steht der einzelne Schüler damit nicht mehr nur mittelbar in vielfacher Ableitung im Wettbewerb mit den Schülern aller Nationen, sondern über die o.g. Testungen sozusagen unmittelbar im Vergleich mit denselben.

4.2.2.3 Die Verkürzung der gymnasialen Schulzeit – Das „Turbo-Abi"

Der Diskurs zu Verkürzung der gymnasialen Schulzeit von neun auf acht Schuljahren (G8/G9) und die – wie sich heute zeigt – vielfältigen gesellschaftlichen (Aus-)Wirkungen stellen bis in die Gegenwart einen weiteren bedeutenden Schulentwicklungs- bzw. Bildungsdiskurs dar. Die Diskussion um eine gymnasiale Schulzeitverkürzung ist der Diskussion um die PISA-Ergebnisse vorgelagert und wurde nach der deutschen Wiedervereinigung virulent, als die neuen Bundesländer ihre 8-jährige gymnasiale Schulzeit beibehalten wollten. In den alten Bundesländern galt entsprechend noch eine 9-jährige gymnasiale Laufzeit. In den 1920er Jahren wurde die Schulzeit bis zum Abitur auf 13 Jahre vereinheitlicht. Im Dritten Reich wurde die 9-jährige Gymnasialzeit dann 1936 auf 8 Jahre reduziert. „Die Verkürzung der Schulzeit ist in die damals eingeleitete Politik der Kriegsvorbereitung einzuordnen. Durch diese Maßnahme sollten der Wehrmacht künftige Offiziersanwärter ein Jahr früher zur Verfügung gestellt werden" (Klemm 2014: 3). Nach dem Zweiten Weltkrieg kehrten die Bundesländer der Bundesrepublik dann zur 9-jährigen gymnasialen Schulzeit und damit zu einem Abitur nach 13 Schuljahren zurück. Dergestalt sind nach der Wiedervereinigung nicht alle Bundesländer gleichermaßen von der Diskussion um G8/G9 betroffen bzw. nehmen daran teil. Dennoch kann die Diskussion zu G8/G9 als bundesländerübergreifend verstanden werden, da gerade die entsprechenden ostdeutschen Bundesländer immer wieder als Referent für die funktionierende Praxis herangezogen werden. Als Begründungsspur der Befürworter für die Einführung von G8 lassen sich vor allem der demographische Wandel und die im internationalen Vergleich älteren Schul- und daraus mitresultierend Hochschulabsolventen markieren (vgl. z.B. Klemm 2014: 4), d.h. dem Berufsmarkt stehen zu wenig junge AbsolventInnen (Ausbildung und Hochschule) zur Verfügung bzw. wird das Erwerbseintrittsalter im internationalen Vergleich als zu hoch und als Wettbewerbsnachteil angesehen (vgl. Kühn 2014: 9). Die einjährige Schulzeitverkürzung steht hier im Zusammenhang mit der Umsetzung des Bologna-Prozesses zur Harmonisierung der Studienabschlüsse in Europa und der Erlangung eines ersten akademischen Abschlusses durch den Bachelor nach (in der Regel) sechs Semestern. Dazu tritt die für männliche Absolventen ausgesetzte allgemeine Wehrpflicht (2011). Insgesamt sank das Durchschnittsalter von HochschulabsolventInnen (Erststudium) in Deutschland von 2004 (27,9 Jahre) bis 2017 (23,9 Jahre) um vier Jahre.[52] Das Durchschnittsalter zum Studieneintritt sank von 21,5 Jahren im Wintersemester 2004/05 auf 19,0 Jahren im Wintersemester 2017/18.[53] Aufseiten der Hochschule spielt die Schulzeitverkürzung vor allem hinsichtlich der eigenen Ressourcen (z.B. Studien-

[52] Siehe hierzu die Statistik unter: https://de.statista.com/statistik/daten/studie/189237/umfrage/durchschnittsalter-von-hochschulabsolventen-in-deutschland/ [29.10.19].

[53] Siehe hierzu die Statistik des Bundesministeriums für Bildung und Forschung unter: https://www.datenportal.bmbf.de/portal/de/Tabelle-2.5.20.html [29.10.19].

platz-, Raumangebote) eine wichtige Frage, die allerdings hieraus nur temporär abzuleiten ist. Zum anderen stellt sich die Frage nach der Studierfähigkeit, „einem ebenso heterogenen wie komplexen Konstrukt: Wenngleich bis heute keine eindeutige Begriffsdefinition vorliegt, gilt als Konsens, dass Studierfähigkeit ein Ensemble von fachlichen, methodischen und personalen Kompetenzen bezeichnet, denen für die Aufnahme und erfolgreiche Bewältigung eines Hochschulstudiums eine hohe Relevanz zugewiesen wird“ (Kühn 2014: 9).

Die Diskussion um die Verkürzung der gymnasialen Schulzeit, die in erster Linie die Sekundarstufe I und nicht die gymnasiale Oberstufe betrifft (vgl. Kühn 2014: 12), umfasst aufgrund der bildungszeitlichen Zentralstellung dieser Schulphase somit sowohl die Grundschulen im Rahmen des Überganges von der 4. in die 5. Klasse und der entsprechenden Vorbereitung (auch) auf den gymnasialen Übertritt als auch am zeitlich oberen Ende die Frage nach der Ausbildungs- und Studierfähigkeit. Die Anpassung und Neuorganisation der Lehrpläne, die durch die Reduktion von 9 auf 8 Jahre der gymnasialen Schulzeit – trotz einer Ausweitung der Wochen-Unterrichtsstunden – angezeigt war, die Ausweitung des Unterrichts in den Nachmittag (vgl. Ganztagsschule) und die von Eltern, Schülerinnen und Schüler mitunter wahrgenommene Beschleunigung des Lehr- und Lerntempos führten zu fortwährender Kritik und gegenwärtig zu einer Aufweichung oder sogar Rückabwicklung der Änderungen. Zugleich fand auch eine Standardisierung in der gymnasialen Oberstufe statt (vgl. Bosse/Eberle/-Schneider-Taylor 2013).

Diese – zumindest teilweise – Rückabwicklung von G8 zeichnet sich heute in einigen Bundesländern ab bzw. hat sich bereits vollzogen. So hat z.B. NRW im Jahr 2017 die Rückkehr zum Abitur nach 13 Schuljahren beschlossen. Diese führt ab 2026 dann zum Abitur nach G9. Das Bundesland Bayern hat im April 2017 beschlossen zur G9-Konzeption zurückzukehren: „Mehr Qualität, mehr Zeit, mehr Individualität: Das Konzept zur Weiterentwicklung des bayerischen Gymnasiums sieht vor, ab dem Schuljahr 2018/19 ein neunjähriges Gymnasium mit der Möglichkeit zur individuellen Lernzeit einzuführen“.[54]

[54] Näheres dazu unter https://www.km.bayern.de/allgemein/meldung/5082/so-entwickelt-sich-das-gymnasium-zeitgemaess-weiter.html [10.04.17].

Die Kritik an G8 auf der einen und der tatsächliche Wechsel zur nach G9 sind aus wissenschaftlicher Perspektive insofern überraschend, als das Gros der Forschungsergebnisse weder eine wesentliche Höherbelastung der G8-SchülerInnen anzeigte noch schlechtere Noten (vgl. z.B. Kühn 2015). Eltern und Elternvertreter-Verbände hingegen klagen über größeren Stress und mangelnde nachmittägliche Ausgleichsmöglichkeiten. Geschlossen ist dieser Spalt bzw. Widerspruch zwischen wissenschaftlichen Forschungsergebnissen und den Erfahrungen z.B. der Eltern und LehrerInnen derzeit noch nicht. Entweder setzt sich hier ein gesellschaftlicher Mythos von einer Höherbelastung der G8-SchülerInnen durch, der laut Forschung nicht haltbar ist, oder aber der bildungswissenschaftlichen Forschung in diesem Bereich (die hier zumeist quantitativ und nicht qualitativ arbeitet) ist es noch nicht gelungen, den betreffenden empirischen Phänomenbereich adäquat zu bestimmen und zu untersuchen. Oder aber es werden die falschen Schlüsse aus den Daten gezogen. So kommt beispielsweise die Studie des Hector-Instituts für Empirische Bildungsforschung und der Exzellenz-Graduiertenschule LEAD an der Universität Tübingen (April 2015) zu dem Ergebnis, dass G8-AbiturientInnen im Gegensatz zu G9-AbsolventInnen sich gesundheitlich stärker belastet fühlen. Die Schlussfolgerung der AutorInnen der Studie stellt keinen Bezug zur höheren schulischen Belastung her, sondern zur gesellschaftlichen Debatte um die vermeintliche höhere Belastung durch G8:

> „Dieser Befund könnte u.a. objektive Unterschiede in der Beanspruchung zwischen den Abiturientenkohorten widerspiegeln, eine Folge des Altersunterschieds zwischen den Schülerinnen und Schülern in G8 und G9 darstellen oder auch primär das Resultat öffentlicher Diskussionen und Vermutungen über eine höhere Belastung in G8 sein, die sich in entsprechenden Selbstzuschreibungen niedergeschlagen haben könnten".[55]

Auch wenn schlussendlich die wissenschaftlichen Untersuchungen hier kein

[55] Konsequenzen der G8-Reform. Eine Studie über Leistungen, Wohlbefinden und Freizeitverhalten von Schülerinnen und Schülern vor und nach der G8-Reform in Baden-Württemberg, S. 3, unter https://uni-tuebingen.de/uploads/media/2015-04-20_Studie_-Konsequenzen_der_G8-Reform.pdf [20.10.19].

durchgängig einheitliches Bild zur Wirkung der reduzierten Schulzeit oder einer Höherbelastung ausweisen, zeigen sich darin zum einen die tiefgreifende Bedeutung der Schulzeit (hier: der Dauer) und zum anderen eine sozialstrukturelle Dimensionierung einer solchen Schulzeitveränderung.

4.2.2.4 Die Educational Governance-Perspektive

Eine theoretische Richtungsverschiebung im Rahmen des schulischen und bildungsbezogenen Blickwinkels findet sich in der Educational Governance-Perspektive (vgl. z.B. Altrichter et al. 2007, Altrichter/Maag Merki 2010), die auch einem „konsequenzorientierten Diskurs nach PISA" (Fend 2014: 27) geschuldet ist und welche über die Verfahren einer evidenzbasierten Steuerung die Standardisierung, die Veränderung von einer Input- zu einer Outputsteuerung und letztlich über eine sich daraus ableitende testbasierte Überprüfung neue Formen der Steuerung des Schulwesens vorantrieb. Sie steht in der Tradition der school-effectiveness-Forschung und mithin „im Kontext einer Auffassung, nach der Veränderungen und Entwicklungen im Bildungswesen auf der Grundlage ihrer nachgewiesenen Wirksamkeit, also 'evidence-based' erfolgen sollen" (Fend 2014: 32). Diese *neue Steuerung* sucht dergestalt über Methoden des *Monitorings* oder *Evaluationen* zu einem Steuerungswissen zu kommen, das eine positive Beeinflussung des (z.B. Schul-, Hochschul- oder allgemeiner Bildungs-)Systems ermöglicht. Diese Beeinflussung wiederum legitimiert oder stellt die entsprechenden Steuerungsaspekte in Frage. Diskussionswürdig ist vor allem die (nicht zwangsläufig nötige) Verknüpfung von *Educational Governance* und evidenzbasierter Bildungswissenschaft. Mit einer solchen evidenzbasierten Bildungswissenschaft werden eine Reihe von Axiomen begründet, die sich paradigmatisch gegen Alternativsichtweisen immunisieren. „Forschung soll zu evidenten, nicht mehr bestreitbaren Ergebnissen führen, sie ist an Aufklärung des Unbekannten als Umschlag in Evidenz interessiert. [...] Wenn als Ziel von Wissenschaft generell das Schaffen von nachvollziehbaren und schlagenden Erkenntnissen gilt, dann scheint es tautologisch zu sein, dass sich ein Zweig der Erziehungswissenschaft mit diesem Zusatz schmückt. Denn sollte es auch eine Bildungsforschung geben, die auf anderes als auf evidente Ergebnisse zielt?" (Jornitz 2009: 68-69).[56]

[56] Sichtbar wird hier der auch weiterhin schwelende und immer wieder auflodernde Me-

Jornitz weist dergestalt evidenzbasierten Bildungsforschung ein Erkenntnisinteresse und einen Machtanspruch nach, der über die durch Forschung allein hinausgehenden Ergebnisse weist. Ergebnisse sind bereits nur dann als solche zu bezeichnen, wenn sie auf der Basis evidenzbasierter Forschung bzw. das, was Anhänger darunter verstehen, erzeugt wurden. Und diese Forschung erfolgt zuallererst in quantitativen Untersuchungen und statistischen Verfahren, ohne inhaltliche Bestimmungen und Bedeutung zu erzeugen. „Wissen für die Praxis bereit zu stellen, können sie in dieser Form nicht erfüllen. Mit der alleinigen normativen Forderung ist noch keine Aussage über die Umsetzung erfolgt" (ebd. 74). Diese Allianz von Governance und evidenzbasierter Forschung führt dann folgerichtig zu einer auf Standardisierung und Vergleichbarkeit zielenden Abfrage und Überprüfung schulischer Leistungen, da nur diese wiederum eine störungsfreie Evidenzbasierung ermöglichen, die dann wiederum diese Evidenzbasierung als funktionsfähig und damit für die Praxis legitim ausweisen.
Grundmotiv und -annahme der Educational Governance ist nun die Loslösung von den Intentionen einzelner Subjekte für Änderungsprozesse im Bildungssystem und die Hinwendung zu und analytische Nutzung von Begriffen wie „Akteur, Akteurkonstellation, Mehrebenensystem, Interdependenz, Verfügungsrechte, Handlungskoordination [...]. Durch die analytische Perspektive des Ansatzes wird stattdessen die gegenseitige Verflechtung und Abhängigkeit von verschiedenen Akteuren und Ebenen im Bildungssystem betont. Diese Verflechtung schränkt Einflussmöglichkeiten aber nicht nur ein. Ihre Beschreibung erlaubt es vielmehr auch, Intentionen und Systemverständnisse als Ergebnisse von Interaktionen – statt als singuläre Erfindungen oder Konstruktionen Einzelner – zu erkennen" (Rürup/Bormann 2013: 11). Schule wird dergestalt als Mehrebenensystem gefasst.
Gekoppelt ist diese Sichtweise mit dem Steuerungsgedanken im Schulsystem (vgl. Altrichter/Maag Merki 2010a und b), der besonders durch die Reformdebatten des Bildungssystems angestoßen wurde. Dabei geht die Steuerung insofern über den Planungsgedanken der 1960er Jahre hinaus, als sie – wie oben angezeigt – viele Steuerungsakteure annimmt, die eigene Interessen und Absichten verfolgen und sich daraus ein interdependentes Geflecht

thodenstreit in der sozialwissenschaftlichen Forschung, der trotz einer sich etablierten qualitativen Methodenlehre noch immer nicht überwunden scheint.

entwirft, das wiederum „eigene interpretative[.] Wirklichkeitskonstruktionen“ (Bormann 2014: 161) hervorbringt. Verschlagwortend lässt sich die Entwicklung wie folgt ausdrücken: „vom ‚Staat‘ und staatlicher Planung in den 1970er Jahren, zu ‚Markt‘ in den 1980er Jahren, schließlich spätestens ab den 1990er Jahren zu ‚Governance‘“ (Kussau/Brüsemeister 2007: 20). Governance als ein Konstellationsgefüge intendiert dann sowohl in theoretischer wie auch praktischer Hinsicht eine Interessensverschränkung einer Vielzahl von Akteuren, zu denen bildungsbezogen auch privatwirtschaftliche Akteure – wie beispielsweise Nachhilfeinstitute oder Schulverlage – zählen. Es werden dergestalt die mitunter widerstreitende Komplexität und Eigendynamik und damit die Mehrebenen eines scheinbar monothetischen Bildungssystems anerkannt. Konzeptionell lässt sich dies als Governance-Perspektive fassen, in der die Koordination unterschiedlicher Regelsysteme erfolgt und dabei beispielsweise auch Interaktionsmuster, das Handeln und Unterlassen von Akteuren samt wechselseitiger Abhängigkeiten in den Blick genommen werden (vgl. Altrichter/Maag Merki 2010b: 20ff.). Mitunter kommt dann auch „Steuerung als pädagogisches Problem“ (Lambrecht 2018) in den Blick. Im Gegensatz zur traditionellen Steuerungstheorie wird damit nun der Blick bzw. die Zuschreibung von einigen wenigen einflussreichen Steuerungsakteuren auf das interdependente Geflecht von Akteurskonstellationen gelegt (vgl. Altrichter/Brüsemeister/Wissinger 2007b: 10), um die Handlungskoordination zwischen den unterschiedlichen Akteuren als wichtigen Untersuchungsgegenstand zu fokussieren. D.h., eine angemessene Deskription, Analyse und Erklärung von Prozessen erfolgt besonders über die „(stabilen oder wechselnden) *Akteurskonstellationen*“ (Altrichter/Maag Merki 2010b: 23) der Prozessbeteiligten. Gerade vor dem Hintergrund zunehmender Transparenzerfordernisse durch Schulevaluationen und Vergleichstests werden nicht nur die Handlungskoordination des Akteursgeflechts der Schule im Besonderen und des Bildungssystems im Allgemeinen virulent, sondern zunächst die Fokussierung darauf, wer denn eigentlich zu dieser Akteurskonstellation dazugehört, wer also systemgestaltend und -wirkend tätig ist. Denn eine solche *Entscheidung*, welche Akteure und welche Akteurskonstellationen untersucht werden, kann inkludierenden oder exkludierenden Charakter haben. Für die Schule heißt dies z.B., dass die System-Umwelt-Definition über Schulleitung, LehrerInnen, Eltern und SchülerInnen fokussiert werden kann und damit andere Akteure nicht in den Blick geraten, wie beispielsweise SozialarbeiterInnen oder Nachhilfeinstitute als korporierte Akteure. Eine auf die Bildungsinstitution Schule diesbezüglich abhebende Sicht verbleibt dann auch eher kleinteilig (vgl. z.B. Maag Merki 2014, 2010, Altrichter/Rürup 2010, Heinrich/Kussau 2010, Berkmeyer/Müller 2010, Rürup/Heinrich 2007).

Für das hier verhandelte Thema von Nachhilfeinstituten als Akteure im Bildungswesen und in der Schule lässt sich vermerken, dass im wissenschaftlichen Schuldiskurs die Nachhilfeschulen und -institute nicht als Akteure vorgesehen und sie damit nicht Teil des Mehrebenensystems der Schule sind. Oder im Sprachduktus der Governance-Perspektive ausgedrückt: Nachhilfeinstitute wurde bisher noch nicht als ein *Stakeholder* des Schulsystems identifiziert und entsprechend zugeordnet.[57] Verwunderlich ist dies insofern, als der (Educational-)Governance-Ansatz eine von dem staatlichen Bildungsbereich in die Privatwirtschaft hineinreichende Perspektive anbietet, z.B. über den Begriff des *Public-Private-Partnership* und ohnedies über Steuerungsformen verfügt, die über staatliche Steuerungen hinausgehen. „Der bislang vorherrschende Begriff der Steuerung im Bildungsbereich ist beinahe ausschließlich an den singulären und kompakten Staat geknüpft. Darin sind dann immer auch Macht- und sogar Herrschaftsansprüche eingeschlossen“ (Kussau/Brüsemeister 2007: 23). Solche Macht- bzw. Herrschaftsansprüche spiegeln sich auch im Verhältnis zwischen Nachhilfeinstituten und Schulen wider (vgl. im Vorgriff Kapitel 5.2).

Eine veränderte Governance im Bildungsbereich drückt sich auch über den Begriff des *New Public Management* (vgl. Kegelmann 2007) aus, über den gewisse Evidenzkriterien „wie Kunden- und Qualitätsorientierung, flachen Hierarchien, Zielvereinbarungen und Benchmarking“ (Schrader et al. 2015b: V) den Schul- und Bildungsbereich erreicht haben. Diese sind auch Ergebnisse gesellschaftlicher, politischer und mithin auch bildungsbezogener Transformationsprozesse, die ihren Ausdruck z.B. über den Begriff der Wissensgesellschaft findet und dann u.a. als PISA-Folge in einer Standardisierung der Bildung sowie einer Kompetenzorientierung, die sich insgesamt vom klassischen Bildungsbegriff löst.

[57] Standardliteratur zum Thema wie beispielsweise Schrader et. al. (2015a), Maag Merki/Langer/Altrichter 2014, Altrichter/Maag Merki 2010 oder Altrichter/Brüsemeister/Wissinger 2007 erwähnt Nachhilfe bzw. institutionelle Nachhilfe überhaupt nicht.

4.2.3 Die Ökonomisierung und Privatisierung der Bildung

Für den Bildungssektor im Allgemeinen und für Nachhilfeinstitute im Besonderen bildet die Ökonomisierung, Privatisierung und Kommerzialisierung ein wichtiges Themen- und Fragenfeld. Neben dem bereits mehrfach angesprochenen Punkt, ob bezahlte Nachhilfe allgemein der Bildungsungleichheit Vorschub leistet, dem man vonseiten der Politik über das BuT-Paket mit der Möglichkeit der Übernahme der Kosten von Nachhilfe begegnet, lässt sich zudem – wenn dies auch nicht zu dem meist negativen Duktus passt, der mit der Diskussion über die Ökonomisierung von Bildung einhergeht – die Professionalisierung fassen. Beide haben zwar kein *naturalistisches* Verhältnis zueinander, gleichwohl lassen sich Professionalisierungsprozesse, sofern man Professionalisierung in einem weiten Verständnis sieht – häufig dann und dort beobachten, wo ökonomische Motive Einzug halten. Unter Ökonomisierung wird allgemein eine Transformation, ein Veränderungsprozess des entsprechenden Bereiches gefasst, der von einer zunehmenden Einflussnahme ökonomischen Denken und Handelns *von* Individuen, gesellschaftlichen Strukturen und Institutionen *auf* Individuen, gesellschaftlichen Strukturen und Individuen gekennzeichnet ist (vgl. Höhne 2015: 4). Bedeutsam und vor allem kritisch begegnet wird diesem Prozess, wenn sich die Ökonomisierung auf nicht ökonomische Gesellschaftsbereiche wie beispielsweise die soziale Arbeit (vgl. Buestrich und Wohlfahrt 2008), Polizei (vgl. z.B. Fratzky 2013) oder eben das breite Feld der Bildung (vgl. beispielsweise Höhne 2015, 2007, Lohmann/Rilling 2002) ausdehnt. Gegenteilige Meinungen zur These der Hegemonie der Ökonomie sehen hingegen in ökonomischen Prinzipien den Anstoß hin zu gerechteren Veränderungen der sich entsprechend ökonomisierenden Bereiche, die zuvorderst durch Wandel bisheriger Praktiken gekennzeichnet sind.

> „*Ökonomisierung verweist grundlegend auf ein sich wandelndes Verhältnis von Staat/Politik, Ökonomie, (Zivil-)Gesellschaft und Bildung.* Damit lässt sich nun das Ziel der Analyse von Ökonomisierungsprozessen deutlicher formulieren: Es liegt in der politischen Regulation und Vermittlung ökonomischer Elemente, Theoreme, Diskurse usw. in nicht-ökonomische Bereiche, was zugleich mit (zivil-)gesellschaftlichen Veränderungen einhergeht. Der Fokus der Analyse liegt hierbei

> auf neuen Formen der Vermittlung und Steuerung, bei denen vormals getrennte Logiken in hybriden Formen der Regulierung kombiniert werden – etwa wenn politische, privatwirtschaftliche und zivilgesellschaftliche Akteure gemeinsam bildungspolitisch agieren" (Höhne 2015: 4; Herv. i. Orig., O.B.).

Ein Wegbereiter der Ökonomisierung des Bildungssystems ist zugleich die zuvor besprochene These von der Wissensgesellschaft (vgl. 2.3.1). Dort wird Wissen – zumindest im politischen und wirtschaftswissenschaftlichen Diskurs zur Wissensgesellschaft – als wichtigste Ressource der gegenwärtigen und zukünftigen modernen Gesellschaften bestimmt, vor allem im Hinblick auf ihre ökonomische Verfasstheit. Politisch wurde dieser Diskurs durch die EU in ihrer *Lissabonner Strategie* aufgenommen, in der die EU zu einem wissensgestützten Wirtschaftsraum hingeleitet werden und auf dieser Basis Wettbewerbsfähigkeit und Innovation gestärkt werden sollten. In den *Schlussfolgerungen des Vorsitzes* des Europäischen Rates heißt es beispielhaft unter dem Punkt *Bildung und Ausbildung für das Leben und Arbeiten in der Wissensgesellschaft*: „Europas Bildungs- und Ausbildungssysteme müssen sich auf den Bedarf der Wissensgesellschaft und die Notwendigkeit von mehr und besserer Beschäftigung einstellen."[58] Die Entwicklung, Produktion und Verteilung von Wissen werden in einem solchen Konzept zu fundamentalen Bestandteilen. Für Bildungsorganisationen wie Schulen oder Universitäten, die eine zentrale Stellung im Bildungssystem einnehmen, führt dies fast zwangsläufig zu „Mechanismen der Ökonomisierung" (Peetz 2014, vgl. für oben: 91) und damit zu Umbrüchen. Ein Beispiel für die Ökonomisierung ist die Personaldimension im Hinblick auf den Wandel der Funktion des Schulleiters. Durch die Zuweisung von Kosten- und Managementverantwortung löst sich das klassische Bild des *primus inter pares* auf, übernimmt die Schulleitung doch nun zunehmend Aufgaben des Managements und im Gegenzug dazu weniger pädagogische Verpflichtungen (vgl. Peetz 2014: 124).

Die Ökonomisierung von Bildung ist implizit schon in einer Antwort auf die Frage nach der *Funktion* des Bildungssystems in der Gesellschaft im Allgemeinen und der Schule im Besonderen enthalten. In Anlehnung an die

[58] Zu finden unter: http://www.europarl.europa.eu/summits/lis1_de.htm [20.10.19].

struktur-funktionalistische Perspektive Talcott Parsons (vgl. Parsons 1968) dient das Bildungssystem zunächst der Stabilisierung moderner Gesellschaften, indem über Bildung ein Zuteilungssystem für sozialen Aufstieg und berufliche Qualifikationen etabliert und gesellschaftliche Werte vermittelt werden. Eine solche funktionale Einbettung des Bildungssystems und der Schule als einer grundlegenden Sozialisationsinstanz wurde in den 1960er und 70er Jahren vor dem Hintergrund einer kapitalistischen Gesellschaft kritisch gelesen:

> „In dieser Sicht hatte das Schulsystem für die Gesellschaft vor allem drei Bedeutungen: 1. In Schulsystemen werden, vom Staat finanziert, jene Qualifikationen hergestellt, die für das kapitalistische Wirtschaftssystem wichtig sind, deren Herstellung für das „Kapital" aber zu kostspielig wäre.
> 2. In Schulsystemen lernen Schüler die Herrschaftsverhältnisse, insbesondere die Produktionsverhältnisse der kapitalistischen Gesellschaft, akzeptieren.
> 3. Schulsysteme dienen der Reproduktion der Klassengesellschaft" (Fend 2008: 34).

Der Haupteffekt dieser Funktionen liegt nicht in der arbeitsmarktgerechten Qualifikation, Selektion und Schichtung des Nachwuchses, sondern zuvorderst in der Herstellung einer Haltung und Einstellung, die ein adäquates Verhalten unter industriellen und kapitalistischen Produktionsbedingungen hervorbringen. Gleichzeitig soll durch das Bildungswesen sichergestellt werden, dass die herrschenden Besitzverteilungen und Machverhältnisse anerkannt werden. „Die zentralen Legitimationsprobleme der spätkapitalistischen Gesellschaft ergeben sich vor allem aus der ungleichen Verteilung knapper Güter. Sie wird nach Ansicht der Kritischen Theorie durch eine Leistungsideologie legitimiert" (ebd.).

Zu Beginn und im weiteren Verlauf der Industrialisierung mussten zunächst Formen der Disziplinierung etabliert werden, die später auch in die Schulen wanderten. Mit der Einrichtung von großen Fabriken wurde es zunächst nötig, die vielen Arbeiter zu einer gleichzeitigen Anwesenheit zu verpflichten. Die Arbeit musste zu einem bestimmten Zeitpunkt aufgenommen und beendet, Pausenzeiten mussten exakt eingehalten werden. Den Rhythmus gaben die Maschinen vor, die gleichmäßig ihre Arbeit verrichteten und eine individuelle Art und Weise der Arbeitsverrichtung kaum bzw. nicht zuließen (vgl. hier auch Bidlo 2009: 48 ff.). Maßnahmen zur Disziplinierung waren u.a. Stech- oder Kontrollkarten, Geldstrafe oder Lohnabzug. Die befohlene Pünktlichkeit innerhalb eines autoritären Erziehungssystems, einer autoritär-hierarchischen Institution wie beim Militär oder in einem wie im 19. Jahrhundert oft autoritär geführten Industriebetrieb nötigte den Menschen eine gewisse Zeitdisziplin auf. Dort funktionierte Pünktlichkeit im Rahmen von Unterordnung und Gehorsam. Die Schule als Sozialisationsinstanz übernahm an dieser Stelle u.a. die in ihrer Bedeutung nicht zu unterschätzende Aufgabe die gewünschte und benötigte Zeitdisziplin bei den Schülern hervorzubringen (vgl. Schmied 1985: 70). Traditionell vollzog sich die Sozialisation der Heranwachsenden in der und durch die Familie und dem unmittelbaren Umfeld. Hier wurden Werteorientierung und auch Wissen vermittelt. Auch wenn es kirchliche Schulen für den Adel und Klerus bereits seit dem 8. Jahrhundert gab und sich die Schule im Verlauf der nächsten 700 Jahre mit der zunehmenden Urbanisierung und inneren Staatenbildung ausbreitete, lässt sich erst für das 18. und 19. Jahrhundert eine Etablierung der Bildungsverwaltung und der allgemeinen Schulpflicht konstatieren (vgl. auch Kiper/Meyer/Topsch 2002: 24 ff.). Mit dieser Möglichkeit des Zugriffs auf die Heranwachsenden von Seiten des Staates waren die Schulzeit und die dort vermittelten Inhalte zugleich auch Steuerungsinstrument für gesellschaftlich erwünschte Verhaltensweisen.

Es zeigt sich zugleich, dass die Möglichkeit, die Zeit anderer zu disponieren, ein Macht- und Herrschaftsinstrument ist. Es gibt insofern kaum ein besseres Herrschaftssymbol als die Zeit, da sie der einzige Besitz ist, der nicht ersetzt werden kann, wenn er erst einmal verloren ist. Das Festlegen der Arbeitszeit zeigt beispielsweise die Macht ökonomischer Organisationen, das Festlegen von Schulzeiten die Macht des Staates. Johann Heinrich Pestalozzi (1746-1827) schrieb in seinem Werk Lienhard und Gertrud in Bezug zur Pünktlichkeit:

> „Wenn eines zu spät kam, so war die Tür für ihns [sic] zu wie die Pforte einer Festung, wenn sie zu ist. Ob sie weinten oder nicht, das

> war gleichviel; er sagte ihnen kurz, sie sollten jetzt nur heimgehen, es tue ihnen nur wohl, wenn sie lang` daran sinnen, dass man alles, was man in der Welt tun muß, zu rechter Zeit tun muß oder dass es sonst wie nicht getan ist" (Pestalozzi 1994: 204).

Die Disziplinierungsmaßnahmen waren dergestalt vielfältig: über den Weg einer breit angelegten Erziehung sowohl in den Fabriken wie auch später in den Elementarschulen, Gymnasien Arbeitersiedlungen oder Kirchen wurde eine rationale, methodische Lebensführung verinnerlicht und körperlich eingeübt. „Die Disziplin fabriziert auf diese Weise unterworfene und geübte Körper, fügsame und gelehrige Körper" (Foucault 2008: 840). Langsam vollzog sich nun auch der Übergang von der Fremddisziplin zur Selbstdisziplin. Dennoch gab es großen Widerstand z.B. der Lohnarbeiter gegen die kapitalistische Zeitökonomie. Sie bestand beispielsweise darin, dass sie sich der geforderten Zeitdisziplin entzogen und, wo irgend möglich, der Arbeit ganz fernblieben. Häufig wollten sie auch nach dem Prinzip der Bedarfsdeckung nur so lange arbeiten, bis der eigene Unterhalt für die nächsten Tage gesichert war; die Fabrikanten klagten, dass die Arbeiter aufhörten, pünktlich und nach den Regeln zu arbeiten, sobald sie ein paar „Schillinge" verdient hatten, und vor allem nach den Zahltagen für einige Tage fehlten (vgl. Zoll 1988: 80 ff.). Trotzdem akzeptierten sie sukzessiv die neuen Zeitstrukturen als Existenzgrundlage.

Ein weiteres Beispiel für die Übernahme ökonomischer Strukturen oder *Logiken* ist die Überlappung und der zunehmende Austausch der Bildungszeit gegen eine ökonomisch-industrielle Zeit, die einem linearen Zeitmodell folgt. Dieses ist von Gleichförmigkeit und Kalkulierbarkeit geprägt, und angewendet auf die Zeit des Lernens und die Bildung führt dies zu strukturellen Veränderungen des Bildungssystems im Allgemein und des Lernens im Besonderen (vgl. hierzu Bidlo 2009: 108-109). Besonders Geißler weist darauf hin, dass die Überlappung der Bildungs- und Erziehungszeit durch die ökonomisch-industrielle Zeit nicht folgenlos bleibt (vgl. Geißler 1985). Bildung ist ein langsamer Prozess, die reine Beschleunigung von Bildungsprozessen führt dergestalt nicht zwangsläufig zu einem Mehr an Wissen oder Erkenntnissen. Eine der Vorraussetzungen von Bildungsprozessen ist eine im weitesten Sinne grundsätzliche Akzeptanz des Menschen in Bezug zum

Bildungs- und Lerninhalt. Auf einer rein linearen Zweck-Mittel-Beziehung kann man einen qualitativ hochwertigen Bildungsprozess nicht aufbauen. Dieser Prozess unterliegt dem menschlichen Lebensrhythmus, der rhythmischen Sequenz äußerer und innerer Naturprozesse. Davon losgelöst kann er nicht adäquat organisiert werden:

> „Die individuelle Selbständigkeit, das Besondere des Individuums und seine Entwicklung und Förderung durch Erziehung muß die Eingebundenheit des Menschen in Natur als zentrales Lebensmoment grundsätzlich akzeptieren, ja muß von ihr ausgehen. Dies schließt ein nur instrumentelles Verhältnis zur inneren und äußeren Natur, wie es das lineare Zeitmodell grundlegt, generell aus." (Geißler 1985: 115)

Bildungszeit ist somit qualitative Zeit, in der es nicht darauf ankommt Zeit zu gewinnen, sondern gerade umgekehrt sich Zeit zu lassen. Qualitative Zeit kennt in dieser Sicht nicht den Begriff des linearen Fortschritts und der ihr inhärenten Beschleunigung. Bildungsprozesse und -ergebnisse sind dergestalt nicht unter dem Diktat der herkömmlichen Zeitvorstellung kalkulierbar. Daher ist die Formulierung von starren und faktischen Bildungszielen ungeeignet, da sie den prozessual-offenen Aspekt von Bildung verkennt. Nimmt man diesen ernst, bleibt nicht das Festschreiben von eindeutigen Lernzielen, sondern das Aufstellen von Spiel- und Bildungsfeldern und -ebenen, die so dem Aspekt der Entwicklung und der je eigenen Zeitlichkeit von Bildungsprozessen Rechnung tragen. Dem konträr läuft eine auf Zeitmaximierung der Ausbildungsphasen angelegte Bildungsprogrammatik, die sich z.B. in der Verkürzung der Gymnasialzeit auf acht Jahre widerspiegelt(e), ohne allerdings eine adäquate Auswahl an Kürzungen des Lehrstoffes zu erarbeiten. Letztlich verbleibt nur ein schnelleres Lernen und die Entstehung von Informationscontainern ohne Bildung.

> „Bildungsprozesse, und wenn ich das hier sage, dann komme ich mir vor, als trüge ich Eulen nach Bielefeld, sind grundsätzlich nicht planbar und auch nicht kalkulierbar. Man kann sie jedoch zulassen und man kann Bedingungen für ihre Realisierung bereitstellen. Bildung

> ist weder ein geeignetes Übungsgelände für die kalkulatorische Kurzsichtigkeit des Zeitmanagements, noch eines für die Verwertungspropagandisten postmoderner Wissensarbeiter. [...] Der aus den Managementetagen wohlbekannte Typus des rundum flexiblen Zeitmaximierers wird zum mehr oder weniger stillen Ideal bildungspolitischer Programmatik. Ihm nutzt ein Bildungssystem, in dem die Pausenkultur, wie sie im bürgerlichen Sonntag derzeit noch gesellschaftlich fundiert ist, als überflüssiges Ödland für die anzustrebende zeitökonomische Bewirtschaftung aller Bildungslandschaften betrachtet wird" (Geißler 2007: 4 und 6)

Neben der zeitstrukturellen Besiedlung findet sich mit dem Motiv der Ökonomisierung, verflochten aufseiten der Bildung wie auch der Gesellschaft im Allgemeinen, ebenfalls die Anschauungsweise des *Enhancements*, das heißt die Optimierung des eigenen Selbst allgemein (z.B. Bröckling 2007), z.B. im Sport (vgl. z.B. Spitzer/Franke 2011), im Hinblick auf die Optimierung des Körpers (vgl. z.B. Posch 2009), in der Schule (vgl. z.B. Schäfer 2015) oder im Rahmen der Quantified-Self-Bewegung (vgl. z.B. Dickel 2011).

Nun sollen hier Ökonomisierung, Enhancement und Professionalisierung, nicht in eins gesetzt werden, dennoch weisen diese drei auf ein Bündel an wechselseitigen Bezügen hin. Denn bei allen dreien geht es um das Optimieren, Verbessern des jeweiligen Bezugsgegenstandes (z.B. Geld, Macht, Zeit, Noten, Ergebnisse usw.) oder um Handlungen, und zwar im wesentlichen in Abgrenzung (*Übertrumpfung*) zu Konkurrenten, Mitbewerbern, den *Anderen*. Ökonomisierung, Professionalisierung und Enhancement haben ihr oberstes Ziel damit weniger in einer *Veredelung des Menschen* (vgl. Schiller 1997), als in einer Absetzbewegung gegenüber Anderen im Sinne eines *Fortschritts* vom aktuellen Bezugspunkt, einem angestrebten *Besser*, das sich nicht auf sich selbst bezieht, sondern als relationalen Bezugspunkt die Anderen, die Zeit oder den Raum benötigt. Vergleichbarkeit ist hier der zweite Pol dieses relationalen Feldes. Sie muss als notwendige Bedingung für die Feldkonstitution vorhanden sein: Die (internationale bzw. globale) Vergleichbarkeit von Noten, Wertschöpfung, BiP, Abschlüssen, Studieninhalten usw. und die daraus resultierende Konkurrenz um Schul-, Studien- und Ar-

beitsplätze fordert auf zu einer Selbstoptimierung und schreibt sich über „Technologien des Selbst“ (vgl. Foucault 2007) in Erwartungen und Handlungspraktiken des Einzelnen ein. Vor dem Hintergrund der zuvor beschriebenen Wissensgesellschaft und der zunehmenden Durchdringung der Lebenswelt der Menschen von wissenschaftlich hervorgebrachtem Wissen, das überdies durch den Prozess der Mediatisierung immer leichter rezipiert und distribuiert werden kann, bilden Ökonomisierung, Professionalisierung und Enhancement folgerichtige Prozesse einer Fortschritts- und Beschleunigungsgesellschaft (vgl. Bidlo 2009, Rosa 2005, Bidlo 2002), in denen also die Produktions-, Verteilungs- und Umschlagsgeschwindigkeiten von Produkten oder Ideen beschleunigt werden. Flankiert von dem modernen Kreativitätsdispositiv wird die Erschaffung von Neuem, das sich selbst neu erfinden und verbessern zu einem Kennzeichen der Gegenwart. „[N]icht kreativ sein zu wollen, kreative Potentiale bewusst ungenutzt zu lassen, gar nicht erst schöpferisch Neues aus sich hervorbringen oder zulassen zu wollen, erscheint als ein absurder Wunsch, so wie es zu anderen Zeiten die Absicht gewesen sein mag, nicht moralisch, nicht normal oder nicht autonom zu sein“ (Reckwitz 2012: 9; Herv. i. Original).
Die zunehmende Ökonomisierung des Bildungssystems beinhaltet damit als eine Seite der Medaille die Übernahme der ökonomischen Logik, die von Rationalität, Verwert-, Mess-, Bewertbarkeit und Eindeutigkeit geprägt ist. Durch die Ökonomisierung wird Vergleichbarkeit und Konkurrenz geschürt und zwar sowohl aufseiten der Schülerinnen und Schüler (z.B. zunehmende Vergleichbarkeit der Noten und des Abiturs mit anschließender Relevanz z.B. den Zugang zur Ausbildung und Studium), aber auch aufseiten der Anbieter von Bildungsinhalten. In dem hier verhandelten Rahmen findet sich diese Mitbewerberschaft bei Nachhilfeinstituten und es lässt sich – im Vorgriff auf einen Aspekt, der im empirischen Teil behandelt werden soll – eine Professionalisierung des Feldes bzw. der Versuch der Professionalisierung durch das Feld ausmachen. Der Professionalisierungsaspekt wird überdies in den letzten Jahren (nach einer gewissen Blüte in den 1970er Jahren) in vielen sozialen und bildungsbezogenen Bereichen erneut untersucht, so beispielsweise im Kontext der Frühpädagogik (vgl. von Balluseck 2008), in der Lehrerausbildung (vgl. Ortenburger 2010), der Jugendhilfe bzw. sozialen Arbeit (vgl. Polutta 2014), der Erwachsenenbildung (vgl.

Schlüter 2011) oder allgemein in psychosozialen Berufen (vgl. König 2007). Eine solche Entwicklung geschieht auch vor dem Hintergrund der Übernahme von neuen Steuerungsmodelle durch kommunale Verwaltungsreformen, über die im Rahmen des New Public Managements (vgl. auch Neumann-Szyszka/Pfahler 2018, Polutta 2014, Kegelmann 2007) privatwirtschaftliche Managementmethoden Einzug in die öffentliche Verwaltung genommen haben. Inhaltlich zielt der Begriff auf „eine Reform öffentlicher Verwaltung, die an betriebswirtschaftlichen Effizienzkriterien orientiert ist" (Schrader et al. 2015b: V). Diese haben auch im Bildungssystem Fuß gefasst und sich dort sedimentiert. New Public Management ist damit zugleich Ausdruck eines für das Bildungssystem weitreichenden gesellschaftlichen Transformationsprozesses und überdies Anzeige transnationaler Vergesellschaftungen (vgl. Soeffner 2013a).[59]

Mit Professionalisierung ist in einem weiten Sinne zunächst vereinfacht der Prozess gemeint, der (zunehmend formalisierte) Handlungspraktiken, materielle Ausstattung so aus- und einrichtet, dass eine Qualitäts- und Effizienzsteigerung erreicht wird. Hinzu treten nachvollzieh- und reproduzierbare Qualitätsstandards, Evaluation bzw. Wirkungsorientierung und -überprüfung, dadurch angestoßen ein Maß an Zeiteinsatz sowie eine gewisse Berufsethik, mit der sich Professionalisierungsentwicklungen kennzeichnen lassen. Aus den formulierten Qualitätsstandards und der Wirkungsorientierung lassen sich Garantien ableiten, die für das Erreichen gewisser *Ziele* formuliert werden, auf die sich die Klienten professionell Handelnder beziehen können. Letztlich stellt *Profession* dann eine gehobene Form der Beruflichkeit dar, für deren Ausübung im Idealfall ein Studium vonnöten ist.

[59] Dabei speist und legitimiert sich eine solche Gouvernementalität von Unternehmen, die als Blaupause für den Bildungssektor zu verstehen ist, über einen „Import sozialwissenschaftlicher Methoden in die diskursive Praxis, die sich auf wissenschaftliche Autorität stützen, ohne die Ergebnisse direkt der wissenschaftlichen Kritik preiszugeben". Vor dem Hintergrund transnationaler Entwicklungen kann man für diesen Prozess auch im Hinblick auf den Bildungssektor konstatieren: „Seine Legitimität beruht auf der 'Realitätsfiktion', dass ein externer Markt unternehmensinterne Entscheidungen und die ihnen zugrundeliegenden Kalküle zuverlässig bewerten kann. In dieser Konstellation ist nicht die Normerfüllung, sondern der andauernde Vergleich und die laufende Verbesserung sowie Neujustierung das moralische Gebot der Regierungsform" (für beide Zitate Schmidt-Wellenburg 2013: 655-657).

> „Professionelles Handeln [...] rekurriert dann auf Wissen, über das *nicht* mehr jedermann, sondern nur jene Personen verfügen, an die dieses Wissen vermittelt worden ist, und das bei gelungener Professionalisierung einer Berufsgruppe auch *nicht* von jedermann (legitimerweise) zur Anwendung gebracht werden darf" (Pfadenhauer 2003: 12).

Im engeren Sinne lässt sich Professionalisierung wie folgt fassen: „Professionen zeichnen sich gegenüber Berufen durch ein höheres Maß an systematisiertem Wissen und eine höhere soziale und kollektive Orientierung aus" (Meyer 2010: 3). Vor diesem Hintergrund *handeln* und *arbeiten* Lehrerinnen und Lehrer bereits lange *professionell*, liegt ihrer Lehre ein Lehramtsstudium und damit nicht jedermann zugängliches Wissen zugrunde. Professionalisierung in diesem engen Sinne ist in diesem Beispiel – wie oben bereits angemerkt – dann nicht unmittelbar an Ökonomisierung gekoppelt. Und in der Tat wurde in den professionstheoretischen Debatten der 1970er Jahre die Rolle der Professionellen aus einer anderen Perspektive kritisch hinterfragt.

> „Diese wurden als zentrale Akteure in sozialen, hegemonialen Normalisierungs- und Disziplinierungsdiskursen bestimmt, denen die Dominanz über und die Bevormundung der 'Laien' angelastet wurde und die letztlich als eine wesentliche Größe in sozialen Macht-, Herrschafts- und Kontrollstrukturen bestimmt und im Sinne einer expertokratischen Durchdringung und Bevormundung lebensweltlicher Zusammenhänge 'enttarnt' wurden. Professionalisierung wurde in dieser Perspektive vor allem als eine Ausweitung expertokratischer Kontrollformen und zugleich als ein Aufstiegs- und Statusprojekt für die entsprechenden beruflichen Sektoren bestimmt" (Helsper/Krüger/Rabe-Kleberg 2000: 5).

Gerade im Bereich der schulischen Bildung, in der Arbeit mit Kindern und minderjährigen Jugendlichen im Allgemeinen und der Arbeit in Nachhilfeinstituten im Besonderen, spielen Macht- und Kontrollstrukturen, aber auch Verantwortungsdiskurse insofern eine wichtige Rolle, als die Erreichung gewisser Ziele an für die Kinder und Jugendliche vorgegebene Anforderungen geknüpft ist, die mittels Kontrollen überprüft werden. Aufseiten der Eltern spielen ökonomische Fragestellungen wiederum eine Rolle, insofern sie die finanziellen Ressourcen für außerschulische Nachhilfe oder andere Unterstützungsformen bereitstellen müssen und dadurch angehalten sind marktgerechte Entscheidungen (Preis/Leistung) zu treffen. Aber auch mit dem Professionalisierungsprozess, der sich an gewissen Externalisierungen der außerschulischen Nachhilfe ablesen lässt, wie beispielsweise der Etablierung offizieller bzw. nachprüfbarer Qualitätsstandards, wird mehr oder weniger offen geworben. Außerschulische Nachhilfe muss in einer solchen Perspektive in erster Linie als eine Dienstleistung verstanden werden.

4.3 Engführung

Die bisherigen Ausführungen zielten auf drei zentrale Bereiche:
1. Nachhilfeinstitute als Forschungsgegenstand zu explizieren und bisherige Forschungen in diesem Bereich zu vermerken.
2. Den Forschungsgegenstand *Nachhilfeinstitute* als ein Beispiel darzustellen, der nicht nur für bildungs-, sondern auch für wissenssoziologische Ansätze gleichermaßen offen. Ein Zusammenspiel dieser bringt neue Forschungsperspektiven hervor. Hierzu musste zugleich zumindest als rahmender Bezugspunkt auf die unterschiedlichen Traditionen dieser Teilsoziologien eingegangen werden.
3. Einige bedeutende schulische Diskurse, in denen Nachhilfeinstitute verankert sind bzw. sich verankern lassen, wurden als Grundlage für die nachfolgende Darstellung und empirische Analyse ausgeleuchtet.

Neben der Darstellung und der Explikation der verschiedenen Diskurse, in denen Nachhilfe und Nachhilfeinstitute mittelbar und unmittelbar involviert sind, wird zudem deutlich, dass sich die Nachhilfe in dem Maße, wie auch die staatlich vermittelte Bildung von der Grund- über die weiterführende Schule bis hin zur Hochschule evaluiert wird und den Leistungsgedanken – der gleichwohl immer schon Teil der Schule war – weiter vorantreibt, verändert und sich diesen Erfordernissen anpasst bzw. anpassen muss. Explizit werden die Leistungserfordernisse durch die verschiedenen institutionalisierten Evaluationen, die Vergleiche zwischen Schulen, Bundesländern oder Nationen ermöglichen. Impliziert sind solche Anforderungen in der Hervorhebung und Betonung der Wichtigkeit von Bildung und Wissen, die sich in den Organisationsformen der Ganztagsschulen, der Inklusion oder des Postulats der Bildung als Menschenrecht offenbart. Bildung wird so nicht nur zu einem Menschenrecht, sondern zu einer Bürgerpflicht. Vor dem Hintergrund der sich ausbreitenden und etablierenden Sichtweise einer Wissensgesellschaft, in der Wissen und Bildung als Schlüssel für gesellschaftliche Teilhabe und Verwirklichungschancen betrachtet werden (vgl. z.B. Quenzel/Hurrelmann 2019) und damit einer epistokratischen Perspektive und Hoffnung Vorschub geleistet wird, lässt sich ein solcher impliziter Imperativ ableiten. Die *Wissensgesellschaft* steht hier in der langen Tradition modernistischer epistokratischer Überlegungen zum Verhältnis von Politik und Bildung, das „auch heute noch die normative Grundlage eines modernen rechtsstaatlichen und demokratischen politischen Systems darstellt" (Braune 2013: 258), und in der die Kopplung von Bildung und politischer und ökonomischer Teilhabe betrieben wird. Diese Kopplung „prägte im Laufe des 19. und 20. Jahrhunderts maßgeblich die Entwicklung des modernen Verfassungs- und Rechtsstaates in Europa. Die Geschichte seiner Demokratisierung ist gleichzeitig die Geschichte der Egalisierung der Bildungschancen und Bildungsverpflichtungen" (Braune 2013: 261). Bildung und Armut konvergieren in dem Begriff der *Bildungsarmut* (vgl. Allmendinger/Leibfried 2003), den man als eine Verlängerung und Grenzüberschreitung des Bourdieuschen Bildungskapitals als Teilform des inkorporierten Kulturkapitals verstehen kann. Grenzüberschreitend ist dieser insofern, als Bildungsarmut nahezu unweigerlich zu ökonomischer Armut führt.

> „Beides – Schichtzugehörigkeit und soziale Herkunft – wird einerseits durch gesellschaftliche Merkmale wie Einkommen, Wohnung, schulische und berufliche Qualifikation, sozialer Status oder auch Staatsangehörigkeit bestimmt, andererseits durch die materiellen, kulturellen und sozialen Ressourcen respektive Kompetenzen der Familie, durch die Möglichkeiten der gesellschaftlichen Partizipation und besonders durch den Zugang zu gesellschaftlichen Ressourcen (z.B. Kita, Schule) des Einzelnen gespeist. Armut im Sinne von Einkommensarmut ist in einer modernen Gesellschaft geprägt durch die

o.g. Merkmale und stellt eine Lebenslage dar" (Holz 2003: o.S.).

Bildungsarmut wird damit implizit zur ökonomischen Armut. Werden Bildung und Ökonomie aufeinander bezogen, wird $f(A_B)= A_Ö$. Mehr Bildung führt dann zwangsläufig zu einer höheren Wahrscheinlichkeit an einem Mehr an ökonomischen Kapital; umgekehrt heißt ein Weniger an Bildung ein Weniger an eben diesen Möglichkeiten der ökonomischen Kapitalakkumulation. Damit wird Bildungsungleichheit zum wesentlichen Argument für bzw. gegen ökonomische Ungleichheit. Mengentheoretisch läuft diese Perspektive unweigerlich auf eine ökonomische Funktionsweise von Bildung hinaus. D.h. zur Bildung zählen in erster Linie jene Elemente, die eine Entsprechung in der ökonomischen Menge besitzen und solcherart ökonomisch wirksam sind. Diese werden heute üblicherweise im schulsprachlichen Duktus als Kompetenzen bezeichnet. Damit ist nicht gemeint, dass alle zu vermittelnden Kompetenzen ökonomische Aspekte beinhalten, sondern dass die Art und Form der Vermittlung (Formulierung, Zielhorizont), der Darbringung (Performanz) sowie der Überprüfung (Evaluation) den meritokratischen Impetus weiterhin enthalten und darüber hinaus fördern. *Kompetenzen*, die in der Schule vermittelt werden, sind damit bereits ökonomisch präfiguriert. Der Leitbegriff *Kompetenz* ist – pointiert formuliert – zu einem „Mantra neoliberaler Bildungsreformer" (Höhne 2007: 30) geworden.
Die zunehmende Standardisierung der Bildung lässt sich dann dahingehend verstehen, dass sie eine Angleichung der Mengen Bildung und Ökonomie darstellt, die es zudem leichter ermöglicht dem Element der einen Menge, ein Element der anderen Menge zuzuordnen. So kann dann z.B. Bildungszeit vereindeutigt und damit unabhängig vom einzelnen Subjekt, das sich bildet, verstanden werden. Erst vor diesem Hintergrund wird dann zwar Foucaults Umdrehung „Macht ist Wissen" deutlich, wiewohl aber die implizite Kritik an Kants *sapere aude* und der Aufklärung insofern ins Leere läuft, als Kants „habe Mut dich deines eigenen Verstandes zu bedienen" einer solchen *mengentheoretischen* Verschiebung widerspricht. Denn die Veredelung des Menschen, die anthropologische Dimension der Bildung versteht darunter nicht unweigerlich ökonomischen Erfolg. In der gesellschaftlichen Diskussion wird gleichwohl bildungs- und ökonomischer Erfolg von

der Tendenz her in eins gestellt, wobei der ökonomische Erfolg – ganz im Sinne einer Entlastung des Sozialstaates – als Bestimmungsgröße dem Bildungserfolg voran steht. D.h. Bildung besitzt gerade keinen Selbstzweck mehr, der sich humanistisch als emanzipatorisches Erkenntnisinteresses lesen lässt, sondern findet ihre implizite Legitimation in einem ökonomischen Erfolg. Salopp formuliert: Der taxifahrende Doktor der Philosophie bleibt möglich, wir aber gesellschaftlich als Ressourcenverlust verstanden.
Und so öffnet erst eine marxistische Kritik an Kant die Büchse der Pandora, die Bildung und ökonomische Verhältnisse miteinander verbindet, wenn Produktionsverhältnisse über „polytechnische Bildung", die einen Einblick in die Grundlagen der Produktionsprozesse und der Ökonomie ermöglicht, dechiffriert werden. Bildung kann hier dann entweder zu einer aufklärerischen Lupe werden, mit der es gelingen kann, die eigene Bedingtheit als Teil des Produktionsprozesses zu erkennen. Oder aber die eigene Bildung wird ebenfalls Teil desselben Produktionsprozesses.
Standardisierung von Bildung und ihre Evaluation können eine Vergleichbarkeit herstellen, die dem Einzelnen anzeigt, wo er nicht nur in der Bildungsmenge, sondern aller Voraussicht nach auch in der ökonomischen Menge stehen wird. Sie ermöglicht es leichter „Bildung als Bearbeitung von Humanressourcen" (Bernhard 2003) zu fassen. Bildungskompetenzen sind quantitativ operationalisierbar, während der klassische Begriff der Bildung eine empirische Operationalisierbarkeit in den Augen der Kompetenzmodellbefürworter vermissen lässt. Bildungsstandards sowie Kompetenzmodelle sind auch und gerade aufgrund ihres Messbarkeitspotentials Konsens in der (empirischen) Bildungsforschung geworden (vgl. Gruschka 2007: 9). Allerdings: „Indem allein der Erfolg an der Aufgabe gemessen wird, gerät jede abweichende subjektive Bewegung aus dem Blick. Sie kann mit dem Modell nicht mehr genau beschrieben, geschweige den verstanden werden. [...] Für die Zurückgebliebenen wird das Kompetenzmodell faktisch zum Inkompetenzmodel" (Gruschka 2007: 18). Ein solches Bildungsdispositiv bringt dann auch Optimierungs- und Enhancement-Tendenzen hervor, in deren Umfeld ebenfalls die Nachhilfe angesiedelt werden kann. Die Ermöglichung zur Gleichheit, wie es das Bildungs- und Teilhabepaket durch die finanzielle Übernahme von z.B. Nachhilfe aufzeigt, dient dann der Optimierung bzw. Verbesserung der eigenen (Bildungs-)Wettbewerbsfähigkeit, die –

in einer solchen Perspektive – in ökonomischen Erfolg übersetzt werden kann. Zugleich impliziert dies – ganz im Sinne der Foucaultischen Technologien des Selbst – den Aufruf zur erfolgreichen Selbstführung. Man hat es selbst in der Hand der Ungleichheit die „Stirn" zu bieten und sich selbst zu optimieren, zumindest dann, wenn man ein Heraustreten aus gesellschaftlichen festschreibenden Strukturen als möglich erachtet. Aber nicht nur gesellschaftliche, politische und ökonomische Partizipation wird der Bildung zugedacht, auch eine Verbindung zur Lebenserwartung wird hergestellt.[60] Damit wird Bildung zum Schlüsselbegriff für nahezu jeden Lebensbereich ausgewiesen und erhält – zumindest implizit – eine existentialistische Bedeutung für ein gelingendes Leben. Überspitzt ließe sich daran anschließend formulieren: Bildung ist nicht die Lösung, sondern das Problem, wenn ihr eine schier universale Bedeutung für das Leben und alle Lebensbereiche zugeschrieben wird und eine solche kaum einlösbar ist.

Im nachfolgenden empirischen Teil dienen die vorangegangenen Aspekte, diskursiven Fragmente und Deutungsmuster als Hintergrundfolie, auf die implizit und mitunter explizit bei der Analyse Bezug genommen wird.

---

60 Vgl. hierzu die Gesundheitsberichterstattung des Bundes durch das Robert-Koch-Institut 2/2014, 5. Jahrgang, unter: http://www.rki.de/DE/Content/Gesundheitsmonitoring/Gesundheitsberichterstattung/GBEDownloadsK/2014_2_soziale_unterschiede.pdf?__blob=publicationFile [20.10.19].

5. Analoge Nachhilfeinstitute

5.1 Feldstruktur, methodisches Vorgehen und Felderkundung

Die hier vorgelegte empirische Untersuchung folgt dem Paradigma qualitativer Sozialforschung. Die Datenerhebung erfolgte in erster Linie durch leitfadengestützte Interviews bei ausgewählten Nachhilfeinstituten. Die Interviews wurden vorrangig in *koleiblicher* face-to-face Form in dem jeweiligen Nachhilfeinstitut selbst durchgeführt, einige wenige Interviews wurden in Form eines leitfadengestützten Telefoninterviews durchgeführt.

Die räumliche Auswahl des Samples war in erster Linie von der Zugriffsmöglichkeit geleitet. Im Rahmen der Feldöffnung und -erschließung gelingt es nicht immer eine vorgenommene räumliche Abdeckung umzusetzen. Andererseits zielt eine qualitative Untersuchung gerade nicht auf einen Anspruch von Repräsentativität. Ihre Zielsetzung liegt vorrangig in der Rekonstruktion verschiedener Sinnstrukturen. Gleichwohl kann der geographische Raum in einem föderal geprägten Bildungsfeld relevant sein. In Deutschland sind die einzelnen Länder für die Schul- und Hochschulpolitik zuständig, was sich z.B. in recht unterschiedlichen Curricula der einzelnen Fächer widerspiegelt. Aus diesem Grund wollte das vorliegende Projekt ein allein auf ein Bundesland reduziertes Sampling ausschließen, ohne derweil darin die Notwendigkeit eines alle Bundesländer abdeckenden Samplings zu schlussfolgern. Daher wurde bei der Erhebung darauf geachtet, dass die Interviewpartner bzw. die Nachhilfeinstitute zumindest teilweise aus unterschiedlichen Bundesländern stammen (NRW, Berlin, Baden-Württemberg). Die Mechanismen, Notwendigkeiten und Gründe für Nachhilfe, das wiederum zeigen repräsentative Untersuchungen des Nachhilfefeldes, sind in allen Bundesländern ähnlich (vgl. Birkelbach/Dobischat/Dobischat 2016). Dies überrascht insofern nicht, als die zuvor nachgezeichneten Bildungs- und Schuldiskurse nationale sowie in Teilen auch internationale bzw. europäische Diskurse sind, deren Wirkung entsprechend auch über Bundeslandesgrenzen hinweg zu spüren sind. Überdies wird Bildung und Bildungspolitik trotz der bundeslandspezifischen Ausrichtung als eine (bundes)nationale Aufgabe verstanden. Wenn dergestalt von Pisaschock, Inklusion, „Akademisierungswahn“ in Publikationen die Sprache ist, dann wird hier zumeist keine oder nur selten eine bundeslandbezogene Rückbindung vorgenommen. Zusammengefasst heißt dies für diese Untersuchung: Es wurde sowohl geographisch als auch organisationsdiversifizierend eine Auswahl vorgenommen. So verteilen sich die interviewten Nachhilfeinstitute, wie erwähnt, auf insgesamt drei Bundesländer. Organisationsbezogen wurde zwischen franchisegeführten Nachhilfeinstituten und inhabergeführten Nachhilfeinstituten unterschieden. Diese letztgenannte Unterscheidung allerdings wurde erst im Rahmen der Datenanalyse eruiert und war zuvor kein zwingendes Gliederungselement der Auswahl der InterviewteilnehmerInnen.

Darüber hinaus waren bereits die Feldbegehung, die Führungen durch die Institutsleiter, Gespräche im Feld mit Feldakteuren außerhalb der Interviewsituation (Feldprotokolle), Feldartefakte wie z.B. Werbematerialien, offene Briefe, Newsletter usw. wichtige Datenlieferanten. Den meisten unmittelbaren Interviewsituationen ging eine Führung durch die Räumlichkeiten des jeweiligen Instituts voraus.[61]

Als Nachhilfeinstitute wurden entsprechende Objekte gefasst, die über eigene Lehr-/Lernräume verfügten und als ein solcher Akteur im Feld auftraten. Die Auswahl der entsprechenden Institute war davon geleitet, die – trotz der vordergründig vorhandenen Homogenität des Feldes durch die Bezeichnung *Nachhilfeinstitute* – heterogenen Formationen solcher Institute zumindest in Ansätzen zu erfassen. Hinter dem Begriff *Nachhilfeinstitut* verbirgt sich eine heterogene Gruppe von Instituten und Institutsformen, die sowohl von ihrer organisatorischen Struktur wie auch von ihrer inhaltlichen Herangehensweise sehr disparat sein können. Will man eine knappe, aber dennoch operationale Typologie erstellen, lassen sich die zwei oben bereits erwähnten Gruppen unterscheiden: die inhabergeführten Institute und die auf ein Franchise-System aufbauenden Institute.

Inhabergeführte Institute

Wie der Name schon anzeigt, sind inhabergeführte Nachhilfeinstitute dadurch gekennzeichnet, dass der Inhaber das Institut selbst führt und meistens auch selbst noch Nachhilfe gibt. Das Personal beschränkt sich oft auf eine Bürokraft, die mitunter aus der eigenen Familie kommt. Hinzu treten

[61] Die durchgeführte Analyse von digitalen Angeboten zur Nachhilfe und das methodische Vorgehen werden in Kapitel 6 nochmals näher vorgestellt und erläutert.

freiberufliche Nachhilfelehrer, die als Honorarkräfte arbeiten. Das sind in der Regel Lehramtsstudierende, pensionierte Lehrer oder akademisch qualifizierte Seiteneinsteiger, wie beispielsweise Betriebswirtschaftlerinnen oder Ingenieure, die Mathematik oder Englischunterricht erteilen. Die InhaberInnen selbst, mit denen im Rahmen dieser Untersuchung ein Gespräch geführt wurde, sind dagegen mehrheitlich ehemalige Lehrer oder studierte PädagogInnen, die meist selbst alle schon in einer Schule unterrichtet haben oder zumindest einen Schulbezug besitzen. Bei genauer Betrachtung bietet ein Nachhilfeinstitut überdies eine der wenigen Möglichkeiten für studierte Lehrer ihren Beruf auszuüben und dabei nicht in der Fassung einer Regelschule tätig zu sein. Will man nicht in den beruflichen Weiterbildungsmarkt einsteigen, der zudem noch weitere Zusatzqualifikationen für einen Lehrer mit Staatsexamen erfordert, oder in berufsfremdere Formen wechseln, so stellt ein Nachhilfeinstitut eine Form des Arbeitens dar, die der Arbeit in der Schule, zumindest was die fachliche und zum Teil auch didaktische Arbeit angeht, am nächsten steht. Bei den Interviews mit den Inhabern der inhabergeführten Nachhilfeinstitute zeigte sich zudem, dass es ein informelles Netzwerk mit einer größeren Anzahl bereits früherer Franchisenehmer einer der größeren Nachhilfeinstitutsketten gibt. Die Inhaber inhabergeführte Nachhilfeinstitute haben mitunter also auch Erfahrungen als ehemaliger Franchisenehmer.[62] Beispielhaft kann hier Herr Franzen zu Wort kommen, der über die Vernetzung mit Kollegen ausführt:

> „Es ist so, wir haben ein Netzwerk gegründet. Da sind aktuell 23 Schulen, nein 23 Inhaber drin. Das sind ungefähr 60-100 Schulen und wir helfen uns untereinander. [...] Wir wollen uns gegenseitig unterstützen. Wir wollen das, was der Einzelne macht, präsentieren, den anderen und wenn dann einer sagt, Mensch da ist was bei, was ich brauchen kann, dann kann er sich das nehmen. Ja? So versuchen wir uns untereinander zu helfen, um die Qualität weiter zu steigern.

[62] Um diesen Punkt zu verdeutlichen: Es geht an dieser Stelle nicht darum, eine Wertung zwischen inhabergeführten und über Franchise geführte Institute aufzumachen. Die Darstellung und das Nachzeichnen dieses Punktes dient in erster Linie der Sichtbarmachung der Struktur des Feldes und dies erfolgt auch über die Rekonstruktion der eigenen Verortung der Feldakteure. Da die Feldakteure unweigerlich aufeinanderstoßen – und hierbei die je eigene *Stoßrichtung* präferieren –, sind latente oder offensichtliche Absetzbewegungen selbstverständlich.

> […] Das ist, ja, das ist eigentlich ganz banal entstanden. Alle die da drin sind, waren früher Franchise-Partner bei der XXX und die XXX macht im Moment eine große Flurbereinigung, im Klartext, es werden Franchisepartner, die seit Jahren bis Jahrzehnten erfolgreich sind, die kriegen die Kündigung. Bevorzugt Leute die älter sind, die also mehr oder weniger vor der Rente stehen, die kriegen dann die Kündigung. Nach teilweise 30 Jahren, die haben noch 2-3 Jahre bis zur Rente, kriegen dann einfach die Kündigung, weil man die Standorte haben will. Natürlich auch, es werden neue Verträge angeboten, die den Partner wesentlich schlechter stellen, weil man mehr Geld verdienen will."

Inhabergeführte Nachhilfeinstitute sind räumlich oft an einen Standort gebunden oder binden sich daran, so dass hier über die Zeit auch ein lokales Lagebild der Schulen und der Schülerschaft in ihrem Einzugsgebiet entsteht, mitunter sogar mit persönlichen Beziehungen zu Schulen und zur Lehrerschaft.

Franchise geführte Nachhilfeinstitute
Franchisesysteme als kooperative Unternehmensnetzwerke stellen im Nachhilfesektor eine etablierte Unternehmensform dar. Eine klassische Definition zum Franchising hebt die vertikale Kooperation beider Vertragspartner hervor:

> „Franchising ist eine Form der vertikalen Kooperation, bei der der Franchisegeber aufgrund langfristiger individualvertraglicher Vereinbarungen rechtlich selbständig bleibenden Franchisenehmern gegen Entgelt das Recht einräumt und die Pflicht auferlegt, genau bestimmte Sach- und/oder Dienstleistungen unter Verwendung von Namen, Warenzeichen, Ausstattung und sonstigen Schutzrechten sowie der technischen und gewerblichen Kenntnisse des Franchisegebers unter Beachtung des von diesem entwickelten Absatz- und Organisationssystems auf eigene Rechnung an Dritte abzusetzen" (Ahlert 1981: 87).

Der Deutsche Franchise Verband e.V. (DFV) definiert:

> „Franchising ist ein auf Partnerschaft basierendes Vertriebssystem mit dem Ziel der Verkaufsförderung. Dabei räumt ein Unternehmen, das als so genannter Franchisegeber auftritt, seinen Partnern (den Franchisenehmern) das Recht ein, mit seinen Produkten oder Dienstleistungen unter seinem Namen ein Geschäft zu betreiben: Der Franchisegeber erstellt ein unternehmerisches Gesamtkonzept, das von seinen Franchisenehmern selbstständig an ihrem Standort bzw. Gebiet umgesetzt wird. Der Franchisenehmer ist ein rechtlich selbstständiger und eigenverantwortlich operierender Unternehmer. Als Gegenleistung für die, vom Franchise-Unternehmen eingeräumten Rechte und Unterstützungsleistungen, zahlt der Franchisenehmer in der Regel Eintritts- bzw. Franchisegebühren.“[63]

Franchising stellt als Beispielform für das Netzwerk eine der drei „Basisformen der Koordination“ (Funder 2011: 62) wirtschaftlicher Akteure dar. „Es handelt sich um eine dritte Koordinationsform, die zwischen den Polen, Markt und Hierarchie [Unternehmen], einzuordnen ist. [Damit] stellt das Netzwerk eine Hybridform dar, also eine Mischung aus den beiden bekannten Formen Markt und Hierarchie [Unternehmen]“ (Funder 2011: 63). Franchisesysteme bieten damit bereits Strukturen und einen Platz in einem vorhandenen Netzwerk.

In Deutschland gibt es neben einer Vielzahl von kleineren oder Einzelnachhilfeinstituten drei große Nachhilfeanbieter, die im Wesentlichen über das Franchise-System Nachhilfe anbieten. Dies sind mit mehr als 1000 Filialen die Schülerhilfe, der Studienkreis und der Mini-Lernkreis. Etwas kleinere Anbieter, wie beispielsweise die Kumon GmbH, besitzen etwa 150 Lerncenter in Deutschland.

Für den Studienkreis wie auch für die Schülerhilfe als weiteren großen Akteur und Anbieter von Nachhilfe im Franchisesystem – wie gleichwohl überhaupt – ist ein solches Modell ein Markt-im-Markt-System. Dergestalt verdienen – exemplarisch für die Nachhilfewelt – der Studienkreis und die Schülerhilfe über die Nachhilfe, die in den einzelnen lizensierten Filialen

[63] http://www.franchiseverband.com/franchise-geber/franchising-definition/ [20.10.19].

durchgeführt werden. Hinzu treten die Einnahmen, die mit dem Franchising allgemein verbunden sind, wie das notwendige Startkapital für zu erwerbende Unterlagen, Schulungen und allgemein die Nutzung der Studienkreis-Umwelt durch die Franchisenehmer usw. Der Franchisenehmer wird Teil des Unternehmens und seiner entsprechenden Umwelt. Nach außen gewandt tritt dem Kunden ein *corporated design* entgegen, nach innen besitzen die Franchisenehmer im Rahmen dieser Unternehmensumwelt einen gewissen Gestaltungsrahmen. Dennoch bleibt in der Regel ein Aspekt erhalten; die Reduktion von Kontingenz auf der Seite der Kunden. Die Größe des Anbieters, die im Alltag beispielsweise durch die Präsenz und Sichtbarkeit im städtischen Raum rezipierbar ist, und das in der Werbung wahrnehmbare professionelle Auftreten vermitteln interessierten Kunden – zu denen auch mögliche zukünftige Franchisenehmer zählen – den Eindruck einer guten Wahl.

Abbildung 1: Seite des Studienkreises für die Anwerbung von Existenzgründern. http://www.studienkreis.de/lp/existenzgruendung-mit-dem-studienkreis.html [19.10.18]

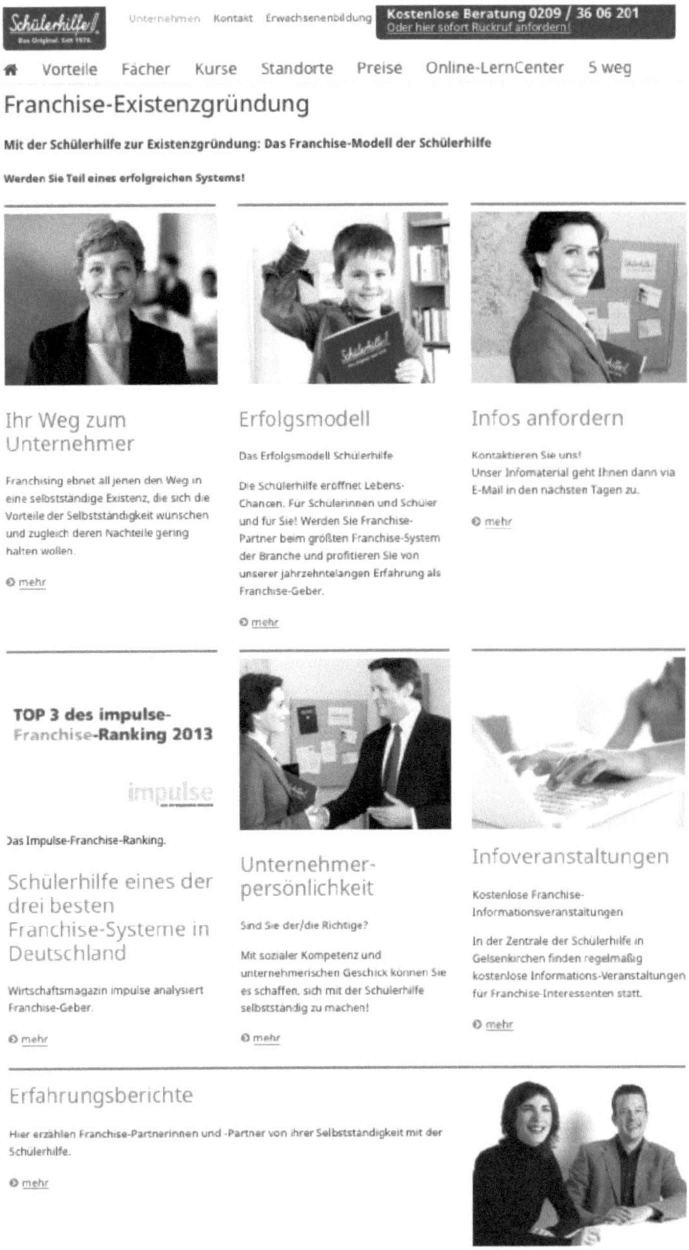

Abbildung 2: Seite der Schülerhilfe für die Anwerbung von Existenzgründern. https://www.schuelerhilfe.de/unternehmen/werden-sie-franchisenehmer/ [19.10.18]

Vor diesem Hintergrund ist nicht nur die unmittelbare Nachhilfe das Geschäftsmodell der Franchisegeber, sondern auch die Akquise von Franchisenehmern und dadurch die Expansion der Marke.
Die oben ausgewiesenen Internetseiten der beiden Hauptakteure – Schülerhilfe und Studienkreis – verdeutlichen dies. Neben der Möglichkeit verschiedene Informationen abzufragen oder sich zusenden zu lassen, wird überdies Werbung durch „Erfahrungsberichte“ oder die Platzierung in einem Franchise-System-Ranking (Schülerhilfe) gemacht.

Abbildung 3: http://www.studienkreis.de/unternehmen/expansion.html [21.08.19]

Die Expansionsbemühungen gestalten sich überdies nicht nur durch die Akquise neuer Franchisenehmer, sondern auch durch den Zukauf und die Umbezeichnung von bereits vorhandenen Nachhilfeinstituten mit unmittelbarer Ansprache der Besitzer solcher Institute. Da – beispielhaft – der Studienkreis und die Schülerhilfe sowohl über das Franchisesystem als auch über die selbstständige Führung Nachhilfe betreiben, kann der Zukauf solcher Nachhilfeinstitute im Nachgang auch über diese beiden Formen abgewickelt werden. Das zugekaufte Institute kann entweder selbst durch den Studienkreis oder durch einen Franchisenehmer übernommen und weitergeführt werden.

Neben dieser dualen Strukturierung des institutsbezogenen Nachhilfemarktes ist der Bundesverband der Nachhilfe- und Nachmittagsschulen e.V (VNN) ein weiterer wichtiger Akteur im Nachhilfefeld. In einer Selbstbeschreibung werden Historie und Zielsetzung kurz umrissen:

> „Der Bundesverband Nachhilfe- und Nachmittagsschulen e.V. (VNN) vertritt die Interessen der selbständigen außerschulischen Nachhilfeeinrichtungen in Deutschland. Der 1998 als Interessenverband Nachhilfeschulen e.V. gegründete und 2003 umfirmierte Verband bildet die einzige Repräsentanz der Nachhilfe-Branche in Deutschland. Als solche ist er kompetenter Ansprech- und Kooperationspartner im bildungspolitischen Bereich. Die Mitglieder des Verbandes vertreten heute in Deutschland ca. 15.000 Schüler und ihre Eltern an mehr als 200 Standorten mit bis zu 4.000 Lehrkräften.
> Die Mitglieder des VNN bieten eine verlässliche und erfolgreiche Förderung und besitzen einen hohen Qualitätsanspruch. Um diesem Anspruch auch nach außen deutlichen Ausdruck zu verleihen, verpflichten sich die Mitglieder, die vom Verband festgelegten Qualitätsstandards zu erfüllen und den Ehrenkodex des Verbands einzuhalten.“[64]

Der VNN und seine Vertreter treten durch Interviews, Pressemitteilungen und aktive Presse- und Marketingarbeit in Erscheinung, beziehen Stellung in Diskussionen um Schule und Nachhilfe, sind als Interessenvertreter umgekehrt Ansprechpartner für Presse und Interessierte und stellen dergestalt einen übergeordneten Akteur im Feld der Nachhilfeinstitute dar, der darüber zugleich auf verschiedenen Ebenen einen werbenden Charakter hat.

Im Rahmen der qualitativ-empirischen Analyse werden auch verschiedene Feldartefakte beschaut. Solche Feldartefakte sind nicht nur in ihrer materiel-

64 https://www.nachhilfeschulen.org/index.php?%FCber%20uns [20.10.19].

len Form und Darreichung verschieden. So können es Gebäude, Internetseiten, Werbeaufsteller oder auch ein Logo sein. Darüber hinaus und mitunter darin inkludiert kann es sich bei solchen Artefakten um Werbung handeln. Es kann sogar gefragt werden, ob nicht alle diese oben genannten Artefakte unter dem Begriff der Werbung subsumiert werden können. Das Motiv, solche Feldartefakte mit in den Blick zunehmen, liegt in der Annahme, dass sie ihren Teil zur Feldbeschreibung, Selbstzuschreibung und -deutung des Feldes beitragen.

Insgesamt wurden für den „analogen" Teil der Analyse 18 Interviews mit Akteuren aus Nachhilfeinstituten geführt, deren Länge zwischen 45 Minuten und 2,5 Std. lag. In 15 Fällen war eine (meist längere) Begehung der Räumlichkeiten und ein Aufenthalt in den Räumlichkeiten vor und nach dem Interviewtermin Teil der Datenerhebung (als Teil der Felderkundung). Die Interviews wurden transkribiert und mittels der Software MAXQDA ausgewertet und kodiert, daran anschließend Sinnfiguren gesucht und diese dann erneut an den Text gelegt. Um bei dieser Auswertung und Kodierung (MAXQDA) einen – zumindest teilweise – vergleichbaren Datenbestand zu erhalten, und um die Interviews in gewissem Maße zu strukturieren, wurden auf Basis gewisser Ausgangsthesen, die sich aus dem theoretischen Bereich (vgl. Kapitel 2) und einer wissenssoziologischen Perspektivierung der Untersuchung eruieren ließen, wichtige Fragen formuliert, die im Interview zur Sprache kommen sollten. Dergestalt handelte es sich um leitfadengestützte Interviews, wobei die Interviewatmosphäre einem freien Gespräch glich, in denen die Interviewer offen für spontane Modifikationen waren.

Ein solches methodisches Vorgehen sucht dergestalt nach der intersubjektiven Bedeutung von Handlungen und will nicht nur bzw. weniger den subjektiv gemeinten Sinn, den Personen mit ihren Aussagen verbinden, erschließen. In dem Aufspüren intersubjektiver Bedeutung von Handlungen liegt dann auch der Anspruch begründet, dass die Ergebnisse nicht nur für diesen oder jenen Einzelfall bedeutsam sind, sondern eine Validität besitzen, die über das vorhandene Datenmaterial hinausgeht. Daher wird zudem deutlich, dass übergeordnete Sinn- bzw. Bedeutungsfiguren nicht allein von einem Subjekt erzeugte Figuren sind, sondern intersubjektiv eruierte und gesellschaftlich etablierte Bedeutungsformationen darstellen, die das Handeln des Einzelnen als einen gesellschaftlichen Teil ausweisen (vgl. allgemein

Hitzler/Reichertz/Schröer 1999a) und mithin Teil eines gesellschaftlichen Wissensvorrats sind. Die hier vorgestellte Analyse legt ihren Schwerpunkt, im Anschluss an die Fragestellung der Untersuchung auf die Rekonstruktion der Binnenperspektive von Nachhilfeinstituten, ihre (Selbst-)Verortung im Feld des Bildungswesens und ihr Selbstverständnis.

Nachhilfeinstitute und auf sie verweisende Werbung sind mittlerweile ein gängiger Bestandteil des heutigen Stadtbildes. Sie sind in der Regel von außen gut sichtbar, Aufsteller, Plakate an Bushaltestellen oder weitere Werbung wie Flyer, Broschüren und die mittlerweile obligatorische digitale Präsenz über eine Internetseite – auch von den stationären Anbietern – sind heute selbstverständlich. *Nachhilfe* ist als Thema im öffentlichen Raum über solche sichtbaren Artefakte präsent und im Alltag wahrnehmbar. Dies ist insofern bemerkenswert, als Nachhilfe eine defizitäre Konnotation beinhaltet, muss doch eine Sache *angeschoben*, unterstützt, ihr nachgeholfen werden. Jener, dem bei einem Inhalt nachgeholfen werden muss, erreicht dergestalt nicht den Normalzustand, das Lernen, Verstehen, Beherrschen von Lerninhalten. Nachhilfe haftet dem Grunde nach etwas Deviantes, etwas Abweichendes an. Die Sichtbarkeit und Sichtbarmachung im öffentlichen Raum widerspricht in gewisser Hinsicht diesem Zustand. Denn durch die offene und wiederkehrende Repräsentation im öffentlichen Raum werden Nachhilfeangebote im Allgemeinen und Nachhilfeinstitute im Besonderen zu einer fest etablierten Größe des öffentlichen Raumes. Sie sind sichtbar, zeigbar und entsprechend rezipierbar und verlieren damit an *devianter* Zuschreibung. Sie sind normal. Einsichtig wird dieser Punkt, wenn man sich den sozio- und mediamorphen Charakter des Raumes vergegenwärtigt (vgl. Löw 2001, Reichertz/Niederbacher u.a. 2011). Das Maß an Sichtbarkeit der analogen Räume, hier die sichtbaren Gebäude der Nachhilfeinstitute im Gegensatz zur reinen Werbung, ihre Einbettung in die Struktur des Sozialraumes und die damit einhergehende Ausweisung als eigener Teilbereich dieses Raumes, sind dann auch manifester und sichtbarer Ausweis ihrer gesellschaftlichen Bedeutung. Sie besitzen gesellschaftliche Relevanz.

Ein Auszug aus einem von mir verfassten Feldprotokoll zu einem der ersten Interviewtermine gibt einen ersten ethnographischen Einblick ins Feld und verweist überdies auf die bereits bedeutsame Phase des Feldeinstieges, die in qualitativen Untersuchungen als ein wichtiges Datum über das Feld selbst gelten muss (vgl. auch Poferl/Reichertz 2015).

„Das Interview führt mich zu einer Stadt im Ruhrgebiet. Da ich den Bereich etwas kenne, ist das Nachhilfeinstitut schnell gefunden. Ich fahre am Institut vorbei auf der Suche nach einem Parkplatz, den ich in Sichtweite finde und der zu einem größeren Platz mit Geschäften gehört. Es handelt sich um einen öffentlichen Parkplatz, der über einen Parkschein abrechnet. Die 80 Cent für eine Stunde empfinde ich als eher günstig. Sie kommen den angrenzenden Geschäften bzw. deren Kundenzugang entgegen. Ich bezahle für drei Stunden. Da bis zum Interview noch etwas Zeit ist, beobachte ich die Umgebung. Dabei fällt mir ein weiteres Nachhilfeinstitut auf. Es ist gut sichtbar und weist sein Anliegen über Werbung in den Fenstern der zweiten Etage im gegenüberliegenden Haus aus. Ich notiere mir die Adresse und die ausgewiesene Telefonnummer in der Hoffnung auf ein weiteres Interview. Bei einem späteren Rundgang in der Umgebung fällt mir überdies ein drittes Nachhilfeinstitut auf. Es ist nur wenige Gehminuten von den beiden anderen entfernt.

Am Parkplatz angrenzend sieht man eine größere Haltestelle. Die Erreichbarkeit dieses Ortes bzw. der beiden oder besser gesagt der drei Nachhilfeinstitute ist sowohl über öffentliche Verkehrsmittel als auch mit dem Auto sehr gut.

Die wenigen Meter vom Parkplatz zum Institut, in dem ich ein Interview führen werde, sind schnell gegangen. Das Institut wirkt von außen hell mit einer weiten Fensterfront und ausladender Beschriftung. Es erinnert mich in Form der Aufmachung an die modernen Fitnessstudios, die man mittlerweile in Städten überall finden kann. Durch die breite Fensterfront entsteht eine gewisse Offenheit und eine Wirkung von Transparenz, ohne allerdings durchgängig in die Räume schauen zu können. Als ich das Nachhilfeinstitut betrete, zeigt sich ein heller Flur, im Eingangsbereich stehen Aufsteller mit Werbung für das Institut und dem Hinweis auf eine TÜV-Zertifizierung. Links ist ein mit transparenten Fenstern versehenes Büro, die Anmeldung. Da ich einen Termin habe und das Büro gerade nicht belegt ist, setze ich mich in den Flur auf eine Bank. Der Innenbereich wirkt wie eine moderne Praxis, hell und neu, einige Bilder hängen an der Wand. Die einzelnen Türen haben Nummern, ich vermute, es sind die Nachhilferäume. Nach einer kurzen Zeit werde ich von der Inhaberin Frau Thoma[65] begrüßt. Wir gehen in einen weiteren Bereich des Instituts und kommen in einen Aufenthaltsraum, der eine kleine, offene Küche beinhaltet. Frau Thoma verweist darauf, dass dieser Raum bzw. die Küche auch von den NachhilfelehrerInnen genutzt werden kann."

Auch im weiteren Verlauf der Analyse und Darstellung soll das *Feld* durch entsprechende Interviewauszüge immer wieder *selbst zu Wort* kommen.[66]

5.2 Nachhilfeinstitute und Schule – Eine Analyse

Nachhilfe im Allgemeinen und Nachhilfeinstitute im Besonderen sind ihren Ursprüngen nach ein Produkt der Schule bzw. der Schulpflicht. Die Schulpflicht endet nicht mit dem letzten Schultag, sondern impliziert über das Benotungssystem einen erfolgreichen Abschluss, der Wegbegleiter des weiteren Lebens ist. D.h. abschließen lässt sich Schule erst nach einem erfolgreichen Schulbesuch, als fortdauernde *Retention* bleibt sie ein Leben lang erhalten. *Erfolgreich* ist hier eine relationale Größe, ihr Grund wiederum ist insofern konstant, als es in Deutschland die Möglichkeit des Sitzenbleibens gibt, die den Schulbesuch verlängert. Noten und Schulerfolg als relationale Größe meint hier, dass je nach Anspruch und weiterer (beruflicher) Perspektive Noten für den späteren Werdegang bedeutsam sind. Die Berufs- und Studienwahl ist notenabhängig, Noten als Repräsentanten der Leistungsfähigkeit fungieren bekanntlich als Gatekeeper für viele Bereiche des gesellschaftlichen Lebens.[67] Schule übernimmt in modernen Gesell-

65 Alle Namen der Interviewpartner, die im Rahmen dieser Untersuchung durchgeführt wurden, wurden anonymisiert. Namen von Personen aus frei zugänglichen Quellen (z.B. journalistische Interviews, Beiträge oder aus öffentlichen Internetseiten), in denen Akteure selbst öffentlich in Erscheinung getreten sind, wurden hingegen nicht anonymisiert.

66 Wenngleich dieses Zu-Wort-kommen eine Auswahl durch mich darstellt und somit geleitet ist.

67 Wie weitreichend Noten nicht nur unmittelbar wirken, sondern auch mittelbar, zeigen eine Vielzahl von Untersuchungen. So heiraten Studierte signifikant häufig in ihrem Studienmilieu, so gibt es bekanntlich eine Korrelation zwischen Schul- und Berufsbildung (die durch Noten bewertet werden) und dem Einkommen und letztlich – gerade die Politik wird nicht müde dies zu betonen – ist Bildung, die durch Noten und entsprechende Zeugnisse bemessen wird, der beste Schutz vor Arbeitslosigkeit und Armut (vgl. z.B. Geißler 2014). So ist es gewiss überzogen ein erfolgreiches Leben an Schul- und weiteren Noten bemessen zu wollen, als Weichenstellung dienen sie jedoch sehr wohl.

schaften als wichtiger Bestandteil des Bildungssystems grundlegende sozialisatorische und qualifizierende Aufgaben. Das Bildungssystem, mit Schule als einem Bestandteil, „vermittelt die Qualifikationen, die für die individuelle und kollektive Existenzbewältigung unerlässlich sind. Gleichzeitig fördert es die Integration in die Gesellschaft, indem es die Werte und Normen vermittelt, die der demokratischen und rechtsstaatlichen Ordnung zugrunde liegen. Schließlich gibt es Wege der Integration in das Beschäftigungssystem und damit in die soziale Struktur der Gesellschaft vor, die von den für alle geltenden Kriterien der Leistung geleitet sind" (Fend 2008: 34). Über diese zentrale Stellung der Schule in der Gesellschaft und ihre Bedeutung für die Einzelnen generieren sich in Bezug zur Nachhilfe und zu Nachhilfeinstituten (diskursive) Zuschreibungen durch die beteiligten Akteure, von denen nachfolgend zwei (in Opposition stehende) genauer beleuchtet werden sollen.

5.2.1 Schule und Nachhilfeinstitute als Konkurrenten

Das Verhältnis von Nachhilfeinstituten und Schulen ist zentral von ihrer Position im Feld der Bildung bestimmt. Schule ist staatlich organisiert, verpflichtend und beinhaltet den staatlichen Bildungsauftrag, der über die (bundeslandspezifischen) Schulgesetze geregelt wird. Die Bildungsinhalte, formale Abläufe (z.B. Möglichkeiten des Schulwechsels) sowie die Evaluation der Schulleistungen werden staatlich bestimmt, organisiert und durchgeführt. Lehrer sind bekanntlich von Amtswegen Staatsdiener und nicht selten Staatsbeamte. Der Staat ist damit der zentrale Akteur im Bildungswesen, seine Aufsicht und Verantwortung darüber ist im Grundgesetz verankert (Artikel 7, Abs. 1 des Grundgesetzes). Das Schul- und Bildungswesen ist dergestalt ein Raum, der dem freien Spiel des Marktes nicht ausgesetzt ist bzw. werden soll. Das Bildungswesen wird daher überwiegend von den Steuerzahlern finanziert. „Der Gemeinwohlbezug von Bildung verpflichtet den Staat zur Bereitstellung eines leistungsfähigen Bildungssystems. Das Bildungssystem hat drei Aufgaben: für Persönlichkeitsbildung und kulturelle Integration zu sorgen, die für Arbeits- und Berufswelt erforderlichen Qualifikationen zu vermitteln und soziale Positionen leistungs- und chancengerecht zu verteilen" (G. Hepp 2013). Vor diesem Hintergrund erscheint die Rollenverteilung und damit das Verhältnis zwischen Schule und Nachhilfeinstituten klar: Die Schule und mit ihr die dort arbeitenden Lehrer können eine gewisse Monopolstellung für sich beanspruchen, während Nachhilfeinstitute und -schulen nahezu ausschließlich als *Nacharbeiter* der Schule arbeiten können. Ein Konkurrenzverhältnis lässt sich hier also zunächst nicht ableiten. Gleichwohl zeigt sich das Motiv der *Konkurrenz* als ein wirksamer Gesichtspunkt zwischen Nachhilfeinstituten und Schule. Eine Beispielpassage aus einem Interview verdeutlicht dies:

> „Schulen haben heute immer noch nen Teil Elfenbeinmentalität. Sie sind ein abgeschlossener, in sich klinisch reiner Raum, sie sind von nichts beschmutzt und dürfen auch nicht beschmutzt werden. Und ich als ausgebildeter Lehrer, wenn ich das einem Kind nicht beibringen kann, dann ist das Kind zu dumm. Dann darf das aber auch kein anderer können. [...] Und das sehe ich heute immer noch an den Schulen. Dass Lehrer sahen ‚Nein, wenn ich das nicht kann, dann darf das kein anderer können'. Aber wenn denn doch jemand helfen soll, ja dann ein Schüler aus der höheren Klasse, wo ich mir sach, wie kann das sein. Da ist ein Mensch, der macht Abitur, der studiert x Semester und der sagt dann, wenn ich das nicht kann mit all meiner Ausbildung, dann kann das ein Schüler, der ein Jahr älter ist? Wo holt der die pädagogischen Fähigkeiten her, die methodischen, didaktischen Fähigkeiten, wo holt der das her? Dass ich als Lehrer sag, der kann das dann besser als ich? Da müsste ich eigentlich mein Gehalt zurückzahlen, wenn ich ehrlich bin. Aber da darf kein Außenstehender das machen und da wird viel zu lange gezögert. Da sollte er viel früher den Eltern wirklich sagen, ‚Passen sie mal auf, Sie müssen da was tun, denken Sie mal darüber nach, wenn die nächste Arbeit nicht entscheidend besser wird, dann braucht Ihr Kind Hilfe'. Das immer ein Kind im Unterricht irgendwas nicht mitkriegt ist im Schulsystem systemimmanent. Das ist... und wir haben immer in den Klassen ne Gaußverteilung und es gibt immer schlechte Schüler auch wenn ich die da wegnehme und vorne wieder dransetze, sind die nächsten schlecht. Weil ich nicht absolut messe, sondern immer relativ. Aber das Entscheidende ist, dass man Kinder verbessern kann. Wenn ein Stück Wissen fehlt, kann man das nachschulen."

Die *monopolartige* Stellung und ein darauf gründendes Handeln von Schulen macht sich für Herrn Franzen auch durch ihre Abgrenzung nach außen deutlich. Mit der „Elfenbeinmentalität" und dem reinen Raum, der nicht beschmutzt werden dürfe, hebt er seine Perspektive diesbezüglich hervor. Vor allem wird deutlich, dass Schule wesentlich als ein Binnenraum erfahren wird, der augenfällig zwischen innen und außen unterscheidet. Und durch diese Grenzziehung von innen und außen entwirft sich die Konkurrenz zwischen Schule und Nachhilfeschule, zwischen Lehrern und Nachhilfeinstituten.

Die Innen-/Außendichotomie wird überdies durch den Hinweis auf „Schüler aus der höheren Klasse" deutlich. Der Nachhilfeinstitutsleiter und -lehrer verweist hier hingegen auf die fehlenden pädagogischen und didaktischen Kenntnissen von höherklassigen Schülern. Sein Unverständnis liegt in dem Hinweis auf die fehlenden pädagogischen Fähigkeiten der besseren Schüler begründet. „Wo holt der die pädagogischen Fähigkeiten her, die methodischen, didaktischen Fähigkeiten, wo holt der das her? Dass ich als Lehrer sag, der kann das dann besser als ich?"

Zu fragen wäre hier, ob es an dieser Stelle tatsächlich darum geht, dass schlechteren Schülern geholfen wird oder dies von anderer Seite als den Lehrern der Schule erfolgt. Solange das *Setting* der Nachhilfe so gestaltet ist, dass die Stellung und die Didaktik des Schullehrers nicht grundsätzlich in Frage gestellt werden und zumindest implizit der Verweis auf die unterschiedliche Lernsituation als Rückzugsmöglichkeit gegen Kritik an den eigenen Fähigkeiten dienen kann, ist eine solche innerschulische Nachhilfe scheinbar willkommen. So ist die durch einen Schullehrer initiierte Nachhilfe, die dann über einen höherklassigen Schüler erfolgt, – so zumindest die Sichtweise des Nachhilfeinstitutsleiters – kein Problem für Schule und Lehrer. Im Gegenteil kann der Schullehrer dem älteren guten Schüler dadurch zusätzlich seine Wertschätzung vermitteln, die umgekehrt ein Zuwachs an Sympathie bei diesem gegenüber dem Lehrer erwarten lässt. Zudem kann sich der Lehrer gegenüber dem schlechten Schüler systemimmanent verantwortlich zeigen. Der Lehrer bleibt mittelbar über den älteren Schüler mit dem schwächeren Schüler in der Nachhilfesituation verbunden. Zugleich weist sich der Lehrer über solch ein Handeln selbst als fähig aus in der Bestimmung und Bewertung der Situation. D.h. er erkennt die Notwendigkeit von Unterstützung des schwachen Schülers und offeriert zugleich eine potentielle Lösung, die auf ihn verweist. Der bessere Schüler kann mithin als Ausweis der eigenen didaktischen und strategischen Fähigkeit dienen, während der schlechte Schüler nicht als Ausweis eines schlechten Unterrichts verstanden wird. Denn dem besseren höherklassigen Schüler werden in der Regel nicht bessere didaktische Fähigkeiten zugestanden, sondern ein solches Setting hebt vielmehr auf den Faktor *Lernzeit* ab, der wiederum den schlechteren Schüler als Abweichung von der Norm ausweist. Er schafft es nicht in der Regellernzeit, in der auch ein entsprechendes Quantum an Hinwendung vonseiten des Lehrers enthalten ist, den Stoff aufzunehmen und zu lernen. Der ältere Schüler verlängert mit seiner Nachhilfe dann einfach die Lernzeit des schlechten Schülers, dem dadurch in der Regel der Anschluss an die Norm gelingt. Folgt man dieser argumentativen Synthetisierung, dann wird offenkundig, dass der Faktor (Lern)Zeit einen wesentlichen Aspekt nicht nur beim Lernen, sondern auch als Binnenelement der Evaluation der Schulleistungen darstellt, die, zurückgeworfen auf die extern agierenden Nachhilfeinstitute, eine Veränderung der Konzeption Schule darstellt. Die Menge der Schuljahre, die festgeschriebene (und nach oben z.B. nicht offene) Dauer von Prüfungen oder die Zuteilung von Stundenkontingenten für Fächer sowie die darin enthaltenen Mengen an Aufmerksamkeit durch den Lehrer verweisen darauf, dass die Lerninhalte immer in Relation zur dafür zur Verfügung stehenden Lernzeit stehen und immer auch vor diesem Hintergrund bewertet werden. Selbst wenn ein Maß an Hausarbeiten bzw. außerschulischem Nacharbeiten oder Vertiefen darin bereits enthalten ist, kann die außerschulische Nachhilfe vor diesem Hintergrund als eine *unfaire* Verlängerung der Spielzeit bzw. der Lernzeit gedeutet werden. Nachhilfeinstitute, so könnte man ein solches Deutungsmuster pointiert zusammenfassen, unterstützen hier beim *Falschspielen*, indem sie die Lernzeit professionell verlängern und damit die schulinterne Zuwendungs- und Bewertungsdynamik verändern. Schule stellt ein relationales Konstrukt dar, das über die eigene Binnenstruktur (Lernzeit, Zuwendung vom Lehrer, praktische Ausgestaltung des Curriculums usw.) zu einer Bewertung der Schüler kommt. Externe, professionelle Nachhilfeinstitute verändern diese Bewertungsdynamik und makulieren sie schlussendlich. Wenn ein schlechter Binnenschüler nicht durch die Schule, sondern über die externe Nachhilfe zu einem besseren bzw. guten Schüler wird, fehlt nicht nur die schulische Binnenevaluation, sondern wird schlussendlich die gesamte innerschulische Bewertungsgrundlage unterminiert. D.h.: Fasst man Schule vor dem Hintergrund des meritokratischen Diskurses als leistungsorientierte Institution, in der die Grundbewegung der Gesellschaft, sich über den Leistungsgedanken bei ähnlichen bzw. idealtypisch gleichen Anfangsbedingungen auszudifferenzieren, internalisiert werden soll, so unterminiert Nachhilfe eine solche Bewegung. Nachhilfe erhöht dann nicht allein auf der Ebene der ökonomischen Erwerbbarkeit die soziale Ungleichheit – diese soll beispielsweise durch das Bildungs- und Teilhabepaket reduziert werden –, sondern durch eine substantielle Extension der außerschulischen Lernzeit, die dann die Binnenvergleichbarkeit in der Schule erschwert. Man kann hier zu Recht einwerfen, dass dies auf alle Formen der Lernverlängerung außerhalb der Schule zuträfe, so z.B. auf eine durch die Eltern definierte Lernzeit zuhause oder andere Unterstützungshilfen bei der Vermittlung des schulischen Stoffes. Die kaum mögliche Überprüfbarkeit des privaten Lernsettings ändert hier allerdings nichts an der normativen Geltung des Argumentes. Die Verlängerungen der Lernzeit – sowohl schulischer wie auch außerschulischer Art – werden nicht selten kritisch gesehen. Diskussionen um die Länge und Inhalte der Ganztagsschule oder um Angebote, die Bedeutung und Wirkung von Ferienkursen zur Verbesserung schulischer Noten spannen hier das Feld auch diskursiv auf und überführen die Diskussion dann zur Frage nach der Ausgestaltung einer „kindgerechten" Kindheit, der Frage nach Entfaltung und eigenantrieblichen Interessen. Gleichwohl scheint eine innerschulische Ausweitung der Lernzeit allein dadurch legitimiert zu sein, dass sie *in* der Schule erfolgt.

Dem Institutsleiter Herrn Franzen ist dies in gewisser Hinsicht bewusst, wenn er sagt: „Aber da darf kein Außenstehender das machen und da wird viel zu lange gezögert." Erst durch die Verlagerung der Nachhilfe aus dem Binnenbereich der Schule heraus und damit aus dem dort vorhandenen sozialen Gefüge und Netzwerk beginnt Nachhilfe, zumal offen präsentiert und kommuniziert, für manche Lehrer und Schulen u.a. aus den genannten Gründen ein Problem darzustellen.

Vereinzelt stellen Nachhilfeinstitute selbst sehr bewusst auf eigene Vorstellungen von Schule ab, indem sie das Nachhilfeinstitut in einer nach ihren

Vorstellungen geformten Schule entwerfen. Ein Beispiel aus einem Feldbesuch unterstreicht dies: „Das Institut befindet sich in einer sehr gehobenen Stadtgegend. Das Haus selbst ist ein renovierter Altbau – ein früheres Pfarrhaus – das auf zwei Ebenen eine fast unüberschaubare Anzahl von Räumen hat, die zudem mit meist zwei Türen untereinander verbunden sind. Bei der Führung durch das Gebäude wirkt alles sehr akkurat und aufgeräumt. Die Räume sind hell und freundlich gestaltet. Auch im Kleinen sieht man, dass auf Details geachtet wurde. Stühle, Tassen, Ordner oder andere Objekte sind alle farblich aufeinander abgestimmt (corporate design). Dabei wirkt es nicht klinisch, sondern eher einladend. Es finden sich zudem immer auch Spielgeräte (Kicker o.Ä.) in einigen Räumen. Es gibt eigene Räume mit Schränken, in denen nummerierte und beschriftete Arbeitsmaterialien für nahezu alle pädagogischen Bereiche zu finden sind. Frau Wiedmann sagt dazu, dass jeder Lehrer sich hier für seine Stunde bedienen könne. Jeder Lehrer hat zudem auch eine eigene Box und ein Fach, in dem er oder sie eigene Materialien verstauen kann. Auch eine Art Postbox-System ist zu finden, an dem die Lehrer z.B. sehen können, wenn ein Schüler sich krank gemeldet hat. Auch andere Nachrichten können so distribuiert werden. Herr Konrad sagt in diesem Zusammenhang, dass aufgrund der Menge an Schülern auch die Organisation gut sein muss. Er selbst spricht nicht ohne Stolz davon, dass es sich beinahe schon um eine eigene Schule handle. Tatsächlich wirken das Gebäude und die komplette Organisation wie eine alternative Schule, gepaart mit Versatzstücken eines Jugendhauses. Aus den Fenstern im oberen Stock kann man zur Gartenseite hin entsprechend einen Garten sehen, in welchem ein Areal mit einem großen Hinweisschild als *Lerngarten* ausgewiesen wird. Dort kann man sich bei gutem Wetter draußen hinsetzen und lernen."

Ein so gestaltetes Nachhilfeinstitut kann bereits mehr als ein bewusster und verbesserter Gegenentwurf zur herkömmlichen Schule verstanden werden, als eine nur nachhelfende Institution. Aufgrund der nicht nur auf das reine Fachlernen ausgerichteten Konzeption eines solchen Nachhilfeinstituts, kann der dort stattfindende Unterricht den Schülern als Blaupause, als alternativer Lernort dienen, in welchem man sieht, dass Lernen z.B. (bei negativer Erfahrung) auch positiv konnotiert werden kann. Damit *konkurrieren* solche Nachhilfeinstitute in einer Hinsicht sehr wohl mit staatlichen Schulen, indem sie durch das Angebot von alternativen Lernorten mit lernfördernden Atmosphären und mithin einer anderen Ästhetik den Schülern über die reinen Lerninhalte hinaus eine Deutung über Formen des Lernens unterbreiten, die dann im unmittelbaren Erleben der herkömmlichen Schule durch die Schüler als oppositionelle Erlebensform des Lernens verstanden werden können. Umgekehrt beinhaltet eine solche Nachhilfeschule nicht zwingend den schulischen Prüfungsdruck, sie stellt hier eher eine Form der Generalprobe dar. Doch nicht nur für die Schüler, sondern auch für die Lehrer selbst stellt sich der Unterricht in einem Nachhilfeinstitut wesentlich anders als in der Schule dar. Herr Konrad formuliert in diesem Zusammenhang: „Die schätzen natürlich insbesondere, dass sie mal aus dem Gruppenunterricht, den sie in der Schule haben, den Frontalunterricht oder wie auch immer, jetzt mal in die individuelle Förderung kommen. Das reizt dann das Pädagogenherz natürlich. Wenn sie diesen Fall vor sich sehen und sie wissen sie therapieren oder belehren jetzt keine Klasse, sondern sie können jetzt wirklich dem Max mal helfen, wo der Schuh drückt. Dann hat man natürlich auch nach einer relativ kurzen Zeit ein Erfolgserlebnis. Man merkt, wow, das funktioniert irgendwie, ich habe den Schlüssel gefunden für das Kind. Das ist natürlich für die Lehrer, auch gerade die jahrelang im Schuldienst waren, vielleicht nicht ganz glücklich geworden sind, sind das einfach tolle Erlebnisse, weil die einfach unheimlich dankbar sind."

Das hier gezeichnete Bild verweist darauf, dass die Regelschule auch für die Lehrer eine Belastung sein kann und diese nicht immer „ganz glücklich" werden. Nachhilfeunterricht bietet hier für die Lehrer andere Lernformen an – Einzel- oder Kleingruppenunterricht gegenüber dem schulischen Frontalunterricht – und ein unmittelbareres Feedback sowie eine leichtere Rückführbarkeit des Erfolges der eigenen Arbeit. Die Möglichkeit zu individueller Förderung und der dadurch unverzerrten Sichtbarkeit sich ausbildender Erfolge, dem „wirklichen" Helfen, lassen dann das „Pädagogenherz" höher schlagen. Herr Konrad weist dergestalt seinem Nachhilfeinstitut und der dort wirksamen Arbeit das *eigentliche* pädagogische Arbeiten zu. Dort werden Schüler *gebildet*, indem sie durch Pädagogen individuell gefördert und geformt werden und Freude am Lernen bekommen. Die Lehrer sehen sich derweil über die sich bildende Resonanz ihrer Arbeit in ihrem Tun bestätigt und erfüllt. Der Hinweis auf die Lehrer mit langjähriger Schuldiensterfahrung unterstreicht diesen Aspekt erneut und weist ihn für die Institutsleitung als valide aus, sind es doch jene Nachhilfelehrer, die beide Welten kennen und entsprechend bewerten und vergleichen können. Das Nachhilfeinstitut stellt somit für Herrn Konrad das Ideal der Schule dar und grenzt sich überdies auch von anderen Nachhilfeinstituten ab, wie auch Frau Wiedmann hervorhebt. „Das *xyz* wurde nie als klassisches Nachhilfeinstitut gegründet. Also wir haben vor 20 Jahren, 18, 19 Jahren, und wir waren als Alternative, haben wir uns gedacht zur normalen klassischen Nachhilfe. Also wir wollten erst einmal nicht mal das Wort Nachhilfe erwähnen." Zugespitzt wird der Aspekt einer idealen Schule, in der die Freude am Lernen im Mittelpunkt steht, auch durch den Hinweis von Herrn Konrad und Frau Wiedmann an einer anderen Stelle des Interviews. Besonders die Sommerkurse seien bei Lehrern und Schülern beliebt, d.h. es wird in einer Zeit mit Freunden gelehrt und gelernt, die in der Regel zur freien Verfügung steht und in der das schulspezifische Lernen in der Regel nicht freiwillig von den Schülern gemacht wird. „Weil Ferien kann man sich ja gar nicht vorstellen, Ferien und Lernen das kann doch gar nicht zusammenpassen. Und alle unsere Lehrer geben wahnsinnig gerne Ferienkurse, auch die Pensionierten. Die sagen ‚Mensch, das ist ja wirklich immer toll'. Und alle nehmen gerne welche. Und wenn man dann so nach dem 2., 3. Tag kommt und es läuft, dann sieht man mal, was lernen macht mit den Menschen." Da Nachhilfeinstitute trotz des mittlerweile breiteren Notenspektrums der Nachhilfeschüler in der Regel noch immer die eher schlechten Schüler betreuen, ist die sichtbare Transformation durch die Nachhilfe bzw. ihre Wirkung deutlicher zu erkennen. Und der Überraschungseffekt, dass es „funktioniert" und man den „Schlüssel" gefunden hat, zeigt sich nicht nur bei den Schülern, sondern als positives Feedback auch bei den Nachhilfelehrern, die sich in ihrem Wirken bestätigt sehen.

Wendet man sich wieder zurück zur Opposition von externer Nachhilfe und Binnennachhilfe in der Schule, so lässt sich in einer weiteren Hinsicht eine Unterscheidung nachzeichnen. Wie bereits erwähnt, sind Bildung und weite Teile des Bildungssystems eine gesamtgesellschaftliche und mithin staatliche Aufgabe. Der Schulbesuch ist kostenfrei, hat neben der Persönlichkeitsentwicklung einen Gemeinwohlbezug als Handlungsauftrag. Die sich hier aufspannende Differenz zwischen Schule und Nachhilfeinstituten sind die privatwirtschaftlichen Erfordernisse, denen Nachhilfeinstitute unterliegen. Sie müssen und wollen Geld erwirtschaften, ihre Kunden sind Eltern bzw. Schüler, die für die entsprechenden Leistungen bezahlen. Damit wird die eigentliche Intention der Bildungsvermittlung, die Persönlichkeitsentwicklung und Ermöglichung zur Partizipation an der Gesellschaft nachgelagert und Nachhilfeinstituten ein in erster Linie ökonomisches Interesse an ihrem Tun zugeschrieben. Ein Beispiel für ein solches Narrativ, das gleichwohl ein Maß an analytischem Anspruch zeigt, findet sich in der journalistisch populärwissenschaftlichen Darstellung von Könnes (vgl. 2015).[68] Nachhilfe und damit vor allem die institutionalisierten Nachhilfeinstitute werden als Teil der Wirtschaft ausgewiesen und damit verfängt zugleich die zugeschriebene ökonomische Erwirtschaftungsintention, die heute in der Metapher „Heuschrecke" ein Zuspitzung erfährt. Besonders die großen Franchise-Nachhilfeanbieter wie Studienkreis und Schülerhilfe generieren Nachfrage durch ein fortschreitendes Wachstum. Zugleich sind sie selbst Übernahmegegenstand und Teil von Private Equity Unternehmen. So wurde der Studienkreis 2013 von der Private-Equity-Gesellschaft *Aurelius AG* vom Cornelsen Verlag erworben und 2017 von der Aurelius AG an den *IK Small Cap I Fund* verkauft. Die Schülerhilfe wurde 2013 von der *Deutschen Beteiligungs AG* erworben und (ebenfalls) 2017 an den britischen Finanzinvestor *Oakley Capital* verkauft. Nachhilfe wird vor diesem Hintergrund dann zu einer wirtschaftlichen Verfügungsmasse, die in dem negativen Begriff der (Finanz-)Heuschrecke mündet und zum Ausdruck bringen soll, dass der erste Antrieb zur Nachhilfe eine maximale finanzielle *Ausbeute* intendiert.[69]

In dem Maße, wie der Nachhilfemarkt wächst, wird allerdings auch im Umkehrschluss der Schule ein Nichtnachkommen ihrer eigentlichen Aufgabe zugewiesen. Nachhilfe wird damit zu einem „Reparatursystem" des Schul-

[68] Bei dem Autor handelt es sich um einen Journalisten, der z.B. die WDR-Dokumentationsreihe „Könnes kämpft" macht. Das hier relevante Kapitel 2 „Das organisierte Schulchaos: die Nachhilfe als Reparatursystem" sowie auch die anderen Kapitel dort basieren auf diesen Dokumentationen.

[69] Als ein Beispiel kann hier eine Anzeige unter Ebay-Kleinanzeigen dienen, in der ein Nachhilfeanbieter in seinem Beschreibungstext darauf verweist: „Unser Ziel ist es, den Schülern mit Spaß zu guten Ergebnissen in der Schule zu führen. Wir sind keine Heuschrecken, die mit großen Preise eine kleine Leistung erbringen möchten." Unter: https://www.ebay-kleinanzeigen.de/s-anzeige/nachhilfe-herne/618067581-268-2007 [12.05.17].

systems und die Schule als zu reparierendes Objekt ausgewiesen. Eine solche Perspektive auf Nachhilfeinstitute wird von diesen gleichwohl wahrgenommen und als ungerecht erachtet. Herr Franzen hebt in diesem Zusammenhang hervor: „Wir machen das ja sehr enthusiastisch eigentlich, dass....klar die Kasse muss stimmen, weil das hm, da empfinde ich auch meine Verantwortung als Unternehmer, ich habe Mitarbeiter, die Anspruch darauf haben, bezahlt zu werden. Und zwar vernünftig bezahlt zu werden und die wollen natürlich auch eine gewisse Konstanz haben." Er zeigt hier die beiden Pole an, zwischen denen sich Nachhilfeinstitute bewegen bzw. bewegen sollten. Zum einen ist es der Enthusiasmus, d.h. die Freude an der Hilfe und Unterstützung von schwächeren Schülern. Hier steht das Kind bzw. der Nachhilfeschüler im Mittelpunkt und die Hinführung zu besseren Noten und besserer Bildung. Auf der anderen Seite steht seine unternehmerische Verantwortung, die er mit dem Hinweis auf zu bezahlende Mitarbeiter begründet und deren Anspruch auf eine vernünftige bzw. angemessene Bezahlung. Einher geht dies auch mit dem Verständnis der eigenen Arbeit als wertgerechter Arbeit. „Also muss ich dafür sorgen, dass der Laden läuft. Im Gegenzug sorgen meine Mitarbeiter für mich sehr erfreulicherweise dafür, dass wir rund 90-95% der Kinder, die zu uns kommen zu besseren Noten bringen [...] wir machen eine gute Nachhilfe und eigentlich sind wir sehr stolz dadrauf, dass wir die Schüler, die an der Schule nicht gut sind, sondern da mit schlechten Noten abschneiden, wir die hier zu erheblich besseren Noten führen."

Das hier gezeichnete Bild des *quid pro quo* weist damit eine einseitige Übervorteilung oder eine reine, schnelle Gewinnorientierung von sich. Die selbst ausgewiesene Quote von sich verbessernden Schülern durch die Nachhilfe zeigt die Professionalität und den *Wert* der Dienstleistung an. Schüler, Mitarbeiter sowie die Institutsleitung selbst befinden sich hier in einer ausgewogenen Gewinnsituation. Gleichzeitig wird die eigene Arbeit – und hier konturiert sich erneut die Konkurrenz zwischen Nachhilfeinstitut und Schule – dadurch besonders und macht ihn „stolz", dass er und seine Mitarbeiter gerade die Schüler zu besseren Noten bringen, die es in der Schule nicht geschafft haben. Die *eigentliche* Funktion der Nachhilfe – aus schlechten Noten bessere zu machen – wird durch die unmittelbare Gegenüberstellung mit der Schule geadelt: Nachhilfeinstitute schaffen etwas, was Schulen nicht

schaffen. Die Anerkenntnis dieser Leistung erfolgt in erster Linie über die Notenentwicklung der Schüler in der Schule, die die Wirksamkeit der Nachhilfe für die Eltern und den Schülern sichtbar macht. Die Anerkennung seitens der Schule bleibt auch aufgrund der möglichen Unsichtbarkeit von Nachhilfe – wenn Eltern einer Kontaktaufnahme mit den Lehrern nicht zustimmen – eher aus oder wird aufgrund der privatwirtschaftlichen Ausrichtung von Nachhilfeinstituten relativiert.
So betont Frau Thoma:

> „Also ich glaube da sind wir noch lange nicht so sichtbar und so anerkannt von unserer Bildungsarbeit, wie es meines Erachtens gewünscht ist und wie ich auch glaube was für einen Beitrag wir dazu leisten. Zum einen, weil wir ja auch einem privatwirtschaftlichem Ziel verfolgen, was gerade in Bezug auf Schule und Bildung innerhalb von öffentlichen Einrichtungen immer zwiespältig gesehen werde, was ich absolut nicht nachvollziehen kann. Wo wir oder ich halt auch ne Menge Aufklärungsarbeit leisten muss. Das einem privatwirtschaftlichen Unternehmen im Bildungssektor, auch wenn es nicht, so direkt heraus, doch immer unterschwellig, eine gewisse… ja wie soll ich es jetzt formulieren… so eine gewisse Unseriösität vorgeworfen wird. Und da müssen, da ist noch sehr sehr viel Aufklärungs- und Kommunikationsarbeit zu leisten. Und deswegen ist es halt auch so, dass ich mit meinem Auftritt, ich mit meiner Vorgehensweise, mit den Möglichkeiten, die ich habe auch in allen Kanälen eine größtmögliche Professionalität an den Tag legen möchte, um dem halt auch entgegenzuwirken."

Die Unseriösität, von der Frau Thoma hier spricht und die der Nachhilfe von außen zugeschrieben („vorgeworfen") wird, lässt sich wesentlich auf zwei unterschiedliche Aspekte beziehen, die gleichwohl in dem Bild der *Motivation* zusammenlaufen. Bildung als *Formung* des Menschen ist ein invasiver Akt, der in Menschen hineinreicht, seine Weltdeutung, Selbst- und Weltverständnis prägt. Ein solches Wirken am Menschen kann dergestalt auch ein Lenken und eine Beeinflussung beinhalten. Auf den hier verhandelten Gegenstand bezogen meint dies eine Vermittlung von Weltverständnis, das nicht im Einklang mit gesellschaftlich erwünschten Sicht- und Verhaltensweisen steht. So findet sich beispielsweise auf der Webpräsenz der Sekteninformationsseite NRW[70] ein eigener Eintrag zur Nachhilfe, der vor dem „Nachhilfeangebot der Scientologen“[71] warnt. Und die „Leitstelle für Sektenfragen“ der Senatsverwaltung für Bildung, Jugend und Wissenschaft, Berlin hat eine Checkliste zusammengestellt, die helfen soll, unseriöse Nachhilfeanbieter zu erkennen.[72] Die *Übergabe* des eigenen Kindes an ein Nachhilfeinstitut beinhaltet dergestalt immer auch eine Verantwortungsübergabe und einen Vertrauensvorschuss, der von der Erwartung getragen ist, dass das Kind im Sinne der schulisch und mithin gesellschaftlich erwünschten Art und Weise *geformt* wird.

Der zweite Aspekt meint hier zuvorderst nicht allein das Produkt selbst und seine Qualität – die Nachhilfe, d.h. Wissensvermittlung –, sondern zielt auf die ökonomisch grundierte Motivation der Nachhilfeinstitute zur *Hilfe*. Diese ist nicht altruistisch konturiert, sie erfolgt nicht aus Nächstenliebe oder mit dem ersten Anspruch zur Persönlichkeitsbildung und der Emanzipation der Schüler, sondern hat einen ökonomischen und mit Gewinnabsicht versehenen Grund. Es ist eine dienstleistende Hilfe, die *käuflich* ist und überdies die gemeinsame Ausgangsbasis (Schulunterricht und Hausarbeit) in gewisser Hinsicht verschiebt.

Damit kann zum einen das Deutungsmuster des *Falschspielens* wieder aufgenommen werden, zu denen die Nachhilfeinstitute helfend beitragen, indem sie das Verhältnis von dem innerschulischen zu lernenden Inhalt und der entsprechenden zugewiesenen Lernzeit durch ihre professionelle Hilfe verändern. Solange Nachhilfe nicht nur als Reparatursystem, sondern auch als Ausnahme für einzelne Schüler angesehen wird, hat dies keine oder kaum

[70] Hierbei handelt es sich um einen beratenden Verein, der durch das Land NRW gefördert wird: „Der Sekten-Info Nordrhein-Westfalen e.V. ist Mitglied im Deutschen Paritätischen Wohlfahrtsverband (DPWV), in der Aktion für geistige und psychische Freiheit (AGPF) und im europäischen Zusammenschluss der Sekten-Informations- und Beratungsstellen (F.E.C.R.I.S.). Außerdem besteht eine Kooperationsvereinbarung mit dem Informations- und Dokumentationszentrum (IDZ) in Köln. Die Arbeit wird zu einem großen Teil vom Land NRW und der Stadt Essen finanziert“, unter (http://sekten-info-nrw.de/index.php?option=com_content&task=view&id=28&Itemid=37, [22.10.19].

[71] http://sekten-info-nrw.de/index.php?option=com_content&task=view&id=114 [22.10.19].

[72] Die PDF ist downloadbar unter: https://www.berlin.de/sen/jugend/familie-und-kinder/leitstelle-fuer-sektenfragen/checkliste-sekten-nachhilfeanbieter.pdf [22.10.19].

Auswirkungen auf die lernspezifische Statik in der Schule. Wird Nachhilfe allerdings zu einem festen und notwendigen Implantat im Schulsystem, ändert dies, wie oben erwähnt, die Fähigkeit zur Binnenevaluation, indem das Verhältnis zwischen Lernzeit, Lerninhalt sowie didaktischer Vermittlung durch die teilweise Auslagerung des Lernens verschoben wird. D.h. die Leistungen, die Schüler im Unterricht erbringen, sind dann nicht mehr unmittelbar auf den Unterricht selbst rückführbar. Trotz der mittlerweile möglichen kostenlosen Unterstützung finanzschwächerer Schüler bzw. ihrer Eltern bleibt ein Maß an Ungleichheit zurück, das sich über die Dauer, Qualität (z.B. Einzelunterricht) oder vielfältigere Lernformen (z.B. gleichzeitige Nutzung kostenpflichtiger digitaler Angebote) und für finanzstärkere Eltern und deren Kinder als weitere Möglichkeiten zur Verfügung stehen.
Die angesprochene „Unseriösität", die sich aus der privatwirtschaftlichen Unternehmung ergeben kann und gegen die Frau Thoma kommunikative Aufklärungsarbeit leisten muss, ergibt sich, so eine Lesart, auch daraus, dass Nachhilfe von Jedermann durchgeführt werden kann, es dergestalt keine Qualitäts- oder Professionalitätsvorgaben gibt, so wie es in der Schule der Fall ist. Aus diesem Grund spielen Professionalisierungsansprüche, die sich beispielsweise durch eine TÜV-Zertifizierung ausdrücken, eine zunehmende Rolle. In seiner Sachstandslage zur Nachhilfe aus dem Jahre 2008 verweisen Dohmen et al. auf das Potential der Unseriösität durch die Intransparenz am Nachhilfemarkt. „Die Intransparenz am Nachhilfemark steht auch mit der geringen rechtlichen Reglementierung des Sektors in Verbindung, insbesondere fehlt eine Überprüfung der pädagogischen Inhalte von Nachhilfe weitgehend, da der Nachhilfesektor nicht der Schulaufsicht unterstellt ist, d. h., jede/r kann Nachhilfe anbieten, ob gewerblich oder ‚nur' privat" (vgl. Dohmen et al. 2008: 13). Die mittlerweile vorhandene Möglichkeit der TÜV-Zertifizierung kann hier als Reaktion auf diesen Umstand verstanden werden.
Der Aspekt der in Bezug zur Reglementierung hier angezeigten Zugehörigkeit zu zwei unterschiedlichen gesellschaftlichen Teilsystemen – Bildungssystem und Wirtschaftssystem – und die daraus abgeleitete Unterschiedlichkeit in der Motivation, Zielsetzung und Funktion des Handelns wird in besonderem Maße in der Schnittstellenfunktion von Nachhilfeinstituten zu

Eltern, Schülern und Schule bedeutsam (vgl. Kapitel 5.2.2).[73] Für Eltern bedeutet die Zugehörigkeit von Nachhilfeinstituten zum Wirtschaftssystem, dass sie mit diesen Verträge abschließen müssen, in denen eine Laufzeit, monatliche Kosten, Grundgebühren, Stundentarife, Kündigungsfristen festgehalten werden. Wie in jedem Marktgeschehen üblich entscheiden die vertraglichen Aushandlungsprozesse darüber, ob ein von beiden Vertragspartnern als gerecht empfundener Kontrakt zustande kommt oder sich im Verlauf der Vertragsdauer Unzufriedenheit auf Seiten des Dienstleistungsnehmer ausbildet. Überdies ist die Situation des Vertragsaushandlungsprozesses nicht symmetrisch grundiert, da in der Regel das Nachhilfeinstitut mehr Wissen über diese Aushandlungs- und eigentlich angezeigte Lernsituation des Schülers hat und entsprechend darin geübt ist. Umgekehrt verweisen z.B. ein langer Zeitraum bzw. eine große Dauer der Marktteilnahme des Instituts oder positive Bewertungen früherer Kunden auf ein angemessenes Vertragsverhältnis zwischen Kunde und Anbieter. Kontingenz beim Kunden kann dergestalt durch Transparenz auf Seiten des Anbieters reduziert werden. Der von Frau Thoma angesprochenen Unseriösitätsunterstellung begegnet sie dergestalt mit Transparenzherstellung über den Weg der Kommunikation, die gleichwohl aus der Position der Wissenden *geleistet* wird („sehr sehr viel Aufklärungs- und Kommunikationsarbeit zu leisten").
Ein weiteres Beispiel für die empfundene Zuschreibung von institutionalisierter Nachhilfe als unseriöser und nicht erwünschter Konkurrenz zur Schule zeigt sich in einem Interview im Deutschlandfunk mit der Vorsitzenden des Bundesverbandes der Nachhilfeschulen, Frau Cornelia Sussieck. Angezeigt wird dort zugleich das mangelnde Vertrauen von Seiten der Schuladministration gegenüber der institutionalisierten Nachhilfe.

> „Ja, die Schulbehörden müssten eigentlich Vertrauen in uns setzen und da auf uns zukommen und uns fragen, was wir denn wirklich können, denn die Schulbehörden glauben immer, wir kontrollieren

[73] Der Bildungsforscher Dobischat verweist in diesem Zusammenhang in einem Interview (03.03.2017) mit dem Deutschlandfunk darauf: „ […] weil ja auch von der rechtlichen Situation die Nachhilfe dem Wirtschaftsrecht zugeordnet ist und nicht dem Bildungsrecht. Das ist ein ganz anderer Rechtskreis", unter http://www.deutschlandfunk.de/bildungsforscher-soziale-selektion-auch-in-der-nachhilfe.680.de.html?dram:article_id=380430 [22.10.19].

die Lehrer, wir arbeiten gegen die Schule. Es ist ja ganz im Gegenteil: Seit es Nachhilfe gibt, arbeiten wir immer mit den Schulen zusammen und für die Schüler. […] Ich erinnere mich nur an einen Ausspruch der Lehrergewerkschaft, da heißt es: Wir wollen den Nachhilfesumpf austrocknen. Ich denke, das sagt alles. Also erstens sind wir kein Sumpf und zweitens wäre das ganz schlimm, wenn es keine Nachhilfeangebote mehr gäbe, sondern wir sind einfach eine Einrichtung oder wir vertreten Einrichtungen, die die Schüler und auch die Schulen unterstützen, und das wird einfach nicht eingesehen. Wir reagieren ja nur auf den Bedarf, der vorhanden ist und – um es noch genauer zu sagen – auf den Bedarf, der durch die Schulen und durch die Misswirtschaft in den Schulbehörden geschaffen wird.“[74]

Deutlich tritt hier die vonseiten der Nachhilfeinstitute empfundene Bruchlinie zwischen der Schule bzw. der Schulbehörde sowie den Nachhilfeanbietern zutage. Zunächst wird sichtbar, dass *Schule* nicht ein monolithischer Block ist, der aus nur einem oder wenigen Akteuren besteht, sondern die Schulbehörde oder die Lehrergewerkschaft Teilakteure mit mitunter unterschiedlichen Sichtweisen und Interessen darstellen. Während es auf der unmittelbaren Ebene zwischen Schule und Nachhilfeinstituten eine gemeinsame Arbeitsebene gibt, zeigt sich auf der administrativen Ebene eher ein Festhalten an klassischen Mustern. Nachhilfe wird als Störfaktor empfunden, Nachhilfe selbst sieht die Zuschreibung der Kontrolle der Lehrer. Umgekehrt nimmt die Vertreterin der Nachhilfeinstitute das Argument der Fehlerhaftigkeit und Misswirtschaft in der Schule auf. Allein der Begriff der „Misswirtschaft“ verweist auf die bereits angesprochenen unterschiedlichen Teilsysteme – Bildung und Wirtschaft –, in der Schule und Nachhilfe sich teilweise bewegen. Entscheidend ist hier die Selbstzuschreibung von Nachhilfe als Reparatur- und Ausgleichssystem für die Schule und die Rückspielung durch den Begriff der „Misswirtschaft“ in den Schulbehörden. Die Legitimation der Nachhilfe wird daher aus ihrer Faktizität, aus dem vorhandenen Bedarf abgeleitet. Dieser Bedarf wird auf die besagte Misswirtschaft in

[74] Das öffentliche Interview stammt vom 31.08.2015 und ist zu finden unter: http://www.-deutschlandfunk.de/lehrermangel-nachhilfeschulen-bieten-hilfe-an.680.de.html?dram:article_id=329801 [22.10.19].

der Schule bzw. den Schulbehörden zurückgeführt bzw. von dieser erst hervorgebracht und dadurch zugleich für die Nachhilfe legitimiert. Unverständlich ist den Nachhilfeinstitutsvertretern daher die Vorbehalte der Schulen und Schulbehörden, die gleichwohl durch die bereits erwähnte unterstellte Kontrollfunktion sowie eines nahezu undurchsichtigen Nachhilfesumpf zum Ausdruck kommt. Die Nachhilfevertreterin thematisiert – einmal explizit, ein anderes Mal implizit – hier beide Positionen, Rede und Gegenrede: Nachhilfe entsteht durch die schulische Misswirtschaft (Perspektive der Vertreterin der Nachhilfe gegenüber der Schule). Nachhilfe ist ein Sumpf, der augetrocknet werden müsse (rezipierte Perspektive der Lehrervertreter). In einem im Rahmen dieser Untersuchung durchgeführten Interview mit einem weiteren Vertreter des Nachhilfeverbundes, Herrn Zegner, hebt dieser ebenfalls auf die Aussage „den Sumpf trocken legen" ab und weist die Gewerkschaft für Erziehung und Wissenschaft (GEW) als *Gegenspieler* aus. Die scheinbare Sollbruchstelle zwischen Schule und Nachhilfeinstitute verläuft daher auch auf administrativer Ebene zwischen den Repräsentanten der Lehrer und den Instituten, obwohl in der beruflichen Biographie der Lehrerschaft die Nachhilfe eine mögliche Rolle spielt: Entweder während des Studiums, als Pensionär nach der schulberuflichen Laufbahn und in einigen Fällen über die Gründung eines Nachhilfeinstituts durch (ehemalige) Lehrer.

5.2.2 Nachhilfeinstitute als Schnittstelle zwischen Schüler, Eltern und Schule

Nachhilfeinstitute stehen in einem dichten kommunikativen Geflecht und entsprechenden Figurationen. Norbert Elias sieht in dem Begriff der Figuration ein Werkzeug, das das Denken sowie das Handeln von Menschen durch sie selbst wie auch durch die Interdependenzen zu anderen Menschen fasst und entsprechend einer mesosoziologischen Ebene zugeordnet werden kann.

> „Das Geflecht der Angewiesenheiten von Menschen aufeinander, ihre Interdependenzen, sind das, was sie aneinander bindet. Sie sind das Kernstück dessen, was hier als Figuration bezeichnet wird, als Figuration aufeinander ausgerichteter, voneinander abhängiger Menschen.

[…] Der Begriff der Figuration ist gerade darum eingeführt worden, weil er klarer und unzweideutiger als die vorhandenen begrifflichen Werkzeuge der Soziologie zum Ausdruck bringt, daß das, was wir ‚Gesellschaft' nennen, weder eine Abstraktion von Eigentümlichkeiten gesellschaftslos existierender Individuen, noch ein ‚System' oder eine ‚Ganzheit' jenseits der Individuen ist, sondern vielmehr das von Individuen gebildete Interdependenzgeflecht selbst" (Elias1997: 70-71).

Für die Nachhilfeinstitute gehören als erste Bezugspunkte zunächst die Eltern und die Nachhilfeschüler selbst. Die Beziehung zur Schule erfolgt allerdings nicht nur mittelbar über die Nachhilfeschüler oder die Lerninhalte. Vielmehr wird da, wo die Eltern dies erlauben, auch Kontakt zu dem jeweiligen Fachlehrer der Schule gesucht und über ihn sein Eindruck des Nachhilfeschülers eingeholt. Dies ist u.a. besonders dort angezeigt, wo Lehrer Formulare für das Bildungs- und Teilhabepaket entsprechender Schüler ausfüllen und damit die Notwendigkeit der Nachhilfe anzeigen, so dass eine kostenlose Lernförderung möglich wird. Das Bundesministerium für Familie, Senioren, Frauen und Jugend weist auf seiner Internetseite „Familienwegweiser" auf die entsprechende Praxis hin: „Der Förderbedarf der Schülerin oder des Schülers wird durch die Lehrerinnen und Lehrer, die das Kind am besten kennen, festgestellt und unkompliziert bescheinigt. Die Bestätigung muss neben dem Fach auch Angaben enthalten, wie lange die Förderung dauern und welche Lernschwächen durch die Förderung beseitigt werden sollen."[75] Deutlich wird hier zugleich, dass der Förderbedarf sich auf jene Schüler bezieht, die Schwächen aufweisen, Nachhilfe also als ein Nachhelfen für die Erreichung des Klassen- bzw. Lernziels verstanden wird.
Auch Kontakte zu Schulsozialarbeitern, sofern Schulen über solche verfügen, werden von den Nachhilfeinstituten über die Nachhilfelehrer hergestellt.

„Also wir haben zu den Schulsozialarbeitern entsprechenden Kontakt, mehr oder weniger intensiv. Das liegt auch immer so ein biss-

[75] http://www.familien-wegweiser.de/wegweiser/stichwortverzeichnis,did=168010.html [09.05.17].

chen an deren eigenen Wünschen, dort eine intensive Zusammenarbeit zu haben und, was so die Schülerförderung auch so angeht. Aber grundsätzlich […] also je mehr Personen gezielt über die Informationen des anderen verfügen, der mit dem Kind zusammenarbeitet, desto besser kann einfach halt auch die Arbeit klappen, also der Erfolg der Notenverbesserung entsprechend halt auch klappen. Unser jetzt seit 2006, sind wir ein vom TÜV zertifiziertes, vom TÜV-Rheinland zertifiziertes Bildungsinstitut, Nachhilfeinstitut und dazu gehört es auch für uns, wenn wir die Einverständniserklärung der Eltern haben mit den Schulfachlehrern mindestens mal in einen Erstkontakt ob telefonisch oder per Email von unserem Lehrer mit dem Lehrer der Schule, des Schulfaches, Kontakt aufzunehmen, Kontakt zu halten, wenn die Möglichkeit besteht, um auch dort mal die Sichtweise des Lehrers zu sehen, wie er die Leistungen und überhaupt die Fähigkeiten des Kindes einstuft und ihm auch oder dem Lehrer symbolisiert, zu signalisieren, hier ist auch jemand der sich auch auf fachlicher Ebene mit dir austauschen möchte, sich mit dir über dieses Thema unterhalten möchte, zusammenarbeiten möchte. Und das ist aber immer unterschiedlich möglich."

Sofern ein Kontakt zu den Lehrern hergestellt werden kann, d.h. die Eltern einem Kontakt zustimmen und auch der Lehrer eine entsprechende Bereitschaft anzeigt, sieht sich das Nachhilfeinstitut auf „Augenhöhe" mit den Lehrern und der Schule. Frau Thoma zeigt nicht nur an, dass sie sich der Verflechtung, dem sich aufspannenden Netzwerk, das für eine Schulverbesserung des Schülers nötig ist, bewusst ist, sondern dass das Nachhilfeinstitut hierbei zwar ein abhängiger, aber zugleich wichtiger Teil dieses Netzwerkes ist. Es übernimmt die fachliche Repräsentation der Eltern in der Kommunikation mit der Schule. Diese Vertreterposition, sofern von den Eltern eingewilligt, ergibt sich auch durch das Unwohlsein der Eltern gegenüber der Schule aufgrund der eigenen Bildung. Dieses Unwohlsein wiederum kann zugleich dazu führen, dass Eltern gar nicht erst einer Kontaktaufnahme mit der Schule zustimmen, z.B. aufgrund einer negativen Etikettierung des Kindes durch das schulische Umfeld. „Also manchmal kriegen wir überhaupt nicht das Einverständnis der Eltern, weil die von vornherein sagen das möchte ich nicht. Und da gefühlte Gründe sind, na wenn der Lehrer das weiß, dann kommt mein Kind in eine Schublade. Der möchte gar nicht, dass der Lehrer das weiß, das mein Kind [...] der Lehrer hat sowieso schon einen schlechten Eindruck von Nachhilfe. Bis hin zu super danke, dass sie das machen, mir fehlt die Kompetenz, was sie nicht unbedingt so kommunizieren, aber was man so mitbekommt aufgrund ihrer sprachlichen Kompetenz. Wir sind ja hier auch in einem Umfeld mit entsprechendem Migrationshintergrund, halt auch, oder halt auch von ihrem eigenen Bildungsgrad, dass sie sagen, ich fühle mich da gar nicht fähig mit Lehrern vernünftiges Gespräch zu führen, ich fühle mich da selber unwohl." Das Nachhilfeinstitut bietet dergestalt auch eine Vermittlerrolle und sich selbst als sprachliches Vehikel an. Das wiederum gehört zum Selbstverständnis des Nachhilfeinstituts, das sich durch die TÜV-Zertifizierung als eine ausgewiesene Bildungseinrichtung versteht. Zudem deutet das Nachhilfeinstitut die hegemoniale Position der Schule bzw. der Lehrer an, die sich in diesem Kontext auch gegenüber der Eltern mit einem wenig ausgeprägten Bildungsgrad oder -bewusstsein widerspiegelt. Dabei geht es an dieser Stelle nicht – daran sei erneut erinnert – darum, ob oder dass dieser Umstand *tatsächlich* zutrifft, sondern dass diese Perspektive im Bewusstsein und im Verständnis der Nachhilfeinstitute präsent und bedeutsam sowie eine formulierte Lesart im schulischen und bildungsbezogenen Diskurs ist, in dem Nachhilfeinstitutsleiter als *Zeichenfänger* und daran anschließend als Akteure eine Rolle spielen.

Der Hinweis auf „deren eigenen Wünsche" in Bezug zu den Schulsozialarbeitern deutet darauf, dass diese eine eigene Motivlage besitzen, wenn es um die Schülerförderung geht. Diese Motivation muss nicht zwingend darauf abzielen, mit Nachhilfeinstituten zusammenzuarbeiten, z.B. wenn in der Schule eigene unterstützende Maßnahmen angeboten werden sollen oder Schulsozialarbeiter als Teilfunktion selbst individuelle unterrichtliche Unterstützung anbieten (vgl. z.B. Schumann et al. 2006; Schwendemann/Krauseneck 2001). Werden schulische Probleme zudem nicht allein lernbezogen problematisiert, sondern zum Beispiel in einen weiteren sozialen Kontext gestellt (z.B. Probleme im familiären Bereich oder mit Mitschülern), fällt die Betreuung der Schüler dezidiert in den Arbeitsbereich der Schulsozialarbeiter (vgl. z.B. Drilling 2004). Damit stellt die Schulsozialarbeit eine

weitere Binnenebene der Schule dar, die einer externen Nachhilfe entgegenstehen kann. Auch hier lässt sich dergestalt das Motiv der Konkurrenz nachzeichnen, das die Institutsleiterin zum Ausdruck bringt.
Aus diesem Kontext entspringend zeigt sich eine andere Verbindung zwischen Schule und Nachhilfeinstituten, die von Frau Thoma thematisiert wird und die ebenfalls Teil einer Justierung der Beziehung zwischen beiden darstellt:

> „Und unsere Lehrerinnen und Lehrer sind auch zu 99 % Lehrkräfte, die sich im Lehramtsstudium befinden, teilweise vor dem Referendariat, teilweise im Referendariat, teilweise auch schon im Schuldienst, die also auch so eine Bildungsnähe haben zu diesem Lehrkörper... in dem Sinne. [...] also, wir bilden ja auch die zukünftigen Lehrer mit ein Stück weit weiter, sie nutzen das ja, und das ist mir ja auch ganz wichtig und das finde ich auch ganz unterstützenswert, deswegen setzen wir ja auch gerne Lehrkräfte im Lehramtsstudium ein, weil sie neben der, dem finanziellen Aspekt, hier auch ein eigenes Erfahrungsumfeld halt auch haben. In einem sehr kleinen Bereich, halt auch ihre Lernmethodiken auch anwenden können, die ihnen dann halt auch hoffe ich so ein Stückweit dazu beitragen, oder sie noch mehr dazu befähigen später in ihrem Berufsleben das halt auch mit hinnehmen zu können."

Durch den Hinweis auf die Lehramtsstudenten wird zum einen auf ein gewisses Qualitätsmerkmal der eigenen Nachhilfe abgehoben. Die angehenden, bereits mit dem ersten Staatsexamen versehenen Referendare oder sich schon im Schuldienst befindlichen Lehrer verweisen aber nicht nur auf die Nähe zur Schule, sondern werden von der Nachhilfeinstitutsleitung zu einem eigenen Teil der Nachhilfe ausgewiesen. Damit werden die (zukünftigen) Schullehrer aber nicht nur zu einem Teil der institutsbezogenen Nachhilfe, sondern nach Frau Thoma ist ihr Institut selbst eine Form der Ausbildungsstätte zukünftiger Lehrer, in der unterschiedliche Lernmethoden in Einzel- und Kleingruppenarbeiten praktisch eingeübt werden können. Frau Thoma entwirft dergestalt eine weitere Deutung, wie Nachhilfeinstitute in dem System Schule eingewoben sind. Und diese Deutung hat nicht mehr einen eher defizitären Ausgangspunkt, der in erster Linie reparierend tätig ist, sondern weist einen ausbildungsgestaltenden und produktiven Charakter aus: Das Nachhilfeinstitut als (Ausbildungs-)Ort von angehenden Lehrern, in dem diese über die im Studium angezeigten Schulpraktika ein Praxiswissen erfahren, das zwar die Klassensituation in der Schule nicht eins zu eins abbildet, aber für Teilaspekte des unterrichtlichen Lernens wirksam ist. Eine solche Deutung der eigenen Arbeit mit der verantwortungsimplizierenden Betonung „das ist mir ja auch ganz wichtig und das finde ich auch ganz unterstützenswert" dreht ein als Abhängigkeitsverhältnis von der Schule gestaltetes Bild der Nachhilfeinstitute um. Indem Frau Thoma sich die Mitverantwortung für die Ausbildung der angehenden Lehrer selbst zuschreibt, wird sie zu einem produktiven und gestaltenden Akteur im Schulsystem, der nicht mehr auf die Nachhilfeschüler begrenzt ist, sondern viel weitgehender in die Schule hin wirkt. Angehende Lehrer, die in den Nachhilfeinstituten tätig sind, erhalten über ihre Tätigkeit dort „ein stückweit" die Befähigung zur praktischen Arbeit. Verlängert man diese Sichtweise von Frau Thoma, so könnten Nachhilfeinstitute ein einzubindender Teil z.B. des Lehramtsstudiums sein, in dem die in Nachhilfeinstituten übliche Kleingruppen- oder Einzelförderung erlernt bzw. eingeübt werden kann und damit die Sensibilisierung für die Art und Weise individuellen Förderbedarfs in die Schule getragen werden könnte. Die Aussage von Frau Thoma deutet an, dass dieser Prozess bereits implizit über die Beschäftigung von angehenden Lehrern in Nachhilfeinstituten stattfindet und sie sich diesen Aspekt zum Teil zuschreibt, er aber noch keine sichtbare, explizite Entsprechung im diskutierten Verhältnis zwischen Schule und Nachhilfeinstituten hat. Dazu wäre nicht nur die offene Toleranz von Schule gegenüber Nachhilfeinstituten nötig, sondern eine Anerkennung und mithin ihre *Hochstufung* zum anerkannten Akteur im Bildungssystem. Dieser Aushandlungsprozess oder auch *Kampf* um die berechtigt empfundene Anerkennung lässt sich hier sowie an den bereits erwähnten Gesichtspunkten als eine Bewegung zwischen Schule und Nachhilfeinstituten bereits vermerken.

Nachhilfeinstitute übernehmen darüber hinaus neben ihrer genuin lerninhaltsvermittelnden Funktion zunehmend weitere Aufgaben, die sich u.a. in einem beratenden Verhältnis zu den Eltern ausdrücken. So schildert Frau Wiedmann, dass sie in wachsendem Maße gegenüber Eltern Beratungsleistungen erbringt, die sich nicht mehr auf die eigentliche Nachhilfe beziehen, sondern auf die Schulauswahl. Sie berät Eltern zu Schulen, deren Leistungen, Qualitäten und Schulklima. Einsichtig wird dieser Aspekt, wenn man bedenkt, dass Eltern nur überschaubare Möglichkeiten der Informationseinholung in Bezug auf Schulen haben. Offizielle Internetseiten, Leitbilder oder Gespräche im eigenen privaten Umfeld sind hier oft die einzigen Informationsmöglichkeiten. Die Wichtigkeit des Schulübergangs spiegelt sich nicht nur in dem Notendruck wider, der mittlerweile die neuralgische Stelle des Übergangs auszeichnet und sich auch in der Nachhilfe ausweist, sondern auch in dem zunehmendem Informationsbedarf der Eltern über mögliche Schulen. Zum ersten Punkt betont Frau Wiedmann, dass dieser Aspekt ihrer Erfahrung nach eine wesentliche von ihr beobachtete Änderung darstellt, die auch in Interviews mit anderen Nachhilfeinstitutsleitern geäußert wurde. Das spiegelt sich auch in den digitalen Varianten (vgl. Kapitel 6) wider, die u.a. bewusst an Kinder der Klassen 1-7 (z.B. scoyo) adressieren. Während früher frühestens ab der weiterführenden Schule Nachhilfe zu verzeichnen war, gehen heute bereits Grundschüler, besonders jene, die vor dem Übergang zur weiterführenden Schule stehen, zur Nachhilfe. „Was wir jetzt neu habe und wirklich sehr, neu kann man jetzt auch nicht mehr sagen, seit etwa 8, 9 Jahren sind die Kleinen. Ja, dass viele jüngere Kinder kommen.“ Die Wichtigkeit der Auswahl der weiterführenden Schule für die Eltern hat sich auf der Ebene der Schulen insofern ausgewirkt, dass diese die schon immer installierten Informationsveranstaltungen für angehende Schüler der 5. Klassen heute zur besonderen Profilausweisung nutzen, Schwerpunkte in der schulischen Ausrichtung anzeigen und über Schwerpunktklassen, Förderprojekte oder Profilklassen informieren. Nachhilfeinstitute, so wie von Frau Wiedmann geschildert, besitzen hier ein besonderes Wissen, das so bei keinem anderen Akteur im Bildungssystem vorliegt. Um diesen Aspekt zu pointieren: Nachhilfeinstitute können in dieser Form als Experten und Wissensträger der lokalen und mitunter auch regionalen Schul-, Lehrer- und Bildungslandschaft verstanden werden. Zumindest für jene Schulen, die in ihrem Einzugsbereich liegen und von denen Schüler in ihren Einrichtungen sind. Sie können hier beinahe intimes Wissen über die Unterrichtssituation einzelner Lehrer, aber auch über z.B. die Reaktionsbereitschaft bei Mobbing oder allgemein über das Schulklima haben. Denn über die Zeit der fortdauernden Nachhilfeaktivität an einem Ort rücken sie über ihre Nachhilfeschüler gleichsam bis in den Klassenraum und in Unterrichtssituationen. Im Augenblick der Beratung und des Abrufs der eigenen gemachten Erfahrungen mit Schulen und Lehrern gegenüber nachfragenden Eltern, werden Nachhilfeinstituten eine zusätzliche, für Schulen unsichtbare Evaluationsinstanz (von Schule) und können ein entsprechendes Gütesiegel für die Eltern darstellen. Das ansonsten eher asymmetrische Verhältnis von Nachhilfeinstitut und Schule kehrt sich an dieser Stelle um, insofern das Nachhilfeinstitut bewertender, empfehlender oder ablehnender Akteur der Schulen wird. D.h. hier eröffnet sich durch Nachhilfe eine Perspektive weg von dem Blick auf die schlechten Schülerleistungen und deren Evaluation, hin zu einer Lehrer- und Schulevaluation. Das bisherige Bildungsmonitoring zielt in erster Linie auf die Schüler. Man misst hier nicht explizit wie gut der Unterricht ist, sondern wie gut die Schüler sind und zieht ggf. mittelbare darüber einen Rückschluss auf die Lehrerleistung. Mit der Ratgeberperspektive der Nachhilfeinstitute für die Eltern wird diese gängige Praxis von der schülerorientierten Evaluation hin zu einer Schul- und Lehrerevaluation umgedreht.[76]

So greifen Eltern immer häufiger auf das Wissen von Nachhilfeinstituten über die Schulen in der Umgebung zurück. Nachhilfeinstitute erhalten über die von ihnen betreuten Nachhilfeschüler einen schulübergreifenden Blick. In den Gesprächen mit den Nachhilfeschülern erhalten die Institute einen Einblick in die Lernkultur einer Schule, gerade auch im Umgang mit schwächeren Schülern. Dieser Umgang spiegelt sich dann auch in dem Verhältnis zu den Schulen selbst wider: Gehen diese offen mit externer Nachhilfe um? Kooperieren sie mit den Nachhilfelehrern? Wie ist allgemein der Umgang mit Schülern, die Schwierigkeiten haben, den Leistungsanschluss an die Klasse zu schaffen? Dass es, wie oben bereits angemerkt, überhaupt größeren Beratungsbedarf auf der Seite der Eltern im Übergang zur weiterführenden Schule, es also „Aufregung um den Schulwechsel“ und Fragen nach einer „guten Schule“ gibt,[77] zeigt die Wichtigkeit der Schulwahl an,

[76] Eine z.B. in der Universität mittlerweile gängige Praxis. Hier wird keine über die normale Prüfungsleistung hinausreichende Studierendenevaluation durchgeführt, dafür beinahe durchgehend Lehrevaluationen.

[77] Die Aufregung um den Schulwechsel findet regelmäßig Eingang in die Presse: So titelt z.B. die FAZ „Aufregung um den Schulwechsel“ http://www.faz.net/aktuell/feuilleton/fa-

die sich dann in Beratungsangeboten und z.B. den erwähnten Tagen der offenen Tür der Schulen und deren je eigenen Profilbildung niederschlagen. Informationen, die über solche öffentlichen Angebote hinausgehen, finden sich dann meist auf informellem Wege, indem Eltern untereinander Erfahrungen austauschen. Nachhilfeschulen haben hier den Vorteil, viele verschiedene Schulen sozusagen aus einer – zumindest begrenzten – Binnenperspektive kennenzulernen. Über die Zeit wächst dann ein Lagebild[78] hinsichtlich gewisser Fragestellungen von Eltern (z.B. Fördermöglichkeiten, Schulklima, allgemeiner Leistungsanspruch der Schule), das über die singulären Erfahrungen einzelner Eltern oder der Selbstpräsentation der Schulen hinausgeht.

Diese Perspektive beinhaltet einen weiteren Aspekt, der überdies die wissenssoziologische Perspektive dieser Untersuchung unterstreicht. Fragt man nämlich, welches *Wissen* Nachhilfeinstitute eigentlich haben, so führt dies in Anlehnung an die o.g. Darstellung von der rein didaktischen Seite hin zu einem blinden Fleck in der bisherigen bildungswissenschaftlichen und auch -soziologischen Erfassung des Schul- und Bildungssystems. Nachhilfeinstitute werden durch ihre oft jahrelange ortsgebundene Erfahrung zu lokalen und regionalen Bildungsexperten für die in ihrem Einzugsbereich liegenden Schulen und mitunter auch für bzw. *über* einzelne Lehrer. Auch wenn diesem Wissen keine Repräsentativität zugesprochen erden kann, da es in erster Linie aus der Erfahrung mit der Arbeit mit schwächeren Schülern erzeugt wird, kann es dort, wo es bewusst ist – wie im oben beschriebe-

milie/wie-erklaere-ich-s-meinem-kind/kindern-erklaert-aufregung-um-den-schulwechsel-14066260.html, die Süddeutsche Zeitung fragt: „Wie erkenne ich eine gute Schule?“ http://www.sueddeutsche.de/bildung/schulwahl-wie-erkenne-ich-eine-gute-schule-1.1484187 oder stellt die freie Schulwahl sogar gänzlich in Frage und hebt allein auf den (biologisch determinierten) Leistungsaspekt ab: „Über die Schulwahl sollte der IQ entscheiden“ https://www.sueddeutsche.de/bildung/schulwahl-gymnasium-iq-1.3501572 [für alle 22.10.19].

78 Natürlich ist dies kein repräsentatives Lagebild einer Schule, da die Eindrücke allein durch die Nachhilfeschüler des entsprechenden Nachhilfeinstituts hervorgerufen werden. Einige NachhilfeinstitutsleiterInnen gaben in diesem Zusammenhang an, dass sie über Jahre hinweg, in denen sie mit Schülerinnen und -schüler arbeiteten, hinsichtlich einzelner Schulen eine deutliche Häufung von Nachhilfeschülerinnen und -schülern bestimmter Lehrer und Lehrerinnen verzeichneten. So fiel einmal der Satz (Gedächtniswiedergabe): „Wenn der Lehrer X einmal in Pension geht, werde ich traurig sein. Der ist mein bester Kunde.“ Zum Ausdruck sollte gebracht werden, dass dieser Lehrer über Jahrzehnte ein hohes Maß an Nachhilfeschülerinnen und -schülern hervorbrachte.

nen Fall – als Expertenwissen gefasst werden. Dieses *Sonderwissen* ist jedoch keines, das in erster Linie auf die Nachhilfeschüler zielt, sondern auf die Lehrenden und Schulen selbst. Über die Nachhilfeschüler *rücken* die Nachhilfeinstitute ganz eng in den Schulraum vor; sie sitzen quasi über ihre betreuten Schüler im Klassenraum und im Unterricht einzelner Lehrer, der in der Regel als ein semipermeabler Raum verstanden werden kann, welcher von äußeren Blicken und Wahrnehmungsweisen geschützt ist. Nachhilfeinstitute als Wissensträger lassen dann eine Perspektivierung zu, die weg von schlechten Schülern und deren Evaluation (in den Schulen) geht und sich einer Lehrer- und Schulevaluation zuwendet. Während nämlich Schüler – wie bereits erwähnt – z.B. über Lernstandserhebungen fortwährend evaluiert werden, unterbleibt dies in der Regel für Schulen und Lehrer.[79]

5.3 Das Nachhilfeinstitut als *Notinsel* – Nachhilfe als Not(en)hilfe

Nachfolgend soll beispielhaft anhand der Einzelfallanalyse eines Interviews ein weiterer Untersuchungsaspekt herausgearbeitet werden. Daneben bietet die Einzelfallanalyse ein gutes Beispiel für die Rekonstruktion von Fallfiguren und -strukturen, da diese nicht aus einer Menge von Interviews kompiliert werden. Ihre Validität bezieht die Einzelfallanalyse – als reduzierteste Form eines qualitativen Datenkorpus und einer entsprechenden Analyse – in diesem Zusammenhang aus der Einbettung in ein qualitatives Forschungsdesign, das – wie bereits beschrieben – aus der Datenerhebung mithilfe von Interviews, Feldbesuchen und Feldartefakten, der Kodierung des Materials und der hermeneutischen Feinanalyse entworfen ist. Die hier vorgenommene Einzelfallanalyse bezieht sich zwar auf eine Kodierung, die in dieser Ausgestaltung nur in einem Interview und der Feldbegehung vorzufinden war. Die grundlegenden Aspekte, die dadurch allerdings gekennzeichnet werden, fanden sich in den meisten der geführten Interviews. Diese sind z.B. Schutz, familiär angespannte Situationen aufgrund mäßiger oder schlechter Schulnoten, Schulprobleme, die über die reine Notengegebenheit hinausgehen und daran anschließend die Nachhilfe als positiver Katalysator. Dergestalt beginnt die Analyse des Einzelfalles hier nicht gänzlich im *luftleeren* Raum, sondern steht bereits in einem entworfenen Kontext.

79 Ausnahme ist gleichwohl die mittelbare Evaluation über die Schülerevaluation selbst, durch die auch Lehrer und Schulen mittelbar geprüft werden.

Der Kontext stellt an dieser Stelle die Dialektik zwischen der Vermittlung von Schulwissen auf der einen Seite sowie der durch die oft eher schlechten Schulnoten konturierten Nachhilfesituation auf der anderen Seite, die dann nicht mehr nur in einer reinen Wissensvermittlungssituation zwischen Sender und Empfänger aufgeht. Vielmehr sind darüber hinausreichende Bedeutungen für den Nachhilfeschüler und darauf ausgerichtete Zugangsformen der Nachhilfelehrer angezeigt. Wenden wir uns an dieser Stelle zunächst dem zu vermittelnden Wissen in seiner Funktion zu.

Auch wenn nun der gesellschaftliche Wissensvorrat in Anlehnung an Schütz und Luckmann (vgl. Schütz/Luckmann 1994 a und b) in seiner grundlegenden Form als Allgemeinwissen gesellschaftlich geteilt wird, ist Wissen nicht nur sozial ungleich verteilt, sondern es gibt darüber hinaus Sonderwissensbestände. Das, was in Nachhilfeinstituten gelehrt wird, richtet sich in aller Regel nach dem jeweiligen Curriculum der Schulform und Klasse des Schülers, der unterrichtet wird. Wenn man es rollenspezifisch betrachtet (SchülerInnen) und auch die Schulgliederung – Haupt-, Realschule und Gymnasium nebst Gesamt- und Sekundarschulen – einbezieht, dann lässt sich das in der Schule vermittelte Wissen aus SchülerInnenperspektive bereits als Sonderwissen fassen.[80] Unzweifelhaft ist die Vermittlung der Lerninhalte in Form und Inhalt – also die Lehrerperspektive – ein Sonderwissensbestand. Nachhilfeinstitute vermitteln Wissen, das über die schulischen Erfordernisse hinausgeht, in der Regel nicht. Zu fragen wäre allerdings, ob man beim Nachhilfe lehren, also der Wissensvermittlung in der Situation der Nachhilfe sowie ihrer Vor- und Nachbereitung, von einer besonderen Vermittlungsform sprechen kann. Denn sie ist nicht deckungsgleich mit dem, was ein Schullehrer tut. Dieser unterrichtet in der Regel eine ganze Klasse oder eine Gruppe von Schülern, Einzelunterricht gehört im Schulalltag eher selten zu seinem Handlungsrepertoire. Ein Nachhilfelehrer unterrichtet jedoch durchgängig im Einzelunterricht oder in Kleingruppen. Die Lehr- und Lernsituation ist daher eine andere. Der Schüler befindet sich in einem anderen sozialen Kontext, in einer anderen Lernsituation, und ist Inhalten gegenübergestellt, die er zumindest rudimentär schon einmal gehört hat. Die Situation des *Nachlernens* zeigt zudem an, dass

80 Wie oft begegnet man im Alltag beispielsweise einer Situation, in der man Integral-, Differentialrechnung oder Verslehre anwenden muss, ließe sich mit dem Hinweis auf Sonderwissensbestände fragen.

sie nicht aus sich selbst heraus und für sich selbst gedacht ist, sondern ihren Flucht- und Beziehungspunkt in der schulischen Situation hat. Dass wiederum verändert die soziale Beziehung zwischen Nachhilfelehrer und Schüler insofern, als es ein gemeinsames Tun mit einem gemeinsamen Ziel (Notenverbesserung) gibt. D.h.: Nachhilfe ist nicht das Ziel und das Nachhilfeinstitut mithin der Ort, an dem es dauerhaft zu verweilen gilt, sondern sie bzw. es stellen eine helfende Etappe für die Erreichung des eigentlichen Ziels (Versetzung, Notenverbesserung in der Schule, guter Abschluss usw.) dar.

Der Nachhilfelehrer trifft dergestalt in seiner täglichen Arbeit häufig auf unbekannte Kinder, die oft nur für einen überschaubaren Zeitraum von ihm unterrichtet werden. Dies ist sogar ein wichtiger Teil des Marketings und der Werbung der Institute. Die überschaubare Verweildauer der Nachhilfeschüler ist ein Qualitätsnachweis. Je kürzer sie ist, umso besser ist das jeweilige Nachhilfeinstitut und desto wirksamer ist die Form der Nachhilfe. Zugleich lässt sich den Eltern als den zahlenden Kunden eine ökonomische und entwicklungsbezogene Perspektive zuordnen. Umgekehrt changiert das Nachhilfeinstitut zwischen eigenen ökonomischen Erfordernissen, wie Einnahmen, Planbarkeit usw. und der zu setzenden Zeitspanne für erste sichtbare Erfolge. Ist die Zeitspanne zu kurz, freuen sich zwar die Eltern, aber die Einnahmen würden fehlen bzw. die schnelle Rekrutierung neuer Nachhilfeschüler hätte einen noch größeren Stellenwert. Dauert die Nachhilfe umgekehrt zu lange, um Erfolge bei den Schülern zu verzeichnen, stimmen zwar zunächst die ökonomischen Erfordernisse, es besteht aber die Gefahr, dass Eltern dieser Nachhilfe die Wirksamkeit absprechen und das Vertragsverhältnis beenden. Hinzu träte die Möglichkeit schlechter Bewertung und Kommunikation. In der Praxis sind beide Formen – sehr kurze oder sehr lange Nachhilfe – vorhanden. So berichteten viele Institutsleiter, dass z.B. manche Schüler nur kurz vor einer Klassenarbeit kämen, um den Stoff nochmals unter Anleitung zu üben. Aber auch von Schülern wurde erzählt, die mit Unterbrechungen während ihrer gesamten Schullaufbahn betreut wurden. In der Praxis hat sich aber ein Zeitraum von 3 bis 6 Monaten herausgebildet, der sowohl die ökonomischen Erwartungen der Nachhilfeinstitute berücksichtigt, als auch eine unterstützende Lernzeit darstellt, die zu einer Notenverbesserung führt. Der Nachhilfelehrer weiß nun um die Erwartungshaltung von Schülern und Eltern (sowie der Nachhilfeinstitute) und bewegt sich daher auch hier in einem eigenen Feld. Sowohl sozial, ökonomisch als auch in der unmittelbaren Lehr-/Lernsituation und damit didaktisch nimmt der Nachhilfelehrer eine andere Stellung ein, als der Schullehrer. Im Zuge der zunehmenden Professionalisierung bzw. Professionalisierungsversuche gibt es sogar Forderungen nach einer eigenen Ausbildung für Nachhilfelehrer.

Nachhilfeinstitute vermitteln nun implizit immer noch den Topos, dass Wissen an Personen gebunden ist. Die enge koleibliche face-to-face Situation unterstreicht dies. Dieser Aspekt ist kein trivialer, wird der Nachhilfelehrer doch zum Lotsen und Führer durch ein Meer aus Zahlen und Buchstaben. Er leitet gerade nicht nur an, sondern nimmt an die Hand, um seinen Schüler durch diese unabsehbare Weite zu führen. Dabei übernimmt er nicht nur sporadisch die Verantwortung für seinen Schüler, sondern in gewisser Hinsicht hängt daran wechselseitig die je eigene Existenz.[81] Es klingt sicherlich etwas hoch gegriffen hier von einer wechselseitigen existentiellen Abhängigkeit zu sprechen. Gleichwohl ist die Situation, wenn man den Existenzbegriff an dieser Stelle etwas weiter fast und an schulische und berufliche Existenz denkt, angezeigt. Der Nachhilfelehrer muss, unabhängig von anderen Intentionen, den Schüler – um im Bild zu bleiben – aus eigenem wirtschaftlichen Interesse durch das unwegsame Gelände führen, um seine wirtschaftliche und damit berufliche Existenz nicht zu gefährden. Während ein an einer staatlichen Schule angestellter oder verbeamteter Lehrer solcher Sorgen weitgehend enthoben ist, bilden sie bei einem freiberuflichen oder selbstständigen Lehrer eine begleitende Rolle seiner Tätigkeit. Die soziale Situation zwischen Nachhilfelehrer und Schüler ist also eine andere. So wies mich eine Institutsleiterin beiläufig bei einem Rundgang durch ihr Institut darauf hin, dass die Räume für den Einzelunterricht transparent seien. Die Türen waren aus leicht abgedunkeltem Glas, so dass man von außen in den Raum und von innen aus dem Raum sehen konnte. Die Institutsleiterin wies darauf hin, dass die äußere Transparenz sozusagen auch auf eine innere Transparenz verweisen soll, deren Ziel die Lehre des zu vermittelten Stoffes beinhaltet.

[81] Dieser Punkt wird im Rahmen der Darstellung der Mediatisierung von Nachhilfe und der Bedeutung von unmittelbarer Kommunikation in einem späteren Kapitel erneut aufgenommen und ausgeführt.

Darüber hinaus wurde hier der Aspekt der Fürsorge und Sicherheit ein weiteres Mal innenarchitektonisch thematisiert, indem die Institutsleitung darauf hinwies, dass die Türen der Gruppenräume, also jener Räume in denen in Kleingruppen unterrichtet wird, keinen Schließmechanismus besäßen und dadurch immer ein Kommen und Gehen gewährleistet sei. Durch die Transparenz und die Offenheit bzw. Nichtabschließbarkeit sollte bereits auf dieser Ebene Sicherheit vermittelt und Gedanken an mögliche Übergriffigkeit – so der begründende Hinweis – bereits ausgeschlossen werden. Durch die transparenten Türen der Einzelunterrichtsräume sollten sowohl den SchülerInnen als auch den LehrerInnen ein Maß an Schutz (Übergriffigkeit bzw. Vorwürfe derselben) durch Sichtbarkeit vermittelt wie auch der Eindruck vermieden werden, dass man eingesperrt bzw. in einem „Gefängnis" sei.[82] Die hier angezeigte Transparenz ist damit eine doppelte: Sie bietet von außen die Möglichkeit des Einblicks und damit der Kontrolle, während sie von innen den Blick nach außen und damit ein Gefühl der Binnenfreiheit ermöglicht. D.h. die Freiheit befindet sich nicht *draußen*, sondern der Raum selbst ist ein Teil des freien Raumes. Neben dieser auf Körperlichkeit zielenden Freiheit thematisiert ein so gestalteter Raum zugleich die Zwangslage, in der sich viele Nachhilfeschüler befinden. Auch wenn Nachhilfe zunehmend von besseren Schülern nachgefragt wird, um die Noten weiter zu verbessern, so besucht der größere Teil der Schüler aufgrund von schlechten Noten ein Nachhilfeinstitut. Schlechte, nicht ausreichende Noten sind dann Teil der Notlage, aus der heraus gehandelt wird. Die Noten wiederum sind gekoppelt an den Lerninhalt, der nicht verstanden wird. Eine Auseinandersetzung mit dem Lernstoff ist daran anschließend immer auch eine Auseinandersetzung und Thematisierung dieser Notlage.

Ein weiterer Umstand unterstreicht die (selbst)zugeschriebene Bedeutung von Nachhilfe und Nachhilfeinstituten als Ruhe- und Sicherungsräume. In dem gleichen Institut war ein großes Poster des Projektes „Notinsel" im Eingangsbereich platziert. Das Konzept „Notinsel" ist ein Projekt der Stif-

[82] Die Explikation des Umstandes an dieser Stelle suggeriert – dem Wesen der Explikation nach – eine Deutlichkeit, die so beim Feldbesuch nicht gegeben war und erst durch die Hinweise der Nachhilfelehrerin und der hermeneutischen Ausdeutung an Prägnanz gewann. Auch vor dem Hintergrund von Berichten von Übergriffigkeit in Kirchen oder staatlichen Einrichtungen hat das Thema „Transparenz" bei der Arbeit mit Kindern und Jugendlichen eine erhöhte Bedeutung erhalten.

tung „Hänsel und Gretel", die sich für das Kinderwohl einsetzt, damit „Kinder nicht verloren gehen".[83] Als *Notinseln* dienen Einzelhandelsgeschäfte, die Kindern in Bedrängnis einen Schutzraum bieten.

> „Mit dem Projekt Notinsel hat die Stiftung Hänsel+Gretel die Initiative ergriffen und eine Möglichkeit geschaffen, Kindern in Notsituationen Fluchtpunkte aufzuzeigen, in denen sie Hilfe bekommen. Notinseln können Einzelhandelsgeschäfte, Bäcker, Metzger, Friseure, kleinere Supermärkte, Apotheken, Banken uvm. werden, sofern sie geeignet sind und sich bereit erklären, Kindern zu helfen, wenn diese Hilfe benötigen. Jedes Notinsel-Partnergeschäft unterschreibt eine Selbstverpflichtung und erhält dann einen Aufkleber, der gut sichtbar für Kinder angebracht wird. Eine Handlungsanweisung im Laden weist die regionalen Notrufnummern aus und erläutert den Mitarbeitern, was im Notfall zu tun ist. Auf diese Weise können Kinder in Not in die gekennzeichneten Geschäfte flüchten und sicher sein, dass sie dort kompetente (auch alltägliche) Hilfe finden."[84]

[83] Stiftung zu finden unter: http://haensel-gretel.de/ [29.10.19].

[84] http://www.notinsel.de/notinsel-de/projekt/idee.php?navid=2 [31.01.16]. Zwischenzeitlich wurde der Text „gesplittet" in eine FAQ-Seite implementiert: https://www.notinsel.de/faqs [29.10.19].

Wo wir sind, bist Du sicher.®

Abbildung 4: Das Logo des Projektes "Notinsel"

Das hier teilnehmende Nachhilfeinstitut wird vor dem gerade geschilderten Hintergrund in doppelter Weise zu einer *Notinsel.* Einmal im Sinne der Aktion bzw. des Projektes, indem ein Schutzraum für bedrängte Kinder zur Verfügung gestellt wird. Zum anderen als Notinsel und damit Rettungsanker – als Retter in der Not – notengestrandeter Schülerinnen und Schüler, die dort Hilfe und durch regelmäßige Übung Sicherheit hinsichtlich der schulischen Erfordernisse erlangen können. Die regelmäßig zu den (Halbjahres-)Zeugnissen installierten Zeugnistelefone und seelsorgerischen Notfalltelefone für Schülerinnen und Schüler zeugen hier von der emotionalen Bedeutsamkeit von Zeugnissen und Noten.[85]

Der Nachhilfeinstitutsleiter betonte im Interview:

„Auf einen Satz gebracht, wir versuchen die Verlorenen zu retten.

[85] Zeugnis- bzw. Sorgentelefone werden in der Regel über die sozialen Dienste der jeweiligen Stadt angeboten. Beispielhaft sei auf die Pressemitteilung der Bezirksregierung Düsseldorf und ihr regelmäßiges Angebot eines Zeugnistelefons hingewiesen: http://www.brd.nrw.de/presse/pressemitteilungen/2016/01Januar/011_2016.html [29.10.19].

> Wir erleben es immer wieder, dass Kinder in dem ein oder anderen Fach untergehen, aus denen nichts werden würde, wenn nicht jemand helfend eingreift. Wenn ich sehe, dass wir Kinder haben, die, ich kann nun mehr für den naturwissenschaftlichen Bereich sprechen, die in Mathe kommen, im Grunde genommen als mathematische Analphabeten. Wir haben aktuell den Fall eines Mädchens, die geht jetzt in die Oberstufe, ne glatte Zwei, die wird Leistungskurs nehmen, die ist jetzt nen Jahr hier, die ist von Fünf auf Zwei hochgegangen. Auf einmal versteht sie es. Wenn da keiner eingegriffen hätte, wäre das Abitur massiv gefährdet gewesen. Die hätte den Grundkurs nicht geschafft. Und, einerseits finde ich das toll, dass wir das geschafft haben, freut mich für das Kind, für alle."

Die hier unintendiert genutzten Sprachbilder wie „Verlorenen zu retten" und „untergehen" fügen sich ein ins Bild einer Notinsel, die Betonung der *Gefahr* des Nichtbestehens des Abiturs beinhaltet das Wissen um die gesellschaftliche und individuelle Relevanz des Schulabschlusses im Allgemeinen und des Abiturs im Besonderen. Die Freude für das Kind und „für alle" deutet auf das Wissen darüber, dass der Schulbesuch und -abschluss des Kindes für die ganze Familie bzw. die Eltern von Bedeutung ist. Das Nachhilfeinstitut wird damit zu einem rettenden Ufer für Schüler mit schlechten Noten, sie ist eine Rettungsinsel für den schulischen Abschluss und damit für den weiteren bevorstehenden Werdegang des Kindes. Das „helfende" Eingreifen und grundsätzlich die Thematisierung der Not verweisen zugleich darauf, dass es sich nicht um eine Regelsituation handelt. Es ist nicht das Gewöhnliche, das hier verhandelt wird, sondern eine Ausnahme-, eine Notsituation. Sie beinhaltet dergestalt die Abweichung vom Normalen. Verhandelt wird im Diskurs damit, wo das Pathologische angesiedelt ist: Im Kind, dass nicht leistungsfähig genug ist, im sozialen Milieu, das nicht unterstützend genug eingreift bzw. eingreifen kann oder in der Schule, die eine Lernfiguration anbietet, dass dem zu „rettenden" Kind nicht ausreichend mit Fürsorge begegnet (vgl. Kapitel 5.2). Der Institutsleiter, der zugleich auch Nachhilfelehrer ist, sieht sich in diesem Bild als Retter und Nothelfer[86]

[86] Historisch verweist der Begriff der Nothelfer auf die im europäischen Mittelalter bekannten Vierzehn Nothelfer. Diese waren Heilige, die vom Volk in Notlagen besonders angebetet und verehrt wurden und für je bestimmte Notlagen als helfend angesehen

und deutet durch die Formulierung „wäre das Abitur massiv gefährdet gewesen" zugleich das Wissen um die hohe Bedeutung des schulischen Erfolgs im Allgemeinen und des Abiturs im Besonderen an.
Der Aspekt der Notinsel lässt sich überdies noch mit einer anderen Perspektive, der Verinselung der kindlichen Lebenswelt, kontextualisieren. Die Notinsel „Nachhilfeinstitut" nimmt dabei unbeabsichtigt eine janusköpfige Rolle ein. Sie ist auf der einen Seite als eine Bildungsinsel zu verstehen, die Halt, Sicherheit und ein Fußfassen ermöglicht in einem ansonsten unübersichtlichen Meer schulischer Bildung. Die Notinsel stellt ein rettendes Ufer vor dem Ertrinken darf. Die Insel wird dergestalt gerade über alles nicht zu ihr gehörige definiert und mit Bedeutung aufgeladen. Sie bildet einen Orientierungspunkt im Rahmen eines unfasslichen Koordinatensystems. Die sich darüber vermittelnde Sicherheit bezieht sich, wie erwähnt, in schulischer Hinsicht auf die geordnete Vermittlung der Lerninhalte, die bisher in der Schule nicht ausreichend erfasst und sich angeeignet wurden.
Im Sinne der Stiftung und des Projektes „Notinsel" stellt die Insel einen Sicherungs- und Rückzugsraum gegenüber einem mitunter unübersichtlichen und auch gefahrvollen öffentlichen Raum dar. In gewisser Hinsicht wird hier auch das sichtbar, was Löw einen Wandel in der räumlichen Sozialisation nennt und was sich durch die Verinselung der Lebenswelten zum Ausdruck bringt. „Heute wandelt sich die räumliche Sozialisation folgendermaßen: Es entsteht eine verinselte Vergesellschaftung, die Raum als einzelne funktionsgebundene Inseln erfahrbar macht, die über schnelle Bewegungen (Auto fahren, öffentliche Verkehrsmittel) verbunden sind und durch Syntheseleistungen zu Räumen verknüpft werden. Die Konstitution des kindlichen Raums geschah idealtypisch in konzentrischen immer größer werdenden Kreisen. Diese Allianz existiert nun nicht länger, da sich neben die Verinselungserfahrungen auch Kommunikationsformen ändern" (Löw 2001: 265).
Gerade hinsichtlich sozialräumlicher Bedingungen ist der Begriff der „Verinselung" ein wichtiger Zugang zu einer sich verändernden Kindheit und Jugend, „die immer stärker in Institutionen stattfindet. Diese ist aktuell geprägt von der Veränderung des Schulsystems im Übergang von der Halbtags- zur Ganztagsschule, die die Schule als zentralen Lebensort erscheinen

wurden. Vgl. allgemein Abeln 2013.

lässt, ohne dass die Institution selbst diese Seite maßgeblich gestalten kann" (Deinet 2015: 160). Nachhilfeinstitute sind in diesem Zusammenhang als Teil der Stadtentwicklung damit zum einen auch Teil des Prozesses der Verinselung von kindlichen Lebensräumen. Zum anderen werden sie Teil der subjektiven Lebenswelt von Kindern und ein Aspekt der bildungsräumlichen Aneignung des eigenen Sozialraumes. „[Ü]ber die alters-, geschlechts- und lebenslagenspezifisch tätige Auseinandersetzung mit der räumlich vermittelten Umwelt setzen sich Heranwachsende mit gesellschaftlichen Werten und Normen auseinander, entwickeln Kompetenzen und Handlungsfähigkeiten und entfalten Identität. Dies ist als Bildungsprozess zu sehen, der in engem Zusammenhang mit anderen Formen des kognitiven oder emotionalen Lernens steht" (Deinet 2008: 726-727). Nachhilfeinstitute werden so zu einem Teil des Geflechts bzw. Netzwerkes der sozialräumlichen und hier der bildungsräumlichen Lebenswelt, der nicht angstvoll besetzt wird, sondern als rettende und Sicherheit vermittelnde Insel.

Die zuvor angesprochene Transparenz, die sich – so ein erster Vorgriff auf mediatisierte Formen der Nachhilfe – auch bei Online-Plattformen zeigt (vgl. Kapitel 6), beinhaltet hier eine weitere inhaltliche Dimension. Das sich abzeichnende Transparenzgebot verweist implizit auf die ursprüngliche Bedeutung von Bildung: Bildung als Menschenbildung bzw. -formung. Wer Menschen bildet, arbeitet zugleich an diesem Formgebungsprozess mit, für den Kinder bzw. Schüler noch besonders empfänglich sind. Angesprochen ist damit das Menschenbild, an dem ein solcher Bildungsprozess ausgerichtet sein soll. Nicht zufällig ist Bildung z.B. in Deutschland in seiner grundsätzlichen Ausgestaltung in staatlicher Hand, sind Lehrer in vielen Fällen Teil des Beamtentums eines Staates. Bildung, so steht es auch im Grundgesetz, steht unter der Aufsicht des Staates. Missbildung im Wortsinn ist dann Ausdruck von abweichender und möglicherweise gefährlicher, d.h. z.B. staats- oder gesellschaftsunterminierender Bildung. Durch wen, wie, wo und welche Bildung vermittelt wird, ist nicht *gleich gültig*, sondern von erstrangiger Bedeutung. Bildung steht dann unter Ideologieverdacht, wenn sie nicht durch staatliche Strukturen oder zumindest mit Hinweis auf staatliche Strukturen (z.B. Lehrpläne der Bundesländer) legitimiert wird. Will man als Bildungsanbieter (hier die Nachhilfeinstitute bzw. die digitalen Lernplattformen) nicht unter Ideologieverdacht gestellt werden, folgt man dem implizieren Transparenzgebot. D.h. es wird auf verschiedenen Ebenen Transparenz erwartet bzw. implizit oder explizit eingefordert.

Zum einen in ihrer bildungsbezogenen Arbeit: Dies meint, dass Nachhilfeinstitute aufgrund dessen, dass ihr Handlungsfeld die Bildung von Schülern betrifft, anzeigen müssen, dass sie inhaltlich und auf der vermittelnden Seite schulbildungs- und gesellschaftskonformes Wissen vermitteln. Die Inhalte sowie die Lehrpersonen müssen und sollen hier Seriosität ausdrücken. Nachhilfeinstitute tun dies zum einen mit dem Ausweis, dass sie z.B. TÜV-geprüft sind, mit Schulen zusammenarbeiten oder durch den Hinweis auf die Lehrpläne der entsprechenden Schulen.

Ein zweites implizites Transparenzgebot gründet in dem Umstand wirtschaftlicher Erfordernisse von Nachhilfeinstituten. Die Handlungsmotivation soll in erster Linie der Notenverbesserung der Nachhilfeschüler gelten und erst in zweiter Linie einem wirtschaftlichen Gewinnstreben. Kettenverträge, hohe wiederkehrende Kosten oder mangelnde Ausstiegsmöglichkeiten aus Verträgen sind hier mögliche Bilder, die zum Deutungsangebot „Nachhilfesumpf" führen können und gegen die Nachhilfeinstitute mit kurzen Kündigungsfristen, Notenverbesserungsgarantien oder buchbaren Einzelleistungen (z.B. zwei Einzelstunden für eine Klausurvorbereitung) rekonstruierend arbeiten.

Das dritte implizite Transparenzgebot liegt in der Verantwortungsübernahme von Kindern und der damit einhergehenden Aufgabe der Sicherungsherstellung. Die Situation zwischen Nachhilfelehrer und Schüler ist psychisch wie physisch asymmetrisch. Um die „Idee", die Möglichkeit und den Spielraum einer wie auch immer gearteten Übergriffigkeit oder Beeinflussung aufzulösen bzw. erst gar nicht aufkommen zu lassen, werden offene und z.B. transparente Einzelunterrichtsräume gestaltet sowie nicht abschließbare Lernräume entworfen. Die so adressierte Offenheit steht der relativ und notwendigerweise geschlossenen Einzelnachhilfe oder der Nachhilfe in Kleingruppen bewusst entgegen. Eine so erzeugte räumliche Öffnung oder umgekehrt nicht noch zusätzlich räumliche Schließung möchte schlussendlich den eigenen Raum als sicher und als Schutzraum ausweisen.

Zusammengefasst lässt sich vermerken: Nachhilfeinstitute verstehen sich selbst auch aufgrund der Adressierung einer Reihe von Nachhilfeschülern als Rettungsinsel oder -anker. Die Übersetzung des Feldes der Nachhilfe in eine angedeutete nautische „Bilderwelt“ konturiert die Akteure in ihrem Tun und weist ihnen entsprechende Rollen zu. Die Schule gleicht dann einem zu durchschwimmenden Meer, in dem man sich mit adäquaten Noten über Wasser hält und bei schlechten Noten das rettende Ufer nicht zu erreichen droht. Die Not des Ertrinkens spiegelt die gesellschaftliche Betonung der Bedeutung von Bildung wider. Ohne erfolgreiche Schulbildung droht ein erfolgloses Leben. In dem Maße, wie die Schulbildung – mündend in dem Schulabschluss – über den weiteren Lebensweg entscheidet und in ein gelingendes oder misslingendes Leben einteilt, wird der Ballast der schulischen Leistungserbringung größer. Sichtbar wird dieser Druck im Rahmen der Nachhilfe in den Nachhilfeinstituten an den jünger werdenden Schülern sowie an der breiteren Leistungsstreuung. Auch wenn schlechte Schüler noch immer den überwiegenden Anteil an Nachhilfeschülern ausmachen, wird Nachhilfe zunehmend von befriedigenden oder guten Schülern genutzt, um entsprechend noch besser zu werden. Auf der Seite der Nachhilfelehrer und den Instituten werden der Ort wie auch die Handlung zu einer Nothilfe, sie selbst werden zu Nothelfern.

5.4 Nachhilfeinstitute als kommunikativ erzeugte Bildungsräume

Der Nachhilferaum in seiner materiellen Form kann unter einem relationalen Raumverständnis gefasst werden, in der die symbolische Aufladung eine wichtige Rolle spielt. Im Gegensatz dazu steht das absolute Raumverständnis, das mit der Container-Metapher versinnbildlicht werden kann (vgl. auch Bidlo 2017 und 2019a) und den Raum als einen leeren Behälter ausweist. So lässt ein relationaler Raumbegriff mit einer entsprechenden Ordnung die Handlung- und Symbolisierungsleistungen sichtbar werden. Eine so konzipierte Raumvorstellung stellt „Strukturierungsangebote, -aufforderungen und -zwänge dar, die sozial relevant nur in der Nutzung werden. Raum ist an Praxis gebunden und Objekt des Wissens“ (Löw 2015: o.S.). Dabei soll allerdings eine humangeographische Sichtweise nicht zurückgewiesen werden (vgl. für eine Synopse Dörfler 2013: 36 ff.), sondern soll Raum auch in seiner materialen Qualität wie auch sozialen Konstitution gefasst werden. Es wird hier dergestalt von einem dualen Raumverständnis ausgegangen, „das einen konkreten/physischen Raum (gebaute Umwelt und Landschaft) von einem abstrakten/auch sozial verfassten Raum (vorgestellter, in Handlungen Gestalt annehmender Raum) unterscheidet“ (Gothe/-Pfadenhauer 2010: 14). Der physische Raum gibt über geologische, ökologische und bauliche Gegebenheiten Rahmenbedingungen vor. Diese wiederum sind selbst Ergebnis kultureller Handlungspraktiken, besitzen Historizität, die den Menschen die Aneignung bzw. Wahrnehmung überhaupt erleichtern. Der sozial verfasste Raum konstituiert sich „durch die spezifischen Wahrnehmungen und die Aneignungsformen, welche Menschen in der Interaktion mit dem konkreten Raum und der Interaktion untereinander aushandeln“ (ebd.). Deutlich wird, dass beide – sozialer und physischer Raum – keine Oppositionen bilden, sondern zwei Seiten einer Medaille sind, die sich überdies wechselseitig durchdringen. Soziale Strukturen manifestieren sich in physischen Externalisierungen – in Bezug auf Nachhilfeinstitute können dies die Außenfassade, Werbeaufsteller und überhaupt die Positionierung im städtischen Raum sein –, die wiederum zu spezifischen Wahrnehmungsweisen und Handlungsformen aufrufen und dadurch die Kontingenz und Polysemie reduzieren. Trotz der subjektiven Wahrnehmbarkeit solcher Räume, ist sie sozial grundiert, strukturiert der Raum dergestalt die Lebenswelt.

Über Löws Begriffe der Syntheseleistung und des *Spacing* für die relationale Konstitution des Raumes (vgl. Löw 2001) lassen sich auch die Prozesse anzeigen, die Nachhilfe im Allgemeinen und Nachhilfeinstitute im Besonderen als soziale Struktur im Raum sichtbar werden lässt. Spacing bezeichnet bei Löw das Positionieren oder Errichten wahrnehmbarer Objekte. Dies können ganze Gebäude, aber auch Fassaden von Gebäuden, Werbeaufsteller oder Informationsschilder sein. Die Ebene des Spacing meint scheinbar noch keine explizit semiotische Ebene. Das heißt, dass eine bedeutungsimmanente Ebene der Zeichen erst nachführend ist. Gleichwohl, und hier schiebt sich dann doch bereits die semiotische Ebene dazwischen, gibt es keine bedeutungsfreien Güter oder Objekte. Spacing meint, dass sich aus der Anordnung heraus und anschließender – auf der Basis vergangener Erfahrungen, Assoziationen und Vorstellungen – Synthetisierung Räume konstituieren. „Die Syntheseleistung ermöglicht es, Ensembles sozialer Güter und Menschen wie ein Element zusammenzufassen. Ein Aspekt jeder Konstitution von Raum ist die Synthese sozialer Güter, ggf. auch Menschen, zu Räumen. Räume sind nicht natürlich vorhanden, sondern müssen aktiv durch Syntheseleistungen (re)produziert werden. Über Vorstellungs-, Wahrnehmungs- und Erinnerungsprozesse werden soziale Güter und Lebewesen zu Räumen zusammengefaßt“ (Löw 2001: 224f.).

Zu fragen wäre, ob allein die räumliche Verteilung und Anordnung von Objekten bereits als grundlegende bedeutungsschwangere Muster gelten können. Dies wäre beispielsweise der Fall, wenn man – zur Überprüfung der Bedeutung der semiotischen „Objekt“-Ebene – sukzessive die Objekte eines bestehenden Raumes austauschte. Wäre ein Schulklassenzimmer auch dann noch als ein solches erkennbar, wenn man z.B. die rechteckigen Tische gegen runde austauschte, die Stühle gegen Sessel und die Tafel gegen einen großen Flatscreen-Fernseher. Oder umgekehrt gesprochen: Ab wann wäre ein Schulklassenzimmer vonseiten eines Rezipienten nicht mehr als solches zu „verorten“? Das sind z.B. Fragen, die bei der Umwidmung von Räumen besonders relevant werden. Wie macht man z.B. aus einer ehemaligen Kaserne eine Hochschule, ohne dass die Studierenden sich als *Wissenssoldaten* vorkommen und verstehen? Wie lassen sich z.B. aus einem ehemaligen Krankenhaus Büros herstellen? Oder wie können in klassischen Bürogebäuden, in denen Anwaltskanzleien, Arztpraxen oder Steuerberater platziert waren, nunmehr Bildungsräume in Form von Nachhilfeinstituten entstehen, die auch von Seiten der Rezipienten in wirkungsästhetischer Art und Weise entsprechend kontextualisiert und *verstanden* werden. Hierzu gehören zum einen platzierte Artefakte, die auf die Nutzung bzw. Verwendung der Räume verweisen und damit den Raum in seiner Bedeutung ausweisen. Das sind im Falle der Nachhilfeinstitute z.B. Lerntafeln und -poster, gewisse Stuhl- und Tischanordnungen, Tafeln bzw. Whiteboards, aber auch sichtbare Lagerungs- und Stellmöglichkeiten von Büchern oder Lernmaterial. Aber auch die Einbettung in den angrenzenden Raum und – worauf im späteren Verlauf der Arbeit noch eingegangen wird – die von außen angezeigte Sichtbarmachung von Nachhilfe bzw. von Nachhilfeinstituten spielt für die Bedeutungszuschreibung wie auch für die Selbstzuschreibung der Nachhilfeinstitutsleitung eine nicht unerhebliche Rolle. Sichtbarkeit verweist auf Aufmerksamkeit. Die eigene Sichtbarmachung soll Aufmerksamkeit und Wahrnehmung erzeugen, auf der Seite der Rezipienten kann häufige und klare Sichtbarkeit mit Relevanz und gesellschaftlicher Akzeptanz kontextualisiert werden.

Räume sind mit dem Angrenzenden, mit anderen Räumen, die sie und sich wechselseitig *bedeuten*, verbunden. Der Schul-Klassenraum befindet sich in einem Schulgebäude, das sich in einem Schulplatz (Schulhof, angrenzende Gebäude usw.) befindet. Dieses wiederum ist sozialräumlich in einem Stadtteil verortet z.B. im Hinblick auf eine gute Erreichbarkeit oder das schulische Einzugsgebiet. Die Verteilung von Schulen in einer Stadt folgt daran anschließend dieser (Verteilungs-)Logik. Und so ließe sich die räumliche sowie semantische Einbettung fortführen oder umkehrt durch Dekonstruktion des Raumes seine Relationalität anzeigen. Auch wenn der Raum in einem relationalen Gefüge seine Absolutheit verloren hat, behält er – fortan a posteriori – seine Ordnungsfunktion bei. Diese ist aber nunmehr eine soziale hervorgebrachte und mithin nicht überzeitliche, sondern über Prozesse des sozialen Wandels veränderbare Funktion. Je nach Geschwindigkeit des sozialen Wandels kann die soziale hervorgebrachte Orientierungsfunktion eine historische Dimension besitzen. Ausgangs- und Bezugspunkt für die Raumkonstitution ist weiterhin der Körper, der Alltagsmensch als Wahrnehmungssubjekt, das durch das Eingelassensein in eine Sprach- und Interaktionsgemeinschaft immer schon sozial präfiguriert ist. Es ist letztlich der Körper, „der Handeln und Welt verknüpft" (Knoblauch 2016: 43).

In besondereren Weise hat sich Goffman mit dieser grundlegenden Form der menschlichen Aktivität auseinandergesetzt, die auf die menschliche Physis abhebt. Er sieht bei menschlichen – wie auch bei tierischen – Individuen zwei solcher grundlegenden Aktivitätsformen: „Sie gehen entweder gelassen und friedfertig ihren Tätigkeiten nach: weiden, starren, gebären, verdauen, bauen, ruhen, spielen. Oder sie sind, aufs äußerste angespannt und alarmiert, bereit zum Angriff, zum Heranschleichen oder zur Flucht" (Goffman 1974: 318). Als Vermittler fungiert hier eine wahrnehmungsbezogene Wachsamkeit, „die für eine kontinuierliche Deutung der Situation, eine konstante Überwachung dessen, was in der Umgebungen geschieht" (ebd.), sorgt. Hieraus leitet sich auch die Bedeutung der progressiven Wahrnehmung ab, die Sartre bereits als einen invasiven Akt versteht. Der Körper, positioniert im Raum, appräsentiert nicht nur die Einnahme eines Raumes, sondern tut dies in materieller Hinsicht. Dort wo jemand steht, kann nichts anderes stehen. Goffman spricht hier von den Territorien des Selbst.

Goffman verweist auch sprachlich deutlich auf den physischen, ja sogar gewaltimmanenten und devianten Möglichkeitsraum solcher Situationen.

> „Nach allgemeiner Anschauung gilt nur eine zwanglos wohltuende Interaktion als natürlich, Verlegenheit dagegen als bedauerliche Abweichung von der Normalität. Sagt jemand, er fühle sich in einer Situation ‚natürlich' oder ‚unnatürlich', dann meint er damit, daß er sich in der Interaktion Wohlfahrt oder in ihr verlegen wird" (Goffman 1975: 106).

Kommunikationstheoretisch wird Raum zudem über den Begriff der Proxemik relevant, der ja bei genauer Betrachtung selbst die Relationalität beinhaltet. Und hierbei kann man nicht nur die Proxemik, also die Postitionierung der Körper zueinander in einem Raum, sondern, wie oben bereits angedeutet, auch die Positionierung der Nachhilferäume im Stadtgebiet selbst sehen. Für die äußere Sichtbarkeit sind die Fassaden des Gebäudes, der Räumlichkeiten bzw. des Einganges, aber auch die grundsätzliche Verortung im *Quartier* von wesentlicher Bedeutung. So können Nachhilfeinstitute als ein Bildungsbaustein im „Stadtbaustein Bildung" (Coelen/Heinrich/Million 2015) angesehen werden. Nicht nur die Sichtbarmachung durch die Werbung der Nachhilfeinstitute deutet daher ihre räumliche Verankerung in der Gesellschaft an. Auch ihre Verteilung in einer Stadt verweist auf diesen Umstand. Beispielhaft visualisiert die folgende Abbildung die Menge und Verteilung von Nachhilfeinstituten in Essen,[87] die gleichwohl keine Repräsentativität für sich beansprucht, aber ein Hinweis für die *Verortung* von Nachhilfeinstituten sein kann. Die selbst erzeugte Sichtbarkeit durch die Positionierung im Stadtgefüge findet eine Unterstützung in der nach außen gebrachten Sichtbarkeit. Die nachfolgende Abbildung Nr. 6 zeigt dann exemplarisch, dass Nachhilfeinstitute heute deutlich in Erscheinung treten und mittlerweile einen festen Platz im Stadtbild haben.

[87] Die Eintragungen in der Karte basieren auf der Datenquelle www.telefonbuch.de [30.08.16], Suchbegriff „Nachhilfe", Darstellung „Firmen". Essen 49 Treffer (11 Doubletten = 38 eingetragene Punkte). Für Düsseldorf finden sich z.B. 46 Treffer (eine Doublette), in Berlin sind es 171 Treffer (zwei Doubletten).

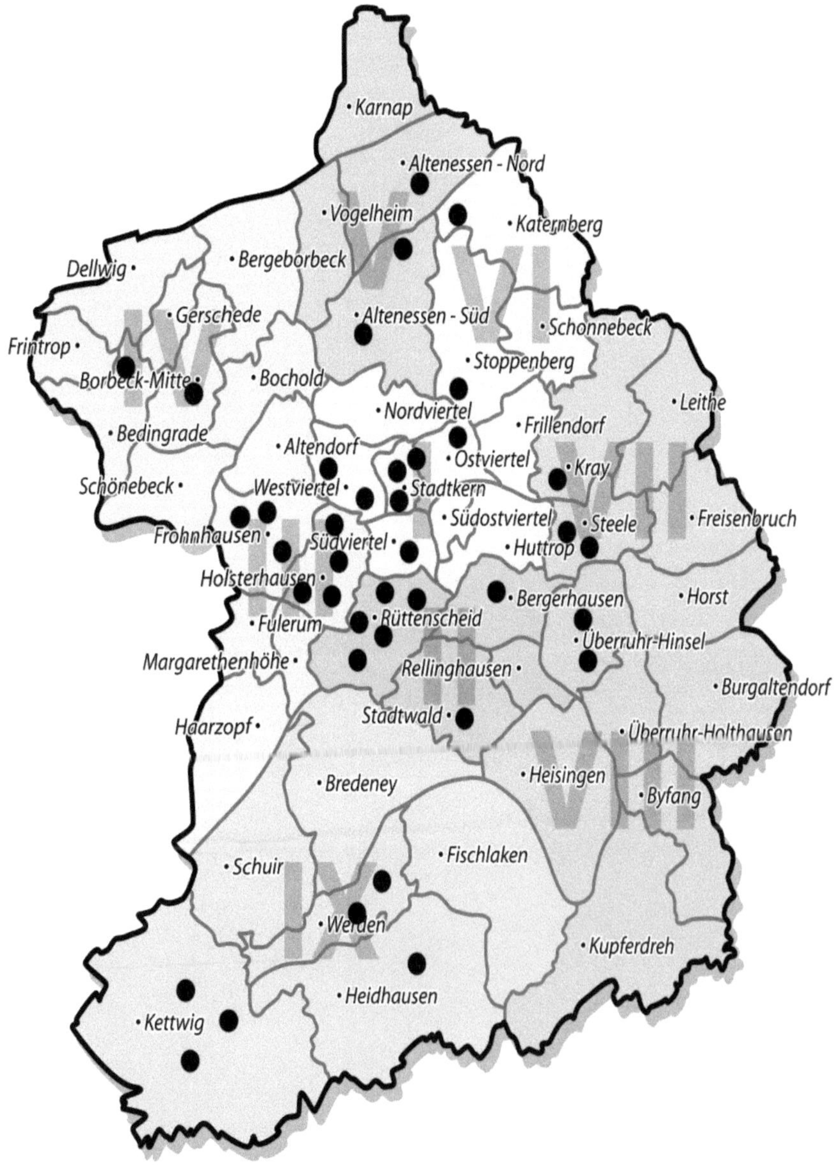

Abbildung 5: Essener Stadtteile und Nachhilfeanbieter auf Basis der Datenquelle (49 Einträge, 11 Doubletten = • 38 Einträge)

Abbildung 6: Collage für Beispiele von Nachhilfeinstituten im Stadtbild

Ihre Wanderung in die „Mitte der Gesellschaft" deutet überdies an, dass damit auch eine größere Akzeptanz einhergeht bzw. ein heute geringeres Maß an Scham vorherrscht, wenn die eigenen Kinder Nachhilfe in Anspruch nehmen. Zwischen Optiker und Gastronomie, in der Fußgängerzone, über Cafés, neben Lebensmittelgeschäften, Buchhandlungen, Bäckereien und Handyshops sind Nachhilfeinstitute eingewoben in den städtischen Raum, sowohl topographisch als auch kommunikativ. Ihr selbstverständliches Vorhandensein zeugt und spricht davon, dass ihr Aufsuchen Teil der Schul- und Bildungslandschaft ist, mehr noch, dass Nachhilfeinstitute in gewisser Hinsicht zu einem „Lebensmittel" im Rahmen schulischer und weiterführender Bildung geworden sind. Denn Raum ist immer schon sozialer Raum, Gesellschaften bringen dergestalt *ihren* Raum hervor, Nachhilfeinstitute sind entsprechend Teil des Bildungsraumes.

Der spartial turn in der Bildungsforschung hebt nun insbesondere auf die Schule als großen und sichtbaren Akteur in diesem Feld ab. Andere Akteure werden dann zumeist dem informellen Lernen zugeschlagen und unter diesem Gesichtspunkt betrachtet. Nachhilfeinstitute kommen auch hier nicht in den Blick, wenngleich ihre Wahrnehmbarkeit im Stadtbild heute deutlich zutage tritt und sie zweifellos ein Akteur im Bildungssystem und damit Teil der (urbanen) Bildungslandschaft sind. Blickverstellend mag hier zum einen die Sichtweise sein, dass Nachhilfeinstitute aus bildungstheoretischer Perspektive als misslicher Appendix der Schule gelten. Zum anderen werden sie von den Akteuren der Bildungswissenschaft erst dann z.B. bildungsraumbezogen in den Blick genommen, wenn sie mehr Schule als Nachhilfe sind. „Jeder Ort hat andere Schulen, eine bestimmte Schule ist nicht zweimal vorhanden und jede nimmt von sich an, sie habe eine eigene Identität. Wo das anders ist, etwa in der ‚Berlitz-School', hat man Mühe, eine Schule zu erkennen. ‚Lernstudios' sind erst dann Schulen, wenn sie mehr sind als ein Nachhilfeangebot" (Oelkers 2012: 38).

Unter (lokaler) *Bildungslandschaft* werden zwar formale Lernorte und informelle Lernwelten gefasst, institutionalisierte Nachhilfe wird hier in der Regel aber nicht erfasst oder nur „stiefmütterlich" bzw. gar nicht substantiell behandelt (vgl. z.B. Bleckmann/Durdel 2009, Bleckmann/Schmidt 2012, Coelen/Heinrich/Million 2015).[88] Bildung wird immer noch in erster

[88] Im herausgegebenen Band von Coelen/Heinrich/Million 2015 wird Nachhilfe gar nicht

Linie aus staatlich bzw. schulischer Perspektive erschlossen. Nachhilfeinstitute werden dann als kommerzielle Anbieter verstanden, die nicht unter schulischer und stadtbildungspolitischer Kontrolle stehen – anders als die von Schulen und Ganztagsschulen selbst angebotene Nachhilfe – und mitunter als störend empfunden. So betont beispielhaft Oelkers:

> „In vielen Kommunen bestehen kommerzielle Lernstudios, die von sich sagen, sie würden nicht etwa 'Nachhilfeunterricht' erteilen, sondern 'Vorhilfeunterricht'. Die Investitionen der Eltern sind erheblich. Aber wieso können nicht ältere Schülerinnen und Schüler die Förderarbeit der Lernstudios übernehmen? Die Gemeinden oder Landkreise müssten nur einen kommunalen Pool bilden, einen Service bereitstellen und gegen ein vergleichsweise geringes Entgelt die Leistungen bezahlen. Das wäre eine etwas ungewöhnliche Jugendarbeit, die früher gang und gäbe war und eine sinnvolle Aufbesserung des Taschengeldes der Jugendlichen darstellte. Warum sollen nur Lehrkräfte, die im Nebenamt für Lernstudios arbeiten, an diesem Geschäft verdienen können?“ (Oelkers 2012: 44)

Auch hier wird in erster Linie der ökonomische Charakter – die erheblichen Investitionen der Eltern – fokussiert und die Arbeit und die Leistung von Nachhilfeinstituten mit der Leistungs- und Förderfähigkeit durch ältere Schüler gleichgesetzt. Der physisch-analoge Lernraum, in dem Nachhilfe stattfinden soll, findet dergestalt in der aktuellen (bildungs)wissenschaftlichen Literatur in erster Linie in der Schule selbst statt in Form der offenen Ganztagsschule und hier durch Nachhilfe- und Förderangebote, die oft durch ältere Schüler erbracht werden könne (vgl. neben Oelkers 2012 z.B. Tuschner 2009, aber auch Enderlein 2009). Die offene Ganztagsschule als physischer Bildungsraum versucht sich zugleich in der Öffnung dieses Raumes z.B. durch Kooperationen „mit außerschulischen Partnern in der

genannt, bei Bleckmann/Durdel wird die institutionalisierte Nachhilfe zweimal kurz erwähnt und in Bleckmann 2012 einmal. In Bleckmann/Durdel 2009 findet sich außerschulische Nachhilfe sogar positiv erwähnt zumindest in dem Beitrag von Mack (vgl. Mack 2009: 59) und im Beitrag von Enderlein: „Einbeziehen professioneller Mittler für die Interessen der Kinder: [...] Das sind zum einen die Lehrkräfte und Trainer/innen von außerschulischen Bildungs- und Freizeitangeboten, zum Beispiel von Nachhilfeeinrichtungen, Musikschulen oder besonderen Sportangeboten“ (Enderlein 2009: 174).

Kommune, um die zusätzlichen Aufgaben zu erfüllen, die sie im Vergleich zu Halbtagsschulen haben. Sie stehen somit vor der Herausforderung, von autonomen Institutionen zu Partnern im Sozialraum zu werden" (Bleckmann/Durdel 2009b: 11). Solche Kooperationen bzw. Kooperationspartner sind jedoch meist jene, die selbst nicht in einem schulischen bzw. bildungsbezogenen Bereich aktiv sind. Hierunter fallen z.B. verschiedene Sportvereine oder Kooperationen mit Theatertreibenden oder Musikerinnen.

Nachhilfeinstitute sind zwar nun räumlich unterschiedlich gestaltet, weisen aber ähnliche räumlich-strukturelle Eigenschaften auf. Eine kurze räumliche Skizze lässt sich wie folgt vornehmen. Man betritt das Institut und kommt in einen Flur, der meist auch als Aufenthalts- bzw. (bestuhlter) Warteraum für NachhilfeschülerInnen dient. Es gibt eine zentrale Stelle, die über den Ein- und Ausgang wacht und ggf. eine Anmeldung vornimmt (s.u.). Vom Flur abgehend finden sich dann verschiedene Lernräume unterteilt in Einzel- oder Gruppenunterrichtsräume. Daneben finden sich noch eine Toilette, mitunter ein separater Materialraum und eine kleine Küche oder Sozialraum, der in erster Linie den Mitarbeitern bzw. NachhilfelehrerInnen vorbehalten ist. Zwischen zwei Lerneinheiten oder sich ergebenden Pausen können diese sich hier zurückziehen und auch informelle Gespräche führen. Beratungsgespräche mit Eltern werden in der Regel in einem Lernraum oder auch – sofern separat vorhanden – in dem Büro der Leitung geführt.

Der durch die räumliche Gestaltung beeinflusste typische Handlungsablauf aus der Sicht eines Kunden folgt, trotz räumlicher Varianten, einem wiederkehrenden Muster: Nach dem Betreten eines Instituts wird man in der Regel an einem vorgelagerten Büro, einem Empfang oder einer Anmeldung durch eine Person wahrgenommen. Der Ablauf ist hier dem einer Arztpraxis nicht unähnlich, insofern man durch das Betreten entweder eine aktive Anmeldung vornimmt oder durch die eigene Sichtbarkeit von der zentralen Stelle registriert wird. Je nach personaler Ausgestaltung sitzt hier die Leitung selbst oder auch eine Bürokraft. Durch die Anmeldung wird der erwartete Handlungsablauf bestätigt oder aber, sofern eine Schülerin zu einem Termin nicht erscheint, angepasst. So wird z.B. bei Nichterscheinen und einer nicht erfolgten Abmeldung bei den Eltern angerufen und der Grund erfragt. Eine solche Nachfrage dient vor allem auch dem Ausdruck der sozialen Kontrolle. Es wird dergestalt die soziale Verbindlichkeit des Verhältnisses

zwischen Institut und SchülerInnen zum Ausdruck gebracht. Ein unentschuldigtes Fehlen oder „Schwänzen“ des Unterrichts soll so vermieden und gleichzeitig die geforderte Verbindlichkeit und nötige Regelmäßigkeit zum Ausdruck gebracht werden. Die Anmeldestelle oder das zentrale Büro im Institut übernimmt dergestalt die Koordination zwischen NachhilfeschülerInnen und auch -lehrerInnen, der Termine, der Raumbelegung usw., aber auch die informelle (Wahrnehmung der Anwesenheit und ggf. anschließendes Verzeichnen) und formelle Kontrolle (Rückfrage bei fehlender unentschuldigter Abwesenheit) über das Stattfinden des Unterrichts.
Nach dem Eintreten und der formellen oder informellen Anmeldung warten die Schüler im Flur darauf, vom Nachhilfelehrer abgeholt und in den Gruppen- oder Einzelunterrichtsraum gebracht zu werden, sofern der bekannte Raum nicht bereits frei zugänglich ist. Nach dem erfolgten Unterricht und der Verabschiedung findet ggf. noch eine Koordination von weiteren Terminen am Empfang bzw. der Anmeldung statt. Da es sich meist um wiederkehrende Termine handelt, findet eine Koordination nur dann statt, wenn von Seiten des Instituts oder des Schülers Abweichungen vom normalen Ablauf zu verzeichnen sind. Mitunter wird diese Koordinationsleistung auch vom Nachhilfelehrer vorgenommen, der die Informationen dann an das Büro bzw. den Empfang weiterleitet. Der wiederkehrende Ablauf führt zu einer Reduktion von Kontingenz, vermittelt ein Maß an Erwartbarkeit sowie Handlungssicherheit.
Der physisch-analoge Raum der Nachhilfeinstitute wird nun latent und manifest, implizit und explizit mit Bedeutungen aufgefüllt. Diese Sinn- bzw. Bedeutungszuschreibung erfolgt einmal latent durch die Kunden der Nachhilfeinstitute, über ihre Erwartungen, Motivationen und Deutungen ihrer Erfahrungen; und erfolgt manifest durch die unmittelbaren Gestaltungen, Konzeptionalisierungen und Entwürfe des Interieurs, der (Eigen-)Werbung durch Plakate, Flyer und andere Artefakte; diese Umsetzungen sind manifeste, also geronnene Bedeutung, sie sind fest gewordene und wahrnehmbare Bedeutungsträger. All diese Entwürfe oder entworfenen Gegenstände wiederum greifen auf vermeintlich gesicherte oder zumindest zu erwartende Erwartungen (Erwartungserwartungen) der Zielgruppe (Kunden) zurück, aber auch auf latent vorhandene Eigenzuschreibungen und Vorstellungen vonseiten der Entwerfer (z.B. Nachhilfeinstitutsleiterinnen). Nachhilfeinsti-

tute sind dergestalt nicht nur als Bildungsräume, sondern auch als *Erwartungsräume* (Reichertz/Niederbacher u.a. 2011) zu verstehen. Nachhilfeinstitute als Räume beinhalten sowohl den physisch-geographischen als auch den diskursiv und kommunikativ erzeugten Raum. Der Begriff der *Erwartungsräume* bei Reichertz/Niederbacher u.a. spielt auf Spielhallen als besondere Orte an und weist darauf, dass der Raum – hier das Nachhilfeinstitut – wesentlich ein kommunikatives Erzeugnis ist: „Raum und Zeit werden kommunikativ erzeugt [...]. Raum und Zeit sind sozial erzeugt und erfüllt. Und durch die jeweilige Konstruktion von Raum und Zeit wird eine besondere soziale Ordnung interaktiv erzeugt und auch verbindlich gemacht. Das besagt nun nicht, dass Menschen nach Belieben Räume und Zeiten schaffen, sondern nur, dass Menschen alle Elemente ihres Lebens vorfinden und dass sie sich die Bedeutung der vorgefundenen Elemente gemeinsam erarbeiten und auf Dauer stellen" (Reichertz/Niederbacher u.a. 2011: 11). Zudem spielt sowohl die innere wie äußere Sichtbarkeit bzw. Sichtbarmachung in diesem Zusammenhang eine wichtige Rolle. Die äußere Sichtbarmachung vollzieht sich über die Fassaden, die Eingänge und ihre entsprechende Gestaltung, der innere Wahrnehmungsraum über die Ausgestaltung des Interieurs. Da überdies „Bildung am besten im Bezug zur ‚geistigen Situation der Zeit' (Marotzki 1991) und in Abhängigkeit vom gesellschaftlichen Wandel betrachtet werden kann, werden über die Analyse von Bildungsprozessen auch Bedeutungsveränderungen von Raum und Räumen sichtbar" (Ecarius/Löw 1997b: 7). Mehr noch lässt sich die Perspektive umdrehen und an den Ausgestaltungen und den dadurch ausgedrückten Bedeutungen auch Bedeutungsveränderungen der Bildungsräume anzeigen.
Ein Auszug aus einem Feldprotokoll, das die Begehung des Instituts anzeigt, soll hier kurz das analoge Nachhilfeinstitut in seiner Form und Funktion des Bildungsraumes darlegen.

> „Herr Thal zeigt mir die Räumlichkeiten seines Nachhilfeinstituts. Die Stühle und Tische in den einzelnen Räumen sind exakt und gleichmäßig angeordnet und auch farblich abgestimmt. Herr Thal weist mich darauf hin, dass ihm diese Ordnung wichtig sei, da er davon überzeugt sei, dass die äußere Ordnung auch nach innen, in den Schüler wandere. Da vielen seiner Nachhilfeschüler eine gewisse

> Ordnung und Struktur fehle, würde so bereits durch Raumgestaltung und -benennung eine Ordnung für die Schüler sichtbar."

Der Raum des Nachhilfeinstituts wird also bereits in seiner Gestaltung als ein Lernraum aufgefasst, indem nicht nur die offensichtlichen Bildungs- und Schulverweise wie Regale mit Büchern, Tafeln oder Poster und Bilder mit schulischen Utensilien vorhanden sind, sondern auch die Anordnung der Stühle, Tische und die Namen der Räume, die sich dann in gewissen Artefakten widerspiegeln (z.B. Eiffelturm = Paris = Französischunterricht) eine bildungspädagogische Funktion besitzen. Herr Thal betont an anderer Stelle, dass es häufig bei Nachhilfeschülern an mangelnder Ordnung und Struktur liege, wenn gewisse Inhalte nicht verstanden werden. Diese Ordnung versucht er nicht nur im Akt der Vermittlung herzustellen, sondern bereits durch die Anordnung der Möbel und Ausgestaltung der Räume. Die äußere Ordnung soll dergestalt nach innen wandern und sich dort sedimentieren. Wenn auch der Innenraum von Nachhilfeinstituten bewusste Anleihen an den Schulraum vornimmt (z.B. Tafeln), so wird gleichzeitig darauf geachtet auch eine Alternative zum regelschulischen Raum anzubieten. So besitzt ein besuchtes Nachhilfeinstitut einen „Lerngarten", der an warmen Tagen einen alternativen Lernraum im Freien bietet. Auch Spielräume finden sich, in denen (Lern-)Spiele, aber z.B. auch ein Tischfußballspiel (Kicker) zu finden sind. Nachhilfeinstitute positionieren ihren Binnenraum somit bewusst zwischen Schule und alternativen Formen des Lernraumes. Da die Schule aufgrund der Noten weiterhin der Ziel- und Fixpunkt ist, bleibt der Nachhilferaum dergestalt sichtbar schulisch kontextualisiert. Aber er ist kein Nachbau der Schule, sozusagen ein verkleinerter Schulübungsplatz, sondern konzipiert alternative, jedoch nicht allzu ferne Figurationen von Lernenräumen. Diese nicht allzu fernen Figurationen ergeben sich zwangsläufig dadurch, dass Nachhilfeinstitute durch die schulischen Leistungen der betreuten Nachhilfeschüler evaluiert werden. Die Verbesserung der Noten ist letztlich das gültige Maß für eine erfolgreiche oder nicht erfolgreiche Nachhilfe.

Umgekehrt drückt sich durch die je individuelle räumliche Gestaltung auch ein Maß an Eigenwert der Nachhilfeinstitute aus. Schule, zumal wenn sie von schlechten Schülern *erlebt* wird, kann auch die Seite des Angstraumes innehaben, die sich über die Noten entfaltet.[89] „Eine Funktion, die Ziffernnoten zu erreichen beanspruchen, die sie jedoch bei vielen Schülern nicht leisten können, ist die Anreizfunktion: Zensuren sollen Schüler motivieren, sich Lernstoffen zuzuwenden. Dies mag für leistungsorientierte Schüler gelten; für andere kann hieraus Angst vor den Noten, Angst vor der Schule und darüber ein intensives Meidungsverhalten entstehen" (Schlag 2013: 129). Eine Leistungsorientierung schreibt sich darüber mitunter latent oder manifest in die Gestaltung von Nachhilfeinstituten und deren Lehr- und Lernräume ein, wenngleich durch die oben bereits genannten Gestaltungsformen hier eine Justierung des Lernraumes so vorgenommen wird, dass Lernen auch anders eingebettet wird und werden kann (z.B. spielerischer). Hierin liegt übrigens eine (leichte) Überschneidung mit den digitalen Lern- und Nachhilfeplattformen, die oft in noch größerem Ausmaß über den spielerischen Umgang einen Zugang zum Lernen etablieren wollen (vgl. z.B. Kapitel 6.3).

Nachhilfeinstitute sind dergestalt in ihrer innen wie außen entworfenen physischen Ausgestaltung und Erscheinung die kommunikative (Re)Konstruktion eines Lernraumes, der sich an Schule orientiert, aber mitunter auch an diesem bricht. Kommunikative Raum*konstruktion* ist zuvorderst kommunikative Raum*rekonstruktion*, da die kommunikative Konstruktion durch den Rückgriff auf bereits Erfahrenes oder Gewusstes erzeugt wird. Räume erschließen sich durch die Einordnung oder den Anschluss an bereits Bekanntes. Was ein Raum bedeutet, welche Funktion oder welchen Zweck er erfüllt und wie er schlussendlich zu verstehen ist, folgt dergestalt weniger einer Neuschöpfung, sondern schließt an vorhandenes Wissen an. Das wiederum erklärt auch den Umstand, dass die kommunikative Konstruktion von Räumen über die Zeit sehr stabile Gebilde darstellt. Das heißt gerade nicht, dass sie nicht veränderbar sind, sondern, dass sie durch kommunikative Akte stabilisiert werden. So können sich Bedeutungen insofern verdichten, als sich Deutungsmuster oder gar Kollektivsymbole bilden können. Dieser Vorgang spiegelt sich in den Nachhilfeinstituten in der Justierung des Lernraumes wider. Dieser greift selbstverständlich auf schulische Reminiszenzen zurück, bricht sie aber immer wieder dort, wo entweder der

[89] Schule kann auch in anderer Hinsicht ein Angstraum sein, man denke hier an das Thema Mobbing in der Schule. Dieses soll hier jedoch nicht weiter verfolgt werden.

Ablauf es notwendig macht oder wo eine bewusste Abgrenzung zum „negativen“ Lernraum Schule geschaffen werden soll. Eine solche Abgrenzung zeigt sich z.B. durch die Gestaltung von Spielräumen, Sitzecken oder Bücherwänden, in bzw. an denen sich die Nachhilfeschüler betätigen bzw. bedienen können. Damit wird der Nachhilferaum zwischen Schule und einem alternativen (besseren) Lernort austariert.

5.5 Schüler-Coaching

Das Coachen von Schülern ist eine noch recht neue Form der Lern- und Leistungsbetreuung.[90] Coaching selbst ist besonders seit Beginn der 1990er Jahre eine sichtbare Form personenbezogener Beratung. „Ursprünglich ist Coaching im Sport und im Tutorensystem der amerikanischen Universitäten entstanden und von Beginn an mit der Idee der individuellen Leistungssteigerung und Erfolgsorientierung verbunden“ (Fietze 2015: 3). Während das Coaching zu Beginn noch eine Form der Beratung war, die in erster Linie im Management-Bereich stattfand, fand und findet sie nun Eingang in viele Beratungsfelder. Die eigene Verortung des Coachings im Verhältnis zur Psychotherapie, der Supervision, des Trainings oder der Expertenberatung lässt sich u.a. auch an den genutzten Begrifflichkeiten ablesen. So spricht der hier interviewte Coach von einer „Praxis“ und von Diagnostik und bedient sich unbewusst oder bewusst sehr wohl eines medizinisch-therapeutischen Kontextes. Hingegen spricht er dann von einem Klienten (und z.B. nicht von einem Kunden oder Patienten) und verortet den Nutzer des Coachings damit eher in einer Expertenberatung und weniger in einem ökonomischen oder auf Heilberufe bezogenen Kontext. Sprache drückt hier zum einen die Arbeit an der eigenen Identität aus, zum anderen treffen die Nutzer einer solchen Beratung auf diese Begriffe und verorten das, was sie dort tun und was mit ihnen getan wird ebenfalls in einem sprachlich assoziativen angestoßenen Kontext. Die Begriffe wirken hier als Fremdzuschreibungsprozess. Wenn der Coach dergestalt mit solchen Begrifflichkeit arbeitet,

---

[90] So wurde im Frühjahr 2007 das sog. Mündener Modell entwickelt, das an den Berufsbildenden Schulen Münden entworfen, eingesetzt und fortlaufend evaluiert wird. Klassen mit „schwierigen“, d.h. leistungsunwilligen und unaufmerksamen Schülern sollten in der Phase des angezielten Überganges von der Schule in den Beruf besonders in den Feldern Lern- und Sozialkompetenzen gefördert werden. Vgl. hierzu allgemein: https://bbs-muenden.de/schuelercoaching-mm/ [29.10.19].

nutzt er gewisse Narrationen und erzeugt Deutungen bzw. Deutungsangebote. Die hier disparate Nutzung – Praxis ja, Patient nein – deutet dergestalt darauf hin, dass der Coach für das Coaching einen Zwischenbereich erkennt, der therapeutische Anleihen besitzt, aber keine reine Therapie ist; der zum anderen Aspekte des Trainings, der Expertenberatung und der Supervision beinhaltet, ohne dass sie als diese identifiziert werden. Daran ändert dann auch nichts, dass sich „[g]egenüber Psychotherapie, Expertenberatung und Training […] der Zuständigkeitsanspruch von Coaching relativ deutlich abgrenzen" (Fietze 2015: 9) lässt. Während Psychotherapie auch gesetzlich zu den Heilberufen gezählt wird, verstehen sich Coaches als „Berater für ‚Gesunde'" (ebd. 9). Auch eine Expertenberatung findet weniger statt, da im Coaching der Klient mit seinen Fähigkeiten und Bedürfnissen im Mittelpunkt steht. Dergestalt zielt das Coaching auf das Heben vorhandenen Potentials und eine Formulierungshilfe eines gangbaren Weges zu einem vorher definierten Ziel. Während Coaching zuvorderst im beruflichen Kontext Anwendung fand, ist die explizite Ausweitung auf den schulischen Bereich erst seit wenigen Jahren sichtbar. So beinhaltet die Definition des Coachings des *Deutschen Bundesverbandes Coaching e. V.* (DBVC) auch heute noch keine explizite Schnittstelle zu Schülern, sondern verweist eher auf berufliche Anliegen:

> „Coaching ist die professionelle Beratung, Begleitung und Unterstützung von Personen mit Führungs- / Steuerungsfunktionen und von Experten in Unternehmen / Organisationen. Zielsetzung von Coaching ist die Weiterentwicklung von individuellen oder kollektiven Lern- und Leistungsprozessen bzgl. primär beruflicher Anliegen."[91]

Im Rahmen von Fragen der Schulentwicklung werden hingegen von den entsprechenden Akteuren Anschlüsse zum Coaching hergestellt und passende Grundannahmen auf die Schule bezogen. So z.B. die auch in der konstruktivistischen Pädagogik (z.B. Siebert 2005, de Haan/Rülcker 2009) und den systemischen Beratungsansätzen vorherrschende Grundannahme, dass die Fähigkeiten zur Lösung von Problemen in den Menschen selbst angelegt seien und daher das Coaching „die Lösungen nicht von außen einbringt,

[91] https://www.dbvc.de/der-verband/ueber-uns/definition-coaching.html [29.10.19].

sondern den Beteiligten dazu verhilft, eigene Lösungsansätze zu finden und gezielt umzusetzen. Diese Haltung entspricht dem Grundprinzip der Hilfe zur Selbsthilfe, das die nachhaltige Veränderung hin zu einer flexiblen und innovativen Schule unterstützen kann" (Reschke 2007: 4). Coaching zielt bei der Übernahme durch das Feld der Schule auf die Etablierung, Ordnung und Aktivierung der eigenen Ressourcen der Schüler vor allem in lernstrategischer Hinsicht. Dergestalt greift das individuelle Coaching (Einzelcoaching) in erster Linie nicht auf die fachlichen und faktischen Kenntnisse der Schüler zurück, sondern stellt die Entwicklung spezifischer Kompetenzen, die für persönliche sowie schulische und berufliche Kontexte wesentlich sind, in den Mittelpunkt. Das wiederum ist insofern an Schule anschlussfähig, als in der Schultheorie heute der Kompetenzbegriff einen zentralen Bezugspunkt darstellt. Kompetenzentwicklung steht heute im schulischen Auftrag an erster Stelle und hat überdies den Begriffen *Bildung* und *Wissen* den Rang abgelaufen (vgl. Kapitel 3.1 sowie 4.2.2). So steht in der Schule selbst nicht mehr allein die Wissensvermittlung im Vordergrund, sondern – ganz in klassisch konstruktivistischer und systemischer Sichtweise – die Kompetenzentwicklung der Schüler, die Ausbildung zur selbstständigen Wissensaneignung, -gewichtung und Anwendung auf neue Situationen. So beschreibt Weinert (2001) Kompetenzen als „die bei Individuen verfügbaren oder durch sie erlernbaren kognitiven Fähigkeiten und Fertigkeiten, um bestimmte Probleme zu lösen, sowie die damit verbundenen motivationalen, volitionalen und sozialen Bereitschaften und Fähigkeiten, um die Problemlösungen in variablen Situationen erfolgreich und verantwortungsvoll nutzen zu können" (Weinert 2001: 27f). Schüler-Coaching greift dergestalt diese veränderte Perspektive auf das, was in Schule passiert bzw. passieren soll, auf und wendet sich daher einem anderen *Gegenstand* zu als die klassische Nachhilfe. Dort findet in erster Linie die Vermittlung von Wissen (Nachhilfeinstitute) statt, hier (Coaching) die Unterstützung bei der Ausbildung von Kompetenzen, die in der Schule wichtig sind (Lern-, Handlungs- und Sozialkompetenzen).

Im Rahmen der Schulentwicklung soll das schulische Coaching, das in erster Linie in der Schule durch fortgebildete Lehrer durchgeführt wird und in der Regel ein Gruppencoaching ist, die Wahrnehmung der Schule durch die Schüler oder das Schulklima verbessern, für Mobbingsituationen,

Gleichberechtigung oder Integration sensibilisieren. Ein solches schulisches Coaching beinhaltet dergestalt eine andere Perspektivierung. Es geht von der Schule aus auf die Schüler gerichtet darum, die Sichtweisen der Schüler auf Schule positiv zu verändern. Ein Einzel-Coaching von Schülern dagegen geht vom einzelnen, individuellen Schüler aus und entwickelt von diesem Ausgangspunkt dann neue Gesichtspunkte, die dem Einzelnen in seiner schulischen Laufbahn helfen sollen.

5.5.1 Schülercoaching und/oder Nachhilfe?

Für den hier verhandelten Bereich der Nachhilfe bzw. Nachhilfeinstitute liegt das Interessante am Coaching an der Veränderung der Perspektive, so dass ein anderer Typus der Unterstützung vorliegt. Während Nachhilfe in erster Linie schulische Lerninhalte thematisiert, darüber auch gewisse Lernweisen einübt und durch das bessere Verständnis der Inhalte und der darauf gründenden Verbesserung der Noten eine Motivationssteigerung erzeugen möchte, beinhaltet das Schülercoaching vorrangig eine spezielle Form der Beratung und Begleitung. Klassische Nachhilfeinstitute nutzen den Coaching-Begriff nicht oder nur selten, während sog. Schüler-Coaches sich explizit von typischen Nachhilfeinstituten abgrenzen. Lerninhalte werden hier mitunter überhaupt nicht vermittelt, sondern Lernstrategien, Strategien gegen Prüfungsangst, Mobbing oder Handlungs- und Verhaltensweisen, die eine stärkere Mitarbeit in der Klasse ermöglichen. Schülercoaching versteht sich daher nicht als Nachhilfe in dem bisher verhandelten Sinne, sondern grenzt sich im Gegenteil von dieser bewusst auch sprachlich ab. Sprachlich meint hier, dass sich das *Wording* anderen Diskursen zuneigt und damit vorhandene Zuschreibungen und Sichtweisen auf die Nachhilfe umgangen werden, gleichwohl aber neue und andere Deutungen und Sichtweisen angeboten werden. Der Begriffswechsel von der mitunter negativen Konnotation „Nachhilfe" zum bisher eher außerschulischen Begriff des „Coachings" ist nur die augenfälligste Verschiebung, die ebenfalls das hinterlegte Verhältnis anders konnotiert. Dem Schüler steht nicht mehr ein (Nachhilfe-)Lehrer gegenüber, sondern ein Coach bzw. Trainer; aus dem oben beschriebenen Typus des Nothelfers wird begrifflich ein Unterstützer für die eigene Wettkampftätigkeit und die Arbeit an eigenen Fähigkeiten. Gleichwohl werden sprachlich keine weiteren sportlichen Anleihen vorgenommen, stattdessen nähert sich die Terminologie einem therapeutischen Diskurs an. So spricht beispielsweise Frau Bacholt in einem Interviewgespräch davon, dass zwar Probleme in Bezug zu Lern- und Leistungsprozessen bei ihren Klienten eine wichtige Rolle spielen, diese aber von ihr in erster Linie als Symptom verstanden werden. Daher wird auch in ihrer „Praxis" mit „einer Diagnostik" gearbeitet, um verstehen zu können, was hinter diesen Problemen stecke. Das Schülercoaching wird von ihr ausdrücklich nicht als eine Form von Nachhilfe verstanden, sondern in einem ganz anderen Bereich verortet.

> „Das ist auch teilweise die Sorge, die die Leute haben, wenn sie kommen. Denn sie haben meistens schon einen längeren Weg hinter sich. Nachhilfe hat überhaupt nichts gebracht, weil es gar nicht um fachliche Defizite geht. Also Nachhilfe bringts ja dann, wenn ich fachliche Defizite habe, ich bin lange krank gewesen oder keine Ahnung was, und bestimmte Sachen einfach aufholen muss, ja. Aber der Nachhilfelehrer, sag ich mal, ist ja nicht geschult, sag ich mal, persönliche Veränderungsprozesse einzuleiten."

D.h. nicht nur sie, sondern auch ihre Klienten haben ihr gegenüber eine andere Erwartungshaltung. Diese darin liegende Kompetenz schreibt sie sich zu und grenzt sie von der Nachhilfe und dem Nachhilfelehrer deutlich ab. Es sind persönliche Veränderungsprozesse, um die es geht und die angestoßen werden sollen und die sowohl im familiären, schulischen oder sozialen Umfeld angesiedelt sein können. In der Schule kondensieren solche Veränderungsprozesse durch mehr Selbstbewusstsein, eine höhere Bereitschaft zur aktiven Teilnahme am Unterricht, die Überwindung von Prüfungsangst oder auch die Förderung, Absichten in Taten umzusetzen. Eine solche Grenzziehung zur bisher verhandelten Nachhilfe bedarf dann – wie oben bereits angezeigt – auch einer anderen Sprache.

Bereits die sprachliche Beschreibung einer typischen Anbahnungssituation zwischen Klient bzw. seinen Eltern und dem Coach – hier beispielhaft von einer Internetseite eines Schülercoaches entnommen – deutet auf die grundsätzlich andere Verortung des Coachings im Gegensatz zur Arbeit von Nachhilfeinstituten:

„**Schülercoaching**
Meist beginnt das Schülercoaching mit einem unverbindlichen Informationsgespräch am Telefon.
Bei Interesse vereinbaren wir ein ausführliches Anamnesegespräch, in dem wir die Situation Ihres Kindes vom Zeitpunkt der Schwangerschaft an bis heute besprechen. Hierbei geht es um die Entwicklung Ihres Kindes, seine Stärken und Schwierigkeiten, besondere Lebensereignisse, Krankheiten oder andere Vorkommnisse, die es geprägt haben. Und wir schauen, was bisher erreicht wurde oder auch nicht erreicht werden konnte. Was sagen Andere über Ihr Kind? Wie sieht es selbst seine Situation?
Dann folgen erste Einzelstunden mit Ihrem Kind und die umfassende Befundaufnahme mit der Teschler Bildanalyse. Dabei geht es darum herauszufinden, was genau die Hintergründe der Schwierigkeiten Ihres Kindes sind und welche Interventionen hier Sinn machen. Die Ergebnisse besprechen wir ausführlich miteinander. Sie bilden die Grundlage für das Schülercoaching."[92]

Der hier beschriebene Ablauf, der zunächst über ein unverbindliches, nicht face-to-face erfolgtes Telefongespräch begonnen wird, wird als *Anamnese* bezeichnet und verortet sprachlich das Schülercoaching damit bereits außerhalb der typischen Nachhilfe und installiert eine eher therapeutisch-medizinische Deutung. Hierauf weist auch der Zeithorizont hin, der „vom Zeitpunk der Schwangerschaft an bis heute" angesetzt wird und der auf bindungstheoretische Forschungsansätze abhebt, in denen die Bindungsentwicklung bereits während der Schwangerschaft analytisch reflektiert wird (vgl. z.B. Brisch/Hellbrügge 2014). Alle sich in diesem Zeitraum abspielenden besonderen Ereignisse sollen anschließend Teil der Situationsanalyse des Kindes werden. Eine solche Öffnung des Zeithorizontes führt zu einer anderen inhaltlichen Ausrichtung. Nicht mehr die mittelbaren und unmittelbaren Lernprobleme, z.B. durch sich angesammelte Lernrückstände in einem Fach und entsprechende Situationen kommen dann als Problem in den Blick, sondern (zeitlich und persönlich) wesentlich grundlegendere Dinge. Hinzu tritt durch diesen weiten Zeithorizont eine Verlagerung der

92 https://lernlust-juergensen.de/schuelercoaching [29.10.19].

Möglichkeiten für die Ursachen etwaiger schulischer Probleme. Diese werden allein nicht mehr als durch die Schule verursacht verstanden, sondern im weitesten Falle z.B. als (mit-)verursacht durch Komplikationen bei der Geburt. Unabhängig von einer solchen problematischen deterministischen Ontogenese-Perspektive wird durch einen solchen Frage- und Problemeinbeziehungshorizont auch das eigene Tun des Schülercoaches wesentlich erweitert, wird er doch zu einem psychologischen Lebensanalysten und Lebensbegleiter.

Die Eröffnung bzw. die Kontaktaufnahme zwischen Coach und Eltern bis hin zur Beendigung der Betreuung ist nicht wesentlich anders als bei Nachhilfeinstituten. Es folgt zunächst ein Gespräch entweder am Telefon oder im Büro selbst. Auch das sich daraus abgeleitete Gespräch zur Besprechung der konkreten Probleme des Schülers ist von der zeitlichen Positionierung her gleich. Der formale Ablauf lässt sich wie folgt schematisieren:

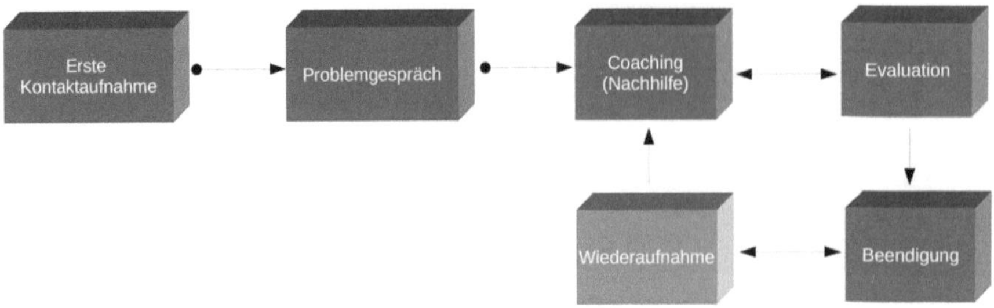

Abbildung 7: Schematischer Ablauf – eigene Darstellung.

Sprachlich bezogen auf den o.g. Textausschnitt bleibt die Schematisierung zwar die gleiche, zeigt aber deutlich (Abbildung 8) die medizinisch-therapeutische Kolorierung.[93]

[93] Für den Aspekt der „Nachsorge“ vgl. z.B. http://coach-at-school.com/#anker_ablauf [17.04.17]

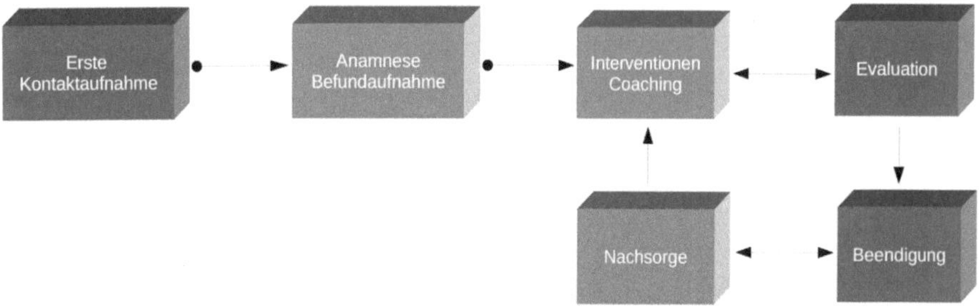

Abbildung 9: Schematischer Ablauf mit angepasstem Wording – eigene Darstellung.

Der strukturelle Ablauf ist nur durch ein anderes Wording zu unterscheiden, das gleichwohl die beiden Situationen (Nachhilfe vs. Coaching) deutlich voneinander trennt und vor allem den Coach in Bezug zum Nachhilfelehrer anders adressiert. Und auch der Schüler gerät darüber in eine etwas andere Zuschreibung, die insofern entlastend wirken kann, da sie sich von dem eher negativen Label „Nachhilfe" und zum Teil auch von der allein schulischen Kontextualisierung löst, indem das Coaching prozessual auf die Persönlichkeitsentwicklung abzielt, in deren Fahrwasser sich der schulische Alltag leichter absolvieren lassen soll.

5.5.2 Mediatisiertes Coaching

Da das Schülercoaching nicht in erster Linie dem lerninhaltsvermittelnden Ansatz, sondern einer lernstrategischen und persönlichkeitsentwickelnden Sichtweise folgt, ist die Evaluationsgrundlage in erster Linie nicht die alleinige Notenentwicklung, sondern die Persönlichkeitsentwicklung des Schülers und darüber die damit verbundenen Schulprobleme, die beispielsweise in Lernblockaden, Prüfungsangst oder allgemeiner Angst vor den unterschiedlichen sozialen Situationen in der Schule zum Ausdruck kommen. Das Ziel des Coachings wird dergestalt formuliert:

> „Ein Grundziel des Coaching ist – hier besteht ein breiter Konsens – die Hilfe zur Selbsthilfe und zur Selbstverantwortung. Somit muss (und kann) der Coach nicht für seine Aufgabe allwissend sein. Letztendlich muss die Problembewältigung vom Klienten selbst geleistet werden. Der Coach versucht dabei, Prozesse so zu steuern, dass sich

> die Ressourcen des Gecoachten bestmöglich entwickeln, damit neue Wahlmöglichkeiten erkannt und genutzt werden können. Ziel eines Coaching-Prozesses ist somit immer, Wahrnehmung, Erleben und Verhalten des Gecoachten zu verbessern bzw. zu erweitern" (Rauen 2002: 112).

Damit soll das Coaching in erster Linie einen Prozess anstoßen, der im besten Fall dann zu einer intrinsischen Fortsetzung führt und das Coaching schlussendlich überflüssig macht.
Ein durch die Interviews sich abzeichnender Unterschied zwischen klassischen Nachhilfeinstituten und Schülercoaching liegt in ihrer Stellungnahme zu mediatisierten Formen der Beziehungsfortführung vor, d.h. zum Beispiel der Interaktion via Skype bzw. Videochat. Nachhilfeinstitute schließen eine solche Form zwar nicht grundsätzlich aus, sehen aber darin keine praktikable Form des Lehrens und Lernens. Ihre Handlungspraxis sowie das gesamte Geschäftsmodell sind in erster Linie auf die koleibliche face-to-face Situation ausgerichtet. So erfährt das Institut als Raum selbst nur dadurch seinen Bestimmungsgrund. Der physische Raum des Nachhilfeinstitutes ist auf dieses koleibliche Miteinander ausgerichtet. Die kommunikativen Abläufe ergeben sich auch durch die räumlichen Vorgaben des Instituts. Salopp kann man überdies formulieren, dass durch das Vorhandensein des physischen Nachhilfeinstituts und die dadurch entstehenden Kosten für Miete und Nebenkosten dieser Raum entsprechend (aus)genutzt werden soll. Der physische Raum besitzt insofern eine soziale Gravitationskraft, indem er NachhilfeschülerInnen und -lehrerInnen dort hinzieht und zusammenbringt. Es ist dies zum einen die Dienstleistung, die die Nachhilfeinstitute ihren LehrerInnen gegenüber vollbringen, indem dort ihre Arbeit in einem entsprechend ausgestatteten Raum stattfinden kann, Materialien und Koordinationsleistungen zur Verfügung gestellt werden. Durch das Vorhandensein des Nachhilferaumes, seiner äußeren Rezipierbarkeit sowie inneren Handlungsvorgaben, die sowohl für LehrerInnen und SchülerInnen handlungsentlastend sind bzw. sein sollen, ist die koleibliche face-to-face Situation sozusagen ihre natürliche Kommunikationssituation. Eine Abwandlung dieser Situation z.B. durch eine mediatisierte Form der eigentlichen Lehr-, Lernsituation z.B. durch einen Videochat würde die oben beschriebenen

Handlungsweisen von ihrer physischen Raumordnung lösen und damit das Nachhilfeinstitut und seine Dienstleistung zumindest teilweise unterminieren. So würde z.B. die Vermittlungsfunktion zwischen LehrerInnen und SchülerInnen, die einen nicht unwesentlichen Teil der Dienstleistungsarbeit des Instituts ausmacht in dieser Form wegfallen, auch würde die informelle Kontrolle, die ja auch die Stundennutzung und damit die Verdienstleistung ausweist, verloren gehen. Dieser impliziten und aus der räumlichen Konstitution abzuleitenden Folgerungen stehen überdies von den Institutsleitern fachlich vorgebrachte Gründe zur Seite. So wird vor allem auf das Zwischenmenschliche abgehoben und damit die Lern-Lehrsituation um eine nichtfachliche Dimension erweitert. Dieser Aspekt soll vor allem in Kapitel 6 aufgenommen und weiterverfolgt werden, wenn es dezidiert um digitale Lehr- und Lernplattformen geht. In dem hier zunächst verhandelten Zusammenhang reicht die Feststellung, dass von Seiten der in dieser Untersuchung interviewten Nachhilfeinstitute mediatisierte Formen der Kommunikation in Lehr-/Lernsituationen zwar nicht gänzlich abgelehnt werden, so doch aber zur wesentlichen Ausnahme deklariert werden.
Im Rahmen des Schülercoachings zeigt sich ein anderes Bild. Hier wird der Videochat zu einem späteren Zeitpunkt der Betreuungssituation nicht ausgeschlossen oder sogar als flankierende Maßnahme angeboten. So betonte eine Interviewte, die als Schülercoach tätig ist, dass Erstgespräche auch per E-Mail und Telefon möglich seien und in Fällen einer sehr weiten Entfernung auch ein dann dauerhafter Skypekontakt als Coachingprozess möglich sei. Hier würde man dann einfach schauen „wie weit man damit kommt“. Überraschend ist dies zunächst aus dem Grund, weil die Beziehung zwischen Coach und Coachee noch viel stärker eine zwischenmenschliche und anthropologische Prägung aufweist. Denn da das Coaching kaum oder keine fachspezifischen Komponenten enthält, sondern es in erster Linie um die Persönlichkeitsentwicklung sowie die Ausbildung selbstregulatorischer Kompetenzen geht, ließe sich vermuten, dass hierzu zuvorderst eine koleibliche und daher alle Sinne bedienende face-to-face Kommunikationssituation angezeigt wäre. Tatsächlich aber rückt diese Kommunikationssituation im Verlauf des Coachings in den Hintergrund. Während zu Beginn des Coachings das Kennenlernen der körperlichen Präsenz, der nonverbale, gestische, mimische sowie proxemische Ausdruck als Wahrnehmungsfolie für

den Schülercoach ein wichtiges Element der eigenen Diagnostik ist, da beispielsweise die körperliche Präsenz bzw. der Körperausdruck ein Problem sein können, an dem während des Coachings gearbeitet wird, tritt dies mit zunehmender Dauer des Coachings etwas in den Hintergrund. Da das Coaching anders als die Nachhilfesituation nicht auf lerninhaltliche bzw. didaktische Aspekte abzielt, sondern auf persönlichkeitsbildende, steht hier der Bezug von konkretem Mensch zu konkretem Mensch im Mittelpunkt. Der Coach ist in dieser Hinsicht erster Gesprächspartner. Und dieses Gesprächsverhältnis benötigt dann nicht grundsätzlich eine unmittelbare Fassung, sondern lässt sich auch über einen Videochat oder Telefonat führen. Kurz gesagt: Während bei dem Ausfall eines Nachhilfelehrers ein anderer kurzfristig einspringen kann, ist dies bei einem Coach so ohne weiteres nicht möglich. In dieser personalen Verkettung zwischen beiden spiegelt sich dann eher das Verhältnis von Therapeut und Patient und weniger das zwischen Lehrer und Schüler wider.

5.6 Zusammenfassung

Nachhilfeinstitute stehen mit der Schule in einem Kampf um Deutung ihrer Arbeit. Sie sehen sich selbst einerseits als einen gegebenen Teil des Schulsystems. Die Notwendigkeit von Nachhilfe wird in erster Linie durch die Schulen produziert und durch das gesellschaftliche Wissen um die Bedeutung von Bildungsabschlüssen für das weitere (nicht nur berufliche) Leben. Diese Bedeutung spiegelt sich in der von den Eltern an die Nachhilfeinstitute adressierten Ratgeberfunktion wider. Eltern nutzen Nachhilfeinstitute nicht mehr allein als reine Nacharbeitsfunktion für die eigenen Kinder, sondern lassen zunehmend Nachhilfeinstitute auch als Schnittstelle zur Schule zu. Es findet derart eine engere Hinschiebung zur Schule statt, auch wenn vonseiten der Schule diese gleichwohl abgeblockt werden kann. Nachhilfeinstitute erleben hier immer wieder einen Zwiespalt zwischen angebotener und elternseitig abgerufener Brückenfunktion zur Schule wie auch negative schulische Zurückspielung. Das Verhältnis zur Schule ist disparat. Mal werden Nachhilfeinstitute von der Schule als unterstützendes externes Angebot wahrgenommen. Auf der anderen Seite rekapitulieren Nachhilfeinstitute Vorbehalte von Lehrern, die auf Konkurrenz zurückgeführt werden. Dennoch zeigt sich eine zunehmende Verzahnung von Nachhilfeinstituten und

Schulen. So beispielsweise dadurch, dass viele Nachhilfelehrer angehende oder im Referendariat befindliche Lehrer sind, die dann später als reine Schullehrer eine höhere Akzeptanz der Nachhilfe entgegenbringen. Diesen Umstand führt eine Nachhilfeinstitutsleiterin weiter, so dass Nachhilfeinstitute in gewisser Hinsicht auch „Ausbildungsstätten" von angehenden Lehrern seien, in denen überdies auch andere Methoden verstärkt geübt werden könnten (wie Einzel- und Kleingruppenunterricht).

Weiterhin drückt das Bildungs- und Teilhabepaket, das außerschulische Nachhilfe ausdrücklich einschließt, eine Anerkennung solcher externer Nachhilfeleistungen aus. Für die Nachhilfeinstitute hat diese Akzeptanz auch eine ökonomische Dimension, da hier Fördergelder zur Verfügung gestellt werden, die jedoch nur über die Schule als *Gatekeeper* – entweder über die Lehrer oder Schulsozialarbeiter – zugänglich sind. Aber nicht nur die Schule hat solcherart eine sichtbare überhöhte Stellung gegenüber den Nachhilfeinstituten. Nachhilfeinstitute haben gegenüber Schulen, mehr noch gegenüber einzelnen Lehrern eine sublime Deutungshoheit, indem sie über die Nachhilfeschüler einen unmittelbaren Blick auf die Arbeit der Lehrer und der Schule werfen können; zumindest auf jene Lehrer und Schulen, von denen immer wieder Schüler den Weg ins Nachhilfeinstitut finden. Auf schulischer Ebene mündet ein solches Hinterbühnenwissen auch in einer Ratgeberfunktion, die mittlerweile von Eltern an die Nachhilfeinstitute adressiert und von diesen aufgenommen werden. Deren Wissen über die Schul- und die Lernkultur ist zwar in erster Linie durch die eher schwachen Schülerinnen und Schüler, die dort Nachhilfe suchen, gewonnen und damit keineswegs repräsentativ. Aber über die Zeit und über verschiedene Schulen und Schulformen hinweg erhalten sie einen Blick auf Schule und Lehrerschaft, der sich als Expertenwissen ausweisen kann. In diesem Punkt entwickelt eine solche institutsbezogene Form von Nachhilfe ein eigenes Wissen über lokale und regionale Schulen – das überdies in dieser Form keinem anderen Akteur in diesem Feld zur Verfügung steht – und kann auch solches Wissen an Eltern distribuieren. Virulent wird der Aspekt, wie gesagt, da Schule trotz aller Transparenzanzeigen noch immer oft einen hermetischen Raum darstellt, der meist nur durch die (mitunter kargen) Mitteilungen der eigenen Kinder und evtl. Gesprächen mit anderen Eltern etwas aufgehellt wird. Die bereits erwähnte kommunikative Hinterbühne der Schule kann so zumindest etwas durch ratgebende Hinweise des Nachhilfeinstituts ausgeleuchtet werden. An diesem Aspekt kondensieren überdies die unterschiedlichen Interessen und Erwartungshaltung der jeweiligen Akteure. Die schulische und lehrerbezogene Dominanz und Machtposition wird zumindest etwas unterlaufen, indem Eltern einen Dritten (Nachhilfeinstitut) ins Spiel bringen, der ihre Position stärken soll und zugleich zusätzliche Informationen über den konkreten Lernraum Schule und entsprechende Lehrer weitergeben kann. Die Bildungsarbeit mit dem und am Kind wird hier von einem weiteren Akteur übernommen. Noch schärfer gestellt wird dieser Punkt in Bezug auf die Schüler-Coaches. Hier steht die persönliche Arbeit am und mit dem Schüler noch stärker im Mittelpunkt. Schule wird dort nicht mehr als zentraler Bezugsort gesehen, sondern als Teilaspekt des (gegenwärtigen) Lebens, in dem es sich zu bewähren gilt. Daher muss das Coaching auch nicht mit der Schule enden, sondern kann über ein Studium bis hin ins Berufsleben weitergeführt werden. Schule ist hier, um im sportlichen Duktus des Begriffes „Coach" zu bleiben, das Spielfeld und das Spiel selbst, in dem unterschiedliche Kompetenzen und persönliche Eigenschaften (z.B. Selbstmotivation, Selbstvertrauen, Durchhaltevermögen, Präsentationsbereitschaft, strategisches Denken usw.) angezeigt werden müssen. Schule „verliert" in dieser Perspektive seine hervorgehobene Position in zweierlei Hinsicht. Zum einen ist Schule selbst kein exklusiver (weil aktueller) Ort mehr in der Biographie eines Schülers, sondern wird zu einem Bewährungsort unter anderen noch kommenden. So *bedeutet* Schule nicht mehr den Schüler, sondern umgekehrt *bedeutet* jetzt der Schüler die Schule für seine eigene sich fortschreibende Biographie. Zum anderen vermittelt Schule solche o.g. persönlichkeitsbildenden Eigenschaften nicht oder nur mittelbar, da hier in erster Linie die Vermittlung der jeweiligen Lehrinhalte (die überdies notengebend sind) im Vordergrund steht.

Eine solche mal mehr mal weniger sichtbare Verschiebung oder Absatzbewegung zeigt sich zudem auch in räumlicher Hinsicht in der Gestaltung von Nachhilferäumen. Diese besitzen in klassischen Nachhilfeinstituten immer noch Reminiszenzen an Schule, aber auch deutliche Unterschiede, die die räumliche Binnengestaltung gegenüber der Schule abgrenzen soll. Der Schüler soll eben nicht vom „Regen in die Traufe" kommen, sondern einen neuen Ansatzpunkt für seine schulischen Probleme erhalten. Ein möglicherweise in der Vergangenheit vorgefundenes negatives Labeling von Nachhilfe, das dem Schüler eine zusätzliche Bürde wäre, lässt sich gesamtgesellschaftlich zunehmend weniger extrapolieren. So lassen sich die konstanten bzw. steigenden Werte von Nachhilfe (größere Geldausgabe, mehr an Stunden) auch dahingehend lesen, dass Nachhilfe ein probates und mithin akzeptiertes Mittel ist, um die schulischen Leistungen zu verbessern. Daraus folgt gleichwohl nicht, dass Schule und Lehrer durchgängig positiv gegenüber Nachhilfe eingestellt sind. Hier kondensiert zumindest teilweise noch die Perspektive des hermetischen Raumes von Schule und Machtperspektiven von Lehrerinnen und Lehrern. Umgekehrt findet sich zum Beispiel im offenen Ganztag eine Hausaufgabenbetreuung die Teilaspekte von Nachhilfe übernimmt oder sogar dezidiert Nachhilfe anbietet. Solange diese sich im Binnenraum der Schule vollzieht, ist sie ein Teil von Schule und eher weniger konfliktbeladen. Zur räumlichen Komponente von Nachhilfe gehört dann auch, dass sie in ihrer Außengestaltung sichtbar(er) geworden ist. Im Sozialraum der Stadt z.B. neben Lebensmittelgeschäften, Cafés, in Gebäuden, in denen sich auch Ärzte befinden, aber auch teilweise in Wohngebäuden angesiedelt, zeigt dies zugleich, dass Nachhilfe ein zugänglicher und akzeptierter Teil bzw. eine akzeptierte gesellschaftliche Struktur geworden ist und mitunter sogar die „Aura" des Fleißigen und Strebsamen aufwirft. Dies tut sie immer dann, wenn gute oder sogar sehr gute Schüler die Nachhilfe besuchen, um ihre Noten weiter zu verbessern. Hier lässt sich dann nicht mehr von einem „Reparaturbetrieb" sprechen, sondern es zeigt sich ein weiterer Widerhall meritokratischer Ansprüche der Gesellschaft. Der sich daraus ergebene Druck – sowohl für schlechte als auch gute Schüler – verbleibt hier nicht beim Schüler allein, sondern wird von dort in die Familien getragen. Nachhilfeinstitute verstehen sich vor diesem Hintergrund – so wollte es Kapitel 5.3 verdeutlichen – auch als Notinseln, die den gesellschaftlichen, familiären und den auch daraus resultierenden Selbstführungsdruck auffangen können. Zugleich wird hierin der Aspekt der Fürsorge stark gemacht, der wiederum eine personale und unmittelbare Beziehung vom z.B. Nachhilfeinstitutsleiter bzw. Nachhilfelehrer und dem Nachhilfeschüler nahelegt. Es ist der unmittelbare Bezug von Mensch zu Mensch, der hier deklariert wird und der ein genuin auf die unmittelbare, „analoge" Nachhilfe bezogener Punkt ist. Der analoge Schutzraum des Nachhilfeinstituts wird getragen von der Unmittelbarkeit zwischen Lehrer und Schüler. Der darin liegende Grundgedanke dient dann auch zugleich als Selbstreferenz der eigenen Arbeit an und mit dem Menschen. Hier wiederum verläuft die Diskurslinie zwischen analoger und digitaler Nachhilfe, die in der Frage kondensiert, wie viel unmittelbarer „Mensch" ein Schüler zum erfolgreichen Lernen benötigt oder ob überhaupt unmittelbare koleibliche Kommunikation vonnöten ist. Und umschlossen wird sie von der Frage, ob Bildung allein aus Lernen besteht.

Die zunehmende und sich dynamisierte Mediatisierung und Digitalisierung macht auch vor der Nachhilfe nicht halt. Hier gibt es eine Reihe von Anbietern digitaler Nachhilfeangebote. Das nachfolgende Kapitel wirft einen ersten analytischen Blick auf unterschiedliche digitale Lernplattformen und kontrastiert damit das Bild von analogen Nachhilfeinstituten.

6. Mediatisierung und Digitalisierung der Nachhilfe – Nachhilfe zwischen analoger und digitaler Welt

Wenn man davon ausgeht, dass Kommunikation und gesellschaftliche Kommunikationsweisen als Grundpfeiler gelten für das, was in einer Gesellschaft als Wissen angesehen wird, Wissen also ein soziales, ein kommunikatives Erzeugnis ist, dann liegt der Gedanke nahe, dass durch die Veränderung von Kommunikationsweisen auch neue oder zumindest andere, modifizierte Wissensformationen entstehen, die solcherart nicht identisch sind mit ihren (immer noch vorhandenen) Vorgängern. Die Frage, die in diesem Zusammenhang ins Gewicht fällt, ist, ob sich durch die neuen Medien, durch die neuen digitalen Angebote im Bereich der Nachhilfe auch die Art und Form der Nachhilfe selbst verändert hat. Damit ist zweierlei gemeint: Bei dem Aufbau digitaler Nachhilfeplattformen wird zunächst auf das Bekannte zurückgegriffen, um solche Plattformen zu erstellen. D.h. der Orientierungspunkt ist das klassische Nachhelfen und das Wissen darum. Hinzu treten mehr oder weniger extrapolierte Arten, Weisen und Besonderheiten des Mediums selbst, die man tentativ und prognostizierend einsetzt. Und erst im Laufe der Nutzung durch die Nutzer lassen sich dann Zug um Zug Besonderheiten erkennen und Anpassungen vornehmen. Dabei spielen sich in einem wechselseitigen und changierenden Prozess zwischen der tatsächlichen Nutzung und den Möglichkeiten des technischen Mediums (unter dem hier auch die das technische Medium bespielende Software fällt) die Veränderungsprozesse ab, die nicht nur zu einer veränderten Nutzung als solches und einer Veränderung des Mediums selbst führen, sondern die Botschaften – im Sinne McLuhans – durch das Medium geformt werden und schließlich das Medium selbst die Botschaft wird (vgl. McLuhan 2009). Hierbei gilt es besonders den Aspekt der Mediatisierung zu beachten.

Mit dem Begriff der Mediatisierung (vgl. vor allem Krotz 2001, 2007, 2009 Hartmann/Hepp 2010) ist gemeint, dass das alltägliche Leben, die Erfahrungen der Menschen und ihr Wissen durchdrungen werden von Medien und ihren Inhalten. Dabei ist Mediatisierung nicht ein gesellschaftlicher Prozess von vielen, die an der gesellschaftlichen Transformation bzw. dem gesellschaftlichen Wandel beteiligt sind. Sie bildet vielmehr gesellschaftliche Praktiken aus, ist aber z.B. auch wichtig für die Konstitution von Bedeutung und Sinn innerhalb einer Gesellschaft. „Mediatisierte Welten konkretisieren sich in Öffentlichkeit und Politik, aber auch in Alltag, sozialen Beziehungen und Geschlechterverhältnissen, Erwerbsarbeit und Konsum, gesellschaftlichen Institutionen und Arbeitsorganisation."[94] Das Konzept der Mediatisierung ist besonders von Friedrich Krotz (vgl. Krotz 2001) modelliert und als gesellschaftlicher Metaprozess ausgewiesen worden. Medien, und hierunter werden ganz allgemein gängige Kommunikationsmedien wie Internet, Fernsehen, Telefon, Radio oder Zeitung verstanden, differenzieren im Rahmen der gesellschaftlichen Entwicklung die Kommunikation immer weiter aus.

> „*Genauer sind nicht die Medien dabei der aktive Teil, sondern die Menschen in ihrem Umgang mit Medien:* sie konstituieren diese Veränderungen, insofern sie immer mehr Medien für immer neue Aktionen und Prozesse in ihren Alltag einbeziehen – für sie sind die immer neuen Medien mit immer neuen kommunikativen Möglichkeiten ein Potential, das sie realisieren oder auch nicht" (Krotz 2001: 19, Hervorh. i. Original).[95]

Elektronische Medien durchdringen heute den Alltag, die Kommunikation mittels Medien ist gängige Praxis, die „Dimensionen medialer Entgrenzung" (Krotz 2001: 22) sind vielfältig geworden und lassen sich auf einen zeitlichen, räumlichen und sozialen Aspekt verdichten. Hier ist hervorzuheben, „dass Mediatisierung kein kurzfristiger Vorgang ist, den wir erst mit der Etablierung der digitalen Medien erleben, sondern ein langanhaltender Prozess. Ebenso wird greifbar, dass es nicht einfach um Medienwandel geht, sondern um den Wandel von symbolischen Formen und damit von Kommunikation, in denen Medien eingebunden sind" (Hepp 2011: 34). Elektronische Medien stehen mittlerweile nahezu immer zur Verfügung und bieten fortlaufend neue, angepasste und veränderte Inhalte an. Zugleich besteht immer häufiger ein durchgehend räumlicher Zugriff auf sie; durch einen WLAN-Zugriff ist das Internet in allen Räumen einer Wohnung

[94] Unter: http://www.mediatisiertewelten.de/konzept/rahmenkonzept.html [30.10.19]. DFG Schwerpunktprogramm 1505 „Mediatisierte Welten".

[95] Für eine aktivere Perspektive der Medien im Konzept der Mediatisierung vgl. Bidlo/Englert/Reichertz 2011 und 2012

möglich, ein internetfähiges Smartphone lässt das Internet mobil werden, der Fernseher hat nicht mehr nur seinen angestammten Platz im Wohnzimmer, Zweit- oder Drittgeräte machen aus der Wohnung einen *Medienraum*. Aber auch der öffentliche Raum ist mediendurchflutet. Im Anschluss daran verändert sich der Rahmen ihrer sozialen Verwendung. Medien werden „in immer mehr Situationen und Kontexten, mit immer mehr Absichten und Motiven" (Krotz 2007: 96), in immer mehr Lebenslagen aktiv (Produktion) oder passiv (Rezeption) verwendet. Aufgrund dieser Verwobenheit des Alltags der Menschen mit Medien, die sich nicht nur in ihrer unmittelbaren Nutzung und entsprechenden Praktiken ausdrückt, sondern auch „über Erwartungen, Hoffnungen und Bedürfnisse, Wissen und Fühlen der Nutzerinnen und Nutzer" (Krotz 2007: 112), lässt sich Medienrezeption und Medienhandeln heute kaum mehr als getrenntes und separates Handeln bestimmen, sondern muss als alltags-integratives Handeln verstanden werden.

Aus medien- und kommunikationstheoretischer Sicht gibt es vielfältige und umfangreiche Studien zu den Auswirkungen der Medien im Allgemeinen und den Auswirkungen des Internets im Besonderen. Grundlegend darin ist die Sichtweise, dass Medien keine neutralen Werkzeuge sind, sondern umgekehrt zugleich auch ihre Nutzer (Menschen, Organisationen) ändern. Welche Aneignungsformen sich in Organisationen mit welchen Folgen entwickelt haben, zeigen zum Beispiel die Arbeiten von Münker/Roesler 1997, Thimm 2000 oder Jäckel/Mai 2005; veränderte Formen des Lernens werden in Eibl 2004 und Kuhlen 1999 beleuchtet. Wie wesentlich der Prozess der eigenständigen Aneignung ist, zeigen nachdrücklich die Arbeiten aus der Tradition der Cultural Studies (z.B. Hepp 1999). Für die neuen Medien gilt besonders, dass sie eines materiellen Trägers bedürfen, sollen sie von Menschen genutzt werden. Diese Materialität der neuen Geräte braucht einen Ort, sie braucht Wartung und Einbettung in Handlungskontexte. Damit schreibt sich das Medium über seine Materialität in die (sozialen) Orte und Situationen seiner Nutzung ein. Work Places Studies untersuchen, wie neue Geräte neue Umgangsweisen und damit neue Arbeitsweisen schaffen. Die ethnomethodologisch inspirierten Work(ing) Place Studies (vgl. allgemein Knoblauch/Heath 1999) zeigen auf, wie die neuen Geräte tief in das soziale Handeln eingreifen und die Arbeit der Nutzer verändern (vgl. auch Rammert 2006). Geräte sind nicht bloß die materialen Hüllen des Mediums, sondern zugleich seine Repräsentation. Das Medium ist von menschlichen Akteuren mit dem Ziel geschaffen, menschliche Probleme zu lösen. Aber es geht dabei über einen reinen Instrumentencharakter insofern hinaus, als es im Rahmen der Nutzung auch ein Unbestimmtheitsmoment in sich trägt (vgl. Latour 2010: 77) und nicht ohne Weiteres von seinem Nutzer geschieden werden kann (vgl. Flusser 1994, 1996); man kann zumindest von einer „objektzentrierten Sozialität" (Knorr Cetina 2006: 101) sprechen. Geräte sind also Teile von menschlichen Gesten und eine Geste ist so verstanden „eine Bewegung des Körpers oder eines mit ihm verbundenen Werkzeugs" (Flusser 1994: 8). Damit stellt sich dann die Frage neu, wie die Geräte sich auf das Handeln der Akteure vor Ort auswirken. Eine solche Sicht teilt nicht zwangsläufig die Auffassung Latours Akteur-Netzwerk-Theorie, nach der Maschinen, da sie Dinge verändern, auch Agenten sind (vgl. Latour 2007: 71ff.). Medien bewirken zwar Veränderungen, jedoch gehen diese auf den im Medium verkörperten Sinn anderer, nicht anwesender und meist vergessener menschlicher Akteure zurück und entstehen erst in der „Anwendung" durch Akteure. Medien sind in dieser Sichtweise keine sinnneutralen Mittel, die Handeln begleiten und ermöglichen, sondern müssen als Artefakte verstanden werden, die eine bestimmte Form und einen bestimmten Sinn der Nutzung bereits in sich tragen und in einem Arbeitsfeld den jeweiligen Nutzern diesen Sinn als Möglichkeit, aber auch als Beschränkung antragen. Der Prozess der Aneignung von Technik im Allgemeinen durchläuft unterschiedliche Stadien, wobei der Aspekt der Bedrohung mitunter einer der ersten ist. „Es bleibt bei der allgemeinen Feststellung, daß alles Neue auf ein gewisses TR Potenzial trifft (wobei Tr sowohl für Tradition wie für Trägheit stehen kann), daß man sich dann allmählich an das Neue gewöhnt und daß sich die Tendenz zur Ritualisierung durchsetzt, daß jenes Neue also zur Routine wird" (Bausinger 1980: 3). Die Frage nach der Aneignung von Technik muss zugleich die Frage nach der Akzeptanz von Technik einbeziehen. Karl Marx hat zwei Pole dafür formuliert: „In Manufaktur und Handwerk bedient sich der Arbeiter des Werkzeugs, in der Fabrik dient er der Maschine. Dort geht von ihm die Bewegung des Arbeitsmittels aus, dessen Bewegung er hier zu folgen hat. In der Manufaktur bilden die Arbeiter Glieder eines lebendigen Mechanismus. In der Fabrik existiert ein toter Mechanismus unabhängig von ihnen, und sie werden ihm als lebendige Anhängsel einverleibt" (Marx 1979: 445). Im Rahmen der Techniknutzung lässt sich fragen, ob der Mensch die Technik beherrscht oder von der Technik beherrscht wird. Sind die digitalen Techniken respektive der Computer Arbeitsmittel für ihre Nutzer oder sind sie Teil der Perspektive „Technik als Herrschaftsinstrument" (Bausinger 1980: 4). Denn die Arbeit, die über den Computer bewältigt wird, ist leichter nachhalt- und kontrollierbar durch z.B. (im Beruf) die Vorgesetzten oder in Bezug auf digitale Nachhilfe durch die Eltern. Umgekehrt werden Arbeitsprozesse beschleunigt und auch erleichtert (z.B. Kommunikation und die Verteilung von Informationen).[96]

Wenn also Mediatisierung die Durchdringung des Alltags mit und durch technische Medien meint und damit zugleich die Praxis der Mediennutzung der Menschen, dann hat Mediatisierung zwei Seiten, die wechselseitig aufeinander bezogen sind. Es ist einmal die etablierte und gängige Nutzung medialer Hard- und Software, die heute durch Computer und Smartphones und Software bzw. Applikationen (Apps) auf der anderen Seite repräsentiert ist. Mediatisierung meint daher nicht nur ein Mehr an Mediennutzung, sondern vor allem auch eine *andere* Mediennutzung. Diese andere Mediennutzung ist heute nicht mehr darauf beschränkt, Medieninhalte zu rezipieren, sondern Medien selbst und aktiv zu nutzen, indem beispielsweise selbst Medienartefakte produziert und auch distribuiert werden; so z.B. Videos, Bilder oder Texte. Auch die Medienproduktion selbst ist nicht neu, aber die Art und Form und vor allem die heute nahezu immerwährende Möglichkeit zur Distribution lassen in heutigen modernen Gesellschaften eine Interaktivität mit, durch und von Medien entstehen, die sich abhebt von vergangenen Epochen der Mediennutzung. Während nun auf der einen Seite die Mediennutzung der Rezipienten steht, sind die digitalen Angebote, Neuschöpfungen und Übersetzungen aus der „analogen" Welt die zweite Seite besagter Medaille (vgl. hierzu insgesamt Bidlo 2019a).

Für die nachfolgende Analyse sollen zwei Perspektiven expliziert werden. Zum einen soll die Wanderungsbewegung von analoger hin zur digitaler Welt auf Basis der vorliegenden Interviews bzw. des Materials nachgezeichnet werden. Damit wird gefragt, wie die befragten Nachhilfeinstitute sich

[96] Für den oben längeren Absatz siehe insgesamt Bidlo 2018: 85 ff.

selbst digital positionieren, Material erstellen und vor allem digitale Medien in ihren Unterricht einbauen. In einem zweiten Teil sollen dann in erster Linie rein digitale Angebote an drei Beispielanalysen (scoyo.de, tutoria.de, sofatutor.com) nachgezeichnet werden. Der Hintergrund dieser Analyse zielt auf die bereits erfolgte Vorrede zur Mediatisierung. Rein digitale Angebote sind die zweite Seite der Mediatisierungsmedaille, indem sie Content, Formen der Rezeption und Nutzung anbieten. Sie stehen damit in einem direkten Konkurrenzverhältnis zu überwiegend analogen Angeboten. Überdies, und das ist ein zweiter Grund für ihre Analyse, gibt es in Bezug zur Nachhilfe selbst noch keine dezidierte Analyse digitaler Angebote. Die Analyse selbst, und das sei hier schon betont, zielt jedoch in erster Linie nicht auf eine Evaluation ihrer Funktion oder Funktionalität, sondern möchte aus einer hermeneutisch-wissenssoziologischen Perspektive Sinn und Sinnfiguren rekonstruieren, die zeigen, wie dort Wissen, Wissensformen und die Bedeutung von Wissen und Bildung offeriert und kontextualisiert werden, und dies auch mit Bezug auf die bereits angesprochenen Diskursfolien im Bildungssystem. Vor dieser Hintergrundfolie sind nun auch die Angebote digitaler Lernplattformen zu sehen. Es bedarf nicht nur der technischen Ausstattung, es bedarf auch der entsprechenden Fertigkeit, mit dem Medium umzugehen, es zu *lesen*, zu durchschauen, es zu verstehen. Und die vermittelten Bildungsinhalte sind wiederum eingebettet und präformiert durch die Hard- und Software. Das allein ist weder positiv oder negativ, es ist in erste Linie nur anders als es – wenn man einmal von den wenigen Fällen eines rein digitalen Klassenzimmers absieht – in der Schule praktiziert wird. Daher sollen im Nachfolgenden drei Nachhilfeplattformen in ihrer Struktur untersucht und dabei auf ihre spezifischen Sichtweisen und sozialen Deutungsmuster hin betrachtet werden. Soziale Deutungsmuster werden hier als „spezifisch strukturierte kollektive Wissensbestände [verstanden], die sich anhand von sozialen Interaktionsprozessen, in denen Wissen transferiert wird, empirisch untersuchen lassen" (Plaß/Schetsche 2001: 522). Solcherart lassen sich Deutungsmuster als Formkategorien sozialen Wissens verstehen. Kontextualisiert wird diese Untersuchung auch mit den Interviewdaten (und ihrer Interpretation), in denen die Interviewten nach ihrer Perspektive auf solche digitalen Angebote befragt wurden. Die Auswahl der drei digitalen Anbieter als Untersuchungssample folgt zwei Aspekten. Zum einen sind

dies drei große Anbieter mit einer entsprechend weiten Reichweite. Zum anderen verfolgen alle drei ein anderes Lehr- und Geschäftsmodell. Gleichwohl bleibt die Auswahl selbst eine Momentaufnahme, da die digitale Welt eine hohe Dynamik aufweist, sich neue Geschäfts- und Distributionsmodelle – an denen über die digitale Technik (wie z.B. Smartphones, Pads und die dazugehörige Software, d.h. Apps) sich auch Handlungspraktiken anschließen – ausbilden, verworfen und neu entworfen werden. Natürlich unterliegt Gesellschaft immer einem (sozialen) Wandel, aber im Bereich des Digitalen vollzieht sich dieser mit einer ungleich größeren Beschleunigung.[97]
Die entsprechenden Internetseiten beinhalten unterschiedlichen Content und mithin zu analysierende Daten, die von Texten über Bilder bis hin zu Videos reichen. Nimmt man nun Webseiten als Daten in den Blick, wirft das die Frage auf, was genau das für Daten sind. Kann man sie als aus Bildern, Texten und Videos aggregrierte Form betrachten und sie damit in die einzelnen Datenformen zerlegen? Man könnte daran anschließend bei den Ebenen, die inhaltlich aufeinander bezogen sind (z.B. Bild und Text, Videobild und Ton), die besonderen Relationen analytisch herausarbeiten. Oder aber man stellt die Frage, ob solche Webseiten nicht eine eigene Form eines Datums darstellen, sozusagen ein Datum sui generis ist, das nicht aus den Einzelteilen in seiner Bedeutung aufsummiert werden kann. Es gibt gute Gründe Webseiten als einen solchen eigenen Datentypus zu betrachten, woraus allerdings folgt, dass eine rein additive Interpretation, die (z.B. erst den Text, dann die Bilder und dann z.B. eingebettete Videos usw. interpretiert) zwar weiterhin eine Möglichkeit der Analyse ist, aber besondere, relationale Aspekte nicht oder nur schwer in den Blick nimmt. Gibt es möglicherweise einen im Bild angelegten Pfad, den man abschreiten kann, um dieses zu erschließen? Loer spricht von einem ikonischen Pfad (vgl. Loer 1994), Ackermann von einem ikonischen Zentrum (vgl. Ackermann 1994: 204ff.). Die Disziplinierung des Sehens liegen dann auf der Hand, kann man doch unter Annahme eines Pfades oder Zentrums ein Bild sequenzanalytisch untersuchen und löst damit mögliche methodische Probleme, die sich aus einer möglichen Andersartigkeit des Bildes im Verhältnis zum Text ergeben können. Denn die Sequenzanalyse unterstellt und benötigt eine

97 Zur Beschleunigungstheorie der Moderne und Postmoderne vgl. z.B. Rosa 2005, Bidlo 2009.

gewisse Linearität, an der man sich entlang bewegen kann (vgl. auch Bidlo 2011a).

Ist – so eine daran anschließende Frage – der ikonische Pfad eine rekonstruktive oder eine produktive Anlage, d.h., wird er ausschließlich im Nachgang oder im Rahmen der ästhetischen Umsetzung bzw. Produktion des Bildes angelegt? Bildet er sich demnach aus einem Amalgam biographischer Erfahrungen, wahrnehmungs- und produktionsästhetischer Fähigkeiten des Künstlers oder des Produzenten oder lässt sich ein solcher Weg auch durch die Rezipienten selbst geleitet durch ihre Vorannahmen und Vorerfahrungen anlegen? Unwidersprochen bleibt der Sachverhalt, dass es Bilder gibt, die einen vom Produzenten angelegten ikonischen Pfad beinhalten. Gerade Werbebilder zielen darauf ab, in der in ihr angelegten Form entschlüsselt zu werden. Ob ein Betrachter diesen Wegen allerdings folgt, bleibt eine eigene Entscheidung (vgl. Reichertz/Englert 2010: 20).[98] Und selbst beim Abschreiten solcher angelegten Pfade müsste der Rezipient der Wahrnehmungsweise nicht folgen, sondern er macht sich auf der Basis und vor dem Hintergrund seiner Sehkultur (vgl. Raab 2008, Reichertz/Englert 2010) sein eigenes Bild.

Die Kluft zwischen Sequenzialität (Text) und Simultaneität (Bild) in der Aufnahme von Texten und Bildern bleibt bei genauer Betrachtung mehr eine funktionale. Denn ein chronologisches Nacheinander und die Rekonstruktion desselben gibt es auch bei einem Text nicht. Denn ob ein Text tatsächlich chronologisch so geschrieben wurde, wie es das Nacheinander des fertigen Textes ausweist, lässt sich gar nicht überprüfen (und ist in der Regel auch nicht Gegenstand der Analyse). Texte kennen im Entstehungsprozess in der Regel kein zeitliches Nacheinander. Man schreibt zunächst Teile der Einleitung, springt zu Kapiteln, schreibt ein Fazit, um dann wieder zur Einleitung zu springen und diese dann zu vollenden. Der Text, der sich als homogenes Ganzes präsentiert, ist in der Produktionsphase ein ähnlich sprunghaftes Gebilde wie ein Bild in der unmittelbaren Rezeption. Nur seine Darreichungsform führt dann zu einer Sequenzialität, die allerdings durch moderne Darstellungsformen (man denke an den ‚modernen-klassi-

[98] Eine Frage, die sich daran anschließen könnte, wäre: Was genau wird bei der Suche und dem Folgen von ikonischen Pfaden dann eigentlich analysiert? Wären es nicht stärker die bewussten Intentionen als die latenten Sinnstrukturen, die ja besonders im Fokus der objektiven Hermeneutik stehen?

schen' Hypertext) auch überschritten werden kann. Der Mensch nimmt in nacheinander vollzogenen Akten wahr, zumindest auf einen Sinn bezogen, unabhängig ob Text, Bild oder Hypertext; aber die Möglichkeit der Bedeutungserschließung folgt nur in einem Fall (klassischer Text) sequenziell. Und auch das ist genau genommen nur die halbe Wahrheit, wenn man an die hermeneutische Spirale denkt, deren zentrales Anliegen es ja ist, das Verstehen und die Interpretation eines Textes durch erneute Lektüre zu verbessern. Die Sequenzialitätserfordernis reduziert sich dann zunehmend auf das zeitliche Nacheinander der Weltzeit, das Nacheinander der sinnlichen Wahrnehmung eines Sinnes und die Grammatik des genutzten Symbolsystems, die Schrift, die z.B. beim Bild entsprechend anders ist.

Das Nacheinander des Textes ist nicht unwesentlich unserem westlichen, linearen Zeitempfinden (vgl. allgemein Bidlo 2009) geschuldet bzw. wirkte die Textkultur u.a. auf die Ausbildung eines linearen Zeitbewusstseins und umgekehrt. Bilder dagegen sind zeitlich stärker okkasionell aufgebaut, ihre Aufnahme folgt mehr einer Simultaneität. Dem zeitlichen Nacheinander im Text steht ein sinnstiftendes Zugleich im Bild gegenüber (vgl. Bohnsack 2003; hier in Anlehnung an Imdahl). Für das Verstehen eines Textes ist seine sequenzielle Erschließung in der Regel unumgänglich – man muss den Text in westlichen Sprachsystemen von links nach rechts lesen, um Sinn rekonstruieren zu können. D.h. die Reihenfolge der Wörter und ihre sinnhafte Erschließung ist nicht frei, sondern fest mit dem Sinn verbunden. Demgegenüber bieten Bilder plurale Sequenzialitäten, d.h. Einstiege für die Sinnerschließung, sie sind also nicht auf eine vorgegebene Sequenzvorgabe angewiesen.

Und damit kann man hinsichtlich der Hinwendung zu Internetseiten ein „Sowohl-als-auch" konstatieren, da die Darreichung in erster Linie zwar durch Texte und die hinter der Internetseite liegende Verweisungsmatrix gerahmt wird. Innerhalb dieses Rahmens ist dann allerdings eine „sprunghafte" Sinnerzeugung und -erschließung möglich.

6.1 Forschungstheoretische und -praktische Reflexionen[99]

In einer Zeit, in der die soziale Welt von Mediatisierung und besonders digital hervorgebrachten Artefakten (Bilder, Videos, Musik, Flyer, digitale Newsletter, Internetpräsenz usw.) durchdrungen ist, es also fortwährend Sicht- und Hörbarmachungen gibt, implizieren und explizieren solche Artefakte die feldeigene Sichtbarkeit und damit die Beobachtungsmöglichkeit durch Dritte. Und dabei spielt es keine Rolle, ob das zu untersuchende Feld z.B. die Polizei, das Nachhilfeinstitut, die Schule oder die Ultras als Fankultur ist. Der Feldforscher steht gleichsam vor einem (digitalen) Schaufenster, das bereits mehr als nur eine semipermeable Feldfassade ist, sondern Selbstzuschreibungen – die immer auch durchtränkt von Fremdzuschreibungen sind – und Selbstverortung des Feldes anzeigen. Solche digitalen und daran gekoppelten analogen Artefakte (z.B. Werbeaufsteller oder Flyer, die auf eine Internetseite verweisen) machen dergestalt den Beobachter zu einem Teilnehmer, da er genau die Funktion übernimmt, die ihm durch das Artefakt zugeschrieben wird. Der Forscher wird mit Feldexternalisierungen konfrontiert, die darauf gerichtet sind, rezipiert zu werden – als Teil des Feldes selbst. Darüber hinaus sind solche Artefakte auch als „intrinsische Non-Verbalität seiner [des Feldsubjektes, O.B.] Kenntnisse und Fähigkeiten" (Honer 1994: 93) zu verstehen, die z.B. über das Gesagte in Interviews hinausreichen.

In der ersten Dekade der sozialwissenschaftlichen Internetforschung betrachtete man den Cyberspace als eine zusätzliche und eigene Realitätsebene, die weitgehend losgelöst von den lebensweltlichen Kontexten der Akteure eine gewisse Eigendynamik entfaltet. Eine Online-Ethnografie beschränkte sich hier mehr auf die Erkundung des Cyberspaces als eigenständigen Kultur- bzw. Sozialraum. Das Problem der Feldkonstruktion wurde meist durch die Auswahl von E-Mail-Listen, Chats oder Diskussionsforen gelöst (vgl. Greschke 2007: o.S.). Die Feldforschung fokussierte dann meist die anonyme Beobachtung, das Mitlesen von Texten oder durch die zeitweise Mitgliedschaft im Forschungsfeld auf eine Innenperspektive. Anders als in dieser Anfangszeit der Internetforschung vorausgesehen, hat das Internet weniger zur Entstehung von reinen virtuellen Welten geführt, die von den

[99] Siehe hierzu im Weiteren Bidlo 2016.

realen Lebenssituationen, Biografien und Körpern der NutzerInnen losgelöste Identitätsentwürfe und Lebensweisen hervorbringen. Vielmehr zeigt sich, dass die Gestaltung des Cyberspace sowie seine sinnhafte Auslegung unvermeidlich mit der physischen, lebensweltlichen Situation der Einzelnen verknüpft ist, so wie auch umgekehrt die virtuellen Aktivitäten in den analogen Alltag hineinwirken.

Knoblauch hat in einem Beitrag die Mediatisierung der Ethnographie hervorgehoben und einige Aspekte benannt, die auch im weiteren Verlauf von Bedeutung sind: Ethnographische Felder sind durch die Mediatisierung nicht nur (leichter) beobachtbar, sie spannen vielmehr eine eigene Kommunikation im Web auf; „Ethnographien sind immer häufiger auch Webnographien" (Knoblauch 2015: 102), d.h. die jeweiligen Kommunikationsmedien sind selbst wiederum Ausgangspunkt für Interaktionsbeziehungen und kommunikative Netzwerke. Die Mediatisierung führt eben vor allem nicht nur zu reinen digitalen Räumen, sondern ist auch den (meisten) analogen Räumen und Feldern mittlerweile fest eingeschrieben. So ist die Flüchtigkeit ethnographischer Felder keine Zwangsläufigkeit mehr, sondern „wird die Beobachtung des eigenen Feldes und seine Protokollierung zunehmend zu einer der Merkmale der verschiedenen Felder selbst" (Knoblauch 2015: 102).

Es geht hier nicht um eine „Lehnstuhl-Ethnographie", die sich in heutiger Zeit dann zwischen Lehnstuhl und Bildschirm abspielt, sondern um die Untersuchung jener Felder (und das werden in der Zukunft die allermeisten sein), in denen digitale und analoge, on- und offline-Welten miteinander verwoben sind. Der Feldforscher ist heute somit mehr denn je aufgerufen, Binnen- wie Außenperspektiven seines Feldes zu erkunden, aufeinander zu beziehen und gleichzeitig eine Grenzziehung zwischen ihnen vorzunehmen. Das wiederum war und ist eine Forderung, die bereits Anne Honer für die Lebensweltliche Ethnographie gefordert hat.

> „Lebensweltliche Ethnographie bedeutet also programmatisch: die Verknüpfung von praktischen Insider-Erfahrungen mit feldrelevanten Daten aller Art" (Honer 1994: 90).

Eine temporäre Mitgliedschaft der Forschenden in dem von ihnen untersuchten Feld bietet hier zweifelsohne eine gute Möglichkeit solcher Erfahrungen. Aber hier sei auch zumindest kurz vermerkt, dass die Wahl einer Mitgliedschaft nicht nur eine Perspektiv-Wahl ist, sondern gleichzeitig eine Nicht-Wahl anderer möglicher Perspektiven, die das Feld ermöglicht. Im Feld der Nachhilfeinstitute sind dies beispielsweise die Sicht der Inhaber solcher Institute, der dort wirkenden Nachhilfelehrer, der Schüler, die solche Institute besuchen, der Eltern, die solche Institute auswählen, der Schulen, die solchen Instituten entweder empfehlend-wohlwollend oder abweisend gegenüberstehen (und dies auch gegenüber Eltern und Schülern kommunizieren) oder auch der Inhaber anderer Nachhilfeinstitute, die auf die Konkurrenz blicken. Und auch die entsprechenden digitalen wie analogen Artefakte tragen in gewisser Hinsicht die jeweilige Perspektive in sich. So zielen sie, wenn man sie zunächst als einfache Werbung betrachtet, z.B. auf die Eltern oder die Schüler (oder beides). Beispiele der Mediatisierung (mit der in erster Linie technologisch-digitale Entwicklungen angesprochen sind, die darin aber nicht vollumfänglich aufgehen) im Nachhilfebereich sind neben den altbekannten (analogen) Flyern, Werbeaufstellern, Print-Anzeigen usw., die digitalen Artefakte: Internetseiten, Lernvideos (vgl. Bidlo/Kröger-Bidlo 2019), Zugriffsmöglichkeiten auf Lernplattformen oder insgesamt der Austausch über Mails, WhatsApp, Chats oder elektronische Nachrichten.

Als klassische Nachhilfeinfrastruktur lässt sich bezeichnen: Vor-Ort-Nachhilfe mit ergänzendem digitalen Angebot oder zumindest einer Internetpräsenz. So, wie in vielen anderen Feldern auch, hat sich durch die Verbreitung und Akzeptanz der digitalen Medien auch eine Wanderungsbewegung hin in die digitale Welt ergeben. So gibt es Anbieter von reinen Nachhilfeangeboten, die Lehr- und Lernangebote komplett digital anbieten. Aber auch die klassischen Nachhilfeinstitute mit ihren stationären Lernräumen erweitern diese in den digitalen Raum hinein, so dass man dann von Blended Learning, d.h. einer Mixtur aus Präsenz- und Onlinelernen sprechen kann.

Schon immer musste und wurde implizit oder explizit das Untersuchungsfeld durch die Forschenden definiert, eingegrenzt oder abgegrenzt. Einer der ersten Handlungen eines Forschers ist gerade die Bestimmung des Beobachtungsgegenstandes bzw. -feldes, in aller Regel durch eine mehr oder weniger explizite Fragestellung, eine These und eine erste Vorstellung, was das

Feld sein könnte. Die Bestimmung des Untersuchungsfeldes ist letztlich keine durchgängig gültige. Sie verändert sich im Rahmen des Forschungsprozesses und durch die leitenden Fragen, die sich daraus ergeben, abwandeln oder verändern. Man kann die Frage nach dem Untersuchungsfeld auch vor dem Hintergrund des Digitalen stellen, und dann die Frage nach der beobachtenden Teilnahme oder der teilnehmenden Beobachtung aufwerfen. Denn in einer Zeit, in der digitale Artefakte den Alltag durchdringen, die digital vernetzte Welt mittlerweile fest verankert ist im Alltag und den Praktiken des Alltags, finden sich kaum noch unvernetzte, unverbundene Bereiche. Opake Bereiche werden zudem seltener, die selbstgewählte Sichtbarkeit (oder vorsichtiger, die Möglichkeit rezipiert zu werden) wird größer, die Schnittstellen nach außen und die Überlappungen mit angrenzenden Feldern werden größer, so dass mitunter zwischen innen und außen nur noch schwer unterschieden werden kann. Ein Beispiel stellen ins Internet gestellte Lernvideos von Nachhilfeinstituten dar, die darüber zugleich Binnen- wie Außenperspektive anbieten. Hieraus ergibt sich die Frage: Kann man heute Feldforschung betreiben, z.B. in Nachhilfeinstituten oder über sie, ohne sich die Facebook-Accounts, Internetseiten, Youtube-Videos, Newsletter, eigene Apps usw. anzuschauen? Und bewegt man sich hier nur als Rezipient oder muss man nicht auch die „Interaktion" anspielen z.B. durch die Anmeldung zum Newsletter, die Teilnahme an Kommentardiskussionen o.Ä.? Gerade hier zeigt sich, zumindest für die digitale Welt, die Möglichkeit einer reinen Beobachterperspektive (ich rezipiere) oder einer teilnehmenden Beobachterperspektive (ich kommentiere mit, d.h. agiere und rezipiere) bzw. ein Changieren zwischen diesen beiden. Die Frage, die sich hieraus ergibt, ist auch: Reicht es aus, Medien und ihre Artefakte nur als Mittel zur Kommunikation für das dann „Eigentliche", das „Wesentliche" anzusehen oder müssen sie nicht selbst als Teil des „Eigentlichen" und „Wesentlichen" verstanden werden? Diese Entscheidung ist insofern wichtig, da sie eine unterschiedliche Haltung des Feldforschers und der Feldforscherin zu diesen Artefakten voraussetzt. Versteht man sie nicht nur als ein Medium, das vor allem auf etwas „Eigentliches" verweist, sozusagen als Türen oder Fenster ins Feld, sondern als bereits feldkonstituierende und feldimmanente Artefakte, erhalten sie eine andere Bedeutung, die von einer zumindest tendenziellen Gleichrangigkeit zu anderen Datenformen (z.B. Interviews) gekennzeichnet ist. Und um diesen Bereich noch weiter zu problematisieren, müsste man fragen: Schaut man nur auf den Menschen im zu beobachtenden Feld? Muss man sich nicht auch die Apparate, die Techniken und die aus ihnen entspringenden Artefakte anschauen? Schaut man auf sie mit dem unterstellten Verhältnis von Mensch und Werkzeug oder sieht man beide als eine Beziehungs-, Relationseinheit oder als eine Beziehungsform, in der die Apparate federführend sind und der Mensch, um es im Duktus Vilém Flussers zu sagen, nur noch ein Appendix der Apparate ist? Ein solches Fragen mündet zwangsläufig in einer Stellungnahme des Forschers und der Forscherin, wie er das Verhältnis von Mensch und digitalen Artefakten und Entwürfen zu fassen gedenkt. Er oder sie wird mithin angehalten oder dazu gedrängt sich medienanthropologisch zu positionieren. Auch wenn an dieser Stelle nicht der Raum für eine solche aufgeworfene (umfängliche) Darstellung ist (vgl. hierzu z.B. Bidlo 2019a), so soll zumindest kurz ein solches medienanthropologisches Feld skizziert und sich für diese Untersuchung darin positioniert werden.

Fasst man die elektronischen und digitalen Medien als eine Form des kulturellen Externalisierungspotentials des Menschen, werden sie zu einer spezifischen Form der anthropologischen Anlage und sie erhalten im Rahmen der Anthropologie ihren spezifischen Ausdruck durch das Präfix Medien-(Anthropologie). Stellt man zudem die Frage nach dem „Was" des Menschen und zielt „auf Fragen nach dem Werden und Gemachtwerden des Menschen, nach seiner Hominisierung und ihren Diskursen, ihren Verfahren, Werkzeugen und Orten in Raum und Zeit" (Engell/Siegert 2013: 5), ergeben sich hieraus Sichtweisen der Medienanthropologie (vgl. dazu vor allem Bidlo 2019a: 123 ff.). „Nicht so sehr was, sondern wo und wann, unter welchen Bedingungen und mithilfe welcher Instrumente und Operationen der Mensch sei, darum, so der Ausgangsgedanke, geht es der Medienanthropologie" (Engell/Siegert 2013: 5).

Eine grundlegende Frage, die hier flankiert wird, ist die Grenzziehung zwischen Natur und Kultur und der jeweilige Beginn der entsprechenden Sphäre. In der philosophischen Diskussion wird der Leib als eine solche Grenzkategorie verstanden. Er ist „nicht ahistorisch zu fassen. Er ist immer schon informiert und deshalb, obwohl physiologisch fundiert, keine biologische Kategorie" (Wiegerling 2006: 5). Diese Informiertheit wiederum legt sich auf die hervorgebrachten Artefakte, die Ausdruck des menschlichen Externalisierungspotentials sind. Die Medien – unabhängig ob in einer weiten oder engen Definition – sind damit ebenso ein In-Form-Gebrachtes. Aber darin allein liegt selbstredend nicht ihre Besonderheit, sie liegt vielmehr in ihrem Potential des In-Form-Bringens. Sie bieten erweiterte, neue, andere Möglichkeiten des In-Form-Bringens. Dazu kommt ihre Wirkung an sich, indem das von ihnen Hervorgebrachte selbst abermals auf den Menschen wirkt, ihn beeinflusst, sein Handeln, Denken und Wahrnehmen verändert.

Eine Medienanthropologie beginnt nicht erst mit ihrer Bezeichnung als solche, sondern zeigt sich avant la lettre im Rahmen philosophischer und Kulturanthropologie, wie z.B. bei Arnold Gehlen und seiner Sichtweise auf Technik als Hilfe für das Mängelwesen Mensch (vgl. Gehlen 1940). Denn genau genommen definiert Gehlen den Menschen zugleich auch über seine Technikherstellung und -nutzung. „Die Technik ist so alt wie der Mensch" (Gehlen 1953: 93). Mensch und Technik sind gleichursprünglich. Gehlens Anthropologie ist insofern technomorph, als sie „bereits einen Begriff des Mittelbrauchs voraussetzt" (Luckner 2008: 39), d.h. zugleich technisches Handeln bedingt.

Gehlen bringt in dem Zusammenhang von Mensch und Technik dann die Aspekte der Organentlastung, der Organüberbietung und schließlich des Organersatzes (vgl. Gehlen 1953: 94). Diese münden dann bei Marshall McLuhan im „The medium is the message", so dass Techniken (zu denen auch die Medien gehören) als eine Ausweitung des menschlichen Körpers verstanden werden. Er sieht in seinem Band „Die magischen Kanäle" (Understanding Media) das Leitmotiv seiner Untersuchung in dem Gedanken, „daß alle Techniken Ausweitungen unserer Körperorgane und unseres Nervensystems sind, die dazu dienen, Macht und Geschwindigkeit zu vergrößern" (McLuhan 1968a: 99). Bei Latour werden daraus: „Die Hybriden breiten sich aus" (Latour 1995: 7); so beginnt Latour seinen Versuch zu einer symmetrischen Anthropologie. Geprägt ist eine selbige Anthropologie von der Überwindung der alten Subjekt-Objekt-Dichotomie, die zwei unabhängige ontologische Sphären voraussetzt. Latour hingegen spricht vielmehr „von Menschen und nichtmenschlichen Wesen" (Latour 1995: 11). Dinge werden dann keine unrelationalen Objekte mehr, sondern nach Latour Mischwesen (Hybriden oder Quasiobjekte), d.h. Verschränkungen von

Menschen und Nichtmenschlichem, von Natur und Kultur respektive Gesellschaft. Diese Verschränkungen bezeichnet er als Kollektiv, im Gegensatz zur Gesellschaft, die nur „jenen Teil unserer Kollektive [bezeichnet], der durch die von den Sozialwissenschaftlern gezogene Trennungslinie erfunden worden ist" (Latour 1995: 11). Gleichwohl betont Latour, dass es nicht darum geht, „so zu tun, als wären sie [die Quasi-Objekte oder Hybriden, Anm. d. Verf.] lediglich eine Mischung von Naturding und sozialem Symbol" (Latour 1995: 71), also eine reine Mittelposition. Vielmehr handelt sich um eine Verschmelzung beider Bereiche.

Aber auch der Ansatz von Leroi-Gourhan (vgl. Leroi-Gourhan 1988) hebt auf die Auslagerung, Entlastung und damit auch Befreiung des menschlichen Körpers ab. Die Befreiung der Hände durch den aufrechten Gang ermöglicht erst die Werkzeugerstellung und ihren fortlaufenden Einsatz. Medien sind in diesem Sinne nicht nur Formationen von z.B. Daten oder Wahrnehmungsinhalten, sondern zugleich materielle Techniken (verstanden als Gebilde). Hier zeigt sich zugleich die Schwierigkeit einer Trennung von Mensch und Technik respektive Medium in zwei ontologische Bereiche. Dieser Dualismus, der gedanklich durchaus vollzogen werden kann, löst sich in der Praxis zunehmend auf: und damit auch die Unterscheidung von Medienanthropologie und Anthropologie. Denn: „Menschen und Technologien, und im weiteren Sinn Medien, befinden sich in einem ko-evolutionären Verhältnis. Medien und menschliche Körper bilden eine spezifische Ordnung, ein physiologisches Feld, ein Ensemble oder ein ‚Amalgam' (Deleuze) von Techniken und Diskursen" (Hartmann 2002: o. S.). Dann wiederum wird die Unterscheidung zwischen anthropologischen Medientheorien, die „Medientechnik als Ergebnis oder als Mittel menschlichen Handelns" verstehen und technikzentrierten Medientheorien, welche Medien „dagegen als Determinante menschlichen Verhaltens" (beide Nitsch 2005: 81) ansehen, durchlässiger. Weiterhin ließe sich fragen, inwieweit Kultur- und Mediengeschichte zusammenfallen oder: „Hat die Mediengeschichte die Kulturgeschichte beerbt? Impliziert die Kulturgeschichte die Geschichte der Medien (oder umgekehrt oder gegenseitig)? Schaffen sie sich gegenseitig ab? Dient die eine zur Beobachtung der anderen?" (Engell u.a. 2006: 5)

Leroi-Gourhan setzt bei seinen Untersuchungen bereits bei den prähistorischen Werkzeugen an. Überhaupt sieht er den Menschen erst mit dem Erscheinen von Werkzeugen emportauchen. So wird das Werkzeug zu einer anthropologischen Bestimmung.

> „Das Erscheinen des Werkzeugs unter den spezifischen Merkmalen markiert genau die Grenze des Menschseins durch einen langen Übergang, in dessen Verlauf die Soziologie an die Stelle der Zoologie tritt. An dem Punkt [...] erscheint das Werkzeug geradezu als eine anatomische Konsequenz, als einziger Ausweg für ein Wesen, das in seiner Hand und seinem Gebiß vollständig waffenlos dasteht und dessen Gehirn in einer Weise organisiert ist, die es zu komplexen manuellen Operationen befähigt“ (Leroi-Gourhan 1988: 119-120).

Für Leroi-Gourhan ist das Werkzeug kein „edles“ Erzeugnis oder die Frucht des menschlichen Denkens. Es „ist vielmehr so, daß sein Gehirn und sein Körper die Werkzeuge gewissermaßen nach und nach ausschwitzte“ (Leroi-Gourhan 1988: 139). Daher ist die Zweiteilung von Intellekt und Technik und das Verhältnis von Ursache (Intellekt) und Wirkung (Technik) für ihn fehlerhaft. Vielmehr ist die Technik bzw. das Werkzeug keine vom Menschen zu trennende Entität, sondern unabkömmlicher Teil des Menschen. Ihre Entwicklungslinien ähneln „in so hohem Maße denen der phyletischen Evolution, daß man sich fragen kann, wie weit sie nicht die unmittelbare Verlängerung der allgemeinen Entwicklung der Arten sind“ (Leroi-Gourhan 1988: 139). Und nimmt man Leroi-Gourhan ernst, dann wiederum kann es den Menschen als Mängelwesen nicht tatsächlich, sondern nur als gedankliches Konstrukt geben, denn ein Davor existiert nicht. Der Mensch beginnt erst mit der Werkzeugentwicklung zu existieren und verändert sich gleichwohl im Gleichtakt der Werkzeugentwicklung, so dass man den Menschen als eine „historische, eine diachronische Variable“ (Engell 2010: 56) bezeichnen kann. Man könnte an dieser Stelle darauf hinweisen, dass man die Phylogenese und die Ontogenese unterscheiden muss. Die Menschheit (Phylogenese) tauchte erst zusammen mit der Entwicklung des Werkzeuges empor. Ontogenetisch wäre der Mensch dann zwar ein Mängelwesen (Neugeborenes), würde aber im Verlauf seiner Entwicklung zu Werkzeugen gelangen, die seine Mängel aufwiegen. Aber – lässt sich entgegnen – so wie Martin Buber den Menschen von Geburt an in Sprache gestellt sieht (auch

wenn ein Säugling noch nicht sprechen kann), lässt sich analog im Anschluss an Leroi-Gouhan dazu formulieren: Der Mensch ist von Beginn an in Werkzeuge und Technik gestellt.
Wenn man nun vor diesem Hintergrund nach mediatisierten Forschungsfeldern fragt, kann man natürlich auch fragen, wie heute die meiste Forschung, zumal die Feldforschung beginnt: Sie startet nicht selten mit der Eingabe eines Suchbegriffes, der das zu untersuchende Feld in irgendeiner Form markiert, in eine Internetsuchmaschine (z.B. Google). Der Akt des Suchens und der Feldkonstitution beginnt daher schon mediatisiert durch das Suchen im Internet. Zwangsläufig stößt man dergestalt als Erstes auf digitale Artefakte: Internetseiten, Bilder, Videos, Foren, Newsletterangebote usw. Und nicht selten erfolgt die Eröffnungskommunikation über E-Mail, d.h. auf digitalem Wege. An dieser Stelle soll nicht die mögliche Abzweigung genommen werden (die hiermit bereits angedeutet wurde) und über die Mediatisierung der Feldforschung weiter referiert werdem. Aber sie ist gleichwohl ein Anstoß für den (möglichen) Umgang mit den auf sie treffenden digitalen Artefakten. D.h. die digitalen Artefakte sind nicht nur im Feld vorhanden, sondern werden natürlich auch erst durch die digitale Hinwendung zum Feld erzeugt. Man kann das alles selbstredend auch aus der Warte des Feldeinstieges betrachten und bewerten. Hier aber geht dann die Perspektive verloren, die gerade näher beleuchtet werden sollte, nämlich die Eigenlogik solcher Artefakte. Dergestalt lässt sich vermerken, dass die Mediatisierung des Alltags zu einer unüberschaubaren Vervielfältigung von Feldartefakten geführt hat. Viele Untersuchungsfelder wollen, wenn man sich ihre digitalen Ausformulierungen anschaut, gesehen, wollen rezipiert werden. Wie beobachtet man Artefakte, die extra für die Sichtbarkeit, für die Beobachtung angefertigt wurden (und über eine reine Werbefunktion hinausgehen)? Wie interpretiert und beobachtet man z.B. einen täglichen Newsletter und oder Informationsmail (sofatutor.de)? Zunächst aber gilt es zu konstatieren, dass solche Daten wesentlich zum Feld gehören und sie daher nicht einfach außer Acht gelassen werden können. D.h. es stellt sich die Frage nach der Bedeutung solcher Artefakte im Verbund aller Daten, die man erhoben hat. Und ihre gewollte Sichtbarkeit und Sichtbarmachung, ihre Einladung zur Teilnahme muss im Forschungsprozess und im Rahmen der Interpretation dieser Daten problematisiert werden.

Digitale Artefakte können sowohl transparent also auch diaphan und opak wirken. In allen drei Formen lassen sie nicht nur, sondern fordern quasi Beobachtung bzw. Rezeption ein. Ob sie also Klarheit, Durchsichtigkeit, nur ein Durchscheinen oder gar Verhüllen ermöglichen, sozusagen einen weiteren Kodifizierungsschleier weben, ist nicht nur vom jeweiligen Fall abhängig, sondern vor allem auch von der jeweiligen ontologischen Position des Forschers, die auch nach der Existenzform solcher Artefakte fragt. Man kann die ontologische Perspektive als Feldforscher hinsichtlich digitaler Artefakte den Philosophen überlassen, gleichwohl bleibt die Frage danach, ob im jeweiligen Fall die digitalen Artefakte Transparenz erzeugen oder diaphan oder opak wirken. Das wiederum wäre ein Aspekt, der dann bereits Teil der Feldbeschreibung und auch schon Analyse des Feldes ist. Um dies leisten zu können, bleibt der analoge Feldbesuch (wo es ihn denn gibt) als weiterhin gültige Referenz unverzichtbar (vgl. Bidlo 2016): 441 ff.).
Im Nachfolgenden soll zunächst für die Darstellung einer Verkettung analoger und digitaler Modelle im Rahmen der Nachhilfe der Blick von Nachhilfeinstitutsleitern auf digitale Formen der Nachhilfe eruiert werden. D.h. es wird auf Basis des Datenmaterials die Perspektive der Nachhilfeinstitute auf digitale Nachhilfe rekonstruiert. Im Anschluss daran sollen dann drei ausgewählte digitale Lern- bzw. Nachhilfeplattformen analysiert werden. Dabei folgt die Analyse – eingebettet in den übergeordneten Rahmen der Arbeit – der Frage nach den Formen der digitalen Nachhilfe in An- und Abgrenzung zu den klassischen Nachhilfeformen, die zuvor untersucht wurden. Dabei geht es nicht um eine normative Wertung hinsichtlich des Erfolgs dieser Form der Nachhilfe. Es geht bei der Analyse vielmehr um die Erarbeitung der Unterschiede, die Anknüpfungs- und Abgrenzungspunkte zu bestehenden Perspektiven im Zusammenhang mit der Auswahl und Durchführung von Nachhilfe sowie die Explikation sich dort manifestierender Sichtweisen auf Bildung und Wissen und des damit verknüpften lernenden Subjektes.

6.2 Nachhilfe zwischen digitaler und analoger Welt

Die Nachhilfe war und ist auch heute noch ein Feld der unmittelbaren Kommunikation, sie erfolgt in der Regel in unmittelbarem Kontakt, d.h. in klassischer ko-leiblicher Face-to-face Kommunikation. Die Zunahme digitaler Angebote von Nachhilfe zwingt Institutsleiter gleichwohl zur Selbstvergewisserung ihrer Arbeit. D.h. sie werden vor dem Hintergrund der zunehmenden Mediatisierung der Nachhilfe, also der Verbreitung, Nutzung sowie der handlungspraktischen Einlassung von digitalen Nachhilfeangeboten aufgefordert, ihre Arbeit vor diesem Hintergrund zu reflektieren, sie zu befragen und zu bewerten. Der Mediatisierung der Nachhilfeangebote aus der Perspektive des digitalen Angebotes, dergestalt die Produzentenseite dieser Medaille, wird im Anschluss genauer beschaut. An dieser Stelle soll es um die Rekonstruktion der Sichtweise von Institutsleitern, die an dieser Stelle (fast) immer auch als Nachhilfelehrer selbst tätig sind, gehen. Dass nun diese Stellungnahmen zu der Wanderungsbewegung in den digitalen Raum auch von wirtschaftlichen Erwägungen getränkt sind, ist evident, ist diese Form der Nachhilfe zugleich ein Marktkonkurrent. Sie geht darin allein allerdings nicht auf. Denn es zeigt sich, dass Nachhilfeinstitute ihrerseits selbst ihre unmittelbaren Angebote um digitale Möglichkeiten erweitern (z.B. Online-Videos, Zugang zu Aufgabensammlungen) und so digitale Möglichkeiten zunehmend nutzen.

Meist beginnt Nachhilfe, die über ein Institut erfolgt, mit einem üblichen Beratungsgespräch, in dem der Nachhilfelehrer bzw. Institutsleiter mit den Eltern und dem Schüler bzw. der Schülerin spricht, sich ein Bild macht und dann zusammen mit den Eltern entscheidet, ob z.B. eine Einzel- oder Gruppennachhilfe besser angezeigt wäre. Zudem wird dort eruiert, wo die Nachhilfe inhaltlich ansetzen muss. Dieses Gespräch stellt dergestalt eine Bildungs-Anamnese des Schülers bzw. der Schülerin dar. Solche Gespräche finden in der Regel in den Nachhilfeinstituten statt, können aber auch in Einzelfällen per Telefon erfolgen. Die Regel stellt hier gleichwohl der unmittelbare Kontakt dar, der sich dann auch in der Situation des Nachhilfeunterrichts fortsetzt, wenngleich auch die stationäre Nachhilfe zunehmend digital flankiert wird.

Heute wächst der digitale Nachhilfemarkt rasant und es ist dabei interessant zu beobachten, wie einerseits analoge Modelle eins zu eins ins Digitale über-

tragen, andererseits neue, dem Medium angepasste Formen der Beratung und der Wissensvermittlung konzipiert werden (z.B. ein zeitlich unabhängiger Onlinechat, in dem man seine Frage stellen kann und innerhalb von fünf Minuten eine Fachantwort erhält).
Als positive Aspekte von digitaler Nachhilfe werden mithin die Medienvorteile genannt: schneller und punktgenauer Zugriff auf Lernvideos, Online-Lernmaterial und Online-Chat.
Als Nachteil und hier lasse ich einmal mein Material sprechen, kann man z.B. bemerken, was ein von mir interviewter Nachhilfeinstitutsleiter von digitaler Nachhilfe hält.

> „Wenn ich ein Kind habe, dass im Unterricht nicht richtig aufpasst und zuhause nicht selbstständig nachlernt, ist es die Preisfrage, ob das Kind, fleißig wie es ist, ein paar Stunden regelmäßig sich den Stoff reinzieht. Nein, wird es nicht. Das Kind könnte ja auch das Schulbuch nehmen und daran arbeiten [...] es macht es nicht. Jetzt lieber zocken und zwischendurch, wenn Mutter mal reinguckt, schalte ich schnell den Bildschirm um. Was die Kinder brauchen, ist ein Mensch, der sie wahrnimmt als Mensch, der sie wertschätzt und ihnen zeigt, du bist wertvoll. Das kann der Bildschirm nicht"

Dieses Beispiel verdeutlicht, dass es dem Nachhilfelehrer bzw. Institutsleiter hier eben nicht nur um die Ebene der reinen Informations- und Wissensvermittlung geht, sondern er benennt sozusagen zusätzlich den anthropologischen Aspekt von Kommunikation und Begegnung. Es geht auch um Würde und Wertschätzung, um Anerkennung des Schülers bzw. der Schülerin. Ja, letztlich geht es sogar darum, dass man als Mensch die Verantwortung für den Anderen übernimmt und ihn im guten Falle in seiner Person akzeptiert.
Der Nachhilfeinstitutsleiter Herr Franzen formuliert an dieser Stelle die Sinnfigur von unmittelbare Kommunikation als Gegensatz zur digitalen Kommunikation, die mit dem Aufkommen der digitalen Kommunikationsmöglichkeiten erneut virulent geworden ist und auch heute weithin verhandelt wird.[100]

[100] Als Beispiel dienen zum einen die vielfältigen Ausdehnungen digitaler Kommunikation

Auch wenn der Mensch schon spätestens seit der Etablierung eines Post- und später eines Telefonsystems die Möglichkeit hatte mit nicht Anwesenden zu kommunizieren, war und ist die leiblich-kopräsente Kommunikation die paradigmatische Form der sozialen Kommunikation. Dies musste in früherer Zeit kaum betont werden, da die Menschen trotz der Nutzung von Telefon, Zeitung und Fernseher in der Regel unmittelbar miteinander kommunizierten. Menschen sprachen mit anderen anwesenden Menschen und hier wurde dann immer auch die Vielfalt der Kommunikationskanäle betont: Verbale wie nonverbalen Kommunikation, Gestik und Mimik, all dies war und ist in unmittelbarer sozialer Kommunikation enthalten und wirksam. Nicht selten wird daher in diesen unmittelbaren Formen der Kommunikation der Begriff des Authentischen aufgeworfen. Authentizität, die Echtheit und Wahrhaftigkeit einer Person und des von ihr Gesagten ist rückgekoppelt an den Körper, der letztlich Träger, Produzent sowie Rezipient von Kommunikation ist. Als Gegenbegriff – so könnte man sagen – hatte sich im 20. Jahrhundert der Begriff der Massen(medien)kommunikation, aber auch die aufkommende Mensch-Maschine Kommunikation etabliert. Hier wurden – auch vom dem Hintergrund z.B. der Propagandaforschung – Radio und Fernsehen als Massenmedien behandelt. Und hinsichtlich der Mensch-Maschine Kommunikation suchte man nach ersten Wege zur Etablierung von Mensch-Maschine Kommunikationssystemen. Man hat in diesem Kontext nicht von sozialer Kommunikation gesprochen und musste dies auch nicht, da schnell einsichtig war, dass diese Formen der Kommunikation ja zu unterschiedlich zur unmittelbaren Face-to-Face Kommunikation ablief. Es gab keinen Feedback-Kanal oder aber – bei der Mensch-Maschine Kommunikation – keinen wirklichen Gesprächspartner

Unter sozialer Kommunikation wurde daher zwar nicht immer explizit, aber so doch zumindest implizit die unmittelbare Kommunikation verstanden, die koleiblich-präsente Form von Kommunikation. Nun ist dieser Umstand insofern wichtig, weil ein solcher Blick auf Kommunikation diese eben

in klassische ko-leibliche Kommunikatsionsformen, wie die Beratung im Rahmen sozialer Arbeit, Bank- oder Anwaltsberatung oder die auch hier angedeutete digitale Schul- und Weiterbildungsmöglichkeit. Zum anderen platziert sich digitale Kommunikation durch physische Repräsentanten z.B. auch im Bereich der Pflege, indem physische Pflegeroboter den unmittelbar-kommunikativen Spalt aufzulösen versuchen. Weitere, physisch präsente digitale Assistenten sind hier für die Zukunft vorstellbar.

nicht nur als eine reine Informationsübertragungstechnik versteht. Klassisch für ein solches Verständnis von Kommunikation ist das Modell von Shannon und Weaver, d.h. ein Sender-Empfänger-Modell von Kommunikation, das auch als Transportmodell bezeichnet wird. Ein Sender übermittelt eine Nachricht an einen Empfänger, dafür wird die Nachricht kodiert über einen Kanal übertragen und später vom Empfänger dekodiert, der dann die Nachricht erhält bzw. vorliegen hat. Schnell wurde ein solches nachrichtentechnisch gedachtes Kommunikationsmodell erweitert bzw. auch dahingehend kritisiert, dass Kommunikation doch mehr sei als nur Nachrichtenübertragung.

Was aber ist dieses Mehr der Kommunikation? Kommunikation dient, wie oben bereits erwähnt, z.B. auch dem Identitätsaufbau, dem Absichern von wechselseitigem Verständnis, der Selbstverwirklichung und letztlich der wechselseitigen Anerkennung des Menschen als Menschen. In dieser Sichtweise auf Kommunikation ist sie für den Menschen eine grundsätzliche Handlung, die ihn erst zu dem macht oder werden lässt, der er ist. Die Sprache ist hier also von Kommunikation als einem anthropologischen Aspekt des Menschen. Der Mensch kommuniziert, um sich seiner Existenz zu vergewissern, ja um seine menschliche Existenz erst einmal zu begründen (Vilém Flusser, Martin Buber, Karl Jaspers). In der Dialogphilosophie Martin Bubers (vgl. Buber 1981) wird der Mensch erst zu einem Menschen in einem echten Dialog mit einem anderen Menschen. Und es versteht sich nahezu von selbst, dass Buber hier die Unmittelbarkeit u.a. als vorauszusetzenden Rahmen einfordert. Karl Jaspers spricht sogar von existentieller Kommunikation. Denn menschliche Existenz ist auf den anderen gerichtet, daher ist Kommunikation das Greifen nach dem Anderen in seiner Ganzheit. Und diese Ganzheit findet sich in der unmittelbaren Begegnung (vgl. z.B. Jaspers 1956).

Soziale Kommunikation impliziert nun in diesem Zusammenhang genau das: Die Anwesenheit der Kommunikationspartner, zumindest aber wird die Kommunikation unter Anwesenden noch höher oder sogar als noch „wertvoller" verstanden, eben als echte, authentische Kommunikation angesehen. Wenden wir uns vor diesem Hintergrund typischen Beratungssituationen zu, dann sehen wir auch hier eine Präferenz von unmittelbarer Kommunikation. Die Beratungssituation ist im Idealfall davon bestimmt,

dass sich die beteiligten Personen anwesend gegenüberstehen, weil die Anwesenheit eben dieses gerade beschriebene Mehr beinhaltet.
Die Veränderung, die sich mit und durch die Formen der digitalen Kommunikation ergeben und die mit dem bereits dargestellten Metaprozess der Mediatisierung bezeichnet werden kann, macht auch vor den Enklaven unmittelbarer Kommunikationssituationen nicht halt.
Dieser hier angesprochene Aspekt ist keineswegs randständig für die vorliegende (Teil-)Analyse der Mediatisierung von Nachhilfe im Allgemeinen und Nachhilfeinstituten im Besonderen, spielen doch im gesellschaftlichen wie auch im wissenschaftlichen Diskurs die Fragen nach der Bedeutung von digitaler Kommunikation, ihr Verhältnis zur unmittelbaren Kommunikation und schlussendlich nach ihrer Reichweite eine gewichtige Rolle. Erst vor dem Verständnis dieses Hintergrundes – eines Kommunikationsverständnisses, das hinsichtlich Kommunikation sowohl die Informationsvermittlung, ihre identitätsgestaltende sowie ihre anthropologische Dimension umfasst – erschließen sich beispielsweise Überlegungen nach der Bedeutung digitaler und mediatisierter Formen der Bildungsvermittlung bzw. -erzeugung. Ein zentraler Verhandlungspunkt zwischen analoger und digitaler Nachhilfe ist daran anschließend genau die Betrachtung der Bedeutung von Unmittelbarkeit in der Kommunikation von Mensch zu Mensch und die daran anschließende bzw. darin enthaltende Frage nach dem Aufbau von Identität, Wissen und schlussendlich von Gemeinschaft und Gesellschaft über die unterschiedlichen Arten und Formen von Kommunikation.
Die Frage, wie Sozialität überhaupt erst möglich sei, war vor der Erfindung und Etablierung der digitalen Kommunikationsmedien und ihrer Durchdringung des Alltags für die Soziologie in erster Linie gebunden an die koleibliche face-to-face-Situation. Über sie konstituiert(e) sich das Soziale. Das Scheitern solcher Situationen (oft, aber nicht ausschließlich) dyadischer Konstellationen wird zwar als ein anzunehmender Teil angenommen, gilt aber als deviant. Vor diesem Hintergrund ist beispielsweise Sartres Hinwendung zum Anderen im Allgemeinen und dem *Blick* im Besonderen die Thematisierung dieses Devianten, des möglichen Scheiterns und der Destruktion der dyadischen Beziehung als einer wohlwollenden bzw. veredelnden Wechselseitigkeit. Der Blick des Anderen nach Sartre macht das Ich zu seinem Objekt und konstituiert dergestalt eine Subjekt-Objekt-Beziehung,

eine Situation, der sich das Ich ausliefern muss. Der Andere macht das Ich durch seinen Blick zum An-sich, einem Objekt, genauso wie das Ich ihn durch seinen Blick zu einem solchen macht. Denn nur die gegenseitige Verobjektivierung kann Voraussetzung für den eigenen Subjektstatus sein; das Wissen, um mein Subjektsein. Zwischenmenschliche Beziehungen sind daher nach Sartre zum Scheitern verurteilt. Denn: „Die Hölle, das sind die anderen", wie es in Sartres Theaterstück „Geschlossene Gesellschaft" heißt. Der unmittelbare Andere wird damit zunächst als Bedrohung gefasst und weniger als eine Herausforderung. „Bildung als Ereignis des Fremden" (Blech 2001) wird so nur schwer möglich. Und wenn bei Buber oder Lévinas der Andere als Konstituent des Ichs in der Ich-Du-Beziehung bzw. der face-to-face-Situation gilt, besitzt der Andere damit zugleich das Potential der Nicht-Konstitution des Ichs und sogar seiner physischen Gefährdung. Zygmunt Bauman thematisiert diesen Gesichtspunkt explizit in seiner postmodernen Ethik, insofern er die Menschen als moralisch ambivalent versteht: „Ambivalenz wohnt im Kern der ›Primärszene‹, des menschlichen von Angesicht-zu-Angesicht" (Bauman 1995: 23). Der Andere bleibt zunächst auch aufgrund der Kontingenz sozialer Situationen für das Ich ein ambivalentes Gegenüber. So entwirft sich Kommunikation zum einen in einer kontingenten Situation, gleichzeitig ist Kommunikation in der Regel für die Reduktion von Kontingenz nötig. Trotz dieser Ambivalenz nimmt der Andere eine für das Ich konstitutive Funktion ein, die letztlich im Verantwortungsbegriff für den Anderen mündet. Die hier enthaltende Verantwortungsethik bleibt gleichwohl auch in der digitalen Kommunikation vorhanden. Aber wenn sich hier die positiven Möglichkeiten zum Beziehungsaufbau und zur -ausgestaltung aufgrund der Reduktion der Kommunikationskanäle reduzieren, so reduzieren sich zugleich auch ihre möglichen negativen Anteile.

Dies nun kann – mit Flusser gesprochen – durch die Proxemik umgangen werden, die den anderen Menschen körperlos näher bringt und zugleich die *Qualität* der Beziehung in eine besondere Form überträgt. So besteht keine Notwendigkeit mehr, sich noch in den alten, außerhalb der Wohnung befindlichen öffentlichen Raum zu begeben und mit anderen Menschen unmittelbar in Kontakt zu treten. Durch telematische Vernetzung können die Menschen persönliche Beziehungen knüpfen und gleichzeitig dann eine persönliche Verantwortung für den Anderen übernehmen. Denn nur dort, wo man in einer echten persönlichen Beziehung zu einem Du steht, kann sich für Flusser ein gegenseitiges Verantwortungsbewusstsein bilden. „Die Idee der allgemeinen Verantwortung stirbt. An deren Stelle tritt eine persönliche, intersubjektive Verantwortung. Die Ethik erhält dann das Kriterium der Nähe. [...] Durch die Hintertür kommt ein neuer Begriff der Nächstenliebe, weil ein neuer Begriff der Nähe entstanden ist. [...D]ie Proxemik, die Nähe, ersetzt, glaube ich, den verwässerten Humanismus" (Flusser 2003b: 20-21). Mit diesen Menschen, den über Telematik nahe gebrachten Entfernten, stehe ich in einer zwischenmenschlichen Beziehung und trage ihnen gegenüber die Verantwortung. „Das ist, glaube ich, Telematik" (Flusser 1993: 77). Und die Telematik, die die Proxemik ermöglicht, verweist für Flusser auf eine Anthropologie, „wonach der Mensch nicht ein Etwas ist, sondern Wie-sich-Relationen-verketten und wie sich durch diese Verkettung die Möglichkeiten des Relationsfeldes immer mehr realisieren" (Flusser 1993: 77).

Gegenwärtig wird dieser Aspekt von Rosa (vgl. Rosa 2012, Rosa/Endres 2016, Rosa 2016) aufgenommen und mit dem Begriff der *Resonanz* weiterentwickelt, insofern er dafür plädiert, „dem Zustand der Entfremdung nicht länger den Autonomie- oder den Authentizitätsgedanken entgegenzusetzen und auch nicht den Zustand der Anerkennung und Wertschätzung, sondern *das Konzept der Resonanz*" (Rosa 2012: 9). Das Konzept der Resonanz geht insofern über Anerkennung bzw. Wertschätzung hinaus, als Resonanzerfahrungen auch jenseits der Sphäre sozialer Interaktionen stattfindet. „In der Moderne haben sich die Sphären der Ästhetik und der Naturerfahrungen als Resonanzsphären sui generis etabliert" (Rosa 2012: 10). Die paradigmatische Beziehung, in der sich das Konzept der Resonanz entfalten kann, ist dann erreicht, wenn „die Welt den handelnden Subjekten als ein antwortendes, atmendes, tragendes, in manchen Momenten sogar wohlwollendes, entgegenkommendes oder ‚gütiges' ‚Resonanzsystem' erscheint" (Rosa 2012: 9). Dabei hebt Rosa hervor, dass sich A und B ‚berühren' und in einer Beziehung zur wechselseitigen Antwort bereit sein müssten, um eine Resonanzbeziehung darzustellen. Sofern sich Beziehungsmuster vornehmlich auf kausale oder instrumentelle und damit nach Rosa auf stumme Formen gründen, verliert sich die Möglichkeit zur Resonanzerfahrung, verlieren sich schlussendlich Resonanzsphären (vgl. Rosa 2012: 10).[101] Das *Darüberhinausgehen* über ein rein instrumentelles oder kausales Beziehungsmuster thematisiert der Nachhilfeinstitutsleiter und -lehrer Herr Franzen nun, wenn er als Mensch für einen Menschen da ist und diesen anerkennt. Damit wird – so eine mögliche Lesart – aus der Perspektive des Herrn Franzen die digitale Nachhilfe zur kommunikativen Verlängerung des modernen Entfremdungsprozesses, der in der Tradition Bubers zu einem Verlust der Möglichkeit zur Menschwerdung führt: „Wenn wir je dazu gelangten, uns nur noch durch den Diktographen, also kontaktlos, miteinander zu verständigen, wäre die Chance der Menschwerdung bis auf Weiteres vertan" (Buber 1962: 421). Es geht nun an dieser Stelle nicht darum, diese These einer normativen Untersuchung und wissenschaftlichen Erörterung des Für und Wider digitaler Kommunikationsweisen zuzuführen, sondern allein darum, diese Verlustigung als durchscheinende Sinnfigur auszuweisen und diskursiv zu verorten.

Wenn Herr Franzen nun von der Wertschätzung des Schülers, der Wahrnehmung des Anderen von Mensch zu Mensch spricht, dann formuliert er hier diesen existentiellen Aspekt der Kommunikation, eine Resonanzbeziehung, die zugleich auf eine humanistische Perspektive auf den Menschen und die Bildung verweist, in der es schlussendlich um die Veredelung des Menschen geht und die reine Wissensvermittlung dann nachrangig ist. Die Zuwendung, von der Herr Franzen spricht, folgt aber noch einem weiteren Motiv. Wenn er von „wertvoll" spricht und diesen Umstand nicht an Noten, Ergebnissen oder Lernfortschritten festmacht, grenzt er sich und die Nachhilfe von einer Defizitperspektive ab, die man ihr zuschreiben kann. Der *Wert* des Nachhilfeschülers wird nicht über die Noten und seine Leistungen bemessen, sondern er wird weitgehend als Mensch in Beziehung zu einem anderen Menschen gefasst. Dies kann der „Bildschirm", so Herr Franzen, nicht. Zudem lässt sich die doppelte Konnotation des Begriffes *Wert* an dieser Stelle markieren. Der Schüler ist wertvoll, weil er in Beziehung zu einem Anderen treten kann. In Bezug zu einem Bildschirm bleibt der Schüler nur noch als ökonomischer Wert als Teil einer Dienstleistung

[101] Die Nähe zu Formulierungen von Martin Buber zum *echten* Dialog, der Dimension des Zwischen und die Bereitschaft zu einer Antwort, die das Ich dem Du und umgekehrt zu geben bereit sein muss oder der Ich-Du- und der Ich-Es-Einstellung zur Welt, sind hier offensichtlich, werden von Rosa aber substantiell nicht zur Kenntnis genommen.

erhalten. Wenn Herr Franzen dergestalt vom Wert des Schülers spricht, den er ihm in dieser Beziehung spiegeln möchte, so schildert er damit auch seine eigene Position als eine andere; eine Position, die nicht in einem Lehrer-Schüler- oder einem Dienstleistungsverhältnis aufgeht, sondern nur in einer Beziehung zwischen Mensch und Mensch, die hier zudem über einen funktionalen Wert (Wissens-, Lernstrategievermittlung, Kunde und Anbieter usw.) hinausgeht.

Zugleich bewegt sich Herr Franzen damit auf eine Ebene zu, die der digitalen Nachhilfe, vermittelt über den Computer, weitgehend nicht inhärent ist, und weicht so einer reinen Skalierung und einem unmittelbaren Vergleich mit ihr aus, indem er die *qualitativen* Aspekte der unmittelbaren Beziehung allein betont. Vielmehr wird der Computer als ein möglicher Grund der Ablenkung ausgemacht, wodurch er sich von einer Lösung zum Teil des Problems wandelt. Denn die zuvor skizzierte Unaufmerksamkeit des Schülers im Unterricht und seine häusliche Abgelenktheit werden dem Bildschirm, d.h. dem Computer zugeschrieben. Dass ein zu hoher Medienkonsum als ein Aspekt für schwache Schulnoten angesehen werden kann, gilt heute als relativ sicher,[102] das breite Thema der Medienkompetenz nimmt dies z.B. auf. Damit impliziert der von Herrn Franzen getätigte Satz „Jetzt lieber zocken und zwischendurch, wenn Mutter mal reinguckt, schalte ich schnell den Bildschirm um", dass hier „der Bock zum Gärtner" gemacht wird, wenn man über den Computer als Nachhilfemöglichkeit nachsinnt. Die neuen Medien im Allgemeinen und der Computer im Besonderen werden als eine Ursache von Abgelenktheit und Unstrukturiertheit bei dem Beispielschüler ausgemacht.

Wie allerdings im Kapitel zur kommunikativen Aushandlung des Nachhilferaumes bereits angesprochen wurde, wird das der unmittelbaren koleiblichen face-to-face-Situation inhärente Übergriffigkeitspotential bzw. – etwas abgeschwächter formuliert – das Unbehagen vor ko-leiblichen face-to-face-Situationen als mögliche Ursache der Hinwendung zu digitalen Kommunikations- und Lernformaten nicht thematisiert. Auch wenn der gesellschaftliche Diskurs zur Sensibilisierung gegenüber Gewalt und Belästigung von

[102] Das Thema des Medienkonsums und seine Auswirkung auf Schulnoten wird seit 2004 vom Kriminologischen Forschungsinstitut Niedersachen (KFN) in verschiedenen Studien immer wieder untersucht. Als Quintessenz kommt das KFN zu dem Ergebnis, dass die „PISA-Verlierer – Opfer ihres Medienkonsums" seien (Pfeiffer et al. 2007).

Kindern beispielsweise durch transparente Türen, nicht abschließbare Gruppenräume, offene Gestaltung von Nachhilfeplätzen (Abgrenzungen z.B. durch hohe Regalwände oder Sichtschutz) oder auch durch die Unterstützung der Aktion *Notinsel* aufgenommen wird und sich niederschlägt, wird die digitale Kommunikation und Lernweise als mögliche Lösung hierfür verständlicherweise nicht thematisiert bzw. kommt überhaupt nicht in den Blick. Diese Unthematisierung wiederum zeigt sich in wissenschaftlicher Hinsicht bei vielen Verfechtern der unmittelbaren Kommunikationsweisen. Dass in der unmittelbaren, ko-leiblichen Kommunikation grundsätzlich das Potential zur Übergriffigkeit und körperlicher Gewalt enthalten ist und nicht allein die Möglichkeit zur Authentizität oder existentiellen Bestätigung, wird hier meist ausgeblendet. Damit soll keineswegs behauptet werden, das Potential von Gewalt und von physischer Wirkung würde in der Kommunikation nicht auch in der vielfältigen kommunikationssoziologischen und -theoretischen Literatur behandelt. Die „Kommunikationsmacht" (Reichertz 2010) und entsprechend die Macht der Worte verweisen zweifelsohne auf die Wirkungsmacht kommunikativen Tuns. Gleichwohl kann dieses auch allein in dem reduzierten kommunikativen Ensemble z.B. der Audio- oder Videoübertragung stattfinden bzw. wirksam werden. Der Körper ist bei Anwesenheit selbstredend wichtiger Teil des kommunikativen Ensembles, er ist der Produzent vielfältiger kommunikativer Entäußerungen. Darüber hinaus ist er aber auch als raumzeitliche Präsenz – Präsenz hier verstanden als raumzeitlicher Begriff mit einer stärker raumbezogenen Konnotation – Ausdruck von Potentialität; der anwesende Körper allein besitzt die fraglos gegebene physische Reichweite und Wirkungsmöglichkeit (vgl. z.B. Ernst/Paul 2013). Umgekehrt gesprochen ist es der Prozess der Distanzierung, wie Norbert Elias ihn angezeigt hat, der sich hier widerspiegelt. So waren – als ein Beispiel – das Aufkommen der Gabel und ihre Nutzung in Europa im Verlauf des 16. Jahrhunderts, wenngleich bis ins 17. Jahrhundert hinein ein Luxusgegenstand der Oberschicht, nicht nur eine höfische Spielerei. Sie bewirkte in einer mittelalterlichen Gesellschaft, in der mehrheitlich die Menschen mit den Fingern, aus einer Schüssel oder von einem Teller aßen und aus einem Becher tranken und mithin in einer anderen Beziehung zueinanderstanden, eine physische, psychische und ästhetische Distanzierung. Die den o.g. Beispielen inhärente übergreifende Körperlichkeit (aus einer Schüssel mit Händen essen oder einem Becher trinken) wird nicht nur durch das neue Artefakt der Gabel physisch distanziert. Auch eine innere, affektive Distanzierung tritt ein, die sich bei den heutigen im Gegensatz zu den damaligen Menschen in Bezug zu diesem Beispiel durch Scham, Peinlichkeitsgefühl oder Ekel ausdrückt. „Ihr Affekthaushalt war auf Formen der Beziehung und des Verhaltens konditioniert, die, entsprechend der Konditionierung in unserer Welt, heute als peinlich, mindestens als wenig anziehend empfunden werden" (Elias 1997a: 180). Die Formen dieser normativen Anpassung sedimentieren sich im Einzelnen und wirken im Nachgang wie eine Hintergrundfolie des Handelns. Elias formuliert diesen Prozess übrigens ähnlich wie Foucault später hinsichtlich der Gouvernementalität, in der die Fremdführung zur Selbstführung wird (vgl. allgemein Foucault 1993b und 2006). So betont Elias: „Der gesellschaftliche Standard, in den der Einzelne zunächst von außen, durch Fremdzwang, eingepaßt worden ist, reproduziert sich schließlich in ihm mehr oder weniger reibungslos durch Selbstzwang, der bis zu einem gewissen Grade arbeitet, auch wenn er es in seinem Bewußtsein nicht wünscht" (Elias 1997a: 265).

Bei den nachfolgenden Analysen der drei ausgewählten digitalen Lernplattformen wird sich zeigen – dies bereits hier als protentiver Hinweis –, dass die bisher angesprochenen Gesichtspunkte auch dort in der Gestaltung ihren Widerhall finden. Überdies stellen die drei vorgestellten und analysierten Lernplattformen drei unterschiedliche Konfigurationen in Art und Form der Verschränkung von analogen sowie digitalen Angeboten dar. Dass die Digitalisierung *in* der Schule eine immer größere Bedeutung gewinnt – und damit auch die hier angedeuteten Fragen nach Mittelbarkeit und Unmittelbarkeit und ihre Bedeutung für den Menschen –, zeigt sich offenkundig auch am „DigitalPakt Schule", über den von 2019 an Schulen Bund und Länder finanziell für die digitale Ausstattung von Schule sorgen wollen. Neben der technischen Ausstattung soll es zugleich darum gehen, das Verstehen der fortschreitenden Digitalisierung der Gesellschaft zu unterstützen.

> „Digitale Systeme und Werkzeuge durchdringen die Gesellschaft. Die Arbeitswelt verändert sich im Zuge der fortschreitenden Digitalisierung. Viele nutzen selbstverständlich digitale Angebote, häufig ohne

die dahinterstehenden Algorithmen und Geschäftsmodelle zu verstehen, die rechtlichen Rahmenbedingungen zu kennen und die Auswirkungen auf die eigene Person und das Zusammenleben zu hinterfragen. Digitale Kompetenz ist deshalb von entscheidender Bedeutung: für jeden Einzelnen und jede Einzelne, um digitale Medien selbstbestimmt und verantwortungsvoll nutzen zu können und um gute Chancen auf dem Arbeitsmarkt zu haben; und für die Gesellschaft, um Demokratie und Wohlstand im 21. Jahrhundert zu erhalten. Schulen müssen deshalb überall auf schnelles Internet zurückgreifen können und sollten über entsprechende Anzeigegeräte wie interaktive Whiteboards verfügen. Lehrerinnen und Lehrer müssen gut qualifiziert sein, um digitale Medien nutzen und digitale Kompetenzen vermitteln zu können."[103]

Nachhilfe steht dergestalt im Spannungsfeld von analoger und digitaler Welt, in dem es auch darum geht, eine entsprechende Justierung zwischen digitalen Erfordernissen und analogen Ansprüchen vorzunehmen und zu erreichen.

6.3 Das Lernportal *scoyo*

Die Online-Lernplattform scoyo, die scoyo GmbH, wurde 2007 gegründet und weist sich auf der Startseite selbst als „Deutschlands Nr. 1 Lernplattformen für Kinder – *Mit über 2 Mio. absolvierten Lernstunden Deutschlands meist genutztes Online-Lernangebot für Kinder" aus. Scoyo ist dergestalt eine reine E-Learning-Plattform. Dabei zielt sich scoyo bislang selbst auf die Klassen 1-7. Es gibt folglich zwei „Lernwelten", eine für die 1.-4. und eine für die 5.-7. Klasse. Ergänzt wird der Online-Bereich durch einen separaten Elternbereich, den die Hauptseite als einen Teilbereich hervorhebt: „Im separaten scoyo-Elternbereich können Sie den Lernerfolg Ihres Kindes nachvollziehen, Stärken und Schwächen erkennen, Lernfortschritte verfolgen und Ihr Kind gezielt fördern. Die detaillierte Lernerfolgsanalyse bietet hilfreiche Funktionen, um bei der Erreichung dieser Ziele den Überblick zu behalten". Scoyo bietet für die Jahrgangsstufen 1-4 die Fächer Mathematik,

[103] Siehe hierzu und darüber hinaus: https://www.bmbf.de/de/wissenswertes-zum-digitalpakt-schule-6496.php [28.09.19].

Deutsch und Englisch an und ab Klassenstufe 5-7 zusätzlich Physik, Biologie, Chemie und Kunst. Neben dem Elternbereich bietet scoyo auch ein „Elternmagazin" – ein „Magazin über Lernen, Schule, Medien & Familie" – an, dass eine Vielzahl von Informationen für verschiedene Bereiche anbietet. So gibt es z.B. Tipps für den ersten Schultag, zur Konzentrations- und Motivationsförderung für Schüler, Erziehungshinweise, aber auch Hinweise zur Work-Life-Balance von Eltern oder Kochrezepte. Hinzu treten beispielsweise der „scoyo-Elternabend"[104], ein Expertenbeirat, aber auch Beiträge von professoralen Experten oder die Vorstellung eigener Studienergebnisse zum „Spaß am Lernen" und einer entsprechenden Kommentierung von Professorinnen und Professoren.[105] Scoyo bietet dergestalt für die Eltern eine in sich geschlossene und komplette Lernumwelt, die nicht nur die eigentliche Nachhilfe in Form von E-Learning-Aufgaben und Spielen umfasst, sondern letztlich alle Bereiche des Familienalltags und -lebens thematisiert. Handlungskorrektive werden offeriert und Legitimationsangebote gemacht. Hervorzuheben ist dabei, dass über die Bedeutungsdimension der Schule und der dann damit kontextualisierten Nachhilfe das Portal scoyo sich in seiner Relevanz auf die Familie und ihr gesamtes Leben ausrichtet. Der Kulminationspunkt, der alle Bereiche miteinander verbindet, ist der Leistungsaspekt. Ernährt man sich richtig, ist man leistungsfähiger, setzt man seine Zeit richtig ein, kann man mehr erreichen, wählt man die richtigen Lernstrategien, kommt man schneller und erfolgreicher zum Ziel. Und selbst die Pause, das Spielen, das ja einen wesentlichen Punkt bei scoyo ausmacht („spielend lernen"), kann letztlich über den Leistungsgedanken aufgeschlüsselt werden. Gespielt wird nicht für sich, aus sich selbst heraus und dem Spielen um des Spielens willen, sondern ausdrücklich als Mittel zum Zweck, um konkrete Schulinhalte zu lernen.

Scoyo besitzt auch eine klassische FAQ-Seite, die häufige Fragen aufnimmt und beantwortet. Eine FAQ listet dergestalt wiederkehrende Fragen auf, die immer wieder an das Unternehmen bzw. die Webseite herangetragen wer-

104 So z.B. ein Elternabend mit dem Thema: „Zoff ums Internet: Welche Regeln im Familienalltag wirklich funktionieren – 5. Digitaler scoyo-Elternabend", der über Kommentarfunktionen Rückmeldungen erlaubt, unter https://www-de.scoyo.com/eltern/scoyo-elternabend/zoff-ums-internet-familie-regeln-fuer-kinder-mediennutzung [30.10.19].

105 Vgl. https://www-de.scoyo.com/eltern/schule/spass-am-lernen-experten-fordern-mehr-freude-am-lernen [30.10.19].

den. Dies sind Fragen nach technischen Abläufen (z.B. Anmeldung, Abmeldung, Vergessen der eigenen Daten) und Voraussetzungen, Preisen, Kündigungs- oder Zahlungsmöglichkeiten usw. Darüber hinaus finden sich bei scoyo auch antizipierte Fragen, d.h. Fragen, die nicht direkt an das Unternehmen herangetragen werden, sondern als Fragen im „Kopf" der Besucher bzw. Benutzer verweilen und dort wirksam sind. Scoyo antizipiert diese, nimmt sie auf und beantwortet sie vorausschauend. Methodisch kann man hier von einer Verwandtschaft zum Sokratischen Dialog sprechen, der im Wechsel Fragen und Antworten entwirft und schließlich zu einer Einsicht in den entsprechenden Bereich führt. In den scoyo-FAQ lässt sich dies unter dem Punkt „Internetnutzung" ablesen.

6.3.1 Das Logo und Maskottchen Kuma

Das Logo der *scoyo GmbH* stellt den Firmennamen in weiß auf hellgrünem Hintergrund dar. Der Begriff *scoyo* stellt einen Neologismus dar, der weder eine augenscheinliche begriffliche Reminiszenz beinhaltet noch im Deutschen einen assoziatorischen Anknüpfungspunkt bietet. Scoyo stellt damit ein unbeschriebenes Blatt, etwas Neues dar, das sowohl konnotativ wie auch denotativ *bedeutungslos* ist. Damit hebt scoyo auf das Neue und Andere, das noch nicht da Gewesene ab. Aufgrund einer zu erwartenden nicht vorhandenen assoziativen Belegung durch den Rezipienten, ist man in der weiteren Dar- und Vorstellung der Inhalte von Erwartungen zunächst befreit und zielt so auf die Neugierde der Rezipienten. Zugleich versieht sich scoyo selbst mit der Zuschreibung des Neuen und Anderen.

Abbildung 10: © scoyo

Gleichzeitig reduziert sich so die Möglichkeit der Verwechslung mit anderen Unternehmen, Dienstleistungen oder Produkten, was umgekehrt die Wiedererkennung im öffentlichen Diskurs erhöht.

Die Eigenzuschreibung wird zudem über die konsequent beibehaltene Kleinschreibung des Firmennamens betont. Die Kleinschreibung grenzt sich gegenüber der sonst üblichen Großschreibung von Firmennamen klassischer Unternehmen ab,[106] deren Hervorhebung nicht selten über eine durchgehende Großschreibung zusätzlich prononciert wird. Zudem verweist die Kleinschreibung auf den ursprünglichen „Herkunftsort" *scoyos*, nämlich auf das Internet, wo die Adressierung über den Weblink in der Regel durch die Kleinschreibung erfolgt. Genauer betrachtet ist die Groß- oder Kleinschreibung in der Adresszeile eines Internetbrowsers ohne Bedeutung. Selbst bei einer wechselnden Groß-/Kleinschreibung (z.B. sCoYo.dE) wird die entsprechende Internetseite gefunden und aufgerufen. Dergestalt hat sich die Kleinschreibung aus pragmatischen Gründen (ein Tastendruck weniger) etabliert. Die Kleinschreibung wird damit zu einem Hinweis auf die Internetverortung und -gebundenheit des Unternehmens.

Auf die spielerische Komponente, die ein zentrales Merkmal von scoyo ist („Mit Spaß zu guten Noten!", „Für Schüler der 5. bis 7. Klasse wird Lernen in über 20 spannenden Abenteuerwelten zum Erlebnis"),[107] hebt das Maskottchen Kuma ab.

Abbildung 11: © scoyo

[106] Beispiele hierfür sind BMW, Mercedes-Benz, Grundig, Siemens, Apple, Lufthansa, Bertelsmann u.v.a.m.

[107] Wiederkehrend zu finden auf der Startseite von scoyo unter www.scoyo.de.

Kuma stellt einen Waschbären dar und übernimmt die Funktion eines Maskottchens für *scoyo*. Der Name rekurriert zum einen auf eine fiktive Figur aus dem japanischen Forum *2channel* im Jahre 2003, in dem über eine ASCII-Zeichenkette ein Bärengesicht skizziert wurde (・(I)・) und aus dem sich anschließend eine Bärenfigur entwickelte.[108] Zum anderen bedeutet *kuma* in kroatischer Sprache u.a. *Patin*, was die Funktion eines Maskottchen zumindest andeutet. Ohne hier eine *Phänomenologie des Maskottchens* darzubringen, sollen kurz einige funktionale Aspekte angezeigt werden. Das Maskottchen ist ein Begleiter, der über die begleitende Funktion zunächst Unterhaltung und Gesellschaft anbietet. Als spielerische Repräsentation und visualisierte Identifikationsfigur des Unternehmens und seiner Dienstleistung ist es Bestandteil des unternehmerischen Corporate Designs. Damit dient es vor allem auch der schnellen Wiedererkennung. Das Maskottchen hat daher eine ähnliche Funktion wie allgemein das Logo, beide können als Werbefiguration, als eine – in Anlehnung an Luckmanns soziologische Gattungstheorie – kommunikative Gattung (vgl. Luckmann 1986), zumindest aber als eine „Verfestigung kommunikativer Abläufe allgemein" (Knoblauch/Schnettler 2010: 293) verstanden werden, die Orientierung, Rahmung sowie Erwartungsversprechen anzeigen, die sich bei der Rezeption und der späteren Wiedererkennung ergeben. Das Maskottchen stellt werbespezifisch (vgl. Knoblauch/Raab 2002) dergestalt ein Muster dar und spricht in diesem konkreten Fall die selbst ausgewiesenen Nutzer- (Erst- bis Siebtklässler) sowie die Kundengruppen (Eltern) an und verweist in seiner Form als Zeichentrickfigur, die im gesellschaftlichen Wissensvorrat als spielerisch und unterhaltend verstanden werden kann, entsprechend auch auf diesen Charakter des hinterlegten Lernangebotes und hat hier zugleich eine Stellvertreterfunktion für die sich hinter der Paywall befindlichen Angebote. Überdies knüpft seine Ästhetik (Zeichentrick, Animation) an die Alltags- und Unterhaltungswelt der Schüler an, über die dann auch eine Identifikation mit der Figur und darüber mit dem Angebot möglich wird.

108 Aufgrund nicht mehr vorhandener Originalquellen sei hier auf den Wikipedia-Artikel zum Thema *Kumā* hingewiesen, der die Genealogie der Entwicklung skizziert.

6.3.2 Die Startseite[109]

Auch wenn bereits erste, vorstellende Aspekte zu scoyo erwähnt wurden, soll nun zunächst die Startseite kurz beschrieben werden, um anschließend einzelne Aspekte diesbezüglich zu analysieren. Die scoyo-Startseite lässt sich aufgrund ihrer Länge in 12 Teilbereiche unterteilen, die kurz beschrieben werden sollen. Sie beginnt mit der Kopfzeile und dem dort befindlichen Logo, den Menüpunkten („Informieren – Testen – Preise & Abos – Elternmagazin“) und dem Login-in-Fenster. Direkt darunter folgt der zweite Bereich, der mit „Mit Spaß zu guten Noten“ überschrieben ist. Dort werden eine lächelnde Frau und ein die Mutter von hinten umarmendes, lachendes Kind gezeigt. Die beiden können als Mutter und Sohn verstanden werden. Neben dem Bild wird mit einer Unterüberschrift scoyo als „Deutschlands Nr. 1 Lernplattform für Kinder“ ausgewiesen. Die mit einem Haken versehenen Aspekte der Klassenreichweite (1-7), Lehrerempfehlung, die angebotenen Fächer sowie eine „detaillierte[.] Lernerfolgsanalyse“ befinden sich darunter. Daneben wird für einen kostenlosen Testzugang geworben, der über die Eingabe der eigenen E-Mail-Adresse eröffnet werden kann. Dieser zweite Bereich schließt mit einem Zitat einer Mutter eines Kindes, das scoyo nutzt und einer Kundenbewertungsskala (4,4 von 5 Sternen), wie man sie aus den Produktbewertungen des Internets kennt (Sterne-Vergabe). Das Zitat der Mutter verstärkt überdies die Assoziation, dass die abgebildete Frau mit dem Kind als Mutter und Sohn zu verstehen sind.

Der dritte Bereich der Startseite weist mit der Überschrift „In Bildung investieren“ und dem darunter stehenden Text die hohen Konsumausgaben für Kinder in Deutschland aus („knapp 600 Euro im Monat“, Statistisches Bundesamt). Die nebenstehende Grafik stellt diese Ausgaben (600 Euro) dem monatlichen Abo-Preis von 14,99 Euro für scoyo gegenüber. Dabei werden die 600 Euro größer und in der Farbe grau gesetzt, die 14,99 Euro kleiner und in der scoyo-Farbe hellgrün. Davor sitzt das scoyo-Maskottchen Waschbär Kuma mit einem Buch in der Hand.

Im nächsten Bereich wird auf die Fächer („Alle wichtigen Fächer“) eingegangen bzw. werden die Fächer ausgewiesen, die scoyo beinhaltet (Mathe, Deutsch, Englisch, Biologie, Chemie, Physik und Kunst) und auf die Lernplanorientierung der Bundesländer hingewiesen. Überdies wird der wissen-

[109] Stand 30.10.2015 unter: http://www-de.scoyo.com.

schaftlich validierte und messbare Lernerfolg angezeigt.
Der fünfte Bereich der Startseite hebt scoyo als „Deutschlands Nr. 1 Lernplattform für Kinder" hervor, im Untertitel „Von Bildungsexperten entwickelt" wird die Expertise angedeutet. Der darunter stehende Text hebt kurz auf die drei Bereiche „1.-4. Klasse", „5.-7. Klasse", „Elternbereich" ab. „Das scoyo-Prinzip" stellt den nächsten kurzen Bereich dar, in dem kurz der typische Lernablauf („Lernen in Geschichten und Abenteuern" – Verstehen – Übung – Testung) vorgestellt wird. Eine komplexe Kreis-Zonen-Grafik visualisiert den nebenstehenden Text. Der darunterliegende Bereich („Elternbereich") der Startseite weist auf die Möglichkeiten des Elternbereiches hin, in dem z.B. eine „Lernerfolgsanalyse" und eine Nachverfolgbarkeit der Aktivitäten des Kindes ausgewiesen werden. Weitere Grafiken mit verschiedenen Leistungsdiagrammen deuten die Auswertung und Skalierung der Leistung an.
Der nächste Bereich der Startseite „Entdecken Sie scoyo" bietet eine kurze Tour durch die scoyo-Lernwelt. Illustriert wird dieser Punkt mit dem Bild eines Computers und davor stehenden Zeichentrickfiguren. Der anschließende Punkt „Fit für die Schule" (Bereich 9) betont sowohl im Text wie auch in der dazugehörigen Grafik über einen entsprechenden Hinweis, dass scoyo von Lehrern empfohlen und „in Vertretungsstunden oder Freiarbeitsphasen eingesetzt" wird. Die nebenstehende Bebilderung zeigt auf einer symbolisierten Tafel ein Schülerzitat „scoyo ist toll. Man merkt gar nicht, dass man lernt!" und darunter Kreidezeichnungen des Planeten Saturn, einige gemalte Sterne sowie eine Rakete. Am rechten unteren Rand findet sich dann eine Aufkleber-Grafik mit dem Aufdruck „von Lehrern empfohlen".
Der zehnte Bereich der Startseite lässt sich nochmals in drei Unterbereiche unterteilen und unter dem Begriff der „Sicherheit" subsumieren. Er beginnt mit dem groß gesetzten Zitat „scoyo ist eine tolle und sichere Kinderseite im Internet – hier kann ich meine Kinder bedenkenlos spielen und lernen lassen." Ausgewiesen wird das Zitat als eines von „Franca R., Mutter von Ole, Duisburg". Darunter weist die Seite über ein abgesetztes Rechteck mit der Überschrift „Sicherheit & Werbefreiheit" und dem darunter befindlichen Text erneut den Sicherheitsaspekt als wesentlich für scoyo aus. Der Hinweis der Mitgliedschaft in mehreren Jugendschutz-Organisationen, der

durch zwei nebenstehende, nicht weiter erläuterte Logos unterstrichen wird, unterstützt diesen Punkt zusätzlich. Abgeschlossen wird dieser zehnte *Sicherheitsbereich* durch eine aufgekettete horizontale Reihung von Logos, die Verlinkungen auf weitere Informationen beinhalten und die neben der eigenen Überprüfung (TÜV SÜD) u.a. eine fachpädagogische Auszeichnung (Comenius-Auszeichnung) und auch die bereits genannte Sicherheit (fragFINN.de) anzeigt.

Der elfte Bereich beinhaltet in einem abgesetzten Rechteck mit der Überschrift „Häufige Suchbegriffe" schulische Begriffe, wie z.B. „bruchrechnen", „Lernspiele", „schulnoten", „lernprogramme", „mathe online" oder „schule". Woher die Suchbegriffe stammen (z.B. aus welcher Suchmaschine) und wie diese (z.B. in welcher Kombination) eingegeben wurden, ist nicht ersichtlich. Darunter werden über Schulfach-Icons, die heute über Smartphone-Apps visuell präsent und bekannt sind, die sieben bereits in Bereich vier genannten Schulfächer in einer Reihe angezeigt. Neben der drei Hauptfächer sind dies die Naturwissenschaften Biologie, Chemie und Physik sowie das Fach Kunst.

Darunter und die Startseite abschließend (Bereich 12) werden in einem grau abgesetzten Feld in vier Spalten neben der Verlinkung zu verschiedenen Unterseiten (z.B. „scoyo für Lehrer", „scoyo Apps") klassische weitere Informationen wie beispielsweise „Newsletter", „Kontakt" oder „Nutzungsbedingungen" in kleiner Schrift angezeigt.

Abbildung 12: Erster Teil der Startseite von scoyo.

7.

8.

9.

10.

11.

12.

Abbildung 13: Zweiter Teil der Startseite von scoyo.

In den FAQ geht scoyo auf (mögliche) Fragen der Internetnutzung ein.

> „Fragen zum Lernen im Internet & zum Lernen bei scoyo
> Soll mein Kind ins Internet?
> Ist die Nutzung des Internets schon im Vorschulalter sinnvoll?
> Was kann ich tun, damit mein Kind sicher im Internet ist?
> Wie sicher lernt mein Kind bei scoyo?
> Kann man im Internet lernen?
> Wie lernt mein Kind bei scoyo?
> Wie kann ich kontrollieren, ob mein Kind im Internet wirklich lernt und nicht nur spielt?“[110]

Die Platzierung des Aspektes der Internetnutzung – der Möglichkeiten, Grenzen, der Vor- und Nachteile – ist in doppelter Hinsicht interessant. Zum einen weist scoyo diesen selbst als relevant aus durch die Aufnahme in die FAQ, zugleich zeigt es sich paternalistisch bzw. fürsorglich, indem es den Eltern damit anzeigt, dass scoyo weiß (bzw. unterstellt), dass solche Fragen für die Eltern wichtig sind und sich ihre möglichen Sorgen zerstreuen, ja sogar ins Gegenteil drehen lassen, indem nicht nur Fragen nach möglichen Gefahren zerstreut, sondern sogar die nachgewiesene Nützlichkeit und Relevanz für die Zukunft ausgewiesen werden.
Nachfolgend soll nach dem bisher eher deskriptiven ein interpretativer Blick auf die Startseite von scoyo geworfen werden.
Eine Sinnfigur, die sich in den Bildern immer wieder finden lässt, ist die Schule als bedeutsamer Ort für die Zufriedenheit und Glück des Kindes, umgekehrt aber auch als Ort der Angst und des Versagens. Die Schule als Sozialraum umfasst dabei in mehrfacher Hinsicht Aspekte der Inklusion und Exklusion. So spielen neben den Noten ab einem gewissen Alter das Aussehen, die Kleidung oder auch besonders Fähigkeiten eine Rolle. Dennoch bleiben die Schulform im Allgemeinen und die Noten im Besonderen ein wichtiger Ausweis nach innen und außen für die eigene Leistungsfähig-

110 https://www-de.scoyo.com/unternehmen/faq.html [25.09.15]. Internetseiten werden fortlaufend aktualisiert und verändert. In einer aktuellen Version ist die Ausgestaltung zwar eine andere, aber auch hier werden der Sicherheitsaspekt und die Lernmöglichkeit über das Internet thematisiert: „Wie sicher lernt mein Kind bei scoyo?“ https://www-de.scoyo.com/unternehmen/faq.html [31.10.19].

keit. Das lachende, glückliche Kind und die glückliche Mutter verweisen gerade in doppelter Hinsicht auf das nicht Anwesende, auf den Vorher-Nachher-Effekt von Nachhilfe, wobei hier nur der Nachher-Effekt (glückliches Kind und strahlende Mutter) bildlich dargestellt wird. Zugleich wird auf den Ort Schule verwiesen, in dem die entsprechenden Bewertungen stattfinden, die dann über Glück oder Unglück entscheiden. Schulerfolg, der sich in guten Noten ausdrückt, ist Kinderglück und damit Familienglück. Schlechte Noten in der Schule sind belastend für das Kind und für die Familie; erfolgreiche Nachhilfe sorgt dann nicht mehr nur für bessere Noten, sondern trägt damit auch zum Glück der Familie bei. Eine solche dargestellte Perspektive zeigt eine gesellschaftlich vorhandene Sichtweise auf die Bedeutung von Schule an und bedient und bestärkt sie aus entsprechenden Interessen zugleich. Nebenbei bemerkt wird für diese soziale Situation, ob aus eigener Erfahrung oder gesellschaftlich höherer Erwartbarkeit bleibt hier unentschieden, ein klassisches Familienbild angespielt, in welchem sich die Mutter um die schulischen Belange des Kindes kümmert und in dem hier bemerkten Zusammenhang dann stellvertretend die Verantwortung für das Familienglück trägt; aber damit wird gleichzeitig insofern auf die schon längere Entwicklung der besseren Vereinbarkeit von Familie und Beruf hingewiesen, als dass Nachhilfe auch die Arbeitsbelastung der Eltern (oder hier: der Mutter) verringert. Man könnte an dieser Stelle von Outsourcing sprechen, wenn nicht mehr die Eltern oder andere Familienmitglieder Nachhilfe geben und damit gleichzeitig der soziale Druck bei Nichterfolg der Nachhilfe größer wird, sondern (digitale) Nachhilfeinstitute bzw. -plattformen diese Aufgabe übernehmen. Nachhilfeinstitute bzw. -plattformen bieten dann so perspektiviert auch eine familiäre Entlastung an: Eltern müssen ihrem Kind keine eigene Nachhilfe mehr geben, wodurch ein eigener Zeitaufwand und auch familienbelastende Situationen reduziert werden und sogar im Gegenteil das Kind freudiger und glücklicher ist, was wiederum die Eltern freut, da sie sich ein glückliches Kind wünschen. Die hier von hinten erfolgte Umarmung hebt über diesen körperlichen Ausdruck auf jenen wechselseitigen Zufriedenheits- und Glücksaspekt ab. So kontextualisiert wird Nachhilfe zu einem etablierten Baustein der modernen Familienorganisation, der in die zeitlichen und arbeitsbezogenen Abläufe der Familie in entlastender Weise eingreift. Nachhilfe wird als eine haushaltsnahe, professionelle

Dienstleistung vorgestellt, die erwerb- und nutzbar ist. Dennoch, und das hebt der bereits erwähnte „Elternbereich" hervor, wird den Eltern die Verantwortung nicht weg-, sondern nur hinsichtlich der Durchführung von Nachhilfe abgenommen. Denn durch den vorhandenen Elternbereich verweist die Plattform nicht nur auf die eigene transparente Arbeit, sondern bietet den Eltern nachgerade die Möglichkeit, sich über die Fortschritte des eigenen Kindes zu informieren, ggf. die Ausrichtung zu variieren und damit dem eigenen Gefühl von Verantwortlichkeit nachzukommen.

Zugleich erhält man über die weiteren Informationen eine „Garantie" für eine bessere Notenentwicklung, denn: „Lernen mit scoyo wirkt sich wissenschaftlich nachgewiesen positiv auf den Lernerfolg aus". Das Wissen um eine professionelle Betreuung des Kindes wird durch Werbefreiheit, Sicherheit und TÜV-Zertifizierung vermittelt. Damit wiederum reduziert sich das schlechte Gewissen der Eltern, die zeitlich (und fachlich) entlastet werden und durch eigene Nachhilfe im Spannungsfeld zwischen elterlicher (Mit-)Verantwortung für die Schulnoten der Kinder und vor dem Hintergrund der hier adressierten Mutter die eigene berufliche Arbeitsbelastung stehen. Etwaige vorhandene Ressentiments bei den Eltern durch die Mediennutzung an sich (vgl. z.B. Pfeiffer et al. 2007) werden durch vielfältige und teilweise auch redundante Legitimierungen („Von Bildungsexperten entwickelt", „Von Lehrern empfohlen") zerstreut und mit dem Hinweis des Spielcharakters durch einen Nutzer („Man merkt gar nicht, dass man lernt") zugleich von einer verpflichtenden (lernen in der Schule) hin zu einer freiwilligen (spielen in der Freizeit) Tätigkeit geschoben. Zudem wird der ansonsten eher negativ konnotierte Spielebegriff des Computers vor dem Hintergrund von Bildungszeit nicht nur nicht negiert, sondern ins Positive gewendet. Die Darstellung von scoyo changiert zwischen diesen beiden Motiven: 1. Spielen soll nicht vom Lernen abhalten und 2. das Lernen soll den Kindern nicht den Raum für das Spielen nehmen. Letzter Punkt spiegelt sich (negativ) in dem Bild der Helikoptereltern wider, die sich nicht nur durch eine möglichst lückenlose Überwachung ihrer Kinder ausweisen, sondern auch durch eine extensive Bildungsplanung.[111] Die Darstellung durch scoyo löst eine solche mögliche (Selbst-)Zuschreibung der Eltern auf. Man

111 Siehe hierzu z.B. das eher populärwissenschaftliche Buch des ehemaligen Präsidenten des Lehrerverbandes Josef Kraus „Helikopter-Eltern: Schluss mit Förderwahn und Verwöhnung" aus dem Jahre 2013.

kann spielen *und* lernen und gewinnt damit das beste beider Welten. Die Legitimation durch *Lehrer* wird überdies so weit geführt, dass scoyo als ein legitimes Werkzeug des Lehrers und der Lehrerin für den Schulunterricht ausgewiesen wird.

„scoyos Lerneinheiten [...] werden als sinnvolle Unterstützung auch in Vertretungsstunden oder Freiarbeitsphasen eingesetzt. Lehrer bestätigen, dass der Einsatz von scoyo einen wichtigen Beitrag unter anderem zur Förderung von Lesekompetenz und Textverständnis sowie Medienkompetenz und Motivation leistet" (ebd.). Dieser Hinweis, hier in erster Linie an die Eltern gerichtet, ist zugleich eine implizite Information an mögliche Lehrer, scoyo selbst für den eigenen Unterricht zu nutzen. Scoyo zielt mit einem Lehrerbereich daher nicht nur auf die unmittelbaren Rezipienten, sondern sucht als Lerndienstleister auch unmittelbaren Zugang zur Schule. Hierfür werden Beispielanwendungen vorgestellt und vorgeschlagen („Nutzung in Vertretungsstunden", „scoyo als Ergänzung im Unterricht", „Angebot in Freiarbeitsphasen", „Einsatz im Computerraum", „Hausaufgaben mal anders"). Gerade über den Aspekt der „Hausarbeit" wird dem Lehrer auch der Einsatz von zuhause aus offeriert, indem er den Lernstand einsehen und zielgenaue Aufgaben aus dem scoyo-Universum stellen kann. „In einem separaten Lehrerbereich haben Sie als Lehrer den Überblick darüber, welche Fächer und Themen von den einzelnen Schülern bearbeitet werden. Eine detaillierte Lernstatistik gibt Aufschluss über den jeweiligen Lernerfolg und eventuelle Lerndefizite, sodass Sie jeden Schüler individuell fördern können."[112]

Die Lernplattform selbst figuriert sich hier bewusst als ein *Werkzeug*, das durch die jeweilige Schule bzw. den Lehrern genutzt und eingesetzt werden kann. Durch eine solche Selbstfiguration wird die Handlungsautonomie vordergründig in den Händen der Lehrer bzw. der Schulen belassen. Hierdurch entsteht dann keine Konkurrenzbeziehung zwischen zwei Akteuren im Bildungssystem (Lehrer und Lernplattform), sondern eine Ergänzungs- bzw. Unterstützungsbeziehung, in der der Schule respektive dem Lehrer die Handlungskompetenz und Entscheidungsautonomie nicht streitig gemacht wird. Die Figuration als ein Werkzeug wird dann erneut sichtbar, wenn scoyo sich selbst als Plattform für Lehreinrichtungen im Bereich „Nachhilfe-

[112] Zitiert aus der scoyo-Schulbroschüre 2014, unter: https://df6e5a8m9j3rm.cloudfront.-net/magnolia/b2b/Schulbrochure_2014_ansicht.pdf [31.20.19].

stunden“ und „Nachmittagsbetreuung“[113] vorschlägt und damit die schulinterne Nachhilfe als weiteren mögliche Einsatzbereich ausweist. Scoyo bietet impliziert hier die Anschlussmöglichkeit der Schule bzw. der Lehrer an eine E-Learning-Plattform, die als Ergänzung zum Präsenzunterricht etabliert werden kann. E-Learning-Plattformen und digitale Lernwelten (vgl. z.B. Hugger/Walber 2010a) wiederum sind schulische Diskurse, die in Theorie und Praxis im Bereich der Medienpädagogik, Schulentwicklung und des Lernens 2.0 Aktualität besitzen (vgl. Albers/Magenheim/Meister 2011, Petko 2010) und als neue Herausforderung betrachtet werden. Dabei dienen digitale Medien einmal als eigenständiger Gegenstand zur Entwicklung von Medienkompetenz: „Digitale Medien als pädagogisches Aufgabenfeld stellen inzwischen einen etablierten und anerkannten Bestandteil mediendidaktischer und medienerzieherischer Diskurse im Kontext von Schule dar“ (Herzig/Grafe 2010: 115). Zum anderen dienen sie als nutzbare Plattform für eine eigene Wissensvermittlung. „Der moderne erziehungswissenschaftliche Diskurs über digitales Lernen verknüpft mediendidaktische Überlegungen zum Lernen und Lehren mit den Möglichkeiten, die sich durch die technische Entwicklung der digitalen Medien für Lern- und Lehrprozesse ergeben“ (Hugger/Walber 2010b: 10). Scoyo hebt sowohl das medienpädagogische als auch das kompetenzorientierte Lernen hervor, beide sind über die Lernplattform möglich. Auf der technischen Seite allerdings kann scoyo nur bedingt als eine *typische* schulische Lernplattform gelten, da wichtige Kernfunktionalitäten vonseiten der Lehrenden nicht oder nur wenig beeinflusst werden können. „Als Kernfunktionalitäten anzusehen sind Benutzerverwaltung (z.B. Anmeldung mit Passwortzuteilung), Kursverwaltung (z.B. Einrichten von Kursen oder Gruppen, Zuordnung von Inhalten, Verwaltung von Gruppen-Daten), Rollen- und Rechtevergabe, Kommunikationsmethoden (z.B. Chat, Foren) und Werkzeuge für das Lernen (z.B. Whiteboard, Notizbuch, Annotationen, Kalender)“ (Friedrich/Hron/Töpper 2011: 117). Im Rahmen dieser Einschränkung kann scoyo dann auch im Schulunterricht genutzt werden und stellt für die Lehrenden eine Möglichkeit dar, hier an die Schnittstelle des „Digital-Pakts Schule“ (BMBF) anzuschließen und sich darüber zugleich als auf der Höhe der Zeit auszuweisen.

[113] Vgl. https://www-de.scoyo.com/schule/einsatz/lehreinrichtungen.html [31.10.19].

6.3.3 Aufbau und Darstellung des Nutzungsbereiches

Der scoyo Nutzungs- bzw. Spielbereich tritt dem Nutzer als Schreibtisch gegenüber, der mit verschiedenen Utensilien versehen ist. Hinter jedem digitalen Gegenstand befindet sich ein weiteres Untermenü, das man durch Anklicken erreicht. Ein symbolisiertes Bild mit der Aufschrift *Anleitung* und einer Glühbirne bietet einen dezidierten Einstieg. Die Darstellung der Benutzeroberfläche ist gleichwohl computerspiel- bzw- computerprogrammspezifisch, d.h. sie ist intuitiv aufgebaut. Intuitiv meint hier die Nutzung und Kontextualisierung der gewählten Piktogramme, die mitunter aus anderen Programmen oder Spielen bekannt sind. So wird z.B. die *Suche* nach etwas in solchen Kontexten sehr oft als *Lupe* dargestellt. Das hier vorfindliche Pokal-Piktogramm lässt assoziativ auf Gewinn, Bestenliste oder gewonnene Punkte schließen. Nicht alle Piktogramme sind so direkt ableitbar in ihrer Funktion. Manche, so wie die Glaskugel, müssen durch erstmaliges Probieren in ihrer Bedeutung erschlossen werden. Die auf der einen Seite naheliegende, auf der anderen Seite sich erst in der Nutzung erschließende Gestaltung der Piktogramme etabliert eine Praxis des Vertrauten, aber auch des Probierens und des spielerischen Herausfindens. Ausgangspunkt ist gleichwohl das Vertraute, d.h. der Schreibtisch mit seiner Schreibtischlampe, den Stiften sowie dem Notizbuch und dem Computer (Laptop). Der symbolisierte Computer stellt überdies ein *Mise en abyme* dar, insofern der Schüler selbst vor einem Computer sitzen muss, um das Bild zu sehen.

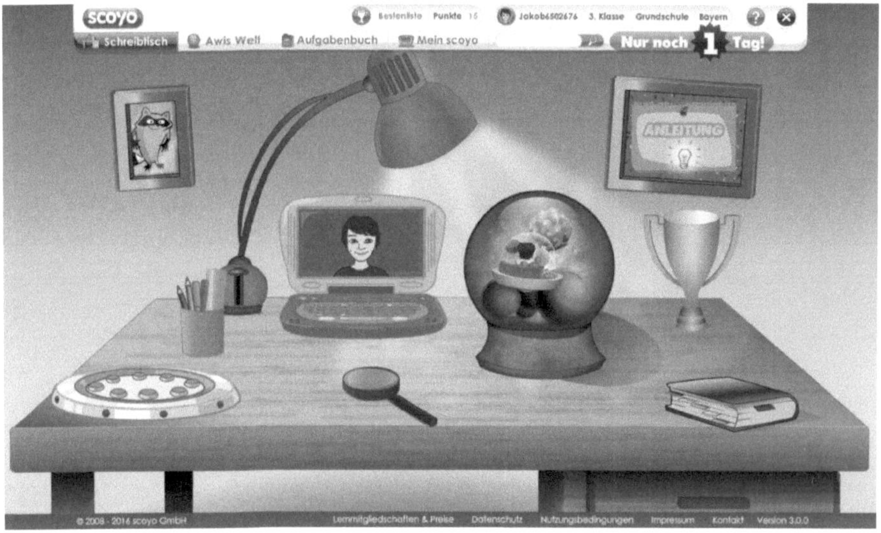

Abbildung 14: © scoyo

Über diese bekannten Artefakte, die entsprechende assoziative Anknüpfungspunkte bieten, findet der Nutzer seinen Weg in die Lernwelt. Für die weitere verstärkte Anbindung an die Lernwelt bietet scoyo einen Avatar, mit dem sich der Schüler bzw. die Schülerin durch die Spielewelt bewegt. Der Avatar kann unterschiedlich eingekleidet und ausgestattet werden. Dabei stehen nicht alle Gegenstände sofort zur Auswahl, „sondern werden nach und nach mit dem Erreichen neuer Level freigeschaltet. So schafft scoyo Lernanreize und fördert die Motivation der Kinder.“[114]

[114] Stichwort Avatar unter: http://www-de.scoyo.com/unternehmen/faq/lernplattform.html [26.11.16].

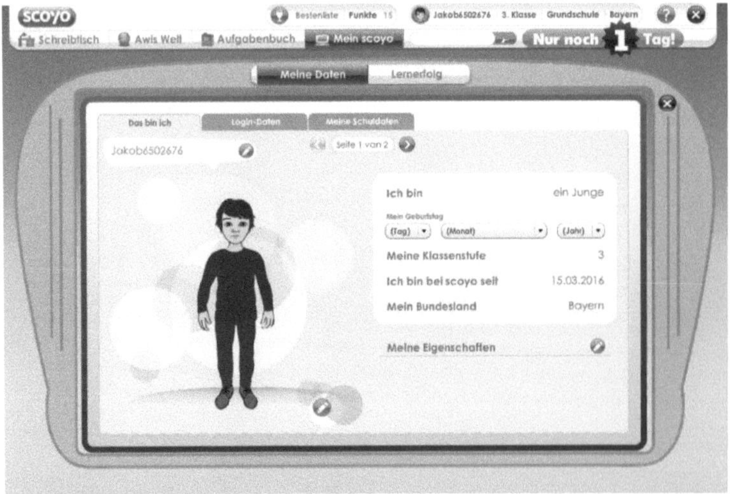

Abbildung 15: © scoyo

Zielgerichtet wird so das Lernen kontextualisiert als Spiel, obgleich der Begriff des *Spiels* hier in mehrfacher Hinsicht problematisch wird. Auch wenn Menschen zu allen Zeiten gespielt haben, wird erst ab dem 18. Jahrhundert der Begriff des Spiels zunehmend als ein Entwicklungsmodell des kindlichen Weltbegreifens verstanden, aus dem später ein Schaubild für gesellschaftlich wünschenswerte Zustände oder sogar in Form des homo ludens ein Wesensmerkmal des Menschen in einer neu zu denkenden Gesellschaft wird. Das Spiel steht für einen schöpferischen Gestaltungs- und Lernprozess, den der Mensch für sich fruchtbar machen kann, indem er ausprobieren, kombinieren und gestalten kann, ohne ernste Folgen befürchten zu müssen (vgl. Bidlo 2008b: 133ff., Neuenfeld 2005: 12; für die konstituierende Rolle des Spiels für die Kultur vgl. z.B. Huizinga 2004). Das Spiel steht in diesem Sinne in Opposition zum Begriff der Arbeit als einer für Schüler verpflichtenden Leistungserbringung. Im Spiel dominiert im Gegensatz zur Arbeit ein Maß an Zwecklosigkeit, was eine verbindliche Zielforderung verneint. Natürlich gibt es im Spiel den Antrieb zu gewinnen, wenn die Konzeption des Spiels so gestaltet ist. Aber im – zumal kindlichen – Spiel kann unbeschwert ausprobiert, kombiniert und gestaltet werden, ohne ernste Folgen befürchten zu müssen.

All diese Punkte können durch die scoyo-Spielewelt nicht erfüllt werden, da die Leistungserbringung – und damit der Aspekt der Arbeit, der sich in schulischer Hinsicht durch weitgehend fest definierte und zu erbringende Lernzuwächse und Klassenziele ausdrückt – konstitutiver Teil des Spiels und seiner Rahmung ist. Die scoyo-Spiele sind fest mit einem Punkteerwerb verbunden, der z.B. für eine Levelerhöhung benötigt wird.

Abbildung 16: © scoyo

Ein *kreatives* Spiel mit Möglichkeiten, die Findung oder Erstellung alternativer Formen oder Lösungen sind nicht Teil der Spielekonzeption. Es geht nicht um das Kreieren, Entwerfen oder Schöpfen, die in schulischer Hinsicht ja ebenfalls Teil des Unterrichts sein können, sondern um das zielführende Vermitteln bzw. Lernen von vorgegebenen schulischen Inhalten. So werden beispielsweise zum Englisch-Vokabellernen Memorykarten abgeglichen oder Schiffe mit Wortbezeichnungen müssen mit entsprechend richtigen Wortcontainern beladen werden, in Mathematik werden Zuordnungsfragen in eine Weltraumgeschichte eingebettet, Multiple-Choice-Fragen dienen z.B. der Abfrage nach physikalischem Wissen zum elektrischen Widerstand. So zeigt sich hier in erster Linie keine Kompetenzorientierung, die über reines Inhaltswissen hinausgeht und wie man sie heute anteilig in der

Schule findet, sondern allein der wissensvermittelnde Aspekt.[115] Dieser ist didaktisch binär ausgewiesen – in richtig oder falsch – und lässt eine qualitative und damit eine nicht direkt vergleichbare Leistungsbewertungen unberücksichtigt. Die Vergleichbarkeit der Leistungsbewertungen ist vielmehr ein grundlegender Bestandteil der Lernwelt, kann doch nur über die Vergleichbarkeit mit anderen Nutzern das Highscoresystem, der Levelaufstieg und letztlich die Leistungsskalierung berechnet und ausgewiesen werden. Dennoch werden über das jeweilige Fach sowie über die technische Bedienbarkeit hinausgehende Kenntnisse implizit vorausgesetzt, die überdies nicht veränder- oder einstellbar sind. So muss in allen Fächern der vorgestellten Geschichte und der Dialoge der dargestellten Figuren sowohl visuell wie auch auditiv gefolgt werden.

Ein Maß an Zuhörkompetenz und Aufmerksamkeit wird vorausgesetzt, da die Geschichten nicht nur Begleitung sind, sondern auch in Form gesprochener Textaufgaben wichtig für das Lernspieleverständnis und mithin den darstellbaren Lernerfolg sind. D.h. auch wenn die Geschichten in Form von kindgerechten Comics oder Animationsfilmen aufgebaut sind, bedürfen sie einer höheren Aufmerksamkeitszuwendung, da das Verstehen der Dialoge nicht beliebig, sondern linear und konstitutiv für das Aufgabenverständnis ist, auch wenn dieses durch eine weitere Textdarstellung abgesichert wird.

[115] In diesem Zusammenhang soll erneut darauf hingewiesen werden, dass es an dieser Stelle *nicht* um Bewertung und Analyse der didaktischen Qualität des Lernangebots geht; dies macht z.B. eine *Lernzuwachsanalyse* zu scoyo des Lehrstuhls für Mediendidaktik der Universität Duisburg-Essen aus dem Jahre 2009 (Kerres 2009). Zu finden unter: https://df6e5a8m9j3rm.cloudfront.net/magnolia/scoyo-lernzuwachsmessung-vorgehen-kurzanalyse.pdf [31.10.2019]. Vielmehr dient die Darstellung und Analyse der Ausweisung vorzufindender Deutungsmuster und der Frage, *welches* Verständnis von Wissen und Bildung hier offeriert werden.

Abbildung 17: © scoyo

Bei den stärker auf Spielhandlung ausgerichteten Varianten wird das Spiel selbst akkustisch erklärt und es erfordert daher ein Maß an Aufmerksamkeit, um das Spiel *richtig* zu verstehen. Fehler, die sich aus einem Falschverstehen ergeben, konnen nicht „gelöscht“ werden, sondern werden von der Lernsoftware gleichlaut protokolliert. Dieser Teil wird daher ebenfalls durch die Messbarkeit, Leistungsskalierung und Transparenz der Schülerleistung evident.

6.3.4 Messbarkeit und Leistungsskalierung

Ein wesentlicher Teilbereich eines scoyo-Accounts stellt der sog. Elternbereich dar, der neben vertraglichen Aspekten vor allen der Nachzeichnung der Leistungsskalierung des Kindes dient. Dort werden die Lernfortschritte protokolliert und Lernerfolgsanalysen durchgeführt.

Abbildung 18: Leistungsskalierung, © scoyo.

Die Eltern haben so die Möglichkeit, die Lernfortschritte zu überprüfen, wie auch die zeitliche Aktivität bzw. Nutzung zu überwachen. Damit kann diese Funktion nicht nur der Transparenz hinsichtlich der Aktivität der Kinder durch die Eltern dienen, sondern zugleich auch ein – wie oben bereits angesprochen – vereinfachtes Verantwortlichkeitshandeln für Eltern ermöglicht werden. Durch einen kurzen und schnellen Blick auf die Lernfortschritte und Nutzungszeit der Kinder können Eltern – ohne eine erforderliche räumliche Anwesenheit – selbstständig eruieren, ob Lerndauer und -fortschritt eingehalten werden. Die grafisch aufbereiteten Nutzungs- und Ergebniszahlen für die durchgeführten Lerneinheiten – so der Hinweis auf der scoyo-Seite – „wertet für jede einzelne Lerneinheit aus, wann, mit welchem Erfolg und Aufwand diese bearbeitet wurde und wie sich Ihr Kind verbessert hat.“ Dabei dient die Darstellung, die ihre Validität aus der statistischen bzw. zahlenverarbeitenden Datenanalyse eruiert, zum einen der Sichtbarmachung des Nutzens, den die Lernplattform ermöglicht. Zum anderen dient sich scoyo erneut als Hilfe und Lern-Tool an, das das Gefühl der Eltern eines unbotmäßigen Delegierens der elterlichen Verantwortung in Bildungs- und Lernfragen zerstreuen möchte. Die detaillierte Lernerfolgsanalyse mit der gleichzeitigen Darstellung der „Kompetenzentwicklung“ des Kindes ist für scoyo die Antwort auf die im dazugehörigen Text selbstgestellte Frage: „Sie möchten wissen, bei welchen Aufgaben Ihr Kind konkret Schwierigkeiten hatte, um diese Inhalte gezielt zu wiederholen oder zu vertiefen?“ Die Analyse zielt dergestalt auf die Sichtbarmachung von Defiziten, die dann, durch die Eltern entschieden und initiiert, mittels Wiederholungen aufgelöst werden können. Dies wird gleichwohl in der Praxis von der Lernplattform mittels Übungsaufgaben durchgeführt und hält die Lern- und Übungspraxis in dem eigenen, geschlossenen Lernangebot. Vorhandene Schwierigkeiten mit einzelnen Inhalten werden somit nicht offen an die dargebotene Lernfiguration gekoppelt und an diese verwiesen, sondern verbleiben beim Nutzer, der mit neuen und veränderten Übungen innerhalb der Lernplattform den vorhandenen Schwierigkeiten begegnen soll. Die Nutzung des Begriffes der „Kompetenzentwicklung“ weist scoyo als einen kundigen Akteur im schulischen (und erziehungswissenschaftlichen) Feld aus, in welchem der Kompetenzbegriff und die Kompetenzorientierung dem klassischen Bildungsbegriff den Rang abgelaufen haben.

Abbildung 19: Highscore – Level-Tabelle © scoyo.

Scoyo offeriert den Schülern überdies ein Vergleichsinstrument der eigenen Leistungsfähigkeit über eine Level- und Highscore-Tabelle. Dies soll, so der

Begleittext, als zusätzliche Motivation dienen. Zum einen wird hierdurch die Computerspiele-Konnotation weitergeführt, zum anderen spiegelt der Leistungsvergleich den meritokratischen Anspruch moderner Gesellschaften wider, in der die individuelle Leistung das alleinige Maß für den Bildungserfolg und gesellschaftlichen Aufstieg ist und somit soziale Ungleichheit allein individuelle und keine strukturellen Gründe hat. Im scoyo-Highscore wird ein relativer und ein absoluter Leistungsprozess abgebildet. Zum einen kann der Nutzer sich individuell von Level zu Level entwicklen, zum anderen kann er anhand des Highscore's einen Vergleich mit anderen Nutzern vornehmen. Die für alle Nutzer gleichen Aufgaben bzw. gleiche Aufgabengestaltung suggeriert hier einen gleichen und einheitlichen Startpunkt, der Ungleichheit ausblendet (alle spielen nach den gleichen „Regeln"). Aus der reinen Binnenperspektive des digitalen Anbieters lässt sich eine solche Gleichheit zwar möglicherweise noch ableiten, aber spätestens durch den Nutzer selbst, seinem unterschiedlichen Schulwissen und Leistungsstand, der nicht aus der digitalen Lernumgebung stammt, sind bereits strukturelle Ungleichheitsprozesse „anwesend" und darüber auch in dem ausgewiesenen Highscore wirksam. Ungleiche Startbedingungen werden daher gleichsam kaschiert und ein allein auf die eigene Leistung und Leistungsbereitschaft ausgewiesener (Miss-)Erfolg ausgewiesen.

Auch wenn man heute aufgrund der Verfügbarkeit und einer weiten Verbreitung von Hardware und Zugangsmöglichkeit zum Internet kaum mehr von einer „digitalen Ungleichheit" (Zillien 2009) sprechen kann, die der Grundannahme folgt, dass die „Interpretation einer digitalen Spaltung als Phänomen sozialer Ungleichheit [...] immer vor dem Hintergrund der Annahme getroffen werden, dass aus der fehlenden Verfügbarkeit neuer Technologien Einschränkungen von Lebenschancen resultieren" (Zillien 2009: 87), so verstärkt zumindest die monetäre Hürde zum Angebot von scoyo eine soziale Ungleichheit zugunsten ökonomisch besser gestellten Milieus. Während analoge Nachhilfeinstitute hier über die Aufnahme in das Programm des BuT einer solchen ökonomischen Schließung entgehen, sind digitale Lernplattformen und -angebote nicht Teil einer solchen Förderung.

Abgesehen von ökonomischen Aspekten erfordert die „Kultur der Informations- und Wissensgesellschaft [...] in zunehmendem Maße ein aktives Publikum" (Zillien 2009: 96), d.h. die Auswahl und Nutzung digitaler

Lernplattformen erfordert ein Maß an Bereitschaft digitale Potentiale zu ergründen. Castells unterteilt die Akteure seiner Netzwerkgesellschaft in „Interagierende“ und „Interagierte“:

> „Nicht nur wird die Wahl von Multimedia auf diejenigen beschränkt sein, die Zeit und Geld für den Zugang haben [...], sondern auch die Unterschiede nach Kultur/ Bildung werden entscheidend dafür sein, wie jeder Nutzer das Medium zu seinem Vorteil einsetzen kann [...]. Daher wird die Welt von Multimedia von zwei grundlegend unterschiedlichen Bevölkerungen bewohnt werden: den Interagierenden und den Interagierten, also diejenigen, die in der Lage sind, für sich unter den in viele Richtungen weisenden Kommunikationskreisläufen auszuwählen, und denjenigen, die sich mit einem eingeschränkten Anteil vorgefertigter Auswahlmöglichkeiten versorgen lassen“ (Castells 2001: 424).

Ungleichheit kann daher in diesem Zusammenhang weniger als ein technologisches als vielmehr ein soziales Problem verstanden werden, das auf das Verständnis digitaler Möglichkeiten anspielt. Scoyo als Lernplattform im Allgemeinen und der Highscore im Besonderen tragen hier implizit den Aufruf und den Anspruch des digitalen Potentials als erfolgsversprechendem Mehrwert für die schulische Bildung in sich.

Scoyo hebt mit der Gestaltung der Lernplattform als einer Spielwelt auf den (didaktischen) Spalt zwischen (Schul-)Lernen und Spielspaß ab. Der „Ernst des Lebens“, der sich in der Schule Bahn bricht und in sich Bestimmtheit, Unausweichlichkeit und Verpflichtung ausdrückt, steht dem kindlichen Spiel, das nicht in erster Linie dem Wissen und Kompetenzerwerb, sondern in freier Zuwendung und im Modus des Versuches der freien und kreativen Entfaltung dienen soll, entgegen. Der scoyo-TV-Spot „Hausaufgaben“ spielt mit dieser Gegenüberstellung und Überwindung der Kluft.

Abbildung 20: Standbild aus dem scoyo TV-Spot „Hausarbeiten", https://vimeo.-com/69000587 [02.12.16]

Die Startsequenz des kurzen Spots zeigt Mutter und Sohn. Der Sohn ist entspannt und zufrieden. Das Aussprechen des Wortes „Hausaufgaben" durch die Mutter führt dann zu einer körperlichen Abwehrreaktion, die durch ein visuelles Comicelement noch unterstützt wird.

Abbildung 21: Standbild aus dem scoyo TV-Spot "Hausarbeiten", https://vimeo.-com/69000587 [02.12.16]

Das Wort „Hausaufgaben“ dient hier als Repräsentant der Schule und des schulischen Lernens und führt zu dieser körperlichen Abwehr des Schülers, während die daran anschließende audiountermalte erklärende Vorstellung des spielweltlichen Lernkonzeptes von scoyo eine bunte und fröhliche Spielwelt zeigt, in der schulische Fächerbezeichnungen als Teil der Spielewelt, die zugleich eine Reihe von verschiedenen Spielefiguren ausweist, implementiert sind.

Abbildung 22: Standbild aus dem scoyo TV-Spot „Hausarbeiten", https://vimeo.-com/69000587 [02.12.16]

Abbildung 23: Standbild aus dem scoyo TV-Spot „Hausarbeiten", https://vimeo.com/69000587 [02.12.16]

Die dann folgende Abschlusssequenz zeigt ein glückliches und grimasseschneidendes Kind, das so als unbelastet und in einem Modus spielerischer Verfasstheit ausgewiesen wird.

Visualisiert und zugleich körperlich in Szene gesetzt wird damit eine Kluft zwischen der schulisch verpflichtenden und auf (Noten-)Zwang bauenden Hausaufgabenverpflichtung und dem den Spieltrieb und -spaß anstoßenden und auf „Freiwilligkeit" gründenden Lernen bei scoyo. Letzteres führt zu einem glücklichen und authentischen Kind, während die Hausaufgaben ein unglückliches und opponierendes Kind hervorbringen.

Die Anwesenheit eines Elternteils vereint dann ganz unterschiedliche Diskursstränge. Zum einen sind in ökonomischer Hinsicht die Eltern die Adressaten, da sie in der Regel die Kosten übernehmen. Darüber hinaus verweist das Setting auf die Verantwortlichkeit der Eltern für den Erfolg und die Zufriedenheit des eigenen Kindes. Und schlussendlich können Eltern in der Darstellungssituation auch eine Entlastung lesen: Ein zufriedenes Kind führt zu einer Entlastung des Systems Familie und zu einer (Selbst-)Bestätigung des eigenen verantwortungsbewussten Handelns gegenüber dem eigenen Kind, aber auch in Form von *Displaying Education* (vgl. dazu Kapitel 7) gegenüber dem sozialen Umfeld.

6.3.5 Abschluss – Der Entwurf einer digitalen Lernumwelt und scoyo als Bildungsakteur

Scoyo positioniert sich inhaltlich im Bereich des Edutainment und bewegt sich im Selbstverständnis zwischen den Feldern der dezidierten Nachhilfe und des informellen Lernens. Informelles Lernen meint, dass das Lernen in Form unterhaltsamer Spiele sich quasi informell mitvollzieht, auch wenn der Lernimpuls zunächst nur von einer Seite ausgeht. Idealerweise sollen die Kinder bzw. Nutzer die Beschäftigung mit dem Medium bzw. Spiel nicht als einen initiierten und standardisierten Lernprozess aufgreifen, sondern als eine unterhaltsame und spielerische Beschäftigung. Ein solches informelles Lernen findet man in der scoyo-Lernwelt allerdings nicht bei den dezidierten Schulinhalten. Diese werden nahezu klassisch vermittelt, eingebettet in die visuell gängige und unterhaltende Form des Comics.

In der Außendarstellung hebt scoyo stärker den ernsthaften Charakter des eigenen Modells hervor. Das Spannungsfeld, zwischen dem sich scoyo hier bewegt, wird durch den Sinnspruch „Der Köder muss dem Fisch und nicht dem Angler schmecken". D.h. die Adressierung muss stimmen. Im Falle der Nachhilfe zeigen sich allerdings zwei „Fische": Eltern und Schüler bzw. Kinder. Während die Eltern in ihrer Bereitschaft überzeugt werden müssen, dass die Plattform dem Lernerfolg förderlich ist, gilt es gleichzeitig an die Kinder (und auch an die Eltern) zu adressieren, dass es den Kindern Spaß machen wird und eine andauernde Motivation zur Nutzung des Angebots gelingt. Die Adressierung und die Aufteilung in einen Eltern- und einen Schülerbereich, einer Spielwelt (Kinder) und einer Explikations- und Legitimationsebene verweist auf die Oszillation zwischen diesen beiden Punkten. Der Elternbereich und die über die Internetseiten offerierten Explikationen über die Funktions- und Wirkungsnachweise heben die Ernsthaftigkeit des Angebotes hervor und stellen überdies die Erwartungserwartungen von scoyo gegenüber den Eltern dar. Scoyo intendiert, dass Eltern eine Notenverbesserung ihrer Kinder durch die Nutzung von scoyo erwarten, gleichzeitig erwartet scoyo, dass Eltern eine Scheu davor haben könnten, Bildungsaspekte an eine digitale und bequeme Lernplattform abzutreten.

Scoyo nimmt solche Implikationen und möglichen Erwartungen in zweifacher Hinsicht auf. Es wird an verschiedenen Stellen ein Duktus gewählt, der Eltern scheinbar in der Verantwortlichkeit belässt und die Lernplattform und als Begleiter und hilfreiches Lerntool anbietet, das Eltern praktikabel nutzen können. Dabei wird umgekehrt darauf geachtet, dass die Entlastungsfunktion der Plattform für die Eltern nicht konterkariert wird, d.h. die Eltern von einer selbst durchgeführten Nachhilfe komplett entlastet werden sollen. Dieser „Spagat" zwischen dem Belassen von Verantwortlichkeitshandeln bei den Eltern und der bequemen Entlastung gerade einer eigenen Nachhilfeaufwendung wird durch den Einbezug der Eltern über den Elternbereich vollzogen. Dieser bietet die Transparenzdarstellung der Lernleistung des Kindes und darüber die Kontrollfunktion für die Eltern. Darüber hinaus kann eine weitere, daran angelehnte Funktion für das Einbeziehen der Eltern aufgezeigt werden. Die Eltern übernehmen nicht nur die eigene Kontrollfunktion als Ausweis für das eigene Verantwortungshandeln, sondern zugleich die mahnende Überwachung mit der Möglichkeit zum unmittelbaren Feedback mit eventueller Sanktionshandlung. Scoyo bedient sich der im Spiel implementierten motivierenden Elemente wie Highscore,

Levelerreichung und spielintrinsischer Motivation. Um aber überhaupt an den Rechner zu gehen und die Spielewelt auch zu betreten, wenn der Schüler keine Lust darauf verspürt oder die Fach- und Themenauswahl zu einseitig gewählt wird, werden die Eltern als *unmittelbare* Überwachungs- und Impulsgeber, als Autorität benötigt und erfüllen auf der einen Seite ihr Verantwortungshandeln, auf der anderen Seite sichern sie scoyo damit ein Maß an Erfolg, da sich nur durch die regelmäßige Anwendung und Nutzung der Plattform auch eine Verbesserung beim Nutzer bzw. Schüler einstellt, die dann wiederum dem *Werkzeug* scoyo vonseiten der Eltern zugewiesen werden kann, ohne dabei den Verlust des elterlichen Verantwortlichkeitshandelns zu verlieren.

Durch die vielfältigen Aktivitäten der Kundenansprache, die zwar durchgängig digital grundiert sind, hier aber unterschiedliche Arten, Formen und damit andere Reichweiten bedienen (E-Mail-Newsletter, Skype-Diskussionen, die videographiert werden, Ratgeber, Twitterkommunikation, social media Aktivitäten usw.), schafft scoyo eine eigens gestaltete Lernumwelt. Man kann dies zweifellos unter der Rubrik „Kundenbindung" subsumieren, aber darüber hinaus dienen die unterschiedlichen Aktivitäten zugleich der Etablierung als anerkannter und akzeptierter Bildungsakteur. So wird zunächst zur Bestätigung der eigenen Expertise auf externe Experten verwiesen. Dies sind Bildungsexperten von Universitäten, die z.B. in der Entwicklung der Lernplattform eingebunden waren oder die Evaluationen des Lernzuwachses angefertigt haben, aber auch die TÜV-Zertifizierung, die scoyo als eine geprüfte Plattform ausweist, zählt hierzu und ebenso die *schulpraktische* Implementierung von scoyo in Schulen, beispielsweise zur Auffüllung von Freistunden oder des Zugangs zu scoyo über einen Bibliothekszugang. So gibt es einen eigenen Loginbereich für Kunden kooperierender Bibliotheken.[116] Die expliziten (TÜV-Zertifikate, positive Evaluationen und Empfehlungen durch Wissenschaftler) sowie impliziten (praktische Kooperationen) Expertise-Ausweisungen und damit die Anerkenntnis anderer Bildungsakteure erheben scoyo in einem ersten Schritt in den Stand eines akzeptierten Bildungsanbieters. In einem zweiten Schritt wird scoyo als Lernplattform zu einem Moderator im Rahmen der schulischen Bildung. Bei-

[116] Bibliotheksnutzer erhalten derzeit eine 14-tägige kostenfreie Nutzung der Lernplattform. Vgl. u.a. https://www-de.scoyo.com/bibliotheken [01.11.19].

spielhaft lässt sich hier konzipierten digitalen Elternabende verweisen. Hierbei diskutieren verschiedene Bildungsakteure („Experten") über ein Thema, das eine Relevanz für die Eltern besitzt.[117] Moderiert wurde die Expertenrunde vom scoyo-Geschäftsführer Daniel Bialecki. Scoyo wird damit nicht nur ein Anbieter und Vermittler von Inhalten, sondern wird Akteur im Bildungswesen,[118] indem in Form des Agenda-Settings Themen aufgenommen, behandelt und verstärkt werden können. Darüber hinaus wird in einem letzten Schritt diese Akteurperspektive unterstrichen, indem scoyo schließlich selbst Erhebungen im Feld der Bildung durchführt und damit nunmehr nicht mehr selbst Gegenstand von Untersuchungen wird, sondern sich selbst als *Untersuchungsakteur* betätigt, d.h. als Bildungsforscher auftritt. Und die Ergebnisse, die scoyo hierdurch generiert, werden wiederum in das Presse- und Publikationswesen eingespeist, d.h. über scoyo-Studien wird schlussendlich berichtet oder diese werden im Rahmen von Argumentationen für oder gegen gewisse Bildungsprozesse von anderen Akteuren herangezogen.

6.4 *Sofatutor* – Nachhilfe für Couchpotatoes

Sofatutor ist ein 2009 gegründetes Startup-Unternehmen mit Sitz in Berlin, das als Geschäftsmodell eine kostenpflichtige Online-Plattform für Nachhilfe anbietet und dabei besonders mit selbstproduzierten Lernvideos aufwartet. Dabei bietet *sofatutor* eine inhaltlich mehrstufige und aufeinander aufbauende Angebotsform. Auch wenn die Nutzung die Reihenfolge nicht vorschreibt, stehen zu Beginn Lernvideos im Angebot. Übungen werden im Anschluss zu den Inhalten des Videos angeboten. Eine weitere Form der Vertiefung oder Klärung von Fragen – z.B. wenn Video und Übung noch nicht abschließend alle Fragen klären konnten – bietet der Hausaufgaben-Chat mit einem entsprechenden Fachexperten. Schlussendlich wird dann auch eine wöchentliche Einzelnachhilfe angeboten, die von zu Hause aus

[117] Im zweiten digitalen scoyo-Elternabend ging es beispielsweise um das Thema: „Zwischen Nachhilfe und Förderwahn – sinnvoll beim Lernen begleiten"; in dieser Runde waren der Journalist und Autor Christian Füller, der Präsident des Bayerischen Lehrer- und Lehrerinnenverbands Klaus Wenzel sowie die Bildungsunternehmerin Béa Beste vertreten. Zu finden unter: https://www.youtube.com/watch?v=d2dSfOBl4ro [01.11.19]

[118] Für ein ähnliches Muster in einem ganz anderen Feld (der inneren Sicherheit) vgl. Bidlo, Englert, Reichertz (2011).

durchgeführt wird, d.h. über eine E-Learning-Plattform per Videochat und Präsentation stattfindet.

Die crossmediale und auch unternehmerische Verknüpfung von digitaler und analoger Welt wird besonders am Beispiels *sofatutor* evident, als dass der Cornelsen-Verlag (nach dem Klett-Verlag der zweitgrößter Schulbuchverlag in Deutschland) im Jahre 2014 mehr als 3,5 Millionen Euro in das Startup-Unternehmen investierte.[119] Die Dynamik in diesem Geschäftsfeld wird überdies daran deutlich, dass Cornelsen die eigene digitale Lernplattform „scook" gegründet hat. Über diese erhalten LehrerInnen die Möglichkeit, ihre gekauften Printbücher kostenlos als E-Books in eine dortige Bibliothek zu laden und z.B. via App auch offline im Unterricht zu nutzen. Weiterhin gibt es Organisations- und Planungsangebote sowie Einbindungsvorschläge von sofatutor-Videos in den eigenen Unterricht.[120] Neu bzw. immer noch aktuell (Stand November 2019) ist zudem die zunehmende Ausweitung der Plattform auf SchülerInnen. Diese können über scook ebenfalls gekaufte Schulbücher in E-Books „umwandeln" bzw. diese kostenlos dazu nutzen. Nunmehr werden zudem interaktive Übungen zu den entsprechenden Arbeitsheften, mit denen in der Schule gearbeitet wird, vorgeschlagen. Überdies werden Lehr-, Lern-, Unterrichtsmaterialien, interaktive Lernübungen, Webinare oder digitale Schulbücher angeboten.[121]

[119] Für einen Einblick in das unternehmerische Feld der Nachhilfe sei hier nochmals bemerkt, dass Cornelsen 2003 die *Studienkreis GmbH*, den zweitgrößten Anbieter von Nachhilfe in Deutschland, kaufte und 2013 dann an eine *Private Equitiy* Gesellschaft veräußerte.

[120] Siehe hierzu den Link: https://www.scook.de/scook/sofatutor [01.11.19].

[121] Für die unterschiedlichen Angebote vgl. https://www.scook.de/scook/information [01.11.19].

6.4.1 Das Logo

Das Logo von sofatutor besteht aus einem leicht schräg stehendem Sofa-Icon und dem Schriftzug „sofatutor“. Beide sind in grün gehalten, wobei das angedeutete Sofa eine Rückenlehne in einem etwas helleren Grün zeigt. Der Schriftzug deutet die beiden zentralen Bedeutungsaspekte an, um die es bei dem Internetangebot geht.

Abbildung 24: Das Logo von sofatutor

Das „sofa“ verweist auf den heimischen, privaten Bereich, von dem aus der Nutzer tätig wird. Der „tutor“ hebt auf das Angebot ab, das die Internetseite offeriert, einen Tutor und damit eine mit der Leitung von Unterricht bestimmte Person. Der Verweis auf den *Tutor* kann in diesem Zusammenhang als eine Dekontextualisierung, zumindest aber Lockerung des Begriffs der Schule verstanden werden, da der Tutor in der Regel als eine an einer Hochschule oder Universität tätige Personen verstanden wird. Da sofatutor auch Lernangebote an Studierende offeriert und der Begriff öffnend und allgemein genug auf Lernkontexte verweist, kann das Schulangebot als inkludiert angesehen werden. Der Begriff „sofatutor“ selbst fungiert hier als Assoziation, da rein sprachsyntaktisch der Begriff darauf verweisen müsste, dass es sich bei sofatutor um einen Tutor handelt, der entweder Tutorien zu Sofas oder Couches anbietet oder um einen Tutor, der sich auf einem Sofa befindet. Beide Varianten sind hier augenscheinlich nicht gemeint. Denn das Sofa, das zu sehen ist, ist leer und nicht z.B. durch einen Sofatutor (einen Tutor auf dem Sofa) besetzt. Vielmehr lässt sich aus dem Zusammenspiel von Schrift und Bild der assoziative Gehalt ableiten. Beide Begriffe stehen zwar zusammen, müssen aber als einzeln und neu aufeinander bezogen verstanden werden. Dass sofatutor überdies anders verstanden werden will, als der Begriff es eigentlich meint, wird durch die durchgehende Klein-

schreibung des Begriffes (obgleich Substantiv) noch hervorgehoben. Verstanden werden kann sofatutor als ein Tutor, der interessierten Personen Inhalte vermittelt, die zuhause auf dem Sofa Platz nehmen können. Das abgebildete Sofa ist leer, es bietet sich daher an, darauf Platz zu nehmen und sich dem Tutor zuzuwenden.
Das Sofa selbst hebt den Aspekt der Bequemlichkeit des distance-learning hervor, das ungezwungen im vertrauten Privatbereich durchgeführt werden kann. Der Tutor fungiert hier zum einen als Vermittler von Informationen. Durch den Begriff des Tutors wird zudem auf eine Beziehung zwischen zwei Menschen abgehoben und nicht z.B. auf eine Plattform, auf der allein Lerninhalte hinterlegt sind. Der Tutor hebt bzw. mildert damit die durch die Entfernung und digitale Darreichungsform aufkommende (virtuelle) Distanz zwischen dem Nutzer auf dem Sofa und der Internetpräsenz ab. Der Tutor wird damit nicht nur zu einem Vermittler von Lerninhalten, sondern auch zu einem Begleiter und Führer durch die Lernwelt, einen Fürsorger. Das Lernen im Schutzraum des privaten angesiedelten Sofas ist damit zum einen physisch sicher, da man mit niemandem in unmittelbarem körperlichen Kontakt steht. Zum anderen ist es nicht einsam, da man von einem – wenn auch imaginären – Tutor begleitet wird, der durch den digitalen Raum und die Lernwelten führt. Da sofatutor besonders mit Lernvideos arbeitet, steht der Tutor (Lehrer) sozusagen vor dem Lernenden auf seinem Sofa, ohne allerdings mahnende Blick oder Unzufriedenheitsbekundungen bei Unaufmerksamkeit oder Unverständnis des Lernenden in Richtung desselben werfen zu können. Vielmehr besitzt der auf der Couch bzw. dem Sofa befindliche Schüler die Möglichkeit, die Lehrperson immer wieder von vorne beginnen zu lassen (zurückspulen) und damit zugleich das eigene Lerntempo bestimmen zu können, zu unterbrechen (Pause) oder einfach zu überspringen. Aus der ursprünglich komplementären Kommunikationssituation zwischen Lehrer und Schüler in der Schule wird eine umgekehrte (komplementäre) parasozialer Interaktion zwischen Tutor und Nutzer. So werden bereits über das Logo die grundlegenden Positionen von unmittelbarer und medial vermittelter Kommunikation und die daran hängende Bedeutung für die Bildung und Lernvermittlung verhandelt. Die in einer unmittelbaren Lernsituation als Möglichkeit enthaltene persönliche Kränkung oder Zurückweisung, die *Nichterzeugung* einer Resonanzbeziehung (vgl.

Rosa 2012), sondern vielmehr die Möglichkeit ihres Rückbaus und ggf. daraus resultierender Lernblockaden werden so bereits implizit thematisiert, indem der Privatraum (Sofa) und der Tutor als Lernsetting explizit gemacht werden. Aber nicht nur die mögliche Zurückweisung zwischen Lehrer und Schüler wird hier mitthematisiert, sondern gleichzeitig die gesamte soziale Situation, in die die Lehrer-Schüler-Interaktion in einer Schule eingebettet ist; gemeint sind hier die Mitschüler, die bei jeder Antwortaufforderung zu einem Mitbewerber um die richtige Antwort werden und damit bereits auf dieser Ebene ein Leistungsvergleich implementiert ist. Aber vor allem werden die Mitschüler zum (wertenden) Publikum, sobald eine Antwort von einem Schüler eingefordert wird. Gelächter, Witzeleien oder andere Reaktionen, die auf eine falsche Antwort folgen können und die Schule auch zu einem Angstraum werden lassen (vgl. z.B. Wachs et al. 2016), verlieren sich in der exklusiven Lernsituation zwischen einem Nutzer auf dem Sofa und sofatutor. Der private Lernraum wird daher in besonderer Weise zu einem sicheren Lernraum, der – wie erwähnt – vor solchen Zurückweisungen schützt. Das leere Sofa – anders als beispielsweise der Schreibtisch, den man im scoyo-Bereich vorfindet – adressiert damit eine Einladung darauf Platz zu nehmen, um sich ungestört, angstfrei und gemütlich den Lerninhalten zuzuwenden.

6.4.2 Die Startseite

Die Startseite von sofatutor[122] lässt sich grob in vier Bereiche unterteilen. Im ersten Bereich findet sich oben die Navigations- bzw. Menüleiste, über die man schnell verschiedene Seiten von sofatutor ansteuern kann, zudem werden hier eine Telefonberatungsnummer angeboten und der Loginbereich angezeigt. Stärker in den Blick kommt zunächst die große Überschrift mit einer Hervorhebung der beiden ersten Worte „Bessere Noten in Schule & Uni“. Die Zielgruppe umfasst dergestalt nicht nur Schüler, sondern auch Studierende. Zwei Auswahlfenster offerieren einen kostenlosen Test; hier lassen sich das Fach und die entsprechende Klasse bzw. die entsprechenden Lernjahre (z.B. bei den Fremdsprachen) auswählen. Eine direkt darunter

[122] Das Bildmaterial bezieht sich auf den Stand Mai 2016. Zwischenzeitlich wurden zwar Änderungen und Anpassungen im Layout vorgenommen. Die grundsätzlichen Aspekte, die hier sichtbar gemacht werden sollen, sind hingegen gleich geblieben. Alle abgebildeten Screenshots stammen, sofern nicht anders angegeben, vom 15.05.2016.

platzierter „Mehr Informationen“-Verlinkung führt in den später beschriebenen zweiten Bereich der Startseite.

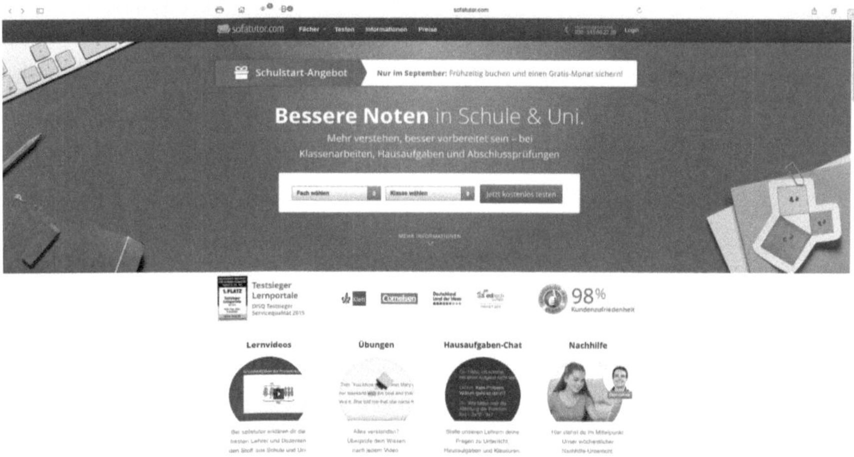

Abbildung 25: Erster Teil der Startseite.

Als Abschluss dieses ersten Bereiches finden sich in einer Linie aneinandergereiht eine Reihe von Qualitätsnachweisen, so z.B. ein Testsieger-Zertifikat des Deutschen Instituts für Service-Qualität – ein privatwirtschaftliches Marktforschungsinstitut – oder eine „zufriedene Auszeichnung“ durch das eKommi Logo – einer Firma, die Software für die Verwaltung von Kundenbewertungen anbietet. Darüber hinaus werden die Logos der Schulbuchverlage Klett und Cornelsen sowie das Logo der gemeinsamen Standortinitiative der Bundesregierung und der deutschen Industrie „Deutschland – Land der Ideen“ angezeigt.

Im zweiten Teil der Startseite (Abbildungen 26 und 27) werden die digitalen Lernmethoden untereinander angeordnet einzeln vorgestellt. Es werden Lernvideos, Übungen, Hausaufgaben-Chat und Nachhilfe als Angebote kurz beschrieben und mehr Informationen dazu offeriert. Ein für jede Rubrik nebenstehendes Fenster mit animierten Inhalten deutet den Ablauf und die Technik der jeweiligen Lernmethode an. Die Reihenfolge der Anordnung deutet eine gewisse Ordnung und Hierarchie an. Die erstgenannten Lernvideos sind der zentrale Bestandteil von sofatutor, dazu gehören dann auch entsprechende Übungen. Hausaufgaben-Chat und Nachhilfe sind ein weiterer angebotener Teil. Während die beiden erstgenannten in Eigenregie abgerufen und durchgeführt werden können, stellen Hausaufgaben-Chat und Nachhilfe einen stärker interaktiven Teil dar, der zudem je nach gebuchtem Lernpaket einen exkludierter oder inkludierter Lerninhalt darstellen, während Lernvideos und Übungen Grundelemente der buchbaren Preispakete anzeigen.

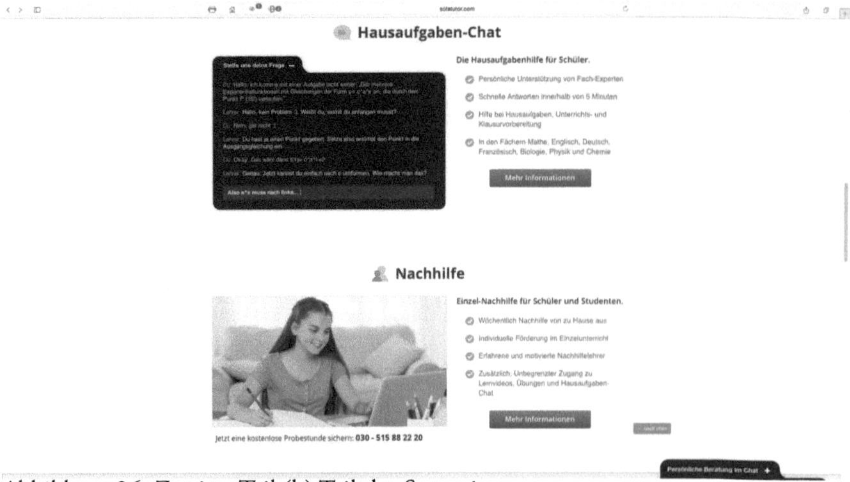

Abbildung 26: Zweiter Teil (b) Teil der Startseite.

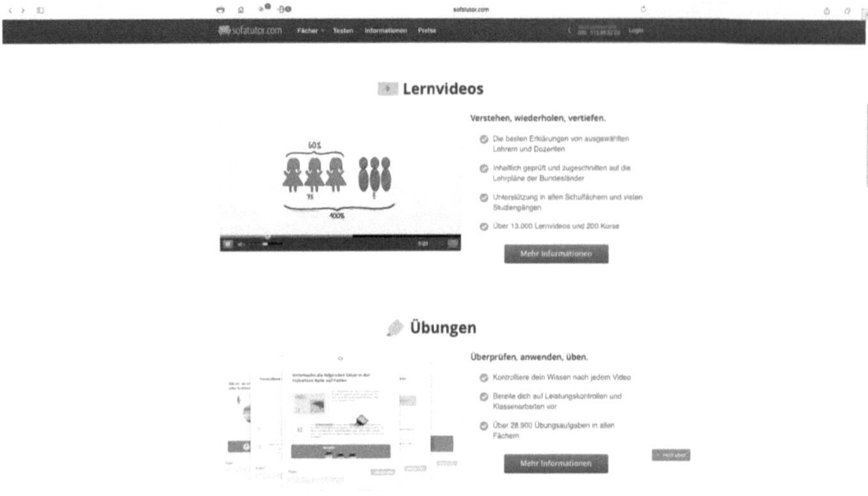

Abbildung 27: Zweiter Teil (a) der Startseite

Der dritte Teilbereich der Startseite gibt einen Überblick über die angebotenen Fächer, aufgeteilt in Schule und Universität. Darunter werden die „Abo's und Preise“ ausgewiesen, wobei dieser Punkt zwischenzeitlich auch einmal in die Kopfmenüzeile verlegt und auf eine eigene Seite mit buchbaren Lernpaketen verlinkt wurde. Neben der mittigen Ausweisung eines „Ab-Preises“, der sich durch die Buchung weiterer Teile erhöhen kann (z.B. Einzelnachhilfe), ist vom Betrachter aus links davon das Logo „Lernerfolg garantiert“ platziert. Rechts vom Preisausweis findet sich der Hinweis „Komplett-Paket“, der den stetigen Zugriff auf alle Lerninhalte aller Fächer für die bezahlte Dauer hervorhebt.

Abbildung 28: Dritter Teil der Startseite.

Dieser Hinweis ist in der digitalen Welt insofern nicht redundant, sondern zumindest für digital-affine Nutzer nötig, da aus der geläufigen Smartphonenutzung und der dort zum Einsatz kommenden Applikationen (Apps) sogenannte In-App-Käufe bekannt sind. Diese ermöglichen erst eine angemessene Nutzung der jeweiligen App. Ohne In-App-Käufe lassen sich kommerzielle Apps meist nur rudimentär ausprobieren und besitzen eine eingeschränkte Funktionalität. Sofatutor antizipiert hier mögliche Unklarheiten bei potentiellen und digital-affinen Kunden, die durch den Hinweis auf das „Komplett-Paket“ auf die volle Funktionsfähigkeit des Angebots hingewie-

sen werden sollen. Durch den ausgewiesenen Ab-Preis ist gleichzeitig explizit eine Skalierbarkeit des Preises angezeigt. Hinzubuchbare Leistungen sind in dem ausgewiesenen Preis nicht enthalten sind.
Der vierte Teil der Startseite verweist dann auf Presse- und Nutzeraussagen über sofatutor und zeigt damit die öffentlichkeitswirksamen Autoritäten (Presse) und unmittelbaren Anwender an. Die Auswahl der Anwender bzw. Nutzer zielt auf die gesamte Zielgruppe und ihre entsprechenden Perspektiven.

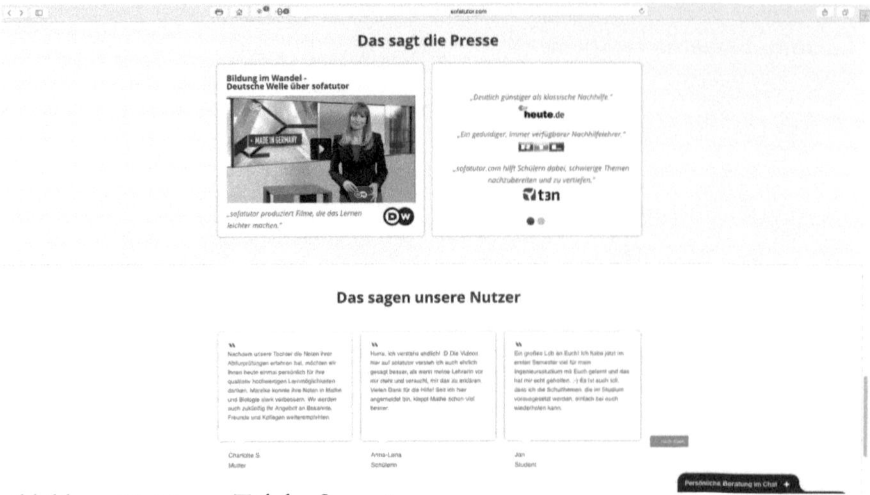

Abbildung 29: Vierter Teil der Startseite.

So findet sich eine Aussage einer Mutter, die als Elternrepräsentant die Zielgruppe der Schülerverantwortlichen und damit zugleich die Finanzverantwortlichen anspricht. Der Text hebt die Notenverbesserung des eigenen Kindes hervor und endet mit der Empfehlung: „Wir werden auch zukünftig Ihr Angebot an Bekannte, Freunde und Kollegen weiterempfehlen". Eine Schülerin betont im zweiten Nutzertext: „Hurra, ich verstehs endlich! :D Die Videos hier auf sofatutor versteh ich auch ehrlich gesagt besser, als wenn meine Lehrerin vor mir steht und versucht, mir das zu erklären. Vielen Dank für die Hilfe! Seit ich hier angemeldet bin, klappt Mathe schon viel besser". Die hier angezeigte Perspektive ist nicht zuvorderst die Notenverbesserung, sondern der Verstehensvollzug. Die Schülerin drückt ihr Glück und ihre Erleichterung durch das „Hurra" aus, das „endlich" deutet auf den langen Prozess des Verstehens und impliziert viele vorangegangene

Fehlversuche in der schulisch-didaktischen Vermittlung der Lerninhalte. Der Verweis auf das bessere Verstehen durch die Lernvideos gegenüber der unmittelbaren Situation mit dem Schullehrer unterstreicht damit das Lernkonzept von sofatutor (Lernvideos) und weist es als besser aus. Das Video, das in heimischer und privater Umgebung betrachtet werden kann, wird hier dem unmittelbaren Lernen in der Schule gegenübergestellt. Der darin enthaltene Raumaspekt wird eröffnet durch das „hier auf sofatutor", das den Privatraum über die Erwähnung des digitalen Raumes (sofatutor) impliziert, da dieser in der Regel vom heimischen PC aufgerufen wird. Zudem spielt sofatutor bereits mit dem Logo und seinem Namen auf die besondere Nutzung auf dem heimischen Sofa an.

Über den privaten Raum, das heimische Sofa, wird auf den digitalen, virtuellen Raum bei sofatutor zugegriffen. In Opposition dazu steht dann der schulische Lernraum, der durch die Lehrerin („wenn meine Lehrerin vor mir steht") angezeigt wird. Das „vor mir steht" kann als maximaler Ausdruck der Unmittelbarkeit verstanden werden und hebt durch die Konkretisierung „vor mir" (und nicht z.B. „vor der Klasse") eine eins-zu-eins-Situation hervor. Und eine solche eins-zu-eins-Situation zwischen Lehrer und Schüler kann als Stressfaktor verstanden werden. Dass es sich in diesem Zusammenhang um das Fach Mathematik handelt („klappt Mathe schon viel besser"), das als häufigstes Nachhilfefach auffällt und – so darf man schlussfolgern – damit am häufigsten mit Angst besetzt ist, verstärkt das Unangenehme und Bedrohliche in dieser Situation, das sich lernhemmend auswirkt. Sofatutor in seiner auf distance-learning ausgerichteten Form weist sich damit als geeignetes Mittel aus, um solche Lernblockaden zu lösen. Dergestalt zeigt sich die naheliegende Bevorzugung der eigenen konzeptionellen Umsetzung von Lernen und der Betonung des eigenen Angebotes, das durch die digitale Struktur bestimmt ist. Diese auf digitale Mittelbarkeit ausgerichtete Lernsituation wird hingegen in erster Linie nicht als Zusatz, Ergänzung oder Unterstützung zur ansonsten schulisch analogen Form vorgestellt, sondern in Betonung der eigenen Vorteile als funktionaler und besser angezeigt. Der einschüchternen und *distanzlosen* Lernsituation in der Schule, die den meisten Schülerinnen zumindest partiell bekannt sein dürfte, wird hier die entspannte und aufgrund der *Distanzierung* angstfreie Lernsituation gegenübergestellt.

6.4.3 Die Infografik *Deutschland ein Nachhilfeland?* – Eine Einzelfallanalyse

Besonders aktiv ist *sofatutor* auf dem Gebiet der Infografiken und der Zusammenstellung von Informationen rund um das Thema Bildung. Ein eigener sofatutor-Blog dient hier als Vermittlungsplattform dieser Informationen und zugleich als Rückkanal für Nutzer über die Kommentarfunktion. Infografiken allgemein fungieren als visuell-pointierte Zusammenführung von statistischen Daten und Untersuchungsergebnissen, die sich hier rund um das Feld *Nachhilfe* bewegen. Dabei wird die Erstellung und Vorstellung einer Infografik als kostenlose Dienstleistung vermittelt, die einen Teilhabecharakter beinhaltet, der für digitale Artefakte und in der digitalen Medienwelt allgemein nicht unüblich ist. Der Teilhabecharakter implizit überdies eine Gabe (vgl. Mauss 1990), wenngleich es sich hier nicht um ein materielles Objekt, sondern um ein digitales Artefakt handelt. Der *Wert* des Artefaktes wird über die darin enthaltene Arbeit bestimmt, die digital frei zugänglich gemacht wird. Der einleitende Text zur Infografik über Nachhilfe in Deutschland macht dies deutlich:

> „Was wissen wir eigentlich alles über Nachhilfe in Deutschland? Vereinzelte Studien und Umfragen zu dem Thema geben hier Auskunft. Eine anschauliche Übersicht zu den wichtigsten Daten konnten wir allerdings nicht finden – und haben kurzerhand selbst eine Infografik zum Thema Nachhilfe in Deutschland erstellt!“[123]

Es wurden „kurzerhand“ die wichtigsten Daten aus den vereinzelten „Studien und Umfragen“ in einer Übersicht zusammengestellt. Der Mehrwert für den Leser/Nutzer ist deutlich: Man spart sich die eigene Recherche- und Lektürearbeit und erhält eine visuell aufbereitete Zusammenfassung. Die Frage nach der Authentizität der Ergebnisse wird durch die professionelle Erscheinungsform der Infografik und die dort ausgewiesenen Quellen beantwortet. Allein, dass Quellenangaben gemacht werden, soll bei aller visueller Vereinfachung die Ernsthaftigkeit der Daten bezeugen.

---

123 https://www.sofatutor.com/blog/2013/03/infografik-nachhilfe-in-deutschland [01.11.19].

Zugleich zeugen die Quellen davon, dass der oder die Ersteller der Infografik auch die Fähigkeiten besitzen, die entsprechenden Quellen zu finden, zu lesen und hinsichtlich der *entscheidenden* Daten auszuwerten. Darüber hinaus lässt sich durch die professionelle Darstellung und das Layout der Infografik den Produzenten auch in diesem Bereich Kompetenz und Professionalität zuschreiben.

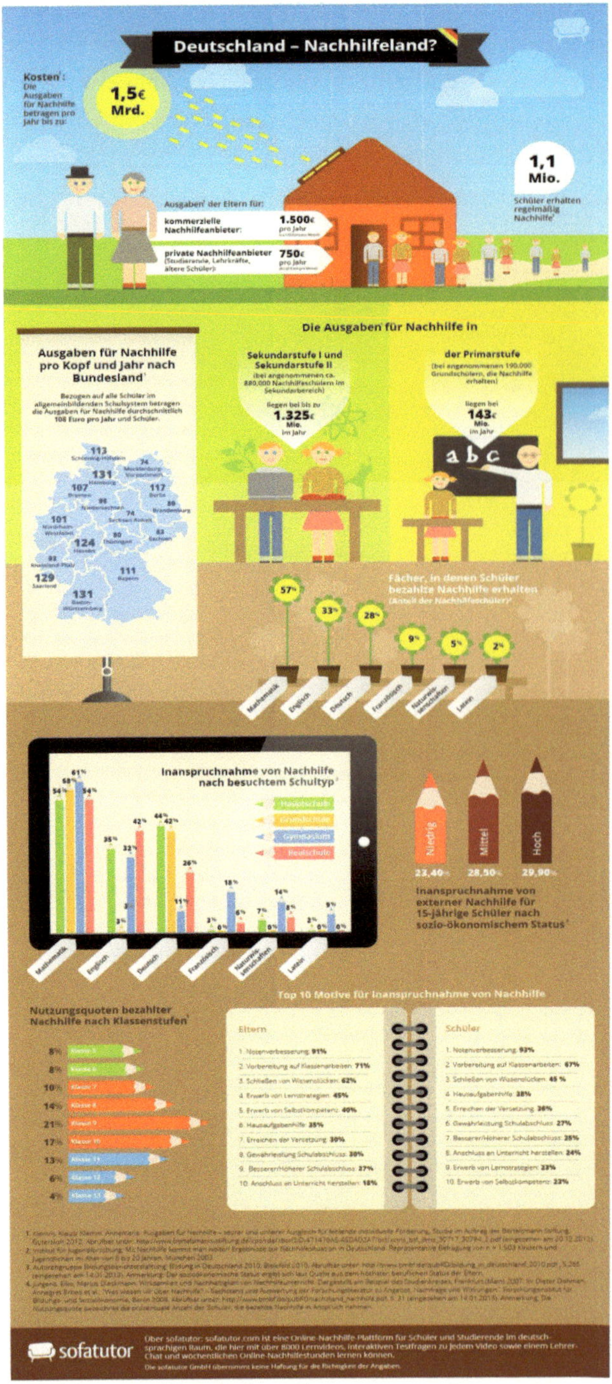

Abbildung 30: Eine Infografik von www.sofatutor.com

Sie präsentiert hier zudem die Überbrückung der ansonsten oft kolportierten Schwierigkeit der Darstellung und Veranschaulichung wissenschaftlichen Wissens. Die Infografik verbindet dergestalt die Fähigkeit zum wissenschaftlichen Arbeiten mit der (didaktischen) Fähigkeit wissenschaftliches Wissen so aufzubereiten, dass es anschaulich und für interessierte Laien nachvollziehbar und rezipierbar wird. Eine kurze Beschreibung der Infografik und eine anschließende Bildinterpretation zum Fragenkomplex der Selbstzuschreibung bzw. dem nach außen zu vermittelnden Selbstverständnis von Nachhilfe im Allgemeinen und (digitalen) Nachhilfeanbietern im Besonderen soll als ein Analysebaustein für den genannten Aspekt des Selbstverständnisses, aber auch für den Bereich der Mediatisierung von Nachhilfe verstanden werden. Dabei soll die Analyse der Infografik in erster Linie der Erhellung von sofatutor dienen, lässt aber auch allgemeinere Ableitungen zu.

Beschreibung

Die Infografik ist in fünf untereinander gestellte Info- bzw. Bildabschnitte gegliedert, die sich größtenteils auch durch eine eigene Farbhinterlegung erkennen lassen. Im Sinne einer üblichen Infografik werden Zahlen und Daten optisch und szenisch aufbereitet. Der erste – von oben nach unten zu schauende – Bereich trägt die Überschrift „Deutschland – Nachhilfeland?" auf einem schwarzen Banner, das an der vom Betrachter aus rechten oberen Ecke die Deutschlandfahne anzeigt. Die Überschrift ist vor einem blauen Himmel mit nur wenigen Wolken und am linken Bereich einer angedeuteten Sonne mit Sonnenstrahlen platziert. In der Sonne ist die Summe (1,5 Mrd. €) angegeben, die – so ein erläuternder Text neben der Sonne – die Kosten für Nachhilfe pro Jahr angibt. Das Wort „Kosten" ist mit einer Fußnote versehen, in der die (wissenschaftliche) Quelle für dieses Datum angegeben wird. Dazu gehört darunterliegend die „Szene" eines Hauses, vor dem neben der Tür vier Kinderpaare – jeweils ein Junge und ein Mädchen – und ein durch die Bildbegrenzung allein stehender Jungen platziert sind. Diese sind perspektivisch angeordnet, so dass sie mal näher oder mal weiter entfernt vor und neben dem Haus erscheinen. Über den Schülern, in einem weitgehend runden und weißen Kreis, wird die Zahl 1,1 Mio. ausgewiesen, die durch den darunterstehenden Text als Anzahl der Schüler, die regelmä-

ßig Nachhilfe erhalten, zu verstehen ist. Auch hier wird am Ende des Textes mit einem Fußnotenzeichen auf eine Quelle verwiesen.
Vom Betrachter aus links daneben stehen, etwas in den Vordergrund gerückt, ein Mann und eine Frau, die durch den nebenstehenden Infotext als Eltern angezeigt werden. Zudem weisen zwei untereinander angebrachte Informationsbalken die Ausgaben der Eltern für kommerzielle Nachhilfe (1500€ pro Jahr) und für private Nachhilfeanbieter (750€ pro Jahr) aus. Auch diese „Ausgaben" werden über eine Fußnote mir einer Quelle belegt.
Ein grüner Farbbalken trennt Abschnitt eins vom zweiten Bildabschnitt.
Abschnitt zwei ist in der vertikalen geteilt, indem dort über zwei unterschiedliche Szenen die Sekundarstufe 1 und 2 sowie die Primarstufe szenisch dargestellt werden. Darüber weist ein darüber stehendes Textoval die Ausgabensumme für den jeweiligen Bereich aus. So werden für die Sek. 1 und 2 „1.325 € Mio. im Jahr" angezeigt und „143 € Mio. im Jahr" für den Primarstufenbereich. Links daneben – und in die Bereiche zwei und drei reichend – werden über ein „Rollup" die „Ausgaben für Nachhilfe pro Kopf und Jahr nach Bundesland" vermittelt.
Im dritten Bereich werden stilisierte Blumen in einem Blumentopf gezeigt, die mit den Fächern gelabelt sind, in denen – so die Überschrift – Schüler Nachhilfe erhalten. Die Länge der Blume wird über den prozentualen Wert des jeweiligen Faches bestimmt, der im Blumenkopf überdies ausgewiesen wird.
Abschnitt vier und fünf sind beide einheitlich braun hinterlegt, werden aber aufgrund der sich im Vordergrund liegenden Gestaltung voneinander abgrenzbar. Dies ist in Abschnitt vier der Infografik die Darstellung eines Computer-Pads mit Bild und nebenstehenden Buntstiften als Größendiagramsäulen. In Abschnitt fünf zeigen sich erneut Buntstifte, diesmal vertikal ausgerichtet und neben der Darstellung eines Notizblockes mit darin aufgelisteten Top-10-Motiven für Nachhilfe von Eltern und Schülern. Zu diesen fünf Abschnitten tritt eine Form von Fußnotenbereich, der die Nachweise bzw. Quellen der Statistiken und Informationen enthält sowie ein farblich wiederum abschließender Bereich, der sofatutor und einige Angaben darüber und einen Haftungsausschuss für die Richtigkeit der Daten beinhaltet.

Interpretation
Die Validität und die schnelle Erfassung der Daten wird zunächst durch Zahlen und eine statistisch-vergleichende Vorbringung erreicht. Durch ikonographische und angedeutet szenische Zeichentrickuntermalung werden die Zahlen entsprechend eingebettet und mit dem Thema Schule kontextualisiert (z.B. Bundstifte, Notizblock, Tafel, Lehrer mit Zeigestock usw.). Die bunte, pastellige und mit eher freundlichen und warmen Farben versehene Konzeption und die durchweg mit einem Lächeln versehenen Eltern, Kindern und Lehrer zeichnen ein insgesamt freundliches Bild. D.h. die bildhafte Folie für die statistischen Zahlen ist freundlich und z.B. nicht „dramatisch" oder anderweitig aufgeladen. Besonders deutlich wird dies direkt zu Beginn des Bildes – die Gestaltung der Grafik impliziert ein geworденes, sequenzielles *Lesen* der Grafik von oben nach unten: Direkt unter der Überschrift „Deutschland – Nachhilfeland?", sieht man wie erwähnt eine angedeutete Sonne, in deren Mitte die Zahl bzw. die jährliche Summe (1,5 Mrd. €) platziert ist, die jährlich für Nachhilfe ausgegeben wird. Von der Sonne fallen Sonnenstrahlen auf das Dach eines Hauses. Das Dach ist – hier ist die Darstellung nicht ganz eindeutig – mit einem großen Fenster oder mit Sonnenkollektoren bzw. Solarzellen versehen. Unabhängig davon, ob man ein Fenster oder Dachsolarzellen erkennen mag, fällt der sozial rekonstruierbare Sinn hier ähnlich bzw. gleich aus. Die Sonne, d.h. die 1,5 Mrd. €, die jährlich für Nachhilfe ausgegeben werden, bringen Energie (Solarzellen) bzw. Licht (Fenster) ins Haus, erhellen es für die Bewohner, lassen ein „Licht aufgehen". Der Zusammenhang der metaphorischen Darstellung zum Verstehen und zur Erkenntnis von Wissen bzw. Lerninhalten ist hier evident.[124] Zudem gilt die Sonne als nachhaltiger Energie- bzw. Lichtlieferant, was als Implikation dann auch auf die Summe, die für Nachhilfe ausgegeben wird, gelten kann. Nachhilfe ist nachhaltig und gut, das hierfür ausgegebene Geld ist gut angelegt. Die angedeuteten Elternfiguren, neben denen die Summen-Aufteilung in kommerzieller und privater Nachhilfe aufgezeigt sind, visualisieren diese positive Konnotation durch ein Lächeln im Gesicht, die neben dem Haus stehenden Kinder ebenfalls.
Das Ausweisen der beiden verschiedenen Nachhilfeformen – kommerzielle

[124] Und beinhaltet als kulturelle Sinnfigur die Epoche der „Aufklärung", frz. „le Siècle des Lumières", das „Jahrhundert der Lichter").

und private Anbieter – in summenbezogen hierarchischer Anordnung, verdeutlicht zunächst, dass Eltern für kommerzielle Anbieter pro Jahr doppelt so viel Geld ausgeben als für private Nachhilfeanbieter. Wenn man davon ausgeht, dass es sich hierbei um eine freie Markthandlung und -wahl handelt und nicht um eine strukturelle Notwendigkeit (weil es z.B. gar nicht genug private Anbieter von Nachhilfe gibt, um höhere Ausgaben dafür zu eruieren), dann wählen Eltern doppelt so häufig kommerzielle wie private Anbieter. Es impliziert damit auch eine qualitative Expertise, die die kommerzielle Nachhilfe besitzt. Unthematisiert bleibt hier z.B., dass die Ausgaben für private Nachhilfe nur schwer zu eruieren sind, da diese häufig nicht offiziell abgerechnet werden, sofern sie z.B. im privaten Bereich und von Privatpersonen erfolgt. Da sofatutor zu den kommerziellen Anbietern von Nachhilfe zählt, kann ihm hier der Aspekt der höheren qualitativen Expertise zugeschrieben werden. Die Anzahl der Nachhilfeschüler wird nicht nur durch die Zahl „1,1 Mio" in einem weißen Kreis ausgedrückt, sondern auch durch vier Jungen und Mädchen Kinderpaare.

Die Infografik beinhaltet dergestalt neben der informierenden, durch Zahlen belegten Informationsvermittlung, durch ihre Gestaltung eine weitere, informelle Bedeutungsebene, eine konnotative Ebene, die eine allgemeine Deutung von Nachhilfe anbietet. Und dieses Deutungsangebot ist die hier positiv hinterlegte Sichtweise auf Nachhilfe. Keine Ängste, kein Versagen, kein Verlust, keine implizite Drohung, kein Sitzenbleiben, mangelnde Zeit zum Spielen, fehlendes „Potential", keine dunklen Wolken *bedeuten* hier die Nachhilfe, sondern im Gegenteil: Nachhilfe wird zum Sonnenschein, der das Haus erhellt und erwärmt und Eltern und Kinder glücklich macht, die die Fächer (Blumen) zum Wachsen und damit zur wahren Größe bringt. Dergestalt verkehrt sich hier eine negative, mit einem Defizit behaftete Perspektive (Nachhilfe = nachhelfen und *anschieben*) ins Positive. Damit wird Nachhilfe nicht mehr nur zu einem unterstützenden Angebot, zu einer *Krücke*, die schlechte Schülerinnen und Schüler benötigen, um von einer mangelhaften hin zu einer ausreichenden oder befriedigenden Note zu kommen, sondern zu einer notendurchlässigen Tätigkeit, die insgesamt das (Wissens-)Wachstum des Kindes im Sinn hat, das nebenher Zufriedenheit und Glück (z.B. durch bessere Schulnoten) verspricht. Die positive Assoziation der Nachhilfe wird auch über die Topfblumensymbolik unterstrichen.

Eine Blume soll wachsen, je größer bzw. höher sie ist, desto besser kann sie sich dem Licht zuwenden bzw. dieses aufnehmen und weiter wachsen. Überdies sind Blumen in unserer Gesellschaft positiv belegt (man verschenkt sie z.B., um jemandem zu gratulieren oder eine Freude zu machen, man erfreut sich an ihnen im Garten usw.), so dass hier Nachhilfe mit einem positiven Tenor unterlegt wird.
Das wiederum ist wichtig, basiert doch letztlich die gesamte Lern- und Lehrplattform auf diesen Fähigkeiten bzw. der Zuschreibung solcher Fähigkeiten der Produzenten durch die Nutzer. Die professionell aufbereitete Infografik suggeriert zugleich ein hohes Maß an Funktionalität und steht damit exemplarisch und als ein Baustein neben anderen für den ausgewiesenen hohen Anspruch der gesamten Plattform. Kommen wir kurz zurück zu dem Aspekt des Teilens und der Teilhabe. Durch das *Teilen* dieser Information wird zugleich eine Teilhabe versucht zu erzeugen. Das digitale Artefakt – hier die Infografik als Beispiel – wird nun nicht *aufgeteilt*, sondern kopiert, der Akt des Teilens liegt zuvorderst im Mitteilen und der darin liegenden Möglichkeit der Teilhabe für den oder die Anderen. Denn die Teilhabe ist hier nicht das Haben eines Teils z.B. eines Bildes, sondern das Haben des Ganzen. Natürlich stellt sich hier auch die Frage, was das für ein Haben im Sinne eines Besitzens ist. Denn ganz besitzt man ein digitales Artefakt auch nach einer vollständigen Kopie nicht. So werden bei der Herstellung einer Kopie keine Eigentumsrechte übertragen. Selbst beim Kauf eines Produktes erwirbt man in der Regel nur ein Nutzungsrecht, so darf man ein gekauftes Buch lesen, hat aber keinen Anspruch und Zugriff auf den Text bzw. seinen Inhalt selbst. Für das Lesen erwirbt man ein Nutzungsrecht. Das physische Trägermedium (Papier) hingegen darf als Eigentum bezeichnet werden. Genauer betrachtet zielt das Haben dann weniger auf das Artefakt selbst, als vielmehr auf das Mitteilen und damit die Herstellung von Relationalität des Eigenen im Anderen. Es ist dergestalt nicht nur eine Teilnahme, sondern ein im Prinzip der *methexis* (griechisch μέθεξις „Teilhabe“) angelegtes Teilhaben. Methexis meint in der Ideenlehre Platons das Verhältnis von sinnenweltlichen Dingen (zu denen z.B. auch Handlungen gehören) und ewigen Ideen; in späteren Dialogen spricht er auch von *mimesis*, um die Beziehung der Dinge zu den Ideen zu beschreiben. In der christlichen Philosophie findet sich in den einflussreichen

Schriften eines unbekannten Autors, der das Pseudonym Dionysius Areopagita nutzte und entsprechend Pseudo-Dionysius Areopagita genannt wird, ein neuplatonisches Konzept der Teilhabe (vgl. zur methexis besonders Drews 2011).

Er entwirft in theologischer Hinsicht die Teilhabe als das, was die Geschöpfe und den Schöpfer verbinden. Die Geschöpfe haben Teil am Schöpfer und können über die Beschau der Schöpfung (z.B. der Natur) einen entsprechenden Anteil erblicken. Folgt man dieser Perspektive einen Augenblick und wendet sie auf digitale Artefakte an, so meint dies, dass das Geschöpfte (das Artefakt, hier die Infografik) einen Teil des Schöpfers (Produzenten) beinhaltet, sozusagen eine Spur des Anderen (Lévinas). Durch eine Teilhabe am Geschöpf lässt sich so mittelbar eine Teilhabe am Schöpfer etablieren. Hier meint *methexis* dergestalt das Verhältnis von Artefakt und seinem Produzenten, Distribuenten oder Rezipienten. Das Artefakt kann als *Teilgabe* verstanden werden, über das eine Teilhabe ermöglicht wird. Die Teilnahme, das Nehmen eines Teils, ist nicht gleich der Teilhabe. Die Teilhabe meint neben der (passiven) Teilnahme zugleich auch die Teilgabe, also den aktiven Anteil, die aktive Teilnahme, das Sicheinbringen, und schlussendlich das Teilsein, das entsprechend die Verbundenheit ausdrückt und anzeigt, dass der Andere ein Teil der eigenen Existenz ist. Hier bricht allerdings der kurze Verweis auf Lévinas mit „den Spuren des Anderen" – und soll daher nicht weiter verfolgt werden –, insoweit bei Lévinas der Andere immer der vollkommen Andere ist (vgl. Lévinas 1984) und ein Teilsein, das ja in gewisser Hinsicht eine Schnittmenge vom Ich und dem Anderen impliziert, ausschließt.

Der Akt des Teilens wird in der christlichen Kulturgeschichte versinnbildlicht durch das Teilen des Brotes von Jesus und seinen zwölf Jüngern. In dieser bereits ritualisierten Form dient es vor allem dem Akt der Vergemeinschaftung, der Versicherung der *communio* (dem Teilsein). Jeder erhält einen Teil des Brotes, jener, der das Brot teilt, verzichtet damit zugleich auf den alleinigen Anspruch und auf einen materiell größeren Teil, der über diesen Verzicht eine Opferbereitschaft anzeigt. Aber der materielle „Verlust" führt immateriell zu einem Gewinn an Freundschaft, Liebe und Gemeinschaft. Das Teilen ist zwar nicht gänzlich gleichzusetzen mit der Praxis des Schenkens oder Gebens, so wie es Marcel Mauss in seinen ethnologischen Studien

für primitive Gesellschaften beschrieben hat (vgl. Mauss 1990, auch Moebius/Papilloud 2006). So gibt es z.B. keine *Pflicht* des Nehmens (vgl. Mauss 1990: 36) beim digitalen Teilen, eine Ablehnung ist zumindest bei der Einer-zu-viele-Kommunikation möglich z.B. durch Nichtrezeption oder das Nichtanzeigen der Rezeption durch u.a. das Zulassen von Kommentaren, Teilen oder „Gefällt-mir-Button". Bei der traditionellen Form der Gabe, so wie Mauss sie versteht, besteht derweil eine Pflicht des Nehmens, wenngleich er darauf hinweist, dass die Gabe in freiwilliger Form erfolgt. Aber sie muss gewisse soziale Normen einhalten. „Schließlich vollziehen sich diese Leistungen und Gegenleistungen in einer eher freiwilligen Form, durch Geschenke, Gaben, obwohl sie im Grunde streng obligatorisch sind, bei Strafe des privaten oder öffentlichen Kriegs" (Mauss 1990: 22).
Dennoch zeigen sich Gemeinsamkeiten zum digitalen Teilen. Denn beiden – dem Geben (Schenken) und dem Teilen – liegt die Stärkung des sozialen Miteinanders zugrunde. Gerade der Dreiklang von Geben (vgl. auch Gimesi/Hanselisch 2010), Annehmen und Erwidern formt für Mauss das soziale Leben, der Reziprozitätsimperativ drängt auf Erwiderung einer Gabe zu einer Gegengabe und etabliert damit einen Gabentausch. Mauss formuliert die Idee der Gabe, die vielen traditionellen Gemeinschaften und Gesellschaften zugrunde liegt, wie folgt: „Das Ding, das als Gabe bekommen wurde, das erworbene Ding im Allgemeinen verbindet den Geber und den Erwerber magisch, religiös, moralisch, juristisch miteinander. Es kommt von einem, der es fabriziert oder sich angeeignet hat, es ist von ihm, es gibt ihm eine Macht über den anderen, der es annimmt" (Mauss 2006: 15).
Und auch im Rahmen der digitalen Welt verliert sich dieser Dreiklang der Gabe als ein Grundprinzip der Vergesellschaftung nicht plötzlich, ist er doch inkorporiert. Alain Caillé weist der Gabe sogar einen anthropologischen Charakter zu (vgl. Caillé 2008). Man kann hinsichtlich des digitalen Teilens auch Anklänge bei Derrida aufnehmen (vgl. Derrida 1993), der in Auseinandersetzung mit den Überlegungen von Mauss die Gabe ohne einen Reziprozitätsimperativ und die damit einhergehende Zirkulation von Gaben (vgl. Mauss 1990: 83) verstanden wissen will. Er lehnt dergestalt das Zirkulationsprinzip, das sich durch den Kreis ausdrückt, ab. Vielmehr sieht er darin bzw. in dem impliziten Charakter der Gabe, der zu einer Gegengabe aufruft und damit den Kreislauf begründet, eine Aporie der Gabe. „Eine

Gabe könne nur möglich sein, Gabe kann es nur geben in dem Augenblick, wo ein Einbruch in den Kreis stattgefunden haben wird: in dem Augenblick, wo jede Zirkulation unterbrochen gewesen sein wird, und zu der Kondition des Augenblicks“ (Derrida 1993: 19). Das digitale Teilen wiederum ist ebenfalls weniger durch einen Kreislauf gekennzeichnet, als vielmehr – auch durch die Infrastruktur des Mediums Internet vorgegeben – durch das Netz, wobei die genaue Verzweigung des Netzwerkes für die Nutzer weitgehend im Dunklen bleibt.

Nichtsdestotrotz bleibt die von Mauss beschriebene Geste der Gabe bzw. des Gebens mit der Implikation der Rückgabe auch im Netz enthalten. Nur ist es hier kein zwischen zwei Menschen angelegtes Geben, sondern eines ins Netzwerk hinein, welches wiederum mit Gegengaben antworten kann. Die triadische Struktur des Geber-Gabe-Empfängers löst sich in Anlehnung an Derrida insoweit auf, die Gabe bringt für ihn erst das Subjekt hervor. „Da wo es Subjekt und Objekt gibt, wäre die Gabe ausgeschlossen. Vielmehr sind die Subjekte und Objekte stillgestellte Effekte der Gabe: Gabenstillstände. Mit der Geschwindigkeit Null oder unendlich des Kreises“ (Derrida 1993: 37). So betont Hottner hieran anschließend:

> „Das Subjekt tritt damit weder als Geber noch als Empfänger der Gabe auf, sondern ist die Bande, über die die Gabe gespielt wird, indem es die Zirkulation unterbricht, sich systematisch in seiner Rede verfehlt, sich ins Herz einschreiben will, die Gabe ‚aus dem Verkehr zieht‘ und sie als das, was sie nicht ist, als Falschgeld wieder einschleust. Das Subjekt entsteht erst in der Nachträglichkeit seiner Aufschreibung: als Aufschub“ (Hottner 2010: 70).

In der digitalen Welt löst sich nun – wie erwähnt – der materielle Aspekt in der Konzeption des Teilens auf, aber es bleibt der Akt des Mitteilens und der *Teilhabe.* Das digitale Teilen ist eine Geste der Mitteilung und der Teilhabe, indem dem Anderen angeboten wird, an etwas teilzuhaben, was meinen Interessen, Überzeugungen, meinem Humor entspricht oder was meiner derzeitigen Aufmerksamkeit (Wahrnehmung) gilt. Der Akt des Annehmens durch z.B. die sichtbare Bestätigung dieses Dialogangebotes mithilfe eines „Gefällt-mir-“, „Kommentier-“ oder „Teilen-“ Buttons, wie man ihn z.B. von Facebook kennt, ist dann zugleich eine Antwort, ein Annehmen eines solchen Angebots, das dem Absender das Annehmen anzeigt. Dieses Annehmen wird bei der oben beschriebenen Infografik dann z.B. durch die Menge der Downloads dem Teilenden angezeigt oder z.B. auch das Auftauchen der Grafik auf anderen Seiten oder Verlinkungen darauf. Das Angebot der Teilhabe selbst – und darin liegt ein wesentlicher Unterschied, der zugleich die sozialen Prozesse des Gebens, wie von Mauss beschrieben, unterminiert – ist selten persönlich, d.h. auf eine Person zielend, sondern unspezifisch und wird meist einer Vielzahl von möglichen Rezipienten angeboten. Daher greift der Reziprozitätsimperativ nicht unmittelbar. Das Rezipieren und ggf. Weiterverwenden des Artefaktes kann unsichtbar bleiben, als Gegengabe mag weniger das Einstellen eines eigenen Artefaktes dienen, als vielmehr die Zustimmung oder Kommentierung, d.h. – wie erwähnt – die zielgerichtete *Reaktion* auf das Artefakt. Erst mit dieser gibt sich der Rezipient auch als solcher zu erkennen und knüpft damit sichtbar das soziale Band zwischen ihm und dem Anderen.[125]

Für die digitale Lernplattform dienen solche teilbaren digitalen Inhalte als Ausweis eigener Expertise und über die Verwendungsmenge (Downloads, Verlinkung) findet zugleich die Möglichkeit der Selbstbestätigung dieser Perspektive statt. Wird auf die Infografik Bezug genommen – und hier funktioniert es ähnlich wie im wissenschaftlichen Diskurs –, wird diese erwähnt oder zitiert, steigt die Validität des Produzenten und Verteilers (hier sofatutor) und damit in Verlängerung dieses Aspekts, die Validität des Angebots von sofatutor.

125 Zum Akt des Teilens und der Distribution vgl. ausführlich Bidlo 2019a: 212 ff.

6.4.4 Die digitalen Lehrer-Eltern-Schüler-Magazine

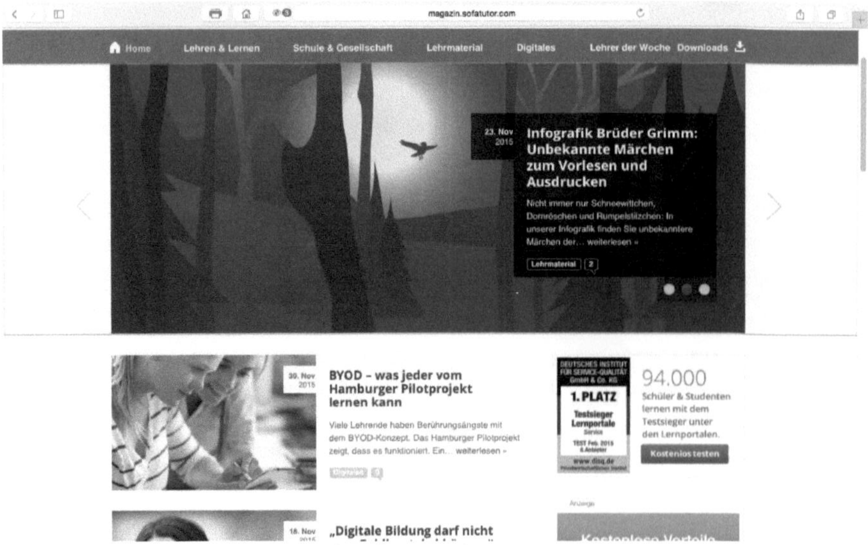

Abbildung 31: Magazinseite "Lehrer" von sofatutor.

Ein wichtiger Aspekt, um die gesamte schulische Bildungswelt zu umfassen und sich ihr zu widmen, stellen die zielgruppenorientierten digitalen *Magazine* dar, die sofatutor distribuiert. Über einen Newsletter werden diese verteilt und durch die entsprechende Verlinkung in den Absendermails kommt der Nutzer leicht auf die entsprechenden Seiten. Auch über die Startseite gelangt man im letzten Bereich der Seite auf die entsprechenden Magazine. Sofatutor bietet für die drei Hauptzielgruppen – Lehrer, Eltern und Schüler – ein eigenes Magazin und konzipiert und behandelt dort das jeweils andere *Interesse* an Nachhilfe im Allgemeinen und Sofatutor im Besonderen. Dabei entwirft Sofatutor inhaltlich eine je eigene und angepasste *Umwelt.* Die einzelnen Überschriften verweisen im Lehrermagazin auf „Lehren & Lernen", „Schule & Gesellschaft" oder „Lehrmaterial". Eine alle paar Sekunden bilderwechselnde Slideshow blendet im Wechsel eines von drei aktuellen Hauptthemen der letzten Tage und Wochen ein. In dem hier beispielhaft abgebildeten Zeitraum[126] sind an Lehrer die Themen „Infografik Brüder Grimm", „Infografik Satz des Pythagoras" und „Urheberrecht – was Lehrer

[126] Am 30.11.2015 reichte der Zeitraum vom 19.11.-26.11.15, https://magazin.sofatutor.-com/lehrer/ [30.11.15.]. Aktuell (01.11.19) werden hier weiterhin im o.g. Ablauf Inhalte dargeboten.

wissen müssen" adressiert. Für Lehrer werden im Rahmen dieser Slideshow, die nicht allen zur Verfügung stehenden Informationen der Seite offeriert, aber Themen hervorhebt, dergestalt zwei inhaltliche Lernthemen samt Lehrmaterialien angeboten, die übernommen und für den Unterricht verwendet werden können. [127]

[127] Nebenstehende Lernposter sind zu finden unter https://magazin.sofatutor.com/lehrer/infografik-brueder-grimm-unbekannte-maerchen-zum-vorlesen-und-ausdrucken/ (Grimm) und Lernposter Pythagoras https://magazin.sofatutor.com/lehrer/mathe-satz-des-pythagoras-lernposter-zum-kostenlosen-download/ [beide 01.11.19].

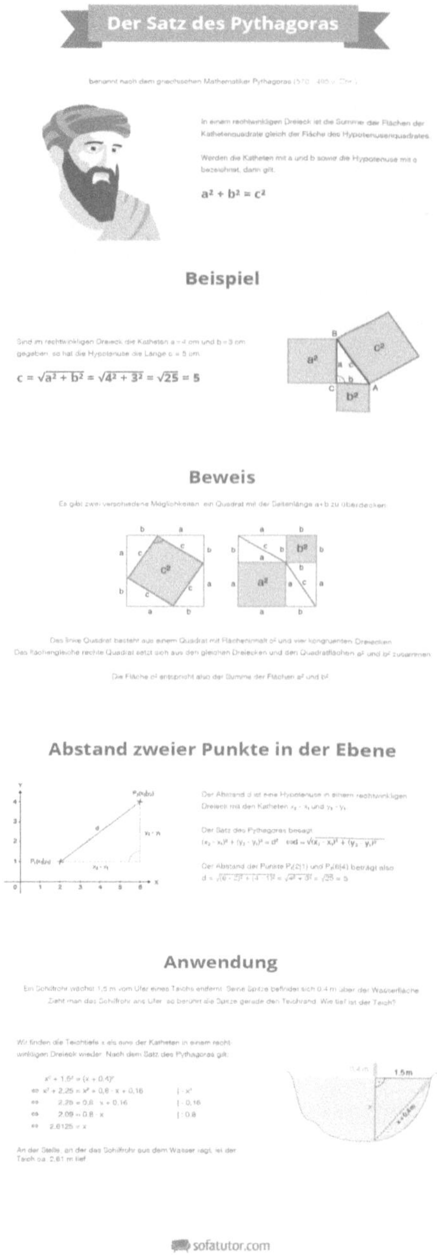

Abbildung 32: Lernposter „Grimm“ und „Pythagoras“.

So gibt es das bereits erwähnte Lernposter „Der Satz des Pythagoras“ oder „Unbekannte Märchen der Brüder Grimm“, die zum freien Download und zur Nutzung im Unterricht angeboten werden. Inhaltlich werden damit die beiden Hauptfächer Mathematik und Deutsch abgedeckt, die als Hauptfächer überdies zu den am stärksten nachgefragten Fächern im Rahmen der Nachhilfe gehören. Die Auflösung der Poster ist für einen guten Ausdruck (z.B. DIN A3 oder A4) geeignet, der beispielsweise in der Klasse für den Zeitraum der behandelten Thematik aufgehängt (DIN A3) oder jedem Schüler ausgehändigt werden kann (DIN A4). Dem Lehrer soll so Arbeit abgenommen sowie ggf. neue und andere Möglichkeiten der Vermittlung offeriert werden. Der Mehrwert für sofatutor, so lässt sich folgern, liegt neben der möglichen Bindung des Lehrers, der das Material nutzt, an dem Hinweischarakter, der im unteren Teil des Posters auf den Link als Urheber (sofatutor.com) verweist. Der Lehrer wird hier in zweifacher Hinsicht zu einem möglichen Multiplikator. Zum einen kann er andere Lehrerinnen und Lehrer auf das Material verweisen, die dieses dann ebenfalls nutzen und auf sofatutor aufmerksam werden. Zum anderen – und das betrifft die zahlende Zielgruppe, auf die sofatutor fokussiert – werden Schülerinnen und Schüler auf die Plattform aufmerksam.

Ein drittes Thema, das in dem digitalen Lehrermagazin über die Slideshow hervorgehoben wird, ist das „Urheberrecht“. Lehrer arbeiten mit Fotokopien oder anderen Werkauszügen und der entsprechende Beitrag stellt die Anwendungsmöglichkeiten und -grenzen vor, die für Lehrer in der Schule über Fotokopien, Scans oder dem Schulserver erlaubt sind. So findet sich z.B. an einer Stelle der Punkt gelistet: „Auf den Kopien [später „Scans“, O.B.] muss immer die Quelle angegeben werden (Autor, Titel, Verlag, Auflage, Erscheinungsjahr, Seite)“[128] Betrachtet man vor diesem Hintergrund die Gestaltung der Lehrposter bzw. Infografiken zum „Satz des Pythagoras“ und zu „Unbekannte Märchen der Brüder Grimm“ sowie auch andere von sofatutor entworfene Poster und Grafiken, korrespondiert damit der jeweils letzte Absatz der Grafiken, in denen sofatutor als Quelle ausgewiesen wird. Auch wenn alle drei Beiträge einen unterschiedlichen Zeitindex haben, werden sie über die Slideshow auf der ersten Seite des Magazins zusammengestellt. Der ex-

[128] https://magazin.sofatutor.com/lehrer/neues-urheberrecht-lehrer-sollen-mehr-rechte-bekommen/ [01.11.19].

plizite und rechtlich richtige Hinweis impliziert die Negation einer möglichen Handlung, nämlich die der Nutzung der Poster und Infografiken und der Abtrennung bzw. des Herausnehmens des letzten Absatzes, auf dem sofatutor als Quelle angegeben ist. So könnten Lehrer bei der Nutzung und Distribution in der Klasse dazu verleitet sein, die Quelle abzutrennen, um beispielsweise Werbung für sofatutor von sich zu weisen oder das Material als selbst erstelltes auszuweisen. Der Hinweis im Urheberrechtsartikel, der neben den Infografiken scheinbar zusammenhangslos gestellt wird, enthält damit die implizite Aufforderung, diesen letzten Absatz der Grafiken bzw. des Materials mit dem Quellennachweis eben nicht zu entfernen, wenn man nicht gegen das Urheberrecht verstoßen möchte. Die von außen wirkende zufällige und zusammenhanglose Hinzustellung des Urheberrechtsbeitrages in die Slideshow mit den beiden separaten Beiträgen, die das Lernmaterial beinhalten, sichert dergestalt zusätzlich den Umstand ab, dass bei Nutzung des Materials die Quelle nicht herausgenommen wird. Denn nur so kann die Werbefunktion des genutzten Lernmaterials wirksam werden. Um diesen Punkt nochmals zu fokussieren: Es findet sich auf den Internetseiten, auf denen sich die beiden oben gezeigten Poster/Infografiken befinden, kein zusätzlicher rechtlicher Hinweis, dass beispielsweise sofatutor als Quelle angegeben werden muss. Nötig ist es nicht, da sofatutor als Teil des Bildes inkludiert ist. Der kostenlose Download und die anschließende Nutzung sind durch die Seite ausgewiesen. Die unveränderte Nutzung, die rechtlich inkludiert ist, wird aber auch nicht erneut hervorgehoben. Der subjektiv gemeinte Sinn, zumindest aber die latente Sinnstruktur, folgt hier der *Unsichtbarmachung*, dass die Materialien eine Werbefunktion besitzen. Ein zusätzlicher Hinweis auf ein Verbot der Herausnahme der Quelle oder umgekehrt der Hinweis, dass bei Nutzung die Quelle angegeben werden muss – die ja Teil des Posters ist –, hätte die mögliche Werbefunktion selbst thematisiert und so eine gewisse Hürde zur Nutzung impliziert.
Durch den Urheberrechtsbeitrag, der einen unabhängigen Beitrag darstellt und nicht mit den anderen Beiträgen verlinkt ist, wird, wie oben erwähnt, von einer anderen Seite kommend dieser Punkt zumindest implizit angespielt. Zusammengefasst lässt sich konstatieren, dass die Lernmaterialien die klassische Sinnfigur des *quid pro quo* offerieren, um so Lehrerinnen und Lehrer für sofatutor zu interessieren und im Idealfall entsprechendes Mate-

rial bis in die Schulklasse hinein zu implementieren. Die übergeordneten Motive sind die Kundenbindung und Werbung für die eigene Dienstleistung. Hierfür dient der Versuch, sich über Zusammenstellung und Distribution von Informationen als eigenständiger und sichtbarer Akteur zu etablieren. Die Themenwelten im Eltern- und Schülermagazin sind entsprechend analog zur Zielgruppe aufgebaut. Es werden zielgruppenorientierte Themen ausgewählt und hierfür entsprechende Informationen aufbereitet. Dabei changiert die Darstellung zwischen journalistischer Informationsaufbereitung, Public Relation sowie klassischer Werbung. So wird unter dem Beitragstitel „Das kann Ihr Kind erreichen, wenn es selbstständig lernt“[129] im Elternmagazin auf die Notwendigkeit des freien Lernens von Kindern für die Entwicklung des Kindes, den Schul- und späteren beruflichen Erfolgs verwiesen, um dann an einem sofatutor-Video-Beispiel aus dem Bereich der Mathematik das eigene Konzept als Handlungsmöglichkeit zu offerieren. Eingeblendete Verlinkungen zu Studien („Studie: Kinder von Mathemuffeln werden selbst welche“[130]) unterstützen und flankieren die Sinnhaftigkeit des Angebots und weisen es implizit auch als wissenschaftlich legitimiert aus. Die Struktur des Aufbaus folgt dabei einem hybriden Muster aus wissenschaftlichem Arbeiten und dem eines Ratgebers. Die eigenen Aussagen werden entweder explizit mit Verweisen auf wissenschaftliche Studien oder Quellen belegt oder als Link ausgewiesen, die sich auf das ursprüngliche Thema (Anhalten zum selbstständiges Lernen) beziehen lassen. Im Sinne eines Ratgebers werden sodann Schlüsse gezogen und Handlungsweisen angeboten, die auf das eigene Angebot zielen. D.h. die Deutungsangebote und mithin die Deutungshoheit verbleiben dabei allein bei sofatutor im Sinne eines Agenda-Settings. Welche Informationen und Studien herangezogen und distribuiert werden verbleibt einsichtig allein bei sofatutor. So wird („Ist das Lernen mit Videos effektiv? – Ja, sagen Wissenschaftler“[131]) in

129 https://magazin.sofatutor.com/eltern/das-kann-ihr-kind-erreichen-wenn-es-selbststaendig-lernt/ [01.11.19].

130 Im Text wird die Quelle ausgewiesen: „Wissenschaftlerinnen und Wissenschaftler des Hector-Instituts für Empirische Bildungsforschung der Universität Tübingen“ und mit einem Link zu einer Pressemitteilung (08.05.2017) der Universität versehen: http://www.uni-tuebingen.de/uploads/media/17-05-08_Gefaehrliches_Involvement_der_Eltern_Bildungsforschung_01.pdf [01.11.19].

131 https://magazin.sofatutor.com/schueler/ist-lernen-mit-videos-effektiv-ja-sagen-wissenschaftler/ [01.11.19].

einem Beitrag im Schülermagazin, der sich an ältere Schüler richtet, entsprechend wissenschaftliches Material herangezogen, das die eigene Arbeitsweise (Lernen über Videos) untermauert und belegt. Die journalistische Darlegung über einen Fließtext, der die einzelnen wissenschaftlichen Belege anzeigt und daraus eine konkludierende Handlungsaufforderung generiert („Ran an die Computer und los"), zielt auf Überzeugung durch eine wissenschaftlich-deduktive Aussagekraft, während z.B. Bildsiegel wie „Wissenschaftlich erwiesen" oder „TÜV-geprüft" einen eher schmückenden und offen werbenden Charakter aufweisen.
Die Adressierung der Eltern wie auch der Schülerinnen wird darüber hinaus weit gestreut, so dass das Themenfeld z.B. bei den Eltern zwar in erster Linie Kinder und Lernen betrifft. Aber auch Themen, die hieran anschließbar sind, wie z.B. Änderungen beim Unterhaltsvorschuss bei Alleinerziehenden oder wie sich Beruf und Familie besser verbinden lassen, zählen dazu.[132] Bei den Schülern wird darüber auf Lerntipps, Mobbing, Berufswahl, Sprachreisen oder auch Mode abgehoben. Die drei Magazine für Lehrerinnen, Eltern und Schüler haben dergestalt als thematisches Zentrum das Lehren und Lernen, das für die jeweilige Perspektive der Zielgruppe aufbereitet wird. Lehrer sollen mit Lehrmaterial unterstützt werden und so zugleich als verdeckte oder offene Multiplikatoren gewonnen werden. Bei Eltern wird über die wissenschaftliche Legitimation des Angebotes um Vertrauen geworben und das Angebot von sofatutor als valide ausgewiesen. Schülerinnen erhalten u.a. ebenfalls wissenschaftlich valide Informationen an die Hand, um Videolernen als gültige und funktionale Form des Lernens zu begründen. Neben dem Kernthema des Lernens werden darüber hinaus lebensweltlich angrenzende Themen der entsprechenden Zielgruppe (Lehrer, Eltern, Schülerinnen) angeboten.

[132] „Unterhaltsvorschuss für Alleinerziehende: Was ist neu?" unter: https://magazin.sofatutor.com/eltern/unterhaltsvorschuss-fuer-alleinerziehende-was-ist-neu/ oder „Mehr Zeit für die Familie: Wie wechsle ich von Voll- auf Teilzeit?", https://magazin.sofatutor.com/eltern/mehr-zeit-fuer-die-familie-wie-wechsle-ich-von-voll-auf-teilzeit/ [beide 01.11.19].

6.4.5 Nachhilfe und Lernbetreuung

Sofatutor bietet neben den non-reaktiven Lernverfahren wie Arbeitsblätter, Lernvideos und Übungsaufgaben sowie einem interaktiven Hausaufgaben-Chat, der für die schnelle Klärung von Fragen gedacht ist, auch Einzelnachhilfe und eine Lernbetreuung durch einen Lernbegleiter an. Die Lernbetreuung wird dezidiert von der Einzelnachhilfe getrennt und findet über einen Skype-Videochat statt.

> „Die Lernbetreuung durch deinen sofatutor-Lerncoach umfasst in der Regel eine 20-minütige Lernbetreuungseinheit pro Woche. Das Ganze findet ganz einfach zu Hause per Video-Chat statt. Du kannst jede Sitzung flexibel mit deinem persönlichen Lerncoach vereinbaren. Auch bei der Lernbetreuung bekommst du die kompletten Vorteile von sofatutor: So kannst du alle sofatutor-Lernvideos, alle sofatutor-Übungen, alle Arbeitsblätter und den Hausaufgaben-Chat nutzen.“[133]

Bereits sprachlich wird hier durch den „Lerncoach“ darauf hingewiesen, dass die Dienstleitung von der Einzelnachhilfe zu unterscheiden ist. Hier werden nicht primär fachliche Unterstützungsleistungen angeboten, sondern die für das Schüler-Coaching (vgl. Kapitel 5.5) typischen Hilfen. Auf der Internetseite werden die hierunter fallenden Aspekte visualisiert ausgewiesen.

[133] Zu finden unter https://www.sofatutor.com/help/faq#open_faq_entry_79 [09.08.17].

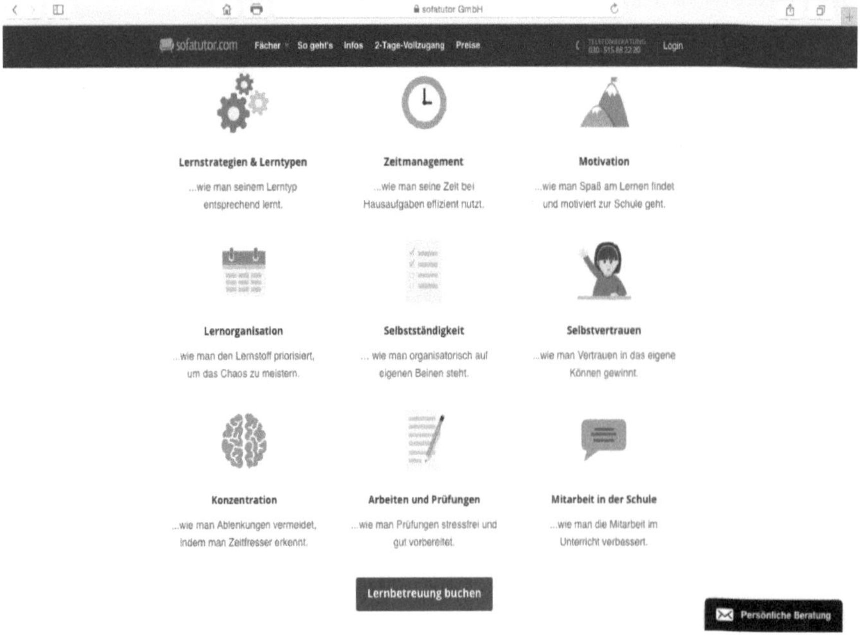

Abbildung 33: https://www.sofatutor.com/informationen/nachhilfe [09.08.17]

Diese sind:
Lernstrategien – Zeitmanagement – Motivation – Lernorganisation – Selbstständigkeit – Selbstvertrauen – Konzentration – Arbeiten und Prüfungen – Mitarbeit in der Schule.
Alle genannten Bereiche sind die typischen Felder, denen sich das Schüler-Coaching widmet und die anzeigen, dass es bei der sofatutor-Nachhilfe nicht nur um die reine fachliche Wissensvermittlung, sondern tangierend (20 Minuten pro Woche) auch um persönliche (z.B. Selbstvertrauen), organisationale (Lernorganisation) und strategische (z.B. Mitarbeit in Schule, Lernstrategien, Arbeit und Prüfungen) Bereiche geht. Angesprochen ist hier dergestalt die Ausleuchtung von Nachhilfe als einer ganzheitlichen Gegebenheit. Darüber hinaus bietet die Installation einer solchen Lernbetreuung die Möglichkeit, im Gespräch zu bleiben, Kommunikation nicht abbrechen und zugleich den digitalen Spalt nicht zu groß werden zu lassen. Es werden Formen persönlicher Beziehungen ermöglicht, auch wenn diese „nur“ per Videochat erfolgen. Eine solche Konstellation kann überdies auch als ein

Ausprobieren bzw. als Versuch der Justierung von Nähe und Distanz, von persönlichem und eher unpersönlichem Setting der digitalen Nachhilfe verstanden werden. Beide Formen spielen sich zwar digital und daher nicht unmittelbar ab, sind hier aber mit unterschiedlichen Graden versehen. Während für die reine Wissensvermittlung auch ein Chat als adäquat angesehen wird, wird bei den eher weicheren, persönlichen Eigenschaften des Lernens (Selbstvertrauen, Motivation, Mitarbeit in der Schule usw.) auf eine graduell nähere Form der digitalen Kommunikation abgehoben. Hier ist es die Videotelefonie (Skype), die die auditive und visuelle Übertragung der Gesprächsteilnehmer gestattet und so eine größere Nähe zwischen den Kommunikationspartnern ermöglicht. Damit bietet der Lerncoach für den Anbieter neben seiner didaktischen Funktion zwei weitere Ebenen. Zum einen können Probleme bei der Nachhilfe, die zu einer Beendigung derselben führen können, in dem Gespräch der Lernbetreuung bereits eruiert und darauf reagiert werden. Inhaltliche Probleme (z.B. Probleme mit dem Chat, Lernvideos o.ä.) können auch als Evaluationsfeedback genutzt werden, um die eigenen Angebote zu verbessern und zugleich dem konkreten Nachhilfeschüler unmittelbar zu helfen und z.B. entsprechend zu motivieren. Gerade der Aspekt der Selbstmotivation kann hier beispielhaft die Funktion einer solchen Lernbetreuung verdeutlichen. Dem digitalen Lernangebot muss sich jeweils selbstständig und in Eigenmotivation zugewandt und die jeweiligen Übungen meist ohne unmittelbares menschliches Feedback, das z.B. lobend die richtige Bearbeitung bewertet oder bei einem fehlerhaften Ergebnis Unterstützung und Motivation formuliert, absolviert werden. In einem solchen Lernsetting, das in erster Linie vom eigenverantwortlichen Auseinandersetzen mit den Lerninhalten geprägt wird und nur tangierend (z.B. Hausaufgaben-Chat sowie mögliche Nachhilfe über Skype) eine mediatisierte menschliche Interaktion beinhaltet, stellt die Lernbetreuung eine entsprechend sorgende Hinwendung zum Nachhilfeschüler dar, die als inhaltliche und motivationale Leitplanke durch das Lernangebot und die Lernanforderungen führt. Die Aufrechterhaltung der Lern- und Auseinandersetzungsbereitschaft mit den digitalen Inhalten und Angeboten von sofatutor kann hier ebenfalls als Funktion der Lernbetreuung verstanden werden.

6.4.6 Zusammenfassung

Sofatutor verbindet klassische, auf Rezeption ausgerichtete Lernangebote wie Erklärvideos und Übungsaufgaben mit interaktiv-digitalen Formen des Lernens wie Hausaufgaben-Chat. Und auch die Einzelnachhilfe sowie die Lernbetreuung sind Teil des Angebotes, so dass nahezu alle Formen der Lernvermittlung angeboten werden. Auch die beiden Letztgenannten finden mediatisiert in einer virtuellen Lernumgebung (Nachhilfe) bzw. per Skype (Lernbegleiter) statt. Damit entwirft sofatutor inhaltlich eine Lernplattform, die ganz unterschiedliche Lernformen und mithin Lerntypen adressiert. Sofatutor kann vor dem Hintergrund der Digitalisierung und Mediatisierung der Nachhilfe als ein Justierungsversuch verstanden werden, reine digitale und rezeptive Angebote (z.B. Lernvideos, Übungsaufgaben) mit mediatisierten Formen menschlicher Interaktion (Nachhilfe via Skype, Hausaufgaben-Chat, Lernbetreuung) so zu kombinieren, dass der Kunde und Nachhilfeschüler erfolgreich seine Noten verbessert und gleichzeitig dem Lernangebot die Treue hält. Die menschliche „Sorge“, die über die entsprechenden Kommunikationsformen angezeigt wird bzw. werden kann, muss hier auch als ein Kosten- und Zeitfaktor (Verfügbarkeit z.B. in der Regel nichts nachts) verstanden werden, den es im Sinne eines „so viel wie nötig, so wenig wie möglich“ auszuloten gilt. Zugleich werden Schülern, Eltern und Lehrern über Newsletter und entsprechende Magazine periodisch eine Reihe von Informationen und Lernmaterialien angeboten, um so einen weiteren Mehrwert anzubieten, sich in Erinnerung zu bringen bzw. zu halten (Kundenbindung) und sich überdies als Experte im Feld des Lernens und Vermittelns auszuweisen. Die Expertise, die sich über das Teilen von Lehr- und Lernmaterialien, Informationen rund um Schule, Lernen, Ferienplanung, Ernährungstipps usw. ausdrückt, weist dann mittelbar auch die dezidiert angebotene Nachhilfekonfiguration (digitales Übungsangebote und mediatisierte Kommunikation mit Lehrkräften) als ein erfolgsversprechendes und expertisegeleitetes Angebot aus.

6.5 *Tutoria* – Der Vermittler und Beschützer

Die Schnelligkeit der digitalen Welt, ihre hohe Volatilität und die damit einhergehende Schwierigkeit für die sozialwissenschaftliche Forschung zeigt sich auch am Beispiel *tutoria*. Nachdem dieses Kapitel bereits zur Hälfte verfasst war, erreichte den Verfasser Mitte August 2015 ein Newsletter von tutoria, in dem bekannt gemacht wurde, dass tutoria Ende August 2015 vom *Studienkreis*, d.h. einem der größten Anbieter von Nachhilfe in Deutschland, übernommen werde. Zwischenzeitlich hat sich dieser Wechsel vollzogen. Die ursprüngliche tutoria-Seite wurde (noch) nicht komplett geschlossen, sondern durch einzelne Verweise auf den Studienkreis versehen. Zudem wurden die Kontaktinformationen (z.B. die Telefonnummern) auf den Studienkreis weitergeleitet.

Die Veränderungen, die sich in dem Zeitrahmen dieser Arbeit in der Gestaltung und der Konzeption der Internetpräsenz ergeben haben, wurden in dieser Darstellung mit berücksichtig. Da die Funktion der Darstellung und Analyse der hier ausgewählten digitalen Anbieter das Ziel hatte, in erster Linie einen *Typus* herauszustellen und anzuzeigen, um den es sich dabei handelt, und damit die einzelnen Darstellungen nur Stellvertretercharakter haben, bleibt die Validität der Darstellung davon weitgehend unberührt. Ergänzend wird am Ende der Analyse der tutoria-Seite, die Online-Plattform vom Studienkreis vor dem Hintergrund etwaiger Änderungen in der Konzeption analysiert. Denn sehrwohl ist die Übernahme von tutoria durch den Studienkreis auch ein Zeichen für das Verständnis von Nachhilfe in Form der zunehmenden Überlappung und *Hybridisierung* von analoger und digitaler Nachhilfe.

Die tutoria GmbH versteht bzw. verstand sich selbst als „Deutschlands führendes Digital-Education-Unternehmen mit Fokus auf individuelles Lernen. Das Kernangebot ist der umfassende Service für Einzelnachhilfe beim Schüler zu Hause, der höchste Qualität und eine effektive Notenverbesserung bietet. Dazu gehören mehr als 20.000 qualifizierte Nachhilfelehrer, eine interaktive Erfolgskontrolle und Online-Unterrichtsmanagement. Dahinter steht ein umfassendes Lernkonzept, das auf individuelle Förderung und Betreuung setzt“.[134] Die Verortung im Nachhilfesektor ist dergestalt

[134] https://www.tutoria.de/ueber_uns/unternehmensprofil [09.09.19].

evident mit einem Schwerpunkt individueller Nachhilfe. D.h. Gruppenunterricht bzw. Nachhilfe in kleinen Lerngruppen, die neben der Einzelnachhilfe eine klassische Formation der Nachhilfe ist, wird nicht angeboten, da der Unterricht nicht extern, sondern zu Hause beim jeweiligen Nachhilfeschüler durchgeführt wird.
Tutoria übernimmt online bzw. digital Teile der Aufgaben des klassischen Nachhilfeinstituts mit einem festen Büro und Lernräumen, indem es über die Homepage die grundlegenden Vermittlungsfunktionen und Strukturen anbietet. Dabei spielt sich die komplette Abwicklung, von der Kontaktnahme, der Auswahl der Fächer und Lehrer bis hin zu weiteren Fragen, über die Internetseite bzw. per Mail oder telefonisch ab. Der Franchise-Nachhilfeanbieter „Abacus-Nachhilfe“ z.B. übernimmt ebenfalls die Vermittlung von Nachhilfelehrern, unterhält aber im Gegensatz dazu Vor-Ort-Institute. Über die Internetseite lässt sich das zuständige Abacus-Institut ausfindig machen, mit dem dann ein persönliches Beratungsgespräch vereinbart werden kann. Das Beratungsgespräch inkl. einer Bedarfsanalyse mit dem Institutsleiter kann im Institut, soll aber in der Regel bereits beim Schüler zu Hause stattfinden. Der Institutsleiter wählt auf der Grundlage des Gespräches mit den Eltern zusammen den passenden Nachhilfelehrer aus.
Das Nachhilfekonzept von tutoria folgt einer ähnlichen Struktur, ohne gleichwohl eine separate Vor-Ort-Betreuung anzubieten. Diese wird mittels neuer (und alter) Medien gänzlich abgelöst. So kann über eine kostenlose Rufnummer eine persönliche Beratung abgefragt oder per E-Mail angefordert werden. In der früheren Form vor der Übernahme ließ sich zudem ein Rückruf anfordern oder via eines Live-Chats eine schnelle Textkommunikation durchführen.

Abbildung 34: Kontaktmöglichkeit Startseite **vor der Übernahme** durch den Studienkreis

Abbildung 35: Kontaktmöglichkeit Startseite **nach der Übernahme** durch den Studienkreis

Aus diesem Grund besitzt die Internetseite eine doppelte Funktion. Denn zum einen müssen Nachhilfeschüler akquiriert werden, zum anderen benötigt tutoria im gesamten Bundesgebiet entsprechende Nachhilfelehrer, die die vermittelten Schüler aufnehmen und betreuen können. Daher gab es bis zur Übernahme durch den Studienkreis einen großen Online-Bereich zum Thema „tutoria-Lehrer werden“.[135] Hier wurden die Leistungen beschrieben, die tutoria für die Nachhilfelehrer bietet. Damit adressiert die Seite sowohl Nachhilfeschüler als auch Interessierte an einer Tätigkeit als Nachhilfelehrer.

Konzeptionell folgt der Nachhilfeunterricht dem persönlichen Einzelunterricht zu Hause, wobei sowohl die Onlinevariante, d.h. die Nachhilfe via PC und Webcam, als auch die bereits angesprochene unmittelbare Einzelnachhilfe zuhause angeboten werden.

135 Siehe hierzu https://www.tutoria.de/ueber_uns/tutoria-lehrer-werden [20.07.15], danach dann über den Studienkreis: https://www.studienkreis.de/unternehmen/stellenangebote/nachhilfe-lehrer-werden/ [02.11.19].

6.5.1 Das Logo

Bereits das Firmenlogo, das auch nach der Übernahme erhalten geblieben ist, trägt, neben dem Namen *tutoria*, der sich offenkundig vom lateinischen *tutor* (Vormund oder Beschützer) ableitet, zur Verortung des Angebotes und zur Darstellung des Selbstverständnisses bei. Die Kleinschreibung des eigenen Namens, der aufgrund seiner Funktion einer Firmenbezeichnung groß geschrieben werden müsste, bricht – wie zuvor bei den anderen Beispielen erwähnt – mit dieser Regel bzw. betont damit die lateinische Form des Wortes. Bei dem Begriff *tutoria* selbst handelt es sich um eine Wortneuschöpfung, die es so im Lateinischen im Rahmen der grammatikalischen Wortbildung von *tutor* nicht gibt. Der *Neologismus* suggeriert, dass das Bezeichnende (tutoria) etwas bezeichnet, für das es bisher noch keine Entsprechung gibt. Durch den lateinischen Wortstamm wird eine historische Dimensionierung und damit eine über die Zeit andauernde und bewährte Gültigkeit angezeigt, die in der Gegenwart auf Basis der Geschichte zu etwas Neuem führt. Das Neue ist neu, basiert aber auf bewährtem Alten, dem man vertrauen kann. Durch die Endung *-a* wird aus dem Maskulinum und der konsonantischen Deklination von *tutor* ein Femininum und eine A-Deklination von *tutoria.* Die Feminisierung passt in diesem Zusammenhang zur *weiblichen* Eule.

Die Eule als Sinnbild der Weisheit und des Wissens – sie war der Göttin der Weisheit, Athene, heilig und erhielt dadurch ihre Konnotation *Weisheit* –[136], ist oben links auf der Seite platziert, so dass die Augen nach rechts unten gerichtet sind und so von oben links nach unten rechts die ganze Seite überschauen. Die Eule wacht dergestalt über die gesamte Internetseite und schützt sie – in Anspielung an den und Unterstreichung des Begriffes *tutor* (Beschützer).

[136] Der Ausspruch „Eulen nach Athen tragen“ als Widerspruch etwas zu etwas vielfach Vorhandenem zu bringen, stammt übrigens aus dem antiken Athen. Auf den damaligen Münzen waren Athen und rückseitig die Eule eingeprägt. Athen war in jener Zeit so reich, dass „Eulen nach Athen zu tragen“ als geflügeltes Wort für Überfluss und eine gewisse Sinnlosigkeit die Zeit überdauert hat.

Abbildung 36: Das Firmen-Logo der tutoria GmbH

Die Eule wacht sogar dann noch über den von ihr überblickten Bereich, wenn der Nutzer als Betrachter selbst nicht mehr wachsam ist (z.B. auch in der Nacht), d.h. die Eule ist auch dann aufmerksam, wenn die Betrachter es nicht sind. Dieses „Wachen“ ist keine Überwachung, sondern – grundiert durch die Konnotation der Weisheit – eine Sicherstellung der Gültigkeit der Inhalte.

Dadurch, dass die Eule und ihre Augen über den tutoria-Schriftzug reichen, bezieht sich dieser Blick nicht nur im Besonderen auf die jeweilige Seite, sondern sinnbildlich auf tutoria allgemein, d.h. auf das gesamte Unternehmen und damit auch auf die Menschen und Vorgänge, die wir *nicht* sehen können, weil sie sich im Hintergrund befinden. Die Eule spielt dergestalt implizit auch auf opake Bereiche des Digitalen an, auf Hintergrundprozesse, auf die fehlende Unmittelbarkeit der Kontaktaufnahme und all das, was sich notgedrungen „verliert“, wenn man keine unmittelbare Begegnung bei der ersten Kontaktaufnahme erfährt. Die Eule kontextualisiert diesen „Verlust“ nicht mehr als Verlust, denn sie wacht in Form einer Metaebene darüber und vermerkt zugleich, dass etwas vorhanden sein kann bzw. ist, auch wenn man es nicht unmittelbar *sehen* kann.

Hinzu tritt der *Tutor* – als Teil des Namens der Firma selbst – als Führer durch die Internetseiten und den gesamten Prozess der Nachhilfe. Die Bedeutungskonnotation des Beschützers unterstreicht hier den Aspekt der Verantwortung, den *tutoria* für die Nachhilfeschüler übernimmt. Dies verdeutlicht auch die Adressierung der Internetseite. Sie adressiert in erster Linie an die Eltern und nicht an die Schüler. Und die Eltern *übertragen* tutoria die Verantwortung und die Schutzfunktion für die Kinder. Bedeutsam wird dieser Aspekt vor dem Hintergrund der Nachhilfe zu Hause. D.h. die Nachhilfe findet zwar im eigenen, geschützten Raum (Wohnung) statt, womit der Aspekt der Sicherheit angespielt wird. Zugleich holt man sich *jemanden ins Haus*, d.h. man gibt einen Teil seiner Privatsphäre preis und lädt einen zunächst Fremden in den eigenen, privaten Raum. Aus diesem Grund muss der Vertrauensaufbau nicht nur in fachlicher Hinsicht erfolgen, um die Noten zu verbessern und damit das elterliche Investment erfolgreich werden zu lassen; gleichzeitig muss der Vertrauensaufbau so adressiert sein, dass die Eltern bereit sind, einen Fremden in den Privatraum zu lassen. Tutoria antizipiert hier einen möglichen vorhandenen Vorbehalt gegenüber der Nachhilfe zuhause, indem tutoria einmal auf den positiven Aspekt des Lernens in vertrauter Umgebung anspielt und zum anderen auf den darin enthaltenen Unsicherheitsaspekt (Fremder im Privatraum). Nach der Übernahme durch den Studienkreis wurde dieser Aspekt allerdings verändert, der hier sogenannte Vertrauensaspekt bleibt aber erhalten. Aus der Nachhilfe zuhause wird nun eine *Nachhilfe in der Nähe*. Diese Anpassung – nötig geworden aufgrund der anderen Struktur und Strategie des Studienkreises – belässt es bei der positiven Konnotation der Nähe, die zugleich eine schnelle Erreichbarkeit und damit einen zeitlich bzw. organisatorisch geringen Aufwand für die Eltern impliziert, wie auch eine Vertrautheit, da man seinen eigenen sozialen Nahraum gut kennt.

Der farblich abgesetzte und mit einem Ausrufezeichen versehene Ausruf: „Nachhilfe, die wirkt!" schließt bündig rechts und links ab und wirkt daher wie ein „Balken", auf dem die Eule hockt, an der sie sich mit ihren angedeuteten Krallen festhält. Die Nachhilfe ist, so kann man schlussfolgern, tragfähig, bildet einen Grund auf dem sich aufbauen lässt.

Die *Wirkung* der Nachhilfe, die hier auf der semantischen Ebene vermittelt wird, findet überdies ihre Entsprechung in der Positionierung des Satzes. Ihr Funktionieren stellt die Basis von tutoria dar und erst der Umstand, dass die Nachhilfe *wirkt*, legitimiert das vermittelte Wissen und die Form der Wissensvermittlung. Das wiederum verweist darauf, dass es nicht nur um einen reinen Zugang zum Wissen geht. In unserer Gesellschaft stellt in der Regel der Zugang zum Wissen kein Problem mehr dar. Bibliotheken, günstige oder sogar freie Internetzugänge und darüber mitunter ein freier Zugang zu Informationen und Wissen (open access) oder auch erschwingliche Literatur verweisen darauf, dass anders als in früheren Zeiten weniger der Zugang zum Wissen problematisch ist, als vielmehr die richtige Auswahl und die Vermittlungsweise. Nachhilfe, *die wirkt*, impliziert dann nicht nur, dass hier nicht nur die richtige Auswahl des Wissens erfolgt und die didaktisch richtigen Methoden der Vermittlung angewendet werden, sondern dass es auch Nahhilfe gibt, die eben *nicht* wirkt, weil sie bei diesen letztgenannten Aspekten nicht die richtige Auswahl trifft und dann entsprechend wirkungslos bleibt. Was die Wirkung genau sei, bleibt hier unausgesprochen, aber das Wirken insinuiert eine Intentionalität des Handelns, eine klare Zielsetzung, die erreicht wird. Was diese hier genau sei, überlässt die Darstellung allerdings dem Rezipienten und seiner Zuschreibung bzw. Erwartung an Nachhilfe. Da Nachhilfe in der Regel die Funktion übernimmt, die Noten von Schülerinnen und Schülern zu verbessern, was durch ein Verstehen (Lernen) des vermittelten Lernstoffes erreicht wird, kann die Wirkung sich hier auf die Notenverbesserung und das damit einhergehende Lernen beziehen, aber zugleich auch – wie oben kurz angedeutet – auf die finanzielle Investition, die die Eltern zu leisten bereit sein müssen. Die Hervorhebung, dass diese Nachhilfe von tutoria wirkt, adressiert dann zugleich an die Eltern und eine Investition, die ihren Preis wert ist.

Dass die Noten nicht das einzige Evaluationselement sind, wird bei näherer Betrachtung der weiteren Gestaltung der tutoria-Nachhilfe deutlich, in der den Kunden als Vorteile eine „Lernanalyse“ und „Lernfortschrittsberichte“ offeriert werden, die online einsehbar sind. Damit wird neben der externen Überprüfung durch die Noten in der Schule eine weitere (Binnen-)Instanz installiert, die unabhängig von möglichen Fortschritten in der Schule Lernfortschritte anzeigen kann.

Hinzu tritt die farbliche Abgrenzung zur blauen Eule und dem tutoria-Schriftzug, der in schwarz gehalten ist. Der Satz ist in rot-pink gehalten, tritt dadurch deutlich hervor und kann als eine doppelte (farbliche sowie positionale) Unterstreichung verstanden werden.

6.5.2 Die Startseite[137]

Die Startseite von tutoria beginnt mit einer ersten Kopfzeile, in der das bereits dargestellte Firmenlogo, Kontaktmöglichkeiten via Telefon und E-Mail sowie ein verlinktes Feld „Nachhilfelehrer werden" zu finden sind. Direkt darunter ist eine klassische Textmenüleiste platziert. Darunter breitet sich ein Bild aus, auf dem drei Personen zu sehen sind, die der Situation nach als Nachhilfeschüler, Mutter und Nachhilfelehrer verstanden werden können. Auf der vom Betrachter aus linken Seite des Bildes ist ein Informations- und Suchrechteck positioniert, über das man einen Nachhilfelehrer via Postleitzahl suchen und finden kann. Unter dem Eingabefeld werden die Nähe, die Qualifikation und die Flexibilität beworben und finden sich zwei Qualitätssiegel. Die Bildunterschrift verweist auf die effektive „Notenverbesserung und geprüfte Kundenzufriedenheit".

Unmittelbar darunter werden ausgewählte Kundenrezensionen bzw. Bewertungen eingeblendet. In der nächsten Zeile finden, sich transparent gehalten und etwas schwächer zu erkennen, Firmen-Logos von großen Medienanbietern (Pro7, Sat1, Süddeutsche.de u.a.). Im weiteren Verlauf folgen jeweils untereinander drei Textblöcke, die von Bildern flankiert werden und die den individuellen Einzelunterricht in Kundennähe, die Qualifikation der Nachhilfelehrer und die einfache Organisation und Flexibilität des Ablaufs vorstellen. Die vier letzten Bereiche der Startseite beinhalten 1. eine Übersicht der Nachhilfemöglichkeit in den Sortierungen nach Fach, Ort oder Bundesland; 2. einen relativ umfangreichen und mit einem etwas kleineren Text versehenen Informationstext mit zusätzlichen „Details über tutoria";
3. eine groß gesetzte Textzeile „Jetzt Nachhilfelehrer finden" unter der ein farbiger Block mit der Schrift „Jetzt finden" positioniert ist. Dieser ist mit einem Link versehen. Klickt man darauf, springt man wieder zum Anfang der Startseite und den dort vorhandenen Nachhilfelehrer-Finder über eine Postleitzahlensuche. Zum Abschluss findet sich 4. die Fußzeile mit einem weiteren Menü, das typische Verlinkungen enthält, wie z.B. „Presse", „FAQ", „Über uns" oder das „Impressum".

[137] Es handelt sich hierbei um die Startseite nach der Übernahme *tutorias* durch den *Studienkreis*. Die Startseite und die folgenden Bilder – sofern nicht anders angegeben – wurden am 11.01.16 per Screenshot aufgenommen (https://www.tutoria.de).

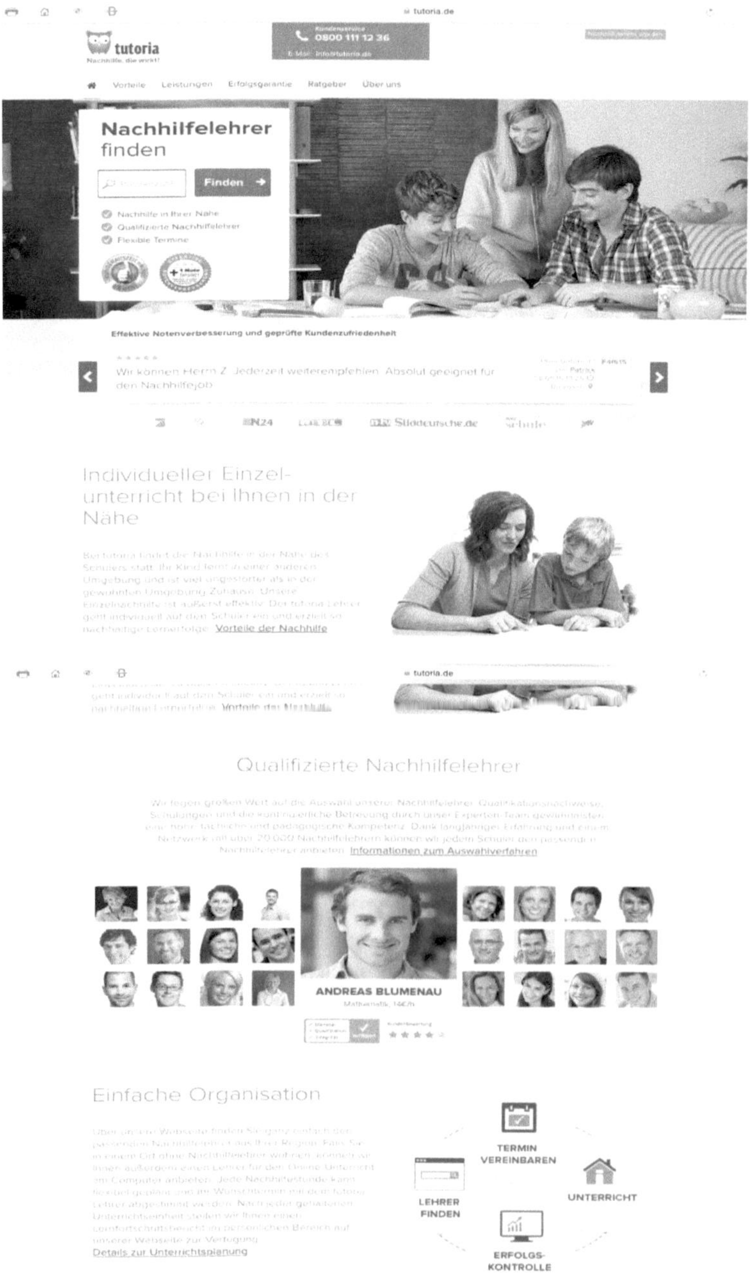

Abbildung 37: Erster Teil der Startseite tutoria.

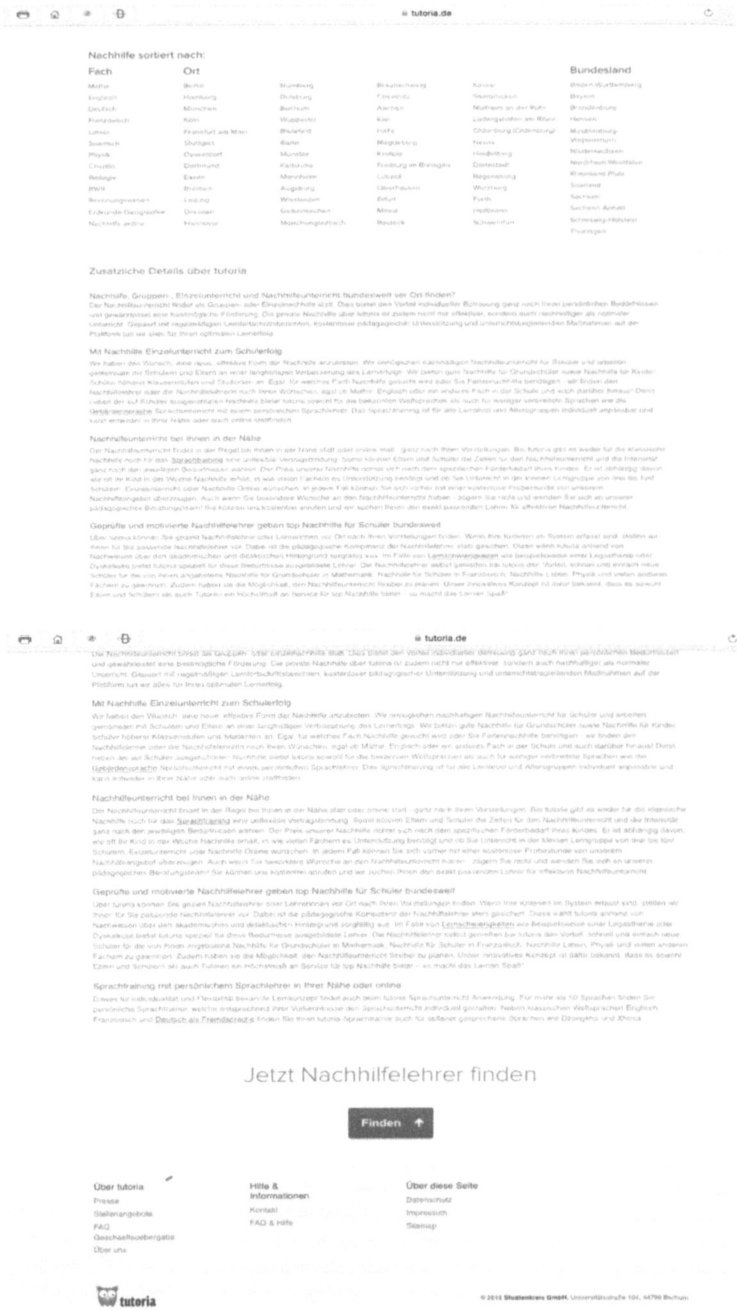

Abbildung 38: Zweiter Teil der Startseite tutoria.

Die Darstellung der Startseite wird im ersten Teil dominiert durch die Präsentation von Menschen – die Bilder verschiedener Nachhilfelehrer – und allgemein zweier sozialer Situationen. So lässt sich die im oberen Bereich der Startseite angezeigte Situation als eine stilisierte Nachhilfesituation interpretieren, die durch die Mutter, die sich stehend zwischen dem eigenen Kind und dem Nachhilfelehrer positioniert, positiv evaluiert wird.

Abbildung 39: Ausschnitt aus der oberen Startseite. Die Hierarisierung wurde mit weißen, horizontalen Linien hervorgehoben.

Die Hierarchiestruktur in dieser sozialen Situation wird durch die vertikale Ausrichtung der Personen ausgedrückt. Dabei widerspricht der Umstand, dass der angebotene Nachhilfeunterricht „in der Nähe" der Kunden, in der Regel nicht aber zuhause stattfinden soll, der Lesart, dass es sich um die Mutter handelt. Da es sich aber auch nicht – zumindest vor der Übernahme durch den Studienkreis – um eine Nachhilfeinstitutsleiterin handeln kann, schließt die Lesart der abgebildeten Frau als Mutter des Nachhilfeschülers das Bild am besten auf. Die Lesart der Frau als einer Nachhilfeinstitutsleiterin oder Verantwortlichen von tutoria bedient überdies die nahezu gleichen Aspekte, wie die Lesart als Mutter (vgl. unten). Die dargestellte Situation wird durch die Tischutensilien – Teekanne, Teetasse, Apfel, Wasserglas – und den wohnlichen Hintergrund als eine zuhause stattfindende Lernsituation inszeniert.

In dem Bild wacht die Mutter durch ihre stehende und dadurch erhöhte

Position über die Situation, die in dieser Form der Bildungssituation eine maternalistische Kontextualisierung gibt, d.h. der Mutter die Verantwortung für die Bildungsentwicklung des Kindes zuschreibt. Sie wacht zum einen über den Nachhilfelehrer und zugleich über ihren Sohn. Die Hand auf der Schulter ihres Sohnes und ihr auf ihn gerichteter Blick unterstreichen zum einen die Verbindung und Fürsorge, die sie ihm gegenüber hat. Zum anderen wird durch die Berührung die Mutter-Sohn-Beziehung für den Betrachter deutlich sichtbarer. Ihr Lächeln bejaht nicht nur die Situation und drückt das Freuen *für* das Kind aus, sondern zugleich die Freude der Mutter selbst. Die Verantwortlichkeit der Eltern – hier der Mutter – für das Kind findet ihren Widerhall dergestalt nicht nur in der alleinigen Anwesenheit und einer dadurch ausgedrückten Initiative, sondern auch in der emotionalen Erleichterung.

Damit wird zugleich das verhandelt und betont, was nicht zu sehen bzw. nur als Antipode ableitbar ist: die Unzufriedenheit und emotionale Belastung, die durch schlechte Noten und Schulleistungen bei Eltern und Schüler und damit in der Familie erzeugt wird. Darüber hinaus wird durch die Anwesenheit der Mutter eine Transparenz der Nachhilfesituation aufgezeigt, die sich in einem vertrauten Rahmen abspielt. Es ist eine offene und vertrauensvolle Situation.

Der Nachhilfelehrer, der auch vom Alter her in einer mittleren Position zwischen Mutter und Sohn angesiedelt ist, ist entsprechend größer als sein Schüler. Beide, Schüler und Nachhilfelehrer, blicken gemeinsam auf etwas in der Mitte Liegendes, das die Gemeinschaftlichkeit ihres Arbeitens, ein gemeinsames Ziel unterstreicht. Zwar wacht der Lehrer über seinen Schüler, aber durch die gemeinsame Hinwendung zu den Lerninhalten, ausgedrückt durch die Arbeitsblätter und Papiere, wird eine starke Hierachisierung und ausgeprägte asymmetrische Kommunikationssituation verringert. Auch diese beiden lächeln deutlich, so dass die gesamte Situation sympathisch und entspannt erscheint. Die auf der Startseite beschriebene Kundenzufriedenheit findet so ihre bildhafte Entsprechung.

Weiter unten wird eine weitere Nachhilfesituation dargestellt, auf der eine Frau und ein Junge über Blätter gebeugt zu sehen sind. Der nebenstehende Text „Individueller Einzelnachhilfeunterricht bei Ihnen in der Nähe“ weist die Situation als eine Nachhilfesituation aus.

Darunter sind Personenbilder angezeigt, die über die Überschrift „Qualifizierte Nachhilfelehrer“ als solche verstanden werden können. Die Menge der Bilder (25), mit der Hervorhebung eines Nachhilfelehrers über ein größeres Bild, zeigt zum einen eine Vielfalt und Auswahlmöglichkeit an. Zum anderen wird so die persönliche Ebene angedeutet, auf der sich Nachhilfe abspielt. Es bleiben keine „anonymen“ Nachhilfelehrer, sondern mit einem Bild versehene Menschen. Die Bilder ermöglichen trotz ihrer Inszenierung als „Bewerbungsfoto“ sozusagen einen Blick auf die Hinterbühne der Nachhilfe, indem die Nachhilfe-Lehrenden ein Gesicht bekommen. Die Portraitfotos können, wie erwähnt, als eine Form der Vorstellung und Bewerbung verstanden werden. Damit wird überdies die Form einer Dienstleistung hervorgehoben und Handlungsmacht bei den Kunden (Eltern) unterstrichen. Es gibt eine Auswahl an Lehrerinnen und Lehrern, aus der man wählen kann. Die Vorstellung zumindest eines beispielhaften Lehrers wird überdies durch die Vergrößerung des Bildes (Mitte) erzeugt sowie durch die Ergänzung des Namens (siehe Abbildung 37 unten), des Faches und der Kosten pro Stunde. Die darunterliegende Sternebewertung soll dann überdies das komplette Setting als authentisch ausweisen. So findet sich überdies keine 5-von-5-Sterne Bewertung darunter, sondern eine 4-Sterne Bewertung, die man entsprechend als Ausweis der Echtheit lesen könnte, da es in der Regel immer auch Konstellationen gibt, die nicht „passen“ und die sich in der guten, nicht aber perfekten Bewertung ausdrücken.

Im anschließenden Absatz wird die einfache Organisation der Nachhilfe sowohl als Schaubild als auch über den nebenstehenden Text angezeigt. Einstiegshürden in das Angebot werden vermieden, die Auswahl des Lehrers aus dem zur Verfügung stehenden Angebot sowie die spätere konkrete zeitliche Abstimmung mit dem Lehrer kann durch die Eltern erfolgen. Der Aspekt der Erfolgskontrolle zeigt dann überdies die Evaluations- und Transparenzbereitschaft des Angebots an. Ein Szenario, was bei einem fehlenden Erfolg passieren könnte (z.B. Geld-zurück-Garantie) wird gleichwohl nicht angeboten.

6.5.3 Lerncoach und Lernanalyse

Tutoria bietet neben der Vermittlung eines Nachhilfelehrers und einer Reihe von Informationen bzw. Ratgebern zu schul- und lernrelevanten Themen einen Lerncoach und eine Lernanalyse an. Der Begriff „Lerncoach" verweist bereits darauf, dass dieser von der eigentlichen Nachhilfelehrerin zu unterscheiden ist. Die Funktion des Coaches (vgl. Kapitel 5.5) wird hier als vorgeschaltete und flankierende Maßnahme zur Begleitung des Lernprozesses ausgewiesen. Vorgeschaltet ist der Lerncoach insofern, als er und nicht die Nachhilfelehrerin zu Beginn den Lernstand und die Lernsituation des Nachhilfeschülers erfasst und auf der Basis des Gesprächs mit den Eltern einen Nachhilfelehrer aussucht. Flankierend und parallel zur anschließend stattfindenden Nachhilfesituation implementiert der Lerncoach auf Basis der Rückmeldung des Nachhilfelehrers und über die Datenerfassung und -eingabe den Lernfortschritt in den Elternaccount. Die Eltern können sich dann über den Lernfortschritt des Kindes digital aufbereitet informieren und diesen über die Zeit verfolgen. Der Elternaccount übernimmt hierdurch auch eine nachführbare Dokumentationsfunktion, indem der Lerncoach als Funktion eine interaktive Erfolgskontrolle und ein Online-Unterrichtsmanagement anbietet.

Die Leistung des Lerncoachs dient in dieser Konstellation in erster Linie der Legitimation seiner Vermittlungsfunktion zwischen dem zahlenden Kunden (Eltern) und tutoria als Dienstleister. Die Dienstleistung soll sich dergestalt nicht allein in der reinen Vermittlerfunktion zwischen Nachhilfelehrerin und Schüler reduzieren, sondern soll mit einem Mehrwert aufgeladen werden, der hierüber hinaus geht und damit ein Kundenbindungsinstrument darstellt (ähnlich Kapitel 6.4.5). So wäre in einem solchen Setting z.B. vorstellbar, dass sich der Nachhilfelehrer und die Schülerin nach erfolgter und erfolgreicher Vermittlung untereinander darüber einigen, die Nachhilfe privat und in Abzug der Vermittlerkosten (tutoria) – also günstiger – abzurechnen. Durch die hier vorliegende Verzahnung von Eltern/Schüler, Nachhilfelehrer und tutoria wird ein alternatives Setting zumindest erschwert und würden die entsprechend erzeugten Mehrwerte – Lerncoach und Lernanalyse sowie zusätzlich distribuierte Ratgeber und Informationen – verloren gehen.

Abbildung 40: Der Lerncoach bei tutoria.

Das Bild zeigt eindrücklich, dass die persönliche Betreuung bereits eine mediatisierte Form der Betreuung meint. Der persönliche Lerncoach steht ausschließlich per Telefon zur Verfügung. Dennoch übernimmt er vor allem, wie oben bereits angezeigt, die Funktion eines *Zwischensprechers*, d.h. die des Interpreten der Schülerleistungen in der Nachhilfesituation. Diese kommunikative Anbindung der Eltern an den Lerncoach über die Kommunikationsofferte der pädagogischen Beratung und Leistungsinterpretation versucht die Abstimmung und auch Deutung dessen, was in der unterrichtlichen Nachhilfesituation passiert, insoweit zu hierarchisieren, als die Nachhilfelehrerin zwar vor Ort die Nachhilfe durchführt und hier zumindest für ein kurzes Gespräch vor- oder nachher zur Verfügung steht. Aber die Visualisierung und Einordnung der Lernprogression erfolgt über den Lerncoach. Vergleicht man die Arbeits- und Ablaufaufteilung, so zeigt sich in dieser Konzeption das gleiche Muster wie bei den analogen Nachhilfeinstituten. Die Nachhilfeinstitutsleitung übernimmt den Erstkontakt und das -gespräch, das dann bereits eine Einschätzung und Bewertung der Lernproblematik beinhaltet sowie die Obacht über die Lernentwicklung des Nachhilfeschülers – die unmittelbare Dateneingabe in die Schülerakte wird gleichwohl vom Nachhilfelehrer durchgeführt. Auf der Basis des Erstgespräches wird dann hier vom Lerncoach, dort vom Nachhilfeinstitutsleiter ein geeigneter Lehrer ausgewählt. In der arbeitsteiligen Ausgestaltung drückt sich eine soziale Hierarchie aus, aus der sich die Hierarchisierung des Wissens ergibt. Der Nachhilfelehrer eruiert durch die Nachhilfesituation Informationen und verzeichnet diese. Ihre Auswertung und Bewertung erfolgt durch den Lerncoach. Dieser übernimmt dergestalt eine doppelte Evaluationsfunktion. Er überwacht den Lernfortschritt der Schülerin und vermittelt diesen an die Eltern. Gleichzeitig evaluiert er so die Arbeit des Nachhilfelehrers. Überdies stellt der Lerncoach für einen weiteren Aspekt eine wichtige kommunikative Schanierfunktion dar. Die unmittelbare Kommunikationssituation mit dem Nachhilfelehrer kann bei zwischenmenschlichen Problemen oder fachlich empfundener Unzufriedenheit zwischen diesem und dem Nachhilfeschüler bzw. den Eltern zur Hemmung oder zu einer Vermeidungshaltung führen. D.h. die Eltern vermeiden es, dem Nachhilfelehrer mitzuteilen, dass man seine Hilfe nicht mehr in Anspruch nehmen möchte. Denn trotz eines geldbasierten Dienstleistungsverhältnisses ist die Situation darüber hinaus mit weiteren sozialen Erwartungen und Normen grundiert. Dienstleistung ist trotz ihrer Bezahlung zugleich eine Hilfe, aus der sich in sozialer Übereinkunft ein Maß an Dankbarkeitserwartung ergibt. Hinzu tritt der Ort, an dem der Unterricht stattfindet. Es ist die eigene Wohnung, aus der sich ein Gast und Gastgeberverhältnis ergibt. Soziale Formen der Höflichkeit erschweren vor diesem Hintergrund das unangenehme Gespräch einer „Kündigung“ oder Nichtweiterführung der Nachhilfesituation.

In dieser Situation kann dann der Lerncoach als beteiligter Dritter diese Funktion des Rückrufes des Nachhilfelehrers und die Auswahl eines neuen Lehrers übernehmen. Die mediatisierte Kommunikation und damit körperlich reduzierte Form der Kommunikation zwischen Eltern und Lerncoach erleichtert diesen Vorgang sowohl zeitlich als auch situativ. Das meint, dass durch die körperlich reduzierte Form der Kommunikation, die Kommunikation gerade um diese Ebene des Wirkens reduziert wird. Der sonst als möglicherweise Nachteil empfundene Weg der mediatisierten Form der Kommunikation, erleichtert hier die als unangenehm unterstellte Situation eines Nachhilfelehrerwechsels, indem 1. dem Lehrer gegenüber eine solche Entscheidung nicht kundgetan werden muss, sondern dem Lerncoach, mit dem man 2. nicht „Auge in Auge", sondern über das Telefon kommuniziert. Letztlich wird hier eine kommunikative Hinterbühne angeboten, die es den Eltern bzw. dem Schüler ermöglicht, z.B. etwas Kritisches über den Nachhilfelehrer zu äußern, ohne es ihm selbst sagen und sich einer unangenehmen Situation aussetzen zu müssen, aber in der berechtigten Hoffnung, dass der Lerncoach den Nachhilfelehrer informell darüber in Kenntnis setzt. Die Kommunikation über Dritte gilt zwar im Alltag als unhöflich, wird aber z.B. in Unternehmen – und noch stärker in streng hierachisch gegliederten Organisationen wie dem Militär – bewusst genutzt, um kommunikative Konflikte auf Abwesende umzulenken. Damit übernimmt der Lerncoach sowohl eine wichtige Funktion in der Beziehung zwischen Eltern bzw. NachhilfeschülerInnen und NachhilfelehrerInnen als auch eine Einortnungs- und Deutungsfunktion hinsichtlich der Leistungen der Schüler gegenüber den Eltern. Damit wirkt er zugleich als ein Kundenpflege- und Kundenbindungsinstrument des Anbieters.

6.5.4 Von tutoria zum Studienkreis

Die Angebotsform von *tutoria* hebt in erster Linie auf eine unmittelbare Nachhilfeform ab, in der die Internetseite den Vermittler zwischen dem Interessenten und *tutoria* darstellt. Ziel ist hier die „Nachhilfe in Ihrer Nähe". Das klassische Nachhilfeinstitut, das als Ort des Lernens wie auch als administrativer Raum für Fragen der Organisation oder des persönlichen Austauschs zuständig war, wird hier vollständig digitalisiert. Die Dokumentation der Leistungsveränderung oder die Gespräche mit dem Lerncoach be-

dürfen keiner unmittelbaren Anwesenheit mehr, sondern werden über die Internetseite (Lernstatistik) und telefonisch (Lerncoach) abgewickelt. Die Nachhilfe selbst findet in dieser ersten angebotenen Form gleichwohl immer noch unmittelbar zwischen Schüler und Nachhilfelehrer zuhause beim Schüler statt. Mediatisiert wird in dieser Form der Nachhilfe in erster Linie der Funktionsablauf zwischen Eltern und tutoria, der formale Fragen, die Buchung weiterer Stunden und die Lerndokumentation umfasst. Aber auch die „persönliche und pädagogische Beratung" und Betreuung der Eltern fallen darunter, erfolgt diese doch nicht mehr in koleiblicher face-to-face Situation, wie zumeist in den herkömmlichen Nachhilfeinstituten, sondern körperlich reduziert per Telefon.
In der zweiten angebotenen Form der Nachhilfe wird auch die Unterrichtssituation zwischen Nachhilfelehrer und Schüler *mediatisiert*, indem der Unterricht über elektronische, digitale Medien erfolgt. Die Online-Einzelnachhilfe wird in der Regel über eine Video-Telefonie (Webcam und Mikrophon) durchgeführt, es findet dergestalt keine unmittelbare, körperlich basierte Face-to-face-Situation mehr statt, gleichwohl ist bei einer solchen Konfiguration noch ein hohes Maß an Körperlichkeit gegeben (visuell und akustisch).
Darüber hinaus installiert tutoria als einen weiteren Baustein eine Reihe von Zusatzinformationen, Ratgebern, Infografiken oder Informationen zu Fragen des schulischen Umfeldes, der Ernährung, der Pubertät usw., so dass sich neben der Nachhilfe die Internetplattform als eine informative und fundierte Lernumwelt ausweist. Die eigene Expertise wird nicht nur über diese Darbietung fundiert und zur Schau gestellt, sondern auch durch sich darin befindliche, selbstreferentielle Informationen.
Die folgende Mind-Map stellt ein gutes Beispiel für diese Selbstreferentialiät in Form einer Selbstzuschreibung der Lernplattform dar. Die Mind-Map wurde als Beispiel in einem tutoria-Beitrag zur Funktion und Aufbau einer solchen vorgestellt.

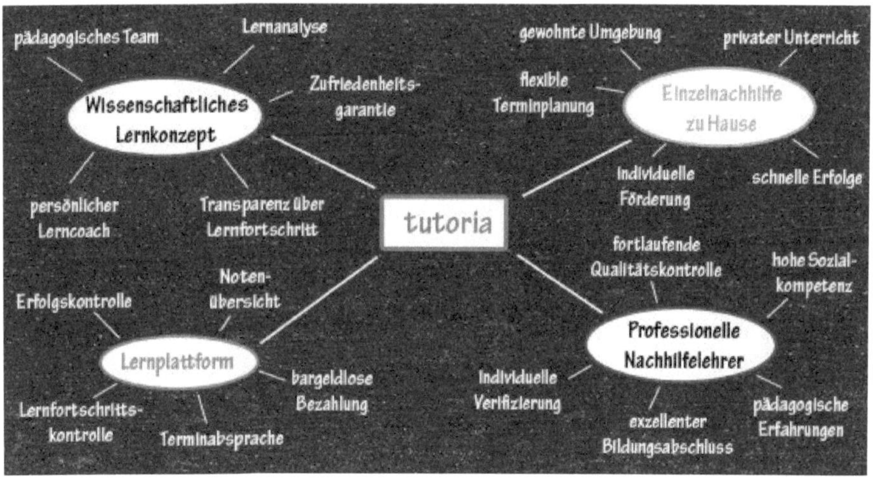

Abbildung 41: https://www.tutoria.de/cms_content/453/original/mindmap_tutoria.jpg [06.10.19].

Die wissenschaftliche Fundierung, die Professionalität der Nachhilfelehrer sowie die Darstellung der Einzelnachhilfe zuhause und die digitale Erweiterung durch eine entsprechende Lernplattform werden hier in positiver Attributierung als *tutoria* ausgewiesen. Tutoria spannt sich dergestalt auf durch die vier Hauptbestandteile der wissenschaftlichen Fundierung, der digitalen Lernplattform, der Einzelnachhilfe zu Hause sowie des Ausweises professioneller Nachhilfelehrer.

Die bisherige Darstellung und Analyse wandte sich *tutoria* als eigenständigem Akteur zu. Auf die Marktvolatilität wurde bereits hingewiesen. Durch die Übernahme von *tutoria* durch den Studienkreis werden diese evident. Um diese Volatilität in der Analyse zumindest ansatzweise widerzuspiegeln, soll an dieser Stelle kurz auf das digitale Studienkreisangebot vor dem Hintergrund der bisherigen Ausführungen zu *tutoria* verwiesen werden.

Abbildung 42: Von tutoria zum Studienkreis.

Das Online-Portal des Studienkreises stellt eine Fortschreitung in der Hybridisierung von Online- und analoger Nachhilfe dar, indem das Konzept der Nachhilfe vor Ort durch einen Video-Chat (via Skype) ins Digitale übertragen wird. Der Studienkreis, der bisher als einer der größten stationären Anbieter von Nachhilfe gilt und damit entsprechend diskursiv die Vorteile unmittelbarer Nachhilfesituationen vorträgt, ergänzt das bisherige Angebot durch telematische Angebote. Dabei wird die personale Ebene insofern beibehalten und sogar betont, als von einem „persönlichen Nachhilfe-Lehrer" bzw. „Tutor" gesprochen wird. Die An- und Einpassung auf die individuellen „Bedürfnisse mit professionellen Fachkräften" zeigen an, dass man einer passenden Lehrkraft in Kontakt kommt und diese dann ggf. auch dauerhaft die Nachhilfe duchführt. Allerdings ist ein Wechsel von einem Tutor zu einem anderen bei Unzufriedenheit jederzeit möglich. Die Besonderheiten zwischenmenschlicher Kommunikation und des Beziehungsaufbaus und mithin des wechselseitigen Verständnisses werden hier angespielt. Dadurch werden allein auf Online-Material ausgerichtete Methoden zwar nicht unmittelbar zurückgewiesen – solche bietet der Studienkreis ebenfalls an, aber sie werden durch die auf Personalität ausgerichtete Nachhilfe – analog wie digital – zu einer Ergänzung, einem weiteren Hilfsmittel des eigentlichen Hilfsmittels (Nachhilfelehrer bzw. Tutor). Entsprechend zeigt die Internetseite den Computer bzw. die Bildschirme der Videotelefonie als ein Medium, einen Mittler zwischen dem Lehrer und dem Schüler an. Der entsprechende Screenshot zeigt hier, dass trotz einer digitalen Ausrichtung, der „Mensch" bzw. die Personen im Mittelpunkt stehen (Lehrer/Tutor bzw. Schüler) und so die *eigentliche* Nachhilfe noch immer zwischen diesen beiden Personen verläuft. Diese wird nunmehr allerdings mediatisiert, ohne damit jedoch ein Verlustiggehen der personalen Beziehung eines solchen Settings anzuzeigen. Die persönliche Beziehung zwischen Lehrer und Schüler soll auch weiterhin Bestand haben.

6.6 Die Mediatisierung der Nachhilfe – Fazit

Der Prozess der Mediatisierung der Welt und des Alltags lässt sich auch im Bereich der Nachhilfe bzw. der Nachhilfeinstitute ablesen. Zunächst meint der Prozess der Mediatisierung die mediale Durchdringung des menschlichen Lebens. Damit sind Techniken, Handlungspraktiken und schlussendlich auch Sichtweisen auf die Welt verbunden. Die Welt des Alltags ist nicht nur durchdrungen von technischen Artefakten die Informationen vermitteln und abrufbar machen, sondern der heutige Rezipient avanciert zugleich auch zu einem Produzenten und Distribuierten von Informationen. Heute werden dergestalt Informationen nicht mehr nur rezipiert, wie es im Zeitalter des Leitmediums Fernsehen mit seiner Ein-Wege-Kommunikation der Fall war, sondern es kann und wird umgehend auf Informationen reagiert, diese werden kommentiert, bewertet oder verworfen. Eine solche Praxis, führt zu einer Ausweitung von Produzenten, d.h. der Alltagsmensch wird selbst zum Informationshersteller, indem er bewertet, kommentiert oder seine Nutzung von etwas transparent und dadurch auch sichtbar für andere wird. Möglich ist eine solche Entwicklung nur aufgrund der Distributionsmöglichkeit, die die heutigen meist kabellosen digitalen Medien wie der Computer in allen Größen oder das Smartphone und ihre gegenseitige Vernetzung ermöglichen. Die Möglichkeiten der Nutzung digitaler Angebote zum hier verhandelten Thema Nachhilfe sind besonders durch die Mobilität der Endgeräte von der mehr oder weniger räumlichen wie zeitlichen Entkoppelungen kennzeichnet. Ich kann sie nutzen *wann* und *wo* ich will. Daran gekoppelt werden positive Deutungsmuster wie Vertrautheit, Sicherheit (z.B. des eigenen Raumes, von dem aus ich eine digitale Verbindung herstelle), zeitliche Selbstbestimmung und andauernde Verfügbarkeit.

Diese nicht mehr ganz neue Perspektive verdeutlicht und markiert gleichwohl die unterschiedlichen Ausprägungen der Mediatisierung und Nachhilfe. Diese reichen in der Nutzung von der Rezeption typischer Lernvideos, der Nutzung von online zur Verfügung gestelltem Material (z.B. Arbeitsblätter) bis hin zu interaktiven Spielformen, Unterricht via Skype oder einem Online-Chat. Online-Nachhilfe ist je nach Ausprägung entweder maximal technikgebunden, wie am Beispiel der Plattform *scoyo* verdeutlicht werden konnte. Hier ist der Akt des Lernens und Lehrens selbst hochgradig mediatisiert, d.h. nur durch digitale und technische Prozesse (Nutzung eines Computers oder Smartphones, Inhalte werden *durch* die technischen Artefakte dargeboten) wird das Lehren und „Lernen“[138] ermöglicht. Oder die Mediatisierung der Nachhilfe findet ihren Platz in einer unterstützenden

[138] Der Akt des Lernens vollzieht sich gleichwohl immer noch im *Hirn* oder – wenn man körpersoziologischen Sichtweisen zuschlägt im Körper des Nutzers und nicht *in* einem technischen Medium.

Form, vor allem auf verwaltungstechnischer Ebene. Eine solche findet sich z.B. bei *tutoria*, die in erster Linie die Vermittlungsarbeit, d.h. die Vermittlung von Nachhilfeschülern an die Nachhilfelehrer übernimmt.
Die tatsächliche Nachhilfe findet vor Ort und nicht in bzw. über das Medium statt. Dabei dient die Internetplattform als Schnittstelle zwischen Nachhilfelehrern und -schülern und ist sowohl für die unmittelbaren *Anbieter* der Nachhilfe, d.h. die LehrerInnen, die Vor-Ort die Nachhilfe durchführen als auch für die SchülerInnen bzw. deren Eltern eine Schnittstelle. Aus diesem Grund findet sich dort – bei tutoria – eine doppelte Adressierung, nämlich an die Eltern und die Nachhilfelehrer. Der Einsatz der digitalen Medien dient aber nicht nur der reinen Vermittlung, sondern bietet eine digital aufbereitete Lernüberprüfung bzw. -entwicklung. Die Fortschritte der Schüler werden digital erfasst und visuell aufbereitet, so dass Eltern darüber nicht nur im persönlichen Gespräch mit dem Nachhilfelehrer bzw. der -lehrerin unterrichtet werden, sondern über einen Online-Account Zugriff darauf haben. Zusammen mit den Ratgeber-, Hilfe- und weiterführenden Seiten wird bei den Online-Anbietern eine eigene Lern- und Informationsumgebung geschaffen, die zwar im Falle von *tutoria* keine eigenen Lerninhalte beinhaltet, aber über die selbst erhobene Lernentwicklung ein eigenes Bewertungssystem etabliert. Solche „Lernerfolgsanalysen" (*scoyo*) gehören bei den Onlineanbietern zwischenzeitlich zur Grundausstattung der Plattformen, auch weil sie so einen typischen, digitalen Mehrwert generieren können. Die Nachhilfe wird hierdurch transparent und nicht allein, wie in früherer Zeit, über die Notenentwicklung in der Schule evaluierbar.
Die Online-Plattform *scoyo* hingegen stellt eine in sich abgeschlossene Lernumwelt dar. Allein die Nutzung der Lernplattform über einen Avatar, der der virtuellen Entsprechung des eigenen Ichs dient und damit das Eintauchen in die digitale Welt vertiefen soll, verweist auf eine Binnenwelt mit einer eigenen Ausrichtung und Evaluation, die sich für die Kinder über den Highscore und den erreichten Level ausdrückt und für die Eltern über eine statistische Auswertung nachführbar ist.
Wenn man sich nochmals die grundlegende Bezugsgröße der Nachhilfe vergegenwärtigt, die Notenverbesserung in der Schule, dann koppelt sich die Nachhilfe durch die Binnenevaluation selbst von dem unmittelbaren Einfluss der Schule ab. Der Erfolg der Nachhilfe gründet dann nicht mehr

allein in einer Notenprogression in der Schule, sondern in der *nachweislichen* Nutzung und Entwicklung innerhalb der digitalen Nachhilfe. Neben der Transparenz des Lehrens und Lernens in der Nachhilfe, die solcherart hergestellt wird, schafft diese Form der Dokumentation auch ein alternatives Kriterium, mit dem Eltern die Nachhilfe als erfolgreich oder nicht erfolgreich einzuschätzen lernen. Zeigt der Schüler bzw. die Schülerin in der Nachhilfesituation über den dort festgehaltenen Zeitraum und unter den dort gesetzten Bedingungen eine Leistungssteigerung und eine zeitliche Beschäftigung – d.h. wie lange wurde in einem Zeitraum die Lernplattform und die entsprechenden Lerninhalte genutzt –, dann kann dies ebenfalls als Beleg für eine erfolgreiche Nachhilfe dienen, zumal wenn zuvor die Figur des spielendenden Lernens offeriert wurde. Und damit entzieht sich die Nachhilfe zumindest in Teilen der ausschließlichen Evaluation durch die Schulnote. Binnenverstärkend kann bei einer vorhandenen extensiv-zeitlichen Nutzung diese Form des Lernens als Spaß fördernd und damit die entsprechende Bewerbung dieses Punktes als bestätigt ausgewiesen werden.
Hinzu tritt hier ein weiterer Aspekt. Denn umgekehrt können erfolgreiche und dokumentierte Lernfortschritte in der Nachhilfe auch zur inneren Evaluation der Schule durch die Eltern führen. Sind nämlich dokumentierte Lernfortschritte durch die Nachhilfe vorhanden, in der Schule zeigen sich hingegen keine bzw. kaum Fortschritte, lässt sich eine veränderte Verantwortlichkeit für diese Situation ableiten. Es sind dann die Schule, der Lehrer, die Lehrerin oder die Lernsituation in der Schule, die sodann im Widerspruch zur Leistung in der Nachhilfe stehen.
Die klassischen Vor-Ort-Nachhilfeinstitute dokumentieren zwar auch die Lernfortschritte, bleiben jedoch zumeist durch die mehr oder weniger enge Verwicklung mit der Schule – z.B. durch Kontakte und Gespräche mit Lehrern – stark an diese ausgerichtet. Eine hier zu verzeichnende Annäherung zwischen digitalen Nachhilfeplattformen und Schule zeigt sich in der Zusammenarbeit und Nutzung von *scoyo* in der Schule. Durch die Überführung und Rückbindung an den Binnenraum Schule *verwandelt* sich die digitale Lernplattform zu einem praktikablen Werkzeug des Lehrers und fällt in sein didaktisches Repertoire. Damit werden die digitalen Ergebnisse der Schüler durch die Schule selbst vereinnahmt und legitimiert. Eine mögliche Konkurrenz unter Gleichrangigen (Schule und Lernplattform) wird durch

diese Einbettung in den schulischen Ablauf und den Werkzeugcharakter von Beginn an aufgehoben. Die Schule gilt vielmehr als (innovativer) Nutzer und Impulsgeber der digitalen Entwicklung.
Neben dieser rein digitalen Form von Nachhilfe, lässt sich aber eine stärkere Fokussierung auf eine hybride Form von digitaler und Vor-Ort-Nachhilfe vermerken. Exemplarisch zeigt dies die Übernahme und Implementierung von *tutoria* in den Studienkreis. Dieser ist als eine der größten Nachhilfeketten am deutschen Markt damit zugleich Impulsgeber für eine solche Hybridisierung von Nachhilfe. Zum einen soll die eigene Vor-Ort-Filialtätigkeit gestärkt, zum anderen das digitale Feld als Erweiterung begriffen und besetzt werden. Die evidenten ökonomischen und strategischen Aspekte sollen hier nicht weiter verfolgt werden. Im Sinne einer wissens- und bildungssoziologischen Perspektive wird hier zugleich versucht analoge und digitale Welt ineinander zu schieben. Hier spiegeln sich die Erwartungserwartungen der Nachhilfeanbieter wider.
Die drei untersuchten digitalen Nachhilfeanbieter bzw. -formen stellen drei unterschiedliche Typen hinsichtlich der Verknüpfung digitaler mit analogen Lernmustern dar, die neben der zu bedienenden und schon vorhandenen Infrastruktur (z.B. Vor-Ort-Nachhilfeinstitute, die auch weiterhin bedient werden sollen oder umgekehrt in erster Linie ein rein digitales Angebot) sich vor allem in der jeweiligen Justierung und Austarierung dreier Formen unterscheidet:

1. Die digitalen Angebote (Lernvideos, Übungsaufgaben etc.),
2. Situationen mediatisierter Kommunikation in der Lernsituation (Hausaufgaben-Chat mit einem Nachhilfelehrer, Video-Gesprächssituationen, telefonische Lernberatung o.ä.) und
3. unmittelbare, analoge Lernsituationen im Nachhilfeinstitut oder zuhause.

Die digitalen Nachhilfeformen beinhalten für den jungen Nutzer respektive die verantwortlichen Eltern überdies eine Verheißungsperspektive auf die Zukunft. In einer Zeit, in der die Digitalisierung der Arbeits- und Lebenswelt in Deutschland zu einer Agenda für das 21. Jahrhundert ausgerufen wird[139] und zunehmend auch digitale Medien Einzug ins Klassenzimmer erhalten, werden digitale Lernplattformen zu einer Bildungsinstanz eigener

[139] Vgl. für eine Übersicht z.B. Dobler/Ittstein 2018.

Art, indem sie – besonders sichtbar am Beispiel der *Lernumwelt scoyo*, die sich an Schüler der 1.-7. Klasse richtet – erste digitale Fertigkeiten im Umgang mit dem Computer vermitteln. Damit werden nicht nur die schulischen Inhalte Teil der Vermittlung, sondern über den Umgang mit der computerbasierten Lernplattform auch die Medienkompetenz. Unterstützung findet diese Sichtweise darin, dass digitale Lernplattformen zunehmend Einzug in den schulischen Alltag finden und sich (wie beispielsweise *scoyo*) offensiv als ein Lernwerkzeug z.B. für Freistunden oder Freiarbeitsphasen selbst anbieten. Die Vermittlung schulischer Inhalte über das (vermeintliche) Vehikel der digitalen Lernplattformen (vgl. Petko 2010) ebnet hier den Weg für eine dauerhafte Implementierung im schulischen Unterricht. Wenn hier von einem *vermeintlichen* Vehikel gesprochen wird, meint dies, dass zu erwarten ist, dass sich mit der zunehmenden Etablierung solcher Lernformate und damit der Veränderung der Wissenskommunikation (vgl. hierzu Schnettler/Knoblauch 2007) auch neue bzw. angepasste Formen des kommunikativen Handelns ausbilden. So ist beispielsweise in dieser Form der Wissenskommunikation ein kooperatives Lernen zunächst nicht vorgesehen. Die Aufgabenbearbeitung ist als Einzelplatzarbeit gedacht. Aufgabensteller und Spielpartner ist die Lernplattform, Punkte- und Levelerreichung sind auf einen Single-User ausgerichtet, so dass eine Vergleichbarkeit gewährleistet ist sowie eine Wettbewerbsorientierung ermöglicht wird. Diese Vergleichbarkeit und Wettbewerbsorientierung bilden dann den sozialen Anker, der über die rein individuelle Nutzung der Lernplattform hinausreicht.

Die Arbeit von digitaler, über eine Lernplattform vermittelte Nachhilfe und der Nachhilfe durch Nachhilfeinstitute bzw. einen Nachhilfelehrer aus „Fleisch und Blut" unterscheiden sich hinsichtlich der Akzeptanz von Seiten der Schule bzw. der Lehrer – diese Sichtweise lässt sich aus der Analyse der digitalen Lernplattformen und der Interviews mit Nachhilfeinstitutsleitern synthetisieren – noch in einer anderen Hinsicht. So kooperieren Schulen in der Regel offiziell und sichtbar nicht mit Nachhilfeinstituten. Weder findet man Hinweise auf Nachhilfeinstitutsseiten, dass Schullehrer oder sogar benachbarte Regelschulen das Nachhilfeinstitut empfehlen, noch findet man umgekehrt in Schulen sichtbar und proaktiv Empfehlungen für Nachhilfeinstitute, die bisher eine erfolgsversprechende Zusammenarbeit ausweisen können. Vielmehr wurde von Seiten der Institutsleiter darauf verwiesen, dass Werbung für oder Hinweise auf ihr Institut nicht erlaubt seien (z.B. mit dem Hinweis der werbefreien Schule). In diesem Praxisbeispiel der werbefreien Schule spiegelt sich somit erneut die unterschiedliche Platzierung von Nachhilfeinstituten und Schule wider. Nachhilfeinstitute werden in erster Linie der Wirtschaft und das wirtschaftliche Handeln, die Schule die Bildung und das Bildungshandeln zugeschrieben. Wenn von Seiten der Schulen mit dem Hinweis eines Werbeverbotes Nachhilfe nicht sichtbar sein darf, wird dies evident. Denn Werbung für Theater oder Theateraufführungen (Spielpläne), soziale Vereine oder Naturschutzbünde werden in der Regel geduldet oder sogar proaktiv unterstützt.

Informell hingegen, so zeigen einige Schilderungen in den geführten Interviews, gibt es einzelne Lehrer, die konkrete Schüler bei Bedarf oder auf Rückfrage auf konkrete Nachhilfeinstitute hinweisen. Digitale Lernplattformen hingegen werden über Kooperationsangebote mittlerweile bewusst in den unterrichtlichen Alltag integriert. Eine ökonomische oder werbebezogene Kontextualisierung von Seiten der Lehrer findet hier dann nicht statt, obwohl die Lernplattformen mit Gewinnabsicht versehene Unternehmen darstellen. Aus der Analyse von scoyo kann ein Argument hierfür synthetisiert werden. Scoyo bietet sich selbst als Werkzeug an und bestärkt darin die Perspektive der Selbstverantwortung und Handlungsentscheidung des Lehrers bzw. der Schule. Der Lehrer kann entscheiden, wann, wo und wie scoyo als Technik eingesetzt wird und behält so seine Handlungsautonomie. Scoyo wird nicht als ein mit Bewusstsein ausgestatteter Akteur verstanden, sondern als technisches Artefakt, das selbst unintentional ist und als Werkzeug eingesetzt werden kann. Der Einsatz von scoyo unterminiert damit in keiner Weise die fachliche Autorität des Lehrers, sondern kann ganz im Gegenteil über die bewusste Entscheidung für scoyo vom Lehrer als Teil seiner eigenen Handlungskompetenz und beruflichen Expertise ausgewiesen werden. Beispiele für solche den Lehrer ausweisenden Bewertungen wären z.B. „modern", „innovativ", „fortschrittlich". Überdies und hier zeigt sich auch ein latent räumlicher Faktor, verbleibt die Entscheidung für einen solchen Einsatz und der Einsatz der Technik selbst im Binnenraum der Schule. D.h. die handelnden Akteure – Lehrer und Schüler – befinden sich bei der Durchführung in der Schule und bleiben damit auch in identitätszuschreibender Perspektive klar zugeordnet. Gleiches gilt überdies für die in der Schule durchgeführte Hausaufgabenbetreuung oder die Unterstützung schwächerer Schüler durch bessere Schüler, die in Freiarbeitsphasen durch Lehrer initiiert werden. Als Teil des Binnenraumes der Schule und der Handlungsmacht der Lehrer konturieren auch sie das Verhältnis zwischen Lehrer und Schüler bzw. Schule und Schüler.

Umgekehrt verhält es sich bei der Frage danach, warum außerschulische Nachhilfe nicht oder so gut wie nicht in oder über die Regelschule stattfindet oder empfohlen wird. Nachhilfeinstitute werden nicht als Werkzeug oder die eigene Arbeit unterstützende Form betrachtet, sondern oft als Konkurrenz verstanden. Hier manifestieren sich zwei Perspektiven. Zum einen die der didaktischen Kompetenzen, die in Konkurrenz zueinander treten, zum anderen das noch grundlegendere „Mehr", das sich in kommunikativen Situationen zwischen zwei Menschen abspielt. Gelingt dem Nachhilfeunterricht das, was dem Regelunterricht zuvor nicht gelungen ist, kann dies zu einem Legitimationsdruck auf der Seite des Lehrers bzw. der Schule führen. Sie muss zumindest implizit begründen, warum ihre Bildungsfiguration und auch die sich darüber ausdrückende Persönlichkeitsbildung nicht erfolgreich war. Interessant ist hier, dass Nachhilfeinstitutsleiter einen solchen Prozess bereits antizipieren und sprachlich bereits deeskalierend wirken, indem sie darauf verweisen, dass das Lernen im Nachhilfeinstitut und in der Schule nicht vergleichbar seien. Die *bessere* Leistung von Nachhilfeinstituten in der Lernvermittlung von schlechten Schülern wird z.B. von Herrn Wagner – einem Institutsleiter – unmittelbar auf die unterschiedlichen Lernfigurationen (d.h. kleinere Lerngruppen) bezogen. Er selbst *nimmt* sich damit die Aura des Besseren und verschiebt die Konkurrenz weg von den Einzelpersonen (Lehrer vs. Nachhilfelehrer) hin zu den Strukturen. Damit wiederum stärkt er zugleich die eigene Legitimation, liegt doch der Erfolg der Verbesserung schlechter Schüler dann nicht mehr allein in den „besseren" Lehrkräften und Methoden – Dinge also, die Schule ggf. ändern könnte –, sondern in einer nicht oder kaum veränderbaren Struktur (z.B. Klassengröße, Betreuungsverhältnis) des Bildungswesens, die dann Nachhilfe und damit Nachhilfeinstitute als einen festen, weil strukturellen Teil des Schulbildungswesens ausweist.

Nachhilfeinstitute sind im Unterschied zu digitaler und privater Nachhilfe sicht- und damit eindeutig adressierbar. Ihrer Arbeit kann insofern eine Veränderung der sozialen Statik der Schulklasse zugeschrieben werden, als sie gegen die Gleichheit der Klassensituation (gleiche Hinwendung zum jeweiligen Schüler durch den Lehrer, für alle weitgehend das gleiche pädagogische und didaktische Konzept und zeitliche Zuwendung) handeln und Ungleichheit in diesen Bereichen erzeugen. Durch den Nachhilfeunterricht wird, zugespitzt formuliert, die von der Schule bzw. den Lehrern intendierte gerechte Zuwendung, die zu einem entsprechenden Notengefüge in der Klasse führt, unterminiert. Der zusätzliche Unterricht wird dann nicht als Ergänzung, sondern als nicht durch den Lehrer angestoßene Veränderung der schulischen Dynamik angesehen. Anders ausgedrückt zeigt sich hier ein Bias: Die auf Leistungssegregation und damit auf Vergleichbarkeit ausgerichtete Regelschule muss in der schulischen Unterrichtssituation den gemeinsamen Ausgangspunkt sehen, von dem aus die Segregation beginnen kann. Vor diesem Hintergrund ist es evident, dass im Rahmen der Ungleichheitsdebatte auch die Nachhilfeinstitute zum Kanon der Ungleichheit befördernden Strukturen gezählt werden. Mikrosoziologisch spiegelt sich dies in dieser einen Lehrerperspektive (unter anderen) auf Nachhilfe wider. Aber anders als die gesellschaftswissenschaftliche Diskussion um Ungleichheit lassen sich hier stärker die persönlichen Motive wie z.B. Konkurrenz, Dominanzverhalten bzw. Sicherung der Deutungshoheit durch Lehrer bzw. Schule nachzeichnen.[140] Mit der einsetzenden Wanderung der Nachhilfe ins Digitale eröffnet sich über die digitalen Lernplattformen ein zusätzlicher Akteur, der in erster Linie aufgrund seiner (noch) exklusiven bzw. besonderen Vermittlungsform zusätzliche Deutungen anbietet bzw. kritische Deutungen im Vorgriff abfängt. Im Zuge des Digitalpakts Schule, so lässt sich prognostizieren, werden mögliche Ressentiments gegenüber digitalem Lernen zunehmend geringer werden, zumal wenn Interaktivitätsformate (Live-Chat, Video-Chat) eingebunden sind, so dass zumindest ein grundlegendes

[140] Gleichwohl handelt es sich hier – um diesen Aspekt nochmals in Erinnerung zu rufen – um eine Konstruktion 2. bzw. 3. Grades. Denn die vorstehenden Ausführungen rekonstruieren über die Aussagen und Perspektiven der Nachhilfeinstitutsleiter zu ihrem Verhältnis zu Lehrern die darin enthaltene Deutung von Lehrern auf Nachhilfeinstitute. Eine solche durch den Forscher durchgeführte Rekonstruktion ist dann eine 3. Grades. Man erhält so dergestalt eine schärfere Konturierung der Institutsperspektiven, nicht aber – was hier auch nicht intendiert ist – die scharfe Rekonstruktion der Lehrerperspektive auf Nachhilfeinstitute.

Maß an personalem Austausch stattfinden kann, der darüber nicht nur lernbezogen, sondern auch in einem Maße persönlichkeitsbildend (z.B. Motivation, Anerkennung, Trost) wirken kann. Die Selbstorganisation ist hier gleichwohl das größte Hindernis für digitales Lernen, da in der Regel das heimische Lernarrangement, die Fokussierung und fortdauernde Konzentration während dieser Selbstlernzeiten für schwächere Schüler bereits Teil des Problems ist. Für den Präsenzunterricht in Nachhilfeinstituten durch Nachhilfelehrer kann dieser Rahmen leichter gesetzt werden und liegt in gewisser Hinsicht bereits in der Überschreitung des Raumes hin zum Nachhilfeinstitut vor, indem die räumliche Überbrückung und die dann andere Lernumgebung bereits einen neuen Rahmen setzen. Hinzu tritt dann die größere soziale Kontrolle in einem Nachhilfeinstitut. Digitale Nachhilfeangebote greifen viele dieser Aspekte auf und bieten unterschiedliche Justierungen von digitalen, graduell mediatisierten und analogen Formen an. Deren Justierung ist bestimmt durch ökonomische (z.B. niedriger/hoher Personaleinsatz) sowie für die Nutzer erfolgsversprechende und nutzungsfreundliche Darbietungsformen. Diese sind wiederum eingelassen in eine komplexe Lern- und Bildungsumwelt, die die jeweiligen Lernplattformen aus Newslettern, Tipps, eigenen kleinen Studien, Lehrmaterialien, Eltern-, Lehrer-, Schülerratgebern und -magazinen sowie Youtube-Videos von z.B. runden Tischen aus Experten und Eltern weben und so sowohl ein Lernmilieu als auch ein Gefühl von Gemeinschaft vermitteln wollen.

7. Bildung im Schatten? Nachhilfe im Lichte gesellschaftlichen Wandels

Der Nachhilfemarkt hat sich ebenso wie viele andere Bereiche des gesellschaftlichen Lebens in den letzten Jahren deutlich gewandelt. Der besprochene Aspekt der Mediatisierung lässt sich in vielfältiger Hinsicht auch in den Bereichen Nachhilfe und Nachhilfeangebote nachzeichnen. Neben den Online-Angeboten neuer Akteure (z.B. sofatutor) arbeiten auch die bestehenden Vor-Ort-Anbieter an digitalen Erweiterungen und Ergänzungen ihres bisherigen Angebotes. Die Übernahme von tutoria vom zweitgrößten Anbieter von Vor-Ort-Nachhilfe Studienkreis ist hier augenscheinliches Beispiel und verweist zugleich auf den einen Bereich im Feld der Nachhilfe: Der Nachhilfemarkt *ist* zweifellos ein Markt mit ökonomischen Mechanismen, ist Teil eines Bildungsmarktes, der von Nachhilfeangeboten, Schul- und Lehrbüchern über Sprach- und Musikschulen bis hin zu Lern-Apps oder -spielen reicht. Er unterscheidet sich in diesem Aspekt nicht substantiell vom medizinischen, pflegerischen, Bestatter- oder anderen Märkten, in denen der Mensch in Physis und Psyche, in denen das *Arbeiten* mit und an dem Menschen im Mittelpunkt stehen. Gleichwohl herrscht das Motiv im Bildungssektor, dass man für (Nach-)*Hilfe* bezahlen muss und diese nicht freiwillig erfolgt, immer noch vor und ändert sich erst allmählich. Ein Grund dafür, dass dieses Motiv überhaupt noch vorhanden ist, mag darin liegen, dass Bildung und die Vermittlung von Bildung weiterhin staatlicher Hoheit unterstehen und dagegen zumindest vordergründig die Schul- und Universitätsbildung kostenlos ist. Die enge Verknüpfung von Bildung und gesellschaftlichem wie ökonomischem Erfolg führt dann zu Ungleichheitsdiskussionen, die in der Ökonomisierung von Bildung – beispielhaft durch die Nachhilfe angezeigt – dann einen Aspekt für die Reproduktion von Ungleichheit sehen.

In den durchgeführten Interviews wurde das Verhältnis zur Schule als ein zweischneidiges Schwert gesehen. Die Schule ist weiterhin der Referenzpunkt, an dem sich Nachhilfeinstitute orientieren müssen. Die zentrale Währung ist und bleiben sogar mehr denn je die Noten und die Notenverbesserung. So *liefert* Schule nicht nur die jeweiligen Kunden, sondern ist zugleich Gradmesser für die qualitative Arbeit der Nachhilfe, ohne dies allerdings preisgeben zu können. Auch wenn hier in erster Linie die Perspektive der Nachhilfeinstitute rekonstruiert werden sollte, lässt sich über die Reziprozität der Perspektive nachzeichnen, dass Nachhilfe unweigerlich zur Evaluation von Schule und den Leistungen von LehrerInnen wird. Ein Lehrer oder eine Lehrerin, die fortwährend NachhilfeschülerInnen hervorbringt, wird unweigerlich eine Kritik in der Art und Form ihrer Arbeit zugeschrieben. Solange davon Schule und Lehrer nichts erfahren, bleibt eine solche Kritik nur latent. Erst wenn Nachhilfeinstitute und -lehrerInnen sich im Rahmen einer *Anamnese* ihres Schülers an den jeweiligen Fachlehrer oder der Fachlehrerin wenden, wird eine solche Relation aus der Latenz in die Evidenz gezogen.

Die Standardisierung von schulischer Bildung spielt den digitalen Angeboten insofern zu, als sie die Standardisierung von Wissen und Bildung gerade losgelöst von einem Lehrer befördern. Schaut man auf das klassische kulturelle Muster des Lehrers, auf den Magister, dann war Wissen dergestalt immer an Personen gebunden (hier den Magister), der es personal an seine Schüler weitergab. Wissen war und ist in diesem Bild immer schon Wissen in einer Form, durch den Meister bzw. Lehrer hervorgebrachtes und performativ vermitteltes Wissen. Durch die Buchkultur vollzog sich dann eine erste personale Entfernung zwischen Lehrer und Schüler. Gleichwohl blieb der Lehrer als Tutor, als Führer durch und als Vermittlungsinstanz für das Wissen der Vergangenheit und als Impulsgeber für neu zu erschaffendes Wissen erhalten. Mit der Zunahme und Betonung regelgeleiteten, standardisierten Wissens, also jenen Wissens, das man auch von und aus der Wissenschaft kennt, das reproduzierbar und einsehbar ist, „verliert" der Lehrer zunehmend an Lehrkraft. Folgt man einer solchen Perspektive, lässt sich Wissen effektiv und standardisiert vermitteln, und dies kann dann von interaktiver Software übernommen werden. Hierin mag man zunächst einen weiteren Vorteil sehen. Ungerechtigkeiten aufgrund von Sympathien, Bevorzugungen oder Benachteiligungen lassen sich so vermeiden, da der Computer „unbestechlich" ist.[141] Zugleich, und dies ist im gerade genann-

[141] Dass er das nicht ist und insofern die programmierten und genutzten Algorithmen bereits *Bedeutungsentscheidungen* z.B. vonseiten der Programmierer (oder Auftraggeber der Programmierer) beinhalten, soll hier nicht behandelt werden. Entscheidend ist, dass auf der Ebene der Input-Output-Anwendung dann keine Bevorzugung oder Benachteili-

ten Punkt bereits angedeutet, ist das Lehrer-Schüler-Verhältnis schon immer ein Machtverhältnis gewesen. Die darin eingeschriebene Hierarchie und Macht sind bis in die Architektur des Klassenraumes und der Sitzanordnung gedrungen. Dieses interpersonales Machtverhältnis wird zwar nicht gänzlich aufgelöst, aber durch eines von Mensch und programmierter „Maschine“ ausgetauscht.
Der sich so aus der Standardisierung der Bildung und Digitalisierung von Bildungsinhalten ergebenen Perspektive widersprechen nun die empirischen Ergebnisse der Hattie-Studie, die im Rahmen einer Metastudie (vgl. Hattie 2013)[142] Studien zum Lernerfolg ausgewertet und verglichen hat und u.a. zum Ergebnis kommt, dass die Person des Lehrers und der Lehrerin zentral für den Lernerfolg der Schülerinnen und Schüler ist. Eine unmittelbare, interpersonale Beziehung lässt sich scheinbar nicht (immer) vollends in digitale und mediatisierte Formen auflösen. In der Nachhilfe wie auch in der Schule lässt sich aktuell eine Suchbewegung zur Justierung von Digitalem und Analogem in der Bildung konstatieren. Dass Nachhilfe im Allgemeinen sowie digitale Nachhilfe im Besonderen immer auch vor der Folie der je eigenen bildungshistorischen Perspektive und daraus resultierenden eigenen Formationen einer Gesellschaft verstanden werden müssen, macht ein kurzer vergleichender Blick deutlich. Interessant ist in diesem Kontext, dass z.B. der Nachhilfeanbieter-Markt in Südkorea, einem Hochtechnologie- und „technikverliebten“ Land (vgl. allgemein Keun-sik 2015), nahezu ausschließlich in Nachhilfeklassen oder in koleiblichen Face-to-Face-Situationen, also in analoger Form vorhanden ist und vor allem von Seiten der Eltern wahrgenommen wird. Die gesellschaftliche Figuration von Bildung im Allgemeinen und Nachhilfe im Besonderen ist hier überdies eine völlig andere. Bildung ist in Südkorea unmittelbar an die Ökonomie und an den wirtschaftlichen Erfolg gekoppelt. Es gibt kein „störendes“, auf Emanzipation und Humanismus ausgerichtetes Bildungsideal, wenngleich Südkorea mit anderen Ländern Ostasiens in einer konfuzianischen Tradition steht, in

gung *in* Ansehung der Person erfolgt.

142 Interessant ist allerdings auch hier zu sehen, dass außerschulische Nachhilfe als Teil des schulischen Lebens überhaupt nicht in den Blick kommt und das – so dem Vorwort der deutschen Übersetzung zu entnehmen – bei über 800 Variablen, 736 Meta-Analysen, „die sich auf 50000 Studien mit ca. 250 Millionen Lernenden“ (Beywl/Zierer 2013: XI) beziehen, die von Hattie und seinem Team berücksichtigt wurden.

der „die Vervollkommnung der Persönlichkeit durch Bildung und Studium als ein[..] wichtige[r] Wert im Leben betrachtet“ (Keun-sik 2015: 320) wird. Bildung nimmt in Südkorea unmittelbar die Funktion der wirtschaftlichen Leistungsfähigkeit an, der starke Bildungsimpuls ist aus ökonomischen Perspektiven plausibler zu erklären. Das meritokratische System, d.h. das Leistungsprinzip, ist essentieller Bestandteil der Bildung und Wirtschaft. (Wissens-)Bildung ist essentieller Bestandteil der Wirtschaft. Die herausragenden Leistungen südkoreanischer Schüler sind weniger auf das Schul- als vielmehr auf das nachhelfende Bildungssystem insgesamt zurückzuführen. Das mag widersprüchlich bzw. redundant klingen, erklärt sich aber, wenn man sich vergegenwärtigt, dass zusätzlich zur täglichen Schulzeit von 10 Stunden weitere 6-8 Nachhilfeschulstunden pro Tag für nahezu alle Schüler Koreas hinzutreten. „Der Anteil privater im Vergleich zu staatlichen Bildungsausgaben ist von allen Ländern [OECD-Länder, O.B.] in Südkorea am größten. Das zeigt, dass bei der Entwicklung des Bildungswesens in Südkorea die Privatleute einen nicht weniger wichtigen Beitrag als die Regierung geleistet haben, was vom Standpunkt der Familien aus sehr wahrscheinlich als eine übermäßige Belastung erscheint“ (Keun-sik 2015: 318). Private Nachhilfe, entweder über private Nachhilfeinstitute, sog. *Hakwon*, oder Nachhilfestunden bei privat unterrichtenden Lehrern, ist für alle Schüler obligatorisch. Die gesamte Gesellschaft und ihre Keimzelle, die Familie, richtet ihr Augenmerk auf die zu leistenden und geleisteten Noten der Kinder.

> „Die Leistungsanforderungen spürt man in jedem Lebensbereich, in der Familie, in der Schule und im Beruf. Als ein interessantes Beispiel, das den Bildungsehrgeiz von Koreanern gut darstellt, ist die Veranstaltung der ersten Geburtstagsfeier des Kindes zu nennen. Im Verlauf der Party werden dem Geburtstagskind einige Sachen, z.B. ein Bleistift, Geld oder Seidenfäden zum Wählen vorgelegt. Hinter dem Ritual steckt die Annahme, dass jede Sache Glück mit sich bringen würde. Die Beteiligten sehen daran: Wenn das kleine Kind den Bleistift in die Hand nimmt, wird es klug, wenn es das Geld nimmt, wird es reich, und wenn es den Seidenfäden nimmt, lebt es lange. Die Freude der Eltern ist dabei am größten, wenn ihr Kind

beim Wahlverfahren den Bleistift auswählt“ (Son 2003: 20).

Nachhilfe ist dergestalt nicht daran ausgerichtet, schwächere Schüler an das akzeptierte Leistungsniveau heranzuführen. Vielmehr arbeiten alle Schüler daran, zu den Besten zu gehören, um bei den jährlichen und staatlich abgehaltenen Aufnahmeprüfungen zur Universität zu den Besten zu gehören, um so Zugang zu den besten Universitäten des Landes, den sog. SKY-Universitäten, zu erhalten. Das Bestehen entscheidet „über den weiteren Lebensweg jedes Individuums in großem Umfang [...]. Man kann sogar sagen, dass die Aufnahme in eine Universität für die meisten Eltern in Korea das Maß aller Dinge für ihre Kinder ist. Denn das Bestehen der Aufnahmeprüfung zur Universität ermöglicht dem Studienanfänger einen besseren Beruf, die erwünschte Eheschließung und weitere Erfolgschancen“ (Son 2003: 21). Die südkoreanische Bildungspolitik war seit Mitte der 1990er Jahre auf die Erhöhung von Studienabschlüssen ausgerichtet. In der Folge wurde die Hochschulbildung zu einem Massenphänomen, in der die Hochschulen selbst immer stärker in Konkurrenz zueinander traten. Die Distinktionskraft, die in einem Hochschulabschluss lag, verlagerte sich stärker zur Frage, an welcher Universität der Abschluss erworben wurde. Heute hat sich im südkoreansichen Sprachgebrauch der o.g. Begriff der „SKY-Universitäten“ für die am besten gelisteten Hochschulen eingebürgert (vgl. Keun-sik 2015: 321).
Die bereits erwähnten *hagwons* in Südkorea sind Teil dessen, was im englischsprachigen Raum als *shadow education system* bezeichnet wird und einen wesentlichen Wirtschaftsbereich in Südkorea darstellt. Die dort arbeitenden Lehrer verdienen mehr als im staatlichen Schuldienst und die Nachhilfeschulen selbst sind mit einem besseren Betreuungsschlüssel ausgestattet als die Schulen.

> „More than 70% of students participating in private tutoring attend hagwons, making it the most important player in this sector. It is not uncommon for students to be enrolled in several hagwons focusing on different subject areas. Korea currently has nearly 100 thousand hagwons, which must receive a permit from the local education government to operate. The concentration of around 6 000 hagwons

in the Kangnam district of Seoul is thought to be an important factor in the high housing prices in that area, which has become a major social issue. The hagwons have more teachers than the public school system and attract the best ones with higher salaries. Admission to prestigious hagwons is challenging and depends on entrance exams" (Jones 2013: 18).

16-18 Stunden Lerneinheiten pro Tag und Summer-Schools in den Ferien sind Zeichen einer Gesellschaft, die ausschließlich das Leistungsprinzip nicht nur als gültig erachtet, sondern hervorhebt. Nachhilfe, die wie erwähnt nicht als eine „Krücke", sondern als eine Förderung zur Spitze hin verstanden wird, ist durch diese Entwicklung veranlasst heute als fest verankerte Struktur in die Gesellschaft eingelassen, kann und muss überdies als sichtbares Distinktionsmerkmal verstanden werden. Wer sich bessere Lehrer leisten kann (z.B. einen Mathematik-Professor als Nachhilfelehrer), sorgt nicht nur dafür, dass die eigenen Kinder die Wahrscheinlichkeit auf bessere Noten erhöhen, sondern weist sich zugleich als fürsorgliche, sich kümmernde Eltern ausweisen.

Die in Ostasien verbreitete Struktur eines „Meisters", der Mentor, Führer, Respektsperson und Fertigkeitsvermittler ist, führt dann dazu, dass in einem „technikversessenen" Land die Nachhilfe im Wesentlichen immer noch analog von einem Lehrer oder einer Lehrerin durchgeführt wird. Die Unmittelbarkeit zwischen Lehrer und Schüler dient hier nicht dem im Abendland entsprungenen Bild der wechselseitigen Anerkennung von Mensch zu Mensch, nicht der wechselseitigen Beglaubigung, sondern der Bestätigung und Anerkennung des Leistungsprinzips, des sich Stellens und in Konkurrenztretens mit anderen, und zugleich der Sichtbarmachung dieser Werteanerkennung. Ein solches Antreten gegeneinander wäre und ist (z.B. bei Computerspielen) in der digitalen Welt ein übliches Muster, es ist jedoch keine Geste des Sich-Zeigens, des Sichtbarwerdens für Andere, für nicht Anwesende. Würde man auf digitale Nachhilfe umschwenken, so würde man sich der gesellschaftlichen und kollektiv etablierten Sichtbarkeit entziehen, die mit gesellschaftlichen Handlungsmustern versehen ist (Abholen der Schüler durch die Eltern, Transport durch Busse, der Aufwand der Raumüberwindung als Ausdruck der Bereitschaft sich anzustrengen usw.). Die fehlende

Sichtbarkeit, der damit einhergehende Verlust der Distinktionskraft, die Tradition des „Meisters“ sowie die sich ausgebildeten kollektiven Handlungs- und letztlich auch Deutungsmuster können dann erklären, warum digitale Nachhilfe bisher nur begleitend Fuß fassen kann, obwohl (oder gerade weil) die Nachhilfe in den Nachhilfeschulen oder bei exaltierten Nachhilfelehrern finanziell eine wesentliche Belastung des Haushaltseinkommens bedeutet.

In der digitalen wie auch analogen Nachhilfe werden überdies Verantwortlichkeitsstrukturen deutlich, die in theoretischer Hinsicht die Verhandlungslinie zwischen analoger und digitaler Kommunikation in einer Form widerspiegeln, die theoretisch kaum oder nur wenig Beachtung findet. Die Rede ist hier von der Übergriffigkeitsproblematik, die in unmittelbarer Kommunikationssituation aufgrund der leiblich-kopräsenten Anwesenheit beider Kommunikationspartner (Nachhilfelehrer und Schüler) angelegt ist. Dabei wird das Feld für die hier bezeichnete Übergriffigkeit weit gesteckt. Das Feld reicht von den unmittelbaren Situationen im schulischen Raum, der Situation zwischen Lehrer und Schüler oder den Blicken und Gesten der anderen Schüler bis hin zu den latent angedeuteten Übergriffen als vorhandene Möglichkeit in der unmittelbaren Kommunikationssituation. Die Erwartungserwartung der digitalen Nachhilfeplattformen drückt sich diesbezüglich in den Bildern und der Gestaltung des Internetauftritts aus. Man kann hier einwenden, dass die Gestaltung in der Regel von Webdesignern erbracht wird und man entsprechend deren Erwartungserwartung rekonstruiert. Das wiederum thematisiert die Frage nach dem Subjekt hinter der Internetseite. Fasst man jene Institute oder Internetseiten als einen korporierten Akteur (vgl. Bidlo 2011c), der aus einer Reihe von Einzelakteuren bestehen kann, dann lässt sich das Thema Übergriffigkeit als eine Sinnstruktur ausweisen, die sich in den besagten Artefakten rekonstruieren lässt.

Die bildhafte Darstellung von Nachhilfeunterricht ist personenseitig stark feminin ausgerichtet. Zum Ausdruck kommen hier zum einen die personelle Dominanz von Frauen im Bildungsbereich, d.h. in Kindergärten, Grund- und weiterführenden Schulen sowie die intrafamiliäre Verantwortungszuschreibung der Mutter für die Bildung der Kinder. Auch lassen sich der Aspekt der Geborgenheit und die damit sich ausdrückende Sicherheit, Verantwortung und Vertrauen assoziieren. Neben diesem Umstand, dass in er-

ster Linie Frauen als Elternteil gezeigt werden und damit die Verantwortungszuschreibung deutlich in Richtung der Mutter adressiert ist, sind es bei den dargestellten Nachhilfeschülern hingegen fast ausschließlich Jungen. Eine solche Darstellung spiegelt zum einen die gesellschaftliche Realität wider, insofern heute mehr junge Frauen die allgemeine Hochschulreife erreichen und das überdies mit besseren Noten als ihre männlichen Pendants (vgl. z.B. Sievert/Kröhnert 2015). Damit ergibt es vordergründig durchaus Sinn, dass Nachhilfeinstitute sowie ihre digitalen Anbieter zielgruppenorientiert an Jungen adressieren.
Aber: Weder eine Studie der Universität Duisburg-Essen aus dem Jahre 2013 noch eine Bertelsmann Studie aus 2016 zur außerschulischen Nachhilfe unterscheiden bei den Inanspruchnahmen von Nachhilfe nach Geschlecht. Wie also die Verteilung zwischen Jungen und Mädchen verläuft, wird bisher nicht erhoben. In Dogmen et al. (2008) wird sogar darauf verwiesen, dass es geschlechtsspezifisch keine Unterschiede gibt:

> „Ebenso scheinen kaum geschlechtsspezifische Unterschiede in der Nachhilfeinanspruchnahme zu bestehen: Die 15. Shell Jugendstudie hat bspw. Nutzungsquoten von 24 % bei den Mädchen und 21 % bei den Jungen, die zwischen 12 und 21 Jahren alt sind und noch zur Schule gehen, ermittelt. Geschlechtsspezifische Unterschiede im Hinblick auf die Nachhilfegewohnheiten lassen sich nur mit Blick auf die Fächer, in denen Schüler/innen gefördert werden, feststellen“ (ebd.: 24).

Vor dem Hintergrund, dass Nachhilfe immer noch in erster Linie – wenn auch zunehmend durchwachsener – von notenschwächeren Schülern genutzt wird, um in einen durchschnittlichen oder leicht überdurchschnittlichen Notenbereich zu kommen, werden Jungen hier als das schwächere und – pointiert ausgedrückt – dümmere oder problematische Geschlecht in Schulangelegenheiten ausgewiesen. Aus der, wie gerade erwähnt, etwas selteneren, aber sich ausweitend anzutreffenden Perspektive, dass gute Schüler die Nachhilfe nutzen, um zu sehr guten Noten zu gelangen, können hingegen die Jungen als zielstrebig, engagiert und leistungsorientiert gelesen werden.

„Dabei dient der Nachhilfeunterricht in Deutschland nicht ausschließlich dem Vermeiden schulischen Scheiterns. Vielmehr geht es um die weitere Verbesserung der eigenen Leistungen: So haben zwischen 33 und 76 Prozent der Schüler befriedigende und bessere Schulnoten in dem Fach, in dem sie zusätzliche nachmittägliche Unterstützung erhalten. Nachhilfeunterricht wird also zu einem bedeutenden Teil in Anspruch genommen, um durch eine Leistungsverbesserung die Chancen eines Übergangs in anspruchsvolle Bildungs- und Ausbildungswege zu steigern" (Bertelsmann Stiftung, Klemm/Hollenbach-Biele 2016: 26). Auch die Bertelsmann-Studie trägt überdies durch die Wahl des Coverbildes (s. Abbildung 43) zu einer solchen Diskursfigur – weibliche Lehr-/Verantwortlichkeitsperson und ein Junge als unterstützungsbenötigender Schüler – bei.

Abbildung 43: Coverseite der Bertelsmannstudie zur „Nachhilfe in Deutschland"

Zum anderen kommt aber auch – als Teilaspekt – die (latente) gesellschaftliche Zuschreibung von Übergriffigkeitspotential durch Männer in solchen digitalen Artefakten zum Ausdruck. Dass (Über-)Wachen der Nachhilfesituation von Lehrer und Schüler durch die Mutter deutet dies an, ebenso wie das nahezu ausschließliche Vorhandensein von Nachhilfelehrerinnen in Bildern, die Nachhilfesituationen mit Schülern zeigen.[143] In der analogen Nachhilfe bzw. in den Nachhilfeinstituten findet ein sensibler Umgang mit den Kindern statt, der besonders von Transparenz geprägt ist. Diese Transparenz, analog wie auch digital, will Vertrauen erzeugen bzw. das Wissen um die vertrauensvolle Übergabe der Kinder durch die Eltern ausweisen. D.h. die Nachhilfe weiß um das sensible Gut – der Schüler als Kind –, das ihr übertragen wird und an dem sie wirkt. Denn es wird nicht nur bei den Eltern um Vertrauen geworben, sondern gleichzeitig die Verantwortung für ihre Kinder zurückgespielt und die je eigene Form der Nachhilfe als eine dieser Verantwortung gerechte Handlung ausgewiesen. Damit wird aber auch ein *Nichthandeln* der Eltern z.B. bei angezeigten schlechten Noten des eigenen Kindes und bei gleichzeitigem Wissen um die Möglichkeiten von Nachhilfe zu einer fragwürdigen Entscheidung. Die Sichtbarmachung der Möglichkeit von Nachhilfe wird zu einer appellativen Struktur

Fokussiert man diesen Aspekt noch weiter, so werden hier die beiden Pole – die gelingende Bildung des Kindes durch personale Hinwendung sowie die Möglichkeit zum geistigen wie körperlichen Übergriff in unmittelbarer Kommunikation – verhandelt. Im Anschluss daran werden die Aspekte *Vertrauen* und *Verantwortung* in den Vordergrund gerückt. Das Vertrauen in die Nachhilfesituation wird hier in doppelter Weise ausgewiesen. Zum einen in der Darstellung einer ungezwungenen, persönlichen und heimischen (z.B. „Nachhilfe zu Hause“) Situation, die der kontingenten und dadurch zunächst unsicheren zwischenmenschlichen Beziehung von Schüler und Nachhilfelehrer ihre Unsicherheit nehmen soll; zum anderen in der Betonung der notenbezogenen Wirksamkeit der Nachhilfe und damit des eigentlichen Anliegens der Eltern bzw. Schüler.

In den Nachhilfeinstituten – unabhängig davon, ob sie als klassische Nachhilfeinstitute oder als „Coaches“ firmieren – wird hingegen über die persönliche Beziehung zu den Schülern, Eltern und der je eigenen Institutsatmosphäre Vertrauen aufgebaut. Dabei dient das Nachhilfeinstitut nicht nur als Lernbegleiter, sondern oft als zusätzliche Schnittstelle zur Schule des Schülers. Die analog-räumliche Nähe von Nachhilfeinstituten, Schülern und

143 Bei der Übersicht der Nachhilfelehrer werden selbstverständlich auch männliche Nachhilfelehrer gezeigt.

Schulen ermöglicht eine nicht nur auf reine Lerninhalte bezogene Nachhilfe, sondern eine, die mitunter einzelfallspezifisch auf Schulen oder sogar einzelne Schullehrer orientiert sein kann.

Es ist sicherlich ein Gemeinplatz, dass sich das, was unter Bildung verstanden wird, im Prozess des gesellschaftlichen Wandels ebenso verändert hat. Wir finden heute bei der Betrachtung des Bildungsbegriffes eine eigentümliche Situation vor. Auf der einen Seite trägt er fraglos noch Spuren von den emanzipatorischen und aufklärerischen Grundgedanken in sich, die den Menschen durch Reflexionsfähigkeit und die Ausbildung einer inneren Haltung in die Lage versetzen soll, die eigenen inneren wie äußeren Verstrickungen zu erkennen und sich seinem eigenen Antrieb nach weiterzuentwickeln. Der Bildungsbegriff ist im allgemeinen Sprachgebrauch positiv belegt, er besitzt einen affirmativen Charakter. Erziehung beinhaltet in Teilen auch negative Anhaftungen, wenn z.B. von Schulen als Erziehungs- und Disziplinierungsanstalten gesprochen wird. Man wird erzogen, aber man bildet sich. Damit überwindet der Bildungsbegriff die externe und passive Perspektive des Erziehens und weist stärker den Eigenanteil an der Persönlichkeits- und Identitätsbildung aus. Bildung wird dem Menschen in erster Linie nicht zugetragen, sondern er muss aktiv daran mitgestalten. So grenzt auch Becker – im Rahmen einer bildungssoziologischen Grundierung nicht ganz uneigennützig – den Bildungsbegriff von der Erziehung ab: „Bildung ist abzugrenzen von Erziehung – der absichtsvollen Vermittlung von Werten, moralischen Prinzipien, Normen und Überzeugungen – und von Sozialisation, dem unsystematischen wie nicht institutionalisierten Lernprozess, der die Denk- und Handlungsmöglichkeiten des Individuums in Bezug auf soziale Erwartungen konstituiert“ (Becker 2011b: 12).

Dass der Bildungsbegriff der neue Ausdrucksbegriff der Erziehungswissenschaft bzw. dann der Bildungswissenschaft geworden ist, mag entsprechend daran liegen, dass dieser positive individuelle Entwicklungsgedanke, der im Bildungsprozess konnotiert ist, einem möglichen negativen (beeinflussenden) Erziehungsgedanken entgegensteht. An diesem Kreuzungspunkt zwischen einem Bildungsbegriff, der den Menschen ein Entwicklungspotential offeriert und der Frage, *wohin* der Mensch sich entwickeln soll, dockt allerdings ein ökonomisches Verständnis von Bildung an.[144] Hier wird Bildung

[144] So heißt das Max-Planck-Institut für Bildungsforschung in der englischen Übersetzung,

nicht nur selbst als Ressource verstanden, sondern auch als Gradmesser für ein ökonomisch erfolgreiches Leben. Und damit intendiert Bildung gerade nicht eine emanzipative Absicht, sondern wird zu einer ökonomischen Funktion, mit deren Skalierung Erfolg oder Misserfolg sichtbar gemacht werden kann. Vor diesem Hintergrund werden Nachhilfe und Nachhilfeinstitute zu festen Begleitern gesellschaftlicher Bildungsprozesse.

Nachhilfe hat eine lange Tradition. Eine vorherrschende und immer wieder rezipierte Lesart ist, dass Nachhilfe Lücken auffüllt, die bei Schülern feststellbar hinsichtlich der schulischen Anforderungen sind. Ob hier den Schulen (und Lehrern) mangelnde Qualität vorgehalten wird, aus der sich heraus dann ein Nachhilfebedarf bei Schülern ergibt oder ob es an den Schülern liegt, die aufgrund einer Lebenslage, Schwierigkeiten beim Ausbalancieren von Lernen und Unterhaltung (Stichwort: Mediennutzung) haben oder andere nichtschulischen Gründen vorliegen, sind zwei Diskursargumente, die sich immer wieder finden lassen.

Nachhilfe wird heute aber nicht mehr nur als Defizit-Ausgleich verstanden, sondern als ein Instrument professioneller Dienstleistung, die man in Anspruch nehmen kann, um bessere Ergebnisse zu erzielen. Nachhilfe wird zu einer Zukunftsabsicherung. Daher verlieren die Untersuchung zur Nachhilfe der Bertelsmann-Stiftung 2016 bzw. die daraus abgeleiteten Ergebnisformulierungen und Handlungsanforderungen wichtige Aspekte aus dem Fokus: „Bei allen Unterschieden im Detail – eines signalisiert Nachhilfe deutlich: sie ist nötig, weil viele Schulen sich noch nicht ausreichend auf die Vielfalt in ihren Klassenzimmern eingestellt haben. Lehrkräfte sollten deshalb besser dabei unterstützt werden, ihre Schüler individuell zu fördern" (Dräger/Kober 2016: 7). Die Aussage impliziert, dass Schule bei besserer Förderung externe Nachhilfe überflüssig machen könnte. Da Schule aber selbst einen Selektionsimpuls beinhaltet, die Leistungssegregation über die Notenvergabe sogar ein bestimmendes Element in ihr ist, ist eine Auflösung außerschulischer Nachhilfe durch eine Veränderung von Schulstrukturen

die direkt unter dem Schriftzug auf der Internetseite sowie auf dem Gebäude untergebracht ist, Max Planck Institute for Human Development (mein Dank gilt Frau Sandra Rademacher, die auf diesen Aspekt in einem Vortrag in Halle/Saale, 27.05.16, aufmerksam gemacht hat). Der *Human Development Index* wiederum der UNO betrachtet dann unterschiedliche Wohlstandsindikatoren wie Pro-Kopf-Bruttoeinkommen, Bildungsdauer und Lebenserwartung.

kaum vorstellbar, sofern diese nicht die Abschaffung der Noten oder grundsätzlich aller Leistungsbewertungen beinhaltete. Dies würde zudem über die Schule hinaus und beispielsweise auch auf die Universitäten – z.B. über den Numerus Clausus oder andere Leistungsbewertungen für den Zugang zum Studium und die Bewertung im Studium selbst – reichen. Zudem wird heute außerschulische Nachhilfe auch als punktuelle Dienstleistung in Anspruch genommen, um sich z.B. auf eine bevorstehende Klassenarbeit vorzubereiten. Man könnte sie in Anlehnung an ein Bild aus dem Sport als eine Form von Trainingslager oder Zusatztraining beschreiben, mithilfe dessen nicht nur Defizite aufgearbeitet, sondern zugleich neue Lernstrategien vermittelt werden können. Hier setzen entsprechend die Schülercoaches an, die durch den Begriff des *Coachings* selbst eine entsprechende Verbindung herstellen. Die Nutzung des Begriffes verschiebt zudem die Perspektive auf das, was dort getan wird. So wie man bei Spitzensportlern nicht nur das Training bzw. die Trainingsintensität nicht in Frage stellt, sondern umgekehrt bei einer guten oder sehr guten Leistung auf ein sehr gutes Training schließt, kann man die zusätzlichen Lerneinheiten nun positiv konnotieren. Auch wenn Nachhilfe insgesamt immer noch in erster Linie dazu dient, schlechte Noten in bessere zu wandeln, wird sie zunehmend auch dazu genutzt, mit dem Blick auf eine spätere gute berufliche Perspektive den bereits guten Notendurchschnitt noch zu verbessern.

Mit der wachsenden Bedeutung von Bildung und Schule – die im gesellschaftlichen Diskurs immer wieder durch Kontextualisierungen mit beruflichem Erfolg, gesünderem Leben, gesicherter Altersversorgung u.a. in ihrer Wichtigkeit für ein gesellschaftlich gelingendes Leben hervorgehoben werden – wird daher auch die Nachhilfe, in welcher namentlichen Erscheinung auch immer, an Bedeutung gewinnen und wachsen. Damit verhält sich Nachhilfe zur Schule wie ein (quantentheoretisches) Zwillingsteilchen. Sie sind miteinander verschränkt und wirken letztlich wechselseitig aufeinander. Wächst die Bedeutung des einen (Schule), wächst gleichzeitig die Bedeutung des anderen (Nachhilfe), ohne jedoch den gleichen gesellschaftlichen Stellenwert zu genießen. Zugespitzt formuliert, kann man sagen: Bildung in dieser Form ist nicht die Lösung, sondern das Problem.

Spätestens mit der Aufnahme der externen Nachhilfe in den förderungswürdigen Kanon des BuT werden Nachhilfe und Nachhilfeinstitute expliziter

Teil der Wissenspolitik (vgl. Stehr 2006), indem sie ausweislich und beispielhaft für die Möglichkeit schulischen Erfolgs stehen. Die Praxis „Nachhilfe“ wird von Staatswegen zumindest teilweise legitimiert und als Möglichkeit offeriert und vermindert dadurch zugleich eine gewisse gesellschaftliche und kulturelle Ächtung der Nachhilfe. Auch wenn die Aufnahme in das BuT-Paket in erster Linie aus Gleichheitsermöglichung geschieht, indem auch ärmeren Familien die Möglichkeit zur externen Nachhilfe angeboten werden soll, bleibt der staatliche Anreiz dahinter, Wissen zu regulieren, zu *bedeuten* dahinter sichtbar. Nicht die Produktion neuen oder zusätzlichen Wissens steht hier im Fokus, sondern die Erreichung der durch Schule definierten Ziele. Damit wird gleichwohl nur das verfestigt oder reguliert (vgl. Stehr 2006: 50), für das Nachhilfe ohnehin immer gedacht war: Die Unterstützung zur Erreichung schulischer Ziele und nicht die Erarbeitung alternativer Wissensbestände. Gleichzeitig suchen und erzeugen die hier besprochenen Formen der Nachhilfeinstitute Alternativen zum schulischen Lernen. Neben der immer noch gültigen Sicherung der schulischen Noten durch Üben und Vermittlung des schulischen Lernstoffes zählen dazu beispielsweise die Vermittlung von Lernstrategien und allgemein das Coaching dazu. Gleichzeitig übernehmen Nachhilfeinstitute einen Teil psycho-sozialer „Hygiene“ von Familien. Die hohe gesellschaftlich vermittelte Bedeutung schulischen Erfolgs wird über die Dienstleistung „Nachhilfe“ weitergegeben, Nachhilfeinstitute avancieren damit zu einem Teil der Familie. Die Präsentation von Nachhilfeinstituten sowie ihrer digitalen Pendants folgen der Gleichung „Gute Noten = glückliches Kind = glückliche Eltern“[145], *Nachhilfe* wird damit sowohl zu *Nothilfe* – zum Nothelfer für die Situation der Leistungssegregation in der Schule – als auch zum Heilsbringer bzw. -versprecher für eine erfolgsversprechende berufliche Zukunft. Flankiert wird dieses von angebotenen Deutungsmustern kommerzieller Nachhilfeanbieter beispielsweise auch durch das In-Beziehung-Setzen der Kosten für Nachhilfe zu anderen Unkosten für Kinder. So wird zugleich an die Stellung von Bildung im gesellschaftlichen Koordinaten- wie auch subjektiven Relevanzsystems der Eltern appelliert bzw. dieses hierdurch mitjustiert.

[145] Wobei die Gleichung ebenso mit einer Vertauschung der letzten beiden Aspekte gelesen werden kann „Gute Noten – glückliche Eltern = glückliche Kinder“.

Damit findet zwar keine Remystifizierung von Expertenwissen in Form der Nachhilfeinstitute statt, so aber doch die Akzeptanz einer Dienstleistung, die von den Eltern 1. als wichtig erachtet wird, aber nicht in einem Maße, dass – sofern entsprechende Fähigkeiten vorhanden sind – eigene Zeitkontingente dafür eingesetzt werden. Umgekehrt treten Nachhilfeinstitute professioneller auf und werben mit (TÜV-geprüfter) Professionalität, die den Eltern umgekehrt einen Legitimationsgrund eröffnen, die Nachhilfe weiterzugeben und nicht selbst durchzuführen und eigene Zeit dafür zu investieren. Gleichzeitig ermöglicht externe Nachhilfe Eltern aus bildungsärmeren Milieus die Unterstützung der Kinder, wenn die Schulinhalte den eigenen Wissenshorizont überschreiten. Umgekehrt treten die Nachhilfeinstitutionen als sichtbare Akteure und Interessengruppen auf, die auch zum Autoritäts- und Kompetenzverlust der Experten – hier der Lehrer – beitragen (vgl. Stehr 2006: 49).

Beide Akteure – Nachhilfeinstitute sowie digitale Nachhilfeanbieter bzw. Lernplattformen – versuchen nun aktiv näher an und in die Schule heranzurücken. Ihre Existenz ist historisch wie auch gegenwärtig wesentlich an die Schule gebunden. Ihre Rückbindung wird evident zunächst durch die Orientierung an den Lehrplänen der Bundesländer und die Schulformen. Man lernt bei den Anbietern für die Schule. Die sich durch eine solche Figuration ergebende komplementäre Macht- und Kommunikationssituation und die damit einhergehende Deutungsmacht von Schule und den Schulnoten wird von Seiten der digitalen wie auch analogen Nachhilfeanbieter auf verschiedene Weise im eigenen Selbstverständnis unterlaufen. Nachhilfeinstitute offerieren eigene implizite wie explizite Deutungsangebote ihrer Arbeit. Sie versuchen sich als Ratgeber und Schulführer anzubieten und zu etablieren, indem sie entsprechende Angebote offerieren. Sie werden so zu einer Evaluationsinstanz von Schule. Der Kampf um Anerkennung und entsprechender alternativer Deutungen ihres Handelns zielt auf eine gleichberechtigte Partnerschaft zur Schule. Das Handeln von Nachhilfeinstituten war und ist schon immer auch ein Agieren in die Schule hinein als eher geschlossener Lernraum und sich darüber zugleich konstituierender Sozialraum. Diese Innen-/Außen-Dichotomie findet eine Aufweichung dort, wo Schulen und Schulämter mit Nachhilfeinstituten zusammenarbeiten, z.B. in der Nachmittags- oder Hausaufgabenbetreuung oder durch Einladungen von Nachhilfeinstitutsleitern auf Schulveranstaltungen zum Thema Lernen. Digitale Anbieter rücken analog dazu ebenfalls an die Schule heran, indem beispielsweise ihre technische Lernfortschrittsanalyse eine alternative Bewertung der Schüler anbietet. D.h. die Evaluation der eigenen Dienstleistung durch solche Fortschrittsanalysen, basierend auf der Auswertung der Leistungen der Schüler im Rahmen der eigenen Übungsangebote, weist nicht nur das Funktionieren des eigenen Angebots aus, sondern stellt zugleich – sofern sich hier eine Diskrepanz zeigt – eine Alternative zur schulischen Bewertung dar. Das Hineinagieren in Schule findet statt, wenn Lernmaterialien (z.B. Lernposter) den Schulen bzw. Lehrern angeboten oder augenscheinlich Lehreraccounts offeriert werden, die die digitale Lernplattform als didaktisches Unterrichtswerkzeug ausweisen.

Nachhilfeinstitute sowie Anbieter digitaler Lernplattformen arbeiten dergestalt nicht mehr nur in einer Nische bzw. im Schatten von Schule, sondern treten zunehmend als professionelle Akteure auf. Bewegungen, die sie als solche ausweisen sollen, sind z.B. eine TÜV-Zertifizierung des eigenen Angebots oder auf Seiten der Nachhilfeinstitute die Gründung und Etablierung eigener Verbände, die zu Bildungs- und Schulthemen eigene Positionen anbieten und vertreten. Sichtbar und dergestalt nicht mehr im Schatten verweilend werden Nachhilfeinstitute auch physisch im Stadtbild: Sie sind sichtbar und adressieren ihr Tun offen.

Digitale Lernplattformen generieren überdies zunehmend eigene Daten, indem Umfragen zu schul- und lernrelevanten Themen in Auftrag oder selbst durchgeführt werden. So erzeugte In-Formationen werden selbst distribuiert, aber auch von Medien aufgenommen und rezipiert. Das erzeugte, distribuierte und rezipierte Wissen soll die digitalen Anbieter nicht nur selbst als Experten ausweisen, sondern muss zugleich als Repräsentation des eigenen Akteurstatus im Feld der Bildung verstanden werden. Durch ein solches Agenda-Setting werden Deutungen angestoßen, angeboten und zugleich als zu behandelnde Themen im Diskurs ausgewiesen.

Eingefasst ist die oben beschriebene Bewegung des Feldes in zweifacher Weise in den Diskurs einer digitalen Wissens- und Kommunikationsgesellschaft. Die Erfordernisse, die sich mit dem Wandel zu einer Wissensgesellschaft ergeben haben, lassen die schulisch-zertifizierte Bildung, die Bildungsnotwendigkeit und Notenverbindlichkeit weiter wachsen. Ihren Niederschlag findet eine solche Entwicklung auch in notwendigen digitalen Fähigkeiten und Kompetenzen, die eine heutige triadisch – Produktion, Rezeption und Distribution – konnotierte Medienästhetik (vgl. Bidlo 2019a, Bidlo 2013) einfordert. In dieser Form wandelt sich Nachhilfe von einem Aspekt des *displaying family*, einem Konzept der Familiensoziologie (vgl. Dermott/Seymour 2011, Finch 2007), das in Erweiterung des *doing family*-Ansatzes die nach außen gerichtete Darstellung von Familie und einer darin enthaltenden Praxis guter Elternschaft beinhaltet, zu einem *doing education* bzw. *displaying education* (hier im Bedeutungssinn von Bildung verstanden). Auch wenn in dieser Untersuchung gerade nicht die Nutzer bzw. Schülerinnen und Eltern der Angebote und Dienstleistungen befragt wurden und damit das unmittelbare Subjekt des doing-Ansatzes fehlt, lässt sich eine solche Verknüpfung vertreten und anzeigen. Denn bei den vielfältigen Angeboten, denen sich Eltern heute hinsichtlich einer Förderung ihrer Kinder ausgesetzt sehen, die in analogen (Nachhilfeinstitute) wie auch digitalen (digitale Lernplattformen) Angeboten ihren Ausdruck finden, liegt darin zugleich eine appellative Struktur für eine gute Elternschaft in Form eines *doing education*. Bildung wird zunehmend zu einer normativen Praxis, die sich über Feriencamps, Förder-, Nachhilfe- oder Coachingunterricht nach innen (Binnenraum der Familie) wie nach außen (z.B. gegenüber Schulen, Freunden, Bekannten) ausweisen lässt. Durch die zunehmende Sichtbarkeit und Akzeptanz von Nachhilfeangeboten wird dieses *doing* und *displaying education* zum einen einfacher, zum anderen aber auch apellativer. Es gibt die Angebote und eine werbebezogene Adressierung an die Eltern (und Kinder), so dass ihre Nichtnutzung bzw. Unterlassung als aktives und intentionales Tun verstanden werden kann. D.h. die gesellschaftliche Präsenz von Nachhilfe in Verbindung mit der gesellschaftlichen Bedeutungshöhe von Bildung amalgamiert zu besagtem *doing* und *displaying education*. Und dabei spielt es keine Rolle, ob es um schlechte oder gute Schüler geht, kann doch jeder von ihnen seine Leistung entsprechend verbessern. So wird Nachhilfe in Bezug zur Bildung der Kinder – wie erwähnt – für die Eltern ein Aspekt zum Ausdruck verantwortungsvoller Elternschaft und zwar nach innen (gegenüber dem anderen Elternteil und dem Kind) sowie nach außen gegenüber dem eigenen sozialen Netz.

Literaturverzeichnis

Abeln, Reinhard (2013): Die Vierzehn Nothelfer. Ihr Leben und ihre Verehrung. Topos, Kevelaer.

Adorno, Theodor W. (1959): Theorie der Halbbildung. In: Derslb. (1972): Gesammelte Schriften. Band 8: Soziologische Schriften 1. Suhrkamp, Frankfurt/Main, 93-121.

Adorno, Theodor W. (1981): Erziehung zur Mündigkeit. Suhrkamp, Frankfurt/Main.

Ahlert, Dieter (1981): Absatzkanalstrategien des Konsumgüterherstellers auf der Grundlage vertraglicher Vertriebssysteme mit dem Handel. In: Derselb. (Hrsg.): Vertragliche Vertriebssysteme zwischen Industrie und Handel: Grundzüge einer betriebswirtschaftlichen, rechtlichen und volkswirtschaftlichen Beurteilung. Wiesbaden, 1981, S. 43-98.

Ahrbeck, Bernd (2014): Inklusion. Eine Kritik. Kohlhammer Verlag, Stuttgart.

Albers, Carsten, Magenheim, Johannes, Meister, Dorothee (Hrsg.) (2011): Schule in der digitalen Welt. Medienpädagogische Ansätze und Schulforschungsperspektiven. VS Verlag, Wiesbaden.

Allmendinger, Jutta (2013): Bildungsgesellschaft. Über den Zusammenhang von Bildung und gesellschaftlicher Teilhabe in der heutigen Gesellschaft. Bpb, Bonn, unter: http://www.bpb.de/gesellschaft/kultur/zukunft-bildung/158109/teilhabe-durch-bildung [11.03.17].

Allmendinger, Jutta, Leibfried, Stephan (2003): Bildungsarmut. In: APUZ, B 21-22/2003, 12-18.

Altrichter, Herbert, Brüsemeister, Thomas, Wissinger, Jochen (Hrsg.) (2007a): Educational Governance. Handlungskoordination und Steuerung im Bildungssystem. VS Verlag, Wiesbaden.

Altrichter, Herbert, Brüsemeister, Thomas, Wissinger, Jochen (2007b): Einführung. In: Dieslb. (Hrsg.) (2007), 9-13.

Altrichter, Herbert, Rürup, Matthias (2010): Schulautonomie und die Folgen. In: Altrichter, Herbert, Maag Merki, Katharina (Hrsg.) (2010a), 111-144.

Altrichter, Herbert, Maag Merki, Katharina (Hrsg.) (2010a): Handbuch Neue Steuerung im Schulsystem. VS Verlag, Wiesbaden.

Altrichter, Herbert, Maag Merki, Katharina (2010b): Steuerung der Ent-

wicklung des Schulwesens. In: Dieslb. (Hrsg.) (2010a), 15-39.
Aristoteles (1909): Nikomachische Ethik. Ins Deutsche übertragen von Adolf Lasson, Verlag Eugen Diederichs, Jena. Enthalten auf CD-Rom „Philosophie von Platon bis Nietzsche", Directmedia Publishing, Berlin, 1998.
Bacon, Francis (1999): Neues Organon. Teilband 1. Hrgs. von W. Krohn, Felix Meiner Verlag, Hamburg.
Balluseck, Hilde von (Hrsg.) (2008): Professionalisierung der Frühpädagogik. Perspektiven, Entwicklungen, Herausforderungen. Budrich Verlag, Opladen.
Balz, Hans-Jürgen, Benz, Benjamin, Kuhlmann, Carola (Hrsg.) (2012): Soziale Inklusion Grundlagen, Strategien und Projekte in der Sozialen Arbeit. SpringerVS, Wiesbaden.
Barthes, Roland (2003): Mythen des Alltags. Suhrkamp, Frankfurt/Main.
Bardmann, Theodor M. (1994): Wenn aus Arbeit Abfall wird. Aufbau und Abbau organisatorischer Realitäten. Suhrkamp, Frankfurt/Main
Barlösius, Eva (2004): Kämpfe um soziale Ungleichheit. Machttheoretische Perspektiven. VS Verlag, Wiesbaden.
Barz, Heiner (Hrsg.) (2010): Handbuch Bildungsfinanzierung. SpringerVS, Wiesbaden.
Bauer, Ullrich, Bittlingmayer, Uwe H., Scherr, Albert (Hrsg.) (2012): Handbuch Bildungs- und Erziehungssoziologie. SpringerVS, Wiesbaden.
Bauman, Zygmunt (1995): Postmoderne Ethik. HIS, Hamburg.
Baumheier, Ulrike, Fortmann, Claudia, Warsewa, Günter (2013): Ganztagsschulen in lokalen Netzwerken. SpringerVS, Wiesbaden.
Bauer, Nina, Blasius, Jörg (Hrsg.) (2014): Handbuch Methoden der empirischen Sozialforschung. SpringerVS, Wiesbaden.
Bausinger, Hermann (1980): Alltag und Technik – Etappen der Aneignung. Unter http://tobias-lib.uni-tuebingen.de/volltexte/2009/3862/pdf/-Bausinger_Hermann_Alltag_und_Technik.pdf [30.08.15]
Becker, Rolf (Hrsg.) (2011a): Lehrbuch der Bildungssoziologie. VS Verlag, Wiesbaden.
Becker, Rolf (2011b): Bildungssoziologie – Was sie ist, was sie will, was sie kann. In: Derslb. (Hrsg.) (2011a), 9-36.
Becker, Rolf, Hadjar, Andreas (2011): Meritokratie – Zur gesellschaftlichen Legitimation ungleicher Bildungs-, Erwerbs- und Einkommenschancen in modernen Gesellschaften. In: Becker, Rolf (Hrsg.) (2011), 37-62.

Becker, Rolf, Solga, Heike (Hrsg.) (2012): Soziologische Bildungsforschung. Sonderheft 52 der Kölner Zeitschrift für Soziologie und Sozialpsychologie. SpringerVS, Wiesbaden.

Berger, Peter A. (2014): Soziale Milieus und die Ambivalenzen der Informations- und Wissensgesellschaft. In: Bremer, Helmut, Lange-Vesper, Andrea (Hrsg.) (2014), S. 77-105.

Bell, Daniel (1973): The Coming of Post-Industrial Society. A Venture in Social Forecasting. Basic Books, New York.

Benner, Dietrich (2008): Bildungstheorie und Bildungsforschung. Grundlagenreflexionen und Anwendungsfelder. Schöningh Verlag, Paderborn.

Berger, Peter L., Luckmann, Thomas (1980): Die gesellschaftliche Konstruktion der Wirklichkeit. Eine Theorie der Wissenssoziologie. Fischer, Frankfurt/Main.

Bernhard, Armin (2003): Bildung als Bearbeitung von Humanressourcen. Die menschlichen Wesenskräfte in einer sich globalisierenden Gesellschaft. UTOPIE kreativ, H. 156 (Oktober 2003), S. 924-938,unter: http://www.rosaluxemburgstiftung.de/fileadmin/rls_uploads/pdfs/Utopie_kreativ/156/156_bernhard.pdf [09.09.19].

Bettmer, Franz, Maykus, Stephan, Prüß, Franz et.al. (Hrsg.) (2007): Ganztagsschule als Forschungsfeld. Theoretische Klärungen, Forschungsdesigns und Konsequenzen für die Praxisentwicklung. VS Verlag, Wiesbaden.

Bidlo, Oliver (2002): Zeitlose Werte? Wertvorstellungen in der Fortschrittsgesellschaft In: Büchergilde Gutenberg (Hrsg.) (2002): Sehnsucht nach Sinn – Wertvorstellungen junger Menschen im vereinten Europa. Edition Büchergilde, Frankfurt, 73-85.

Bidlo, Oliver (2006): Martin Buber – Ein vergessener Klassiker der Kommunikationswissenschaft? Dialogphilosophie in kommunikationswissenschaftlicher Perspektive. Tectum Verlag, Marburg.

Bidlo, Oliver (2008a): Vilém Flusser. Einführung. Oldib Verlag, Essen.

Bidlo, Oliver (2008b): Das Leben ist ein Spiel. Anmerkungen zu einem Begriff der Moderne. In: Thepakos. Interdisziplinäre Zeitschrift für Theater und Theaterpädagogik. Ausgabe 7, 2008, 40-44.

Bidlo, Oliver (2009): Rastlose Zeiten. Die Beschleunigung des Alltags. Oldib Verlag, Essen.

Bidlo, Oliver (2010): Tattoo. Die Einschreibung des Anderen. Oldib Verlag, Essen.

Bidlo, Oliver (2011a): Die Begrifflichkeit der Welt – Zur Anstrengung des

Prinzips der Wörtlichkeit. In: Altmeyer, Lena, Giesemann, Sandra (Hrsg.) (2011): Brute Facts. Die Reise zwischen den Welten als Bewährungsdynamik der Wirklichkeit. Oldib, Essen, 77-84.

Bidlo, Oliver (2011b): Profiling. Im Fluss der Zeichen. Oldib Verlag. Essen.

Bidlo, Oliver (2011c): Wenn aus Medien Akteure werden. Der Akteurbegriff und die Medien. In: Bidlo, Oliver, Englert, Carina, Reichertz, Jo (Hrsg.) (2011): Securitainment: Die Medien als eigenständige Akteure. VS Verlag, Wiesbaden, 37-49.

Bidlo, Oliver (2013): Medienästhetisierung des Alltags in der telematischen Gesellschaft. In: Hanke, Michael, Winkler, Steffi (2013) (Hrsg.): Vom Begriff zum Bild. Medienkultur nach Vilém Flusser. Tectum Verlag: Marburg, 193-208.

Bidlo, Oliver (2016): Feldkonstitution und Beobachterperspektiven im Zeitalter der Mediatisierung. In: Hitzler, Ronald, Poferl, Angelika, Schröer, Norbert (2016): Old School – New School? Zur Frage der Optimierung ethnographischer Datengenerierung. Oldib Verlag, Essen, 441-452.

Bidlo, Oliver (2017): Schriften zum Theater. Oldib Verlag, Essen.

Bidlo, Oliver (2019a): Medienästhetik und Alltagswelt. Studien zur Mediatisierung. Oldib Verlag, Essen.

Bidlo, Oliver (2019b): Überlegungen zur Notwendigkeit einer phantastischen Hermeneutischen Wissenssoziologie. In: Hitzler, Ronald, Reichertz, Jo, Schröer, Norbert (Hrsg.) (2019): Kritik der Hermeneutischen Wissenssoziologie. Beltz/Juventa, Weinheim, Basel, 190-202.

Bidlo, Oliver, Kröger-Bidlo, Hanna (2019): Lernvideos. In: Brand, Tillmann von, Radvan, Florian (Hrsg.) (2019): Handbuch Lehr- und Lernmittel für den Deutschunterricht: Bestandsaufnahmen, Analysen und didaktische Reflexionen. Kallmeyer/Klett, Hannover, 60-69.

Bidlo, Oliver, Englert, Carina Jasmin (2013): Wissen verbindet – verbindet Wissen. Der Open-Source-Gedanke als Vergemeinschaftungsimpuls. In: Ohly, H. Peter (Hrsg.) (2013): Wissen - Wissenschaft - Organisation: Proceedings der 12. Tagung der Deutschen Sektion der Internationalen Gesellschaft für Wissensorganisation Bonn, 19. bis 21. Oktober 2009. Ergon Verlag, Würzburg, 266-271.

Bidlo, Oliver, Englert, Carina Jasmin, Reichertz, Jo (Hrsg.) (2011): Securitainment. Medien als Akteure der Inneren Sicherheit. VS Verlag, Wiesbaden.

Bieri, Peter (2011): Bildung und kulturelle Identität. In: Lederer, Bernd

(Hrsg.) (2011), 45-56.
Birkelbach, Klaus, Dobischat, Rolf, Dobischat, Birte (2016): Außerschulische Nachhilfe. Ein prosperierender Bildungsmarkt im Spannungsfeld zwischen kommerziellen und öffentlichen Interessen. Hans-Böckler-Stiftung, Düsseldorf.
Birkelbach, Klaus, Dobischat, Birte, Dobischat, Rolf (2017): Konjunktur des kommerziellen Nachhilfemarktes. Verstärkung oder Kompensation von Chancenungleichheit und die Notwendigkeit öffentlicher Verantwortung. In: Bolder, Axel, Bremer, Helmut, Epping, Rudolf (Hrsg.) (2017): Bildung für Arbeit unter neuer Steuerung. SpringerVS, Wiesbaden, 97-123.
Blech, Thomas (2001): Bildung als Ereignis des Fremden. Freiheit und Geschichtlichkeit bei Jean-Paul Sartre. Tectum Verlag, Marburg.
Bleckmann, Peter, Durdel, Anja (Hrsg.) (2009a): Lokale Bildungslandschaften. Perspektiven für Ganztagsschulen und Kommunen. VS Verlag, Wiesbaden.
Bleckmann, Peter, Durdel, Anja (2009b): Einführung: Lokale Bildungslandschaften – die zweifache Öffnung. In: Dieslb (Hrsg.) (2009a), 11-16.
Bleckmann, Peter, Schmidt, Volker (Hrsg.) (2012): Bildungslandschaften. Mehr Chancen für alle. VS Verlag, Wiesbaden.
BMFSFJ (2006): Ganztagsschule – eine Chance für Familien. Bundesministerium für Familie, Senioren, Frauen und Jugend, Berlin.
Bödeker, Hans Erich (2001): Entstehung der Soziologie. In: Glaser, Horst Albert, Vaja, György M. (Hrsg.) (2001): Die Wende von der Aufklärung zur Romantik 1760-1820. Epoche Im Überblick. Benjamins Publishing, Amsterdam, Philadelphia, 259-292.
Böhme, Günther (1976): Die philosophischen Grundlagen des Bildungsbegriffes. Eine Propädeutik. Aloys Henn Verlag, Kastellaun.
Bohnsack, Ralf (2003): Qualitative Methoden der Bildinterpretation. In: Zeitschrift für Erziehungswissenschaft, Ausgabe 6, Nr. 2, Juli 2003, 239-256.
Bohnsack, Ralf (2009): Qualitative Bild- und Videointerpretation. Die dokumentarische Methode. Verlag Barbara Budrich/UTB, Opladen & Farmington Hills.
Bohnsack, Ralf (2017): Praxeologische Wissenssoziologie. UTB/Verlag Barbara Budrich, Opladen.
Bolz, Norbert, Münkel, Andreas (Hrsg.) (2003): Was ist der Mensch? Wilhelm Fink Verlag, München.

Bormann, Inka (2014): Diskursanalyse als Verfahren einer wissensorientierten Governance-Forschung. In: Maag Merki, Katharina, Langer, Roman, Altrichter, Herbert (Hrsg.) (2014), 157-181.

Borst, Eva (2009): Theorie der Bildung. Eine Einführung. Schneider Verlag Hohengehren, Baltmannsweiler.

Bosse, Dorit, Eberle, Franz, Schneider-Taylor, Barbara (Hrsg.) (2013): Standardisierung in der gymnasialen Oberstufe. SpringerVS, Wiesbaden.

Bourdieu, Pierre (1987): Die feinen Unterschiede. Kritik der gesellschaftlichen Urteilskraft. Suhrkamp, Frankfurt/Main.

Bourdieu, Pierre (1999): Die verborgenen Mechanismen der Macht. VSA, Hamburg.

Braune, Andreas (2013): Hoffnung und Elend der Epistokratie. In: Dreyer, Michael, Forster, Michael, Hoffmann, Kai-Uwe, Vieweg, Klaus (Hrsg.) (2013): Die Bildung der Moderne. Francke Verlag, Tübingen, 257-274.

Bremer, Helmut, Lange-Vesper, Andrea (Hrsg.) (2014): Soziale Milieus und Wandel der Sozialstruktur. Die gesellschaftlichen Herausforderungen und die Strategien der sozialen Gruppen. SpringerVS, Wiesbaden.

Brisch, Karl Heinz, Hellbrügge, Theodor (Hrsg.) (2014): Die Anfänge der Eltern-Kind-Bindung. Schwangerschaft, Geburt und Psychotherapie. Stuttgart, Klett-Cotta.

Bröckling, Ulrich (2007): Das unternehmerische Selbst – Soziologie einer Subjektivierungsform. Suhrkamp, Frankfurt/Main

Brüsemeister, Thomas (2007): Soziale Ungleichheit, Bildung, Wissen. In: Schützeichel, Rainer (Hrsg.) (2007), 623-638.

Brüsemeister, Thomas (2008): Bildungssoziologie. Einführung in Perspektiven und Probleme. VS Verlag, Wiesbaden.

Buber, Martin (1962): Werke. Band I: Schriften zur Philosophie. Kösel Verlag/Verlag Lambert Schneider, München, Heidelberg:

Buber, Martin (2008): Ich und Du. Reclam, Stuttgart.

Bühler, Axel (Hrsg.) (2003): Hermeneutik. Basistexte zur Einführung in die wissenschaftstheoretischen Grundlagen von Verstehen und Interpretation. Synchron Verlag, Heidelberg.

Buestrich, Michael, Wohlfahrt, Norbert (2008): Die Ökonomisierung der Sozialen Arbeit. Bon, Bundeszentrale für politische Bildung, unter http://www.bpb.de/apuz/31339/die-oekonomisierung-der-sozialen-arbeit?p=0 [08.09.19].

Bundesagentur für Arbeit (2015): Gute Bildung – gute Chancen. Der Arbeitsmarkt für Akademikerinnen und Akademiker in Deutschland. BA, Nürnberg.

Burke, Peter (2003): Die Wissensgesellschaft. In: Killius, Nelson, Kluge, Jürgen, Reisch, Linda (Hrsg.), 76-80.

Buschkühle, Carl-Peter, Duncker, Ludwig, Oswalt, Vadim (Hrsg.) (2009): Bildung zwischen Standardisierung und Heterogenität – ein interdisziplinärer Diskurs. VS Verlag, Wiesbaden.

Caillé, Alain (2008): Anthropologie der Gabe. Campus Verlag, Frankfurt/-Main, New York.

Cassirer, Ernst (1995): Zur Metaphysik der symbolischen Formen. Meiner Verlag, Hamburg.

Cassirer, Ernst (1996): Versuch über den Menschen. Einführung in eine Philosophie der Kultur. Meiner Verlag, Hamburg.

Castells, Manuel (2001): Das Informationszeitalter. Wirtschaft – Gesellschaft – Kultur. Teil 1: Die Netzwerkgesellschaft. Leske + Budrich, Opladen.

Christmann, Gabriela B. (Hrsg.) (2016): Zur kommunikativen Konstruktion von Räumen. Theoretische Konzepte und empirische Analysen. SpringerVS, Wiesbaden.

Coelen, Thomas, Otto, Hans-Uwe (Hrsg.) (2008): Grundbegriffe Ganztagsbildung. Das Handbuch. VS Verlag, Wiesbaden.

Coelen, Hendrik, Siewert, Jörg (2008): Ferien und Ferieneffekte. In: Coelen, Thomas, Otto, Hans-Uwe (Hrsg.) (2008), 432-441.

Coelen, Thomas, Heinrich, Anna Juliane, Million, Angela (Hrsg.) (2015): Stadtbaustein Bildung. SpringerVS, Wiesbaden.

Corsten, Michael, Krug, Melanie, Moritz, Christine (Hrsg.) (2010): Videographie praktizieren. Herangehensweisen, Möglichkeiten und Grenzen. VS Verlag, Wiesbaden.

Dahrendorf, Ralf (1965): Bildung ist Bürgerrecht. Plädoyer für eine aktive Bildungspolitik. Nannen Verlag, Hamburg.

Degner, Theresia, Mogge-Grotjahn (2012): „All inclusive"? Annäherungen an ein interdisziplinäres Verständnis von Inklusion. In: Balz, Hans-Jürgen, Benz, Benjamin, Kuhlmann, Carola (Hrsg.) (2012), 59-77.

de Haan, Gerhard, Rülcker, Tobias (2009): Der Konstruktivismus als Grundlage für die Pädagogik. Peter Lang, Frankfurt/Main.

Deinet, Ulrich (2008): Sozialraumorientierung und Raumaneignung. In: Coelen, Thomas, Otto, Hans-Uwe (Hrsg.) (2008), 724-731.

Deinet, Ulrich (2015): Raumaneignung als Bildung im Stadtraum. In: Coelen, Thomas, Heinrich, Anna Juliane, Million, Angela (Hrsg.)

(2015),159-165.
Deinet, Ulrich, Gumz, Heike, Muscutt, Christina, Thomas, Sophie (2018): Offene Ganztagsschule – Schule als Lebensort aus Sicht der Kinder. Studien, Bausteine, Methodenkoffer. Barbara Budrich, Opladen.
Dermott, Esther, Seymour, Julie (Hrsg.) (2011): Displaying Families. A New Concept for the Sociology of Family Life. Palgrave Macmillan, Basingstoke.
Derrida, Jacques (1993): Falschgeld. Zeit geben I. Wilhelm Fink Verlag, München
Diaz-Bone, Rainer, Schubert, Klaus (1996): William James zur Einführung. Junius, Hamburg.
Dickel, Sascha (2011): Enhancement-Utopien. Soziologische Analysen zur Konstruktion des Neuen Menschen. Nomos, Baden-Baden.
Dobler, Ralph-Miklas, Ittstein, Daniel Jan (Hrsg.) (2018): Digitalisierung. Interdisziplinär. UVK, München.
Dohmen, Dieter, Erbes, Annegret, Fuchs, Kathrin, Günzel, Juliane (2008): Was wissen wir über Nachhilfe? – Sachstand und Auswertung der Forschungsliteratur zu Angebot, Nachfrage und Wirkungen. Forschungsinstitut für Bildungs- und Sozialökonomie, Berlin.
Dörfler, Thomas (2013): Milieu und Raum – Zur relationalen Konzeptualisierung eines sozio-räumlichen Zusammenhangs. In: Rothfuß, Eberhard, Dörfler, Thomas (Hrsg.) (2013): Raumbezogene qualitative Sozialforschung. SpringerVS, Wiesbaden, 33-59.
Dörpinghaus, Andreas, Poenitsch, Andreas, Wigger, Lothar (2006): Einführung in die Theorie der Bildung. Wissenschaftliche Buchgesellschaft, Darmstadt.
Dollinger, Bernd (Hrsg.) (2006): Klassiker der Pädagogik. Die Bildung der modernen Gesellschaft. VS Verlag, Wiesbaden.
Drews, Friedemann (2011): Methexis, Rationalität und Mystik in der Kirchlichen Hierarchie des Dionysius Areopagita. LIT Verlag, Berlin.
Drilling, Matthias (2004): Schulsozialarbeit. Antworten auf veränderte Lebenswelten. Haupt, Bern.
Dungs, Susanne (2003): Bildlichkeit bei Emmanuel Lévinas. In: Magazin für Theologie und Ästhetik 25/2003, unter http://www.theomag.de/25/sd1.htm [31.08.15].
Durkheim, Emile (1984): Erziehung, Moral und Gesellschaft. Suhrkamp, Frankfurt/Main.
Durkheim, Emile (2012/1922): Erziehung, ihre Natur und ihre Rolle. In: Bauer, Ullrich, Bittlingmayer, Uwe H., Scherr, Albert (Hrsg.) (2012),

69-83.

Ecarius, Jutta, Löw, Martina (Hrsg.) (1997a): Raumbildung – Bildungsräume. Über die Verräumlichung sozialer Prozesse. Leske und Budrich, Opladen.

Ecarius, Jutta, Löw, Martina (1997b): Raum – eine vernachlässigte Dimension erziehungswissenschaftlicher und sozialwissenschaftlicher Forschung und Theoriebildung. In: Dieslb. (Hrsg.) (1997a), 7-12.

Eibl, Thomas (2004): Hypertext. Geschichte und Formen sowie Einsatz als Lern- und Lernmedium. München, Kopaed Verlag.

Elias, Norbert (1988): Über die Zeit. Arbeiten zur Wissenssoziologie II. Suhrkamp, Frankfurt/Main.

Elias, Norbert (1993): Was ist Soziologie? Juventa Verlag, Weinheim und München.

Elias, Norbert (1997a): Über den Prozeß der Zivilisation. Wandlungen des Verhaltens in den westlichen Oberschichten des Abendlandes. Bd. 1, Suhrkamp, Frankfurt/Main.

Elias, Norbert (1997b): Über den Prozeß der Zivilisation. Soziogenetische und psychogenetische Untersuchungen, Zweiter Band: Wandlungen der Gesellschaft: Entwurf zu einer Theorie der Zivilisation. Suhrkamp, Frankfurt/Main.

Elias, Norbert (2003): Engagement und Distanzierung. Suhrkamp, Frankfurt/Main.

Enderlein, Oggi (2009): „Um groß zu werden, braucht man als Kind ein ganzes Dorf." Bildungslandschaften im Interesse der Kinder und Jugendlichen. In: Bleckmann, Peter, Durdel, Anja (Hrsg.) (2009a), 159-177.

Ernst, Christoph, Paul, Heike (Hrsg.) (2013): Präsenz und implizites Wissen: Zur Interdependenz zweier Schlüsselbegriffe der Kultur- und Sozialwissenschaften. Transkript. Bielefeld.

Ette, Ottmar (2016). Der Fall Jauss. Wege des Verstehens in eine Zukunft der Philologie. Kadmos, Berlin.

Etzioni, Amitai (1995): Die Entdeckung des Gemeinwesens. Ansprüche, Verantwortlichkeiten und das Programm des Kommunitarismus. Schäffer-Poeschel, Stuttgart.

Etzioni, Amitai (1997): Die Verantwortungsgesellschaft. Individualismus und Moral in der heutigen Demokratie. Wissenschaftliche Buchgesellschaft, Darmstadt.

Fend, Helmut (2008): Neue Theorie der Schule. Einführung in das Verstehen von Bildungssystemen. VS Verlag, Wiesbaden.

Fend, Helmut (2014): Die Wirksamkeit der neuen Steuerung. Theoretische und methodische Probleme ihrer Evaluation. In: Maag Merki, Katharina, Langer, Roman, Altrichter, Herbert (Hrsg.) (2014), 27-50.

Fietze, Beate (2015): Coaching auf dem Weg zur Profession? Eine professionssoziologische Einordnung. In: Schreyögg, Astrid, Schmidt-Lellek, Christoph (Hrsg.) (2015): Die Professionalisierung von Coaching. Ein Lesebuch für den Coach. Springer, Wiesbaden, 3-21.

Finch, Janet (2007): Displaying Families. In: Sociology, 41(1), 65–81.

Flusser, Vilém (1993): Die Informationsgesellschaft als Regenwurm. In: Kaiser, Gerd, Matejovski, Dirk, Fedrowitz, Jutta (Hrsg.) (1993): Kultur und Technik im 21. Jahrhundert. Campus, Frankfurt/Main, 69-78.

Flusser, Vilém (1994): Gesten. Versuch einer Phänomenologie. Fischer Taschenbuch Verlag, Frankfurt/Main.

Flusser, Vilém (2000a): Die Informationsgesellschaft: Phantom oder Realität? In: Matejovski, Dirk (2000) (Hrsg.): Neue, schöne Welt? Lebensformen der Informationsgesellschaft. Campus Verlag, Frankfurt/-Main, New York, 11-18

Flusser, Vilém (2000b): Telematik: Verbündelung oder Vernetzung? In: Matejovski, Dirk (2000) (Hrsg.): Neue, schöne Welt? Lebensformen der Informationsgesellschaft. Campus Verlag, Frankfurt/Main, New York, 204-210

Flusser, Vilém (2003a): Kommunikologie. Frankfurt/Main: Fischer Taschenbuch.

Flusser, Vilém (2003b): Gespräch mit Florian Rötzer, München 1991. In: Röller, Nils, Wagnermair, Silvia (Hrsg.) (2003): Absolute Vilém Flusser. Orange Press, Freiburg, 7-21

Forrester, Viviane (1997): Terror der Ökonomie. Paul Zsolnay Verlag, Wien.

Foucault, Michel (1992): Andere Räume. In: Barck, Karlheinz, Gente, Peter, Paris, Heide, Richter, Stefan (Hrsg.) (1992): Aisthesis. Wahrnehmung heute oder Perspektiven einer anderen Ästhetik. Reclam, Leipzig, 34-46.

Foucault, Michel (1993a): Der Gebrauch der Lüste. Sexualität und Wahrheit 2. Suhrkamp, Frankfurt/Main.

Foucault, Michel (1993b) : Die politische Technologie des Selbst. In: Luther, H. Martin, Gutman, Huck, Hutton, H. Patrick (Hrsg) (1993), 168-187.

Foucault, Michel (2005a): Schriften in vier Bänden. Dits et Ecrits. Band 5,

Suhrkamp, Frankfurt/Main.
Foucault, Michel (2005b): Die Sorge um die Wahrheit. In: Derselb (2005a), 823-836.
Foucault, Michel (2006): Sicherheit, Territorium, Bevölkerung. Geschichte der Gouvernementalität I. Suhrkamp, Frankfurt/Main.
Foucault, Michel (2007): Ästhetik der Existenz. Schriften zur Lebenskunst. Frankfurt/Main, Suhrkamp.
Foucault, Michel (2008): Die Hauptwerke. Frankfurt/Main, Suhrkamp.
Fratzky, Kai-Uwe (2013): Ökonomisierung der polizeilichen Gefahrenabwehr. Verlag Dr. Kovac, Hamburg.
Frederking, Volker, Heller, Harmut, Scheunpflug, Annette (Hrsg.) (2005a): Nach PISA. Konsequenzen für Schule und Lehrerbildung nach zwei Studien. VS Verlag, Wiesbaden.
Frederking, Volker, Heller, Harmut, Scheunpflug, Annette(2005b): Einleitung: Nach PISA – Konsequenzen fiir Schule und Lehrerbildung nach zwei Studien. In: Dieslb. (Hrsg.) (2005a), 7-8.
Friedrich, Helmut Felix, Hron, Aemilian, Töpper, Jörn (2011): Lernplattformen in der Schule. In: Albers, Carsten, Magenheim, Johannes, Meister, Dorothee (Hrsg.) (2011), 117-141.
Fritzsche, Bettina, Idel, Til-Sebastian, Reh, Sabine et.al. (2009): Legitimation des Ganztags an Grundschulen – Familiarisierung und schulisches Lernen zwischen Unterricht und Freizeit. In: Kolbe, Fritz-Ulrich et.al. (Hrsg.) (2009), 83-106.
Froschauer, Ulrike (2006): Veränderungsdynamik in Organisationen. In: Tänzler, Dirk, Knoblauch, Hubert, Soeffner, Hans-Georg (Hrsg.) (2006c), 189-215.
Froschauer, Ulrike (2009): Artefaktanalyse. In: Kühl, Stefan, Strodtholz, Petra, Taffershofer, Andreas (Hrsg.) (2009), 326-347.
Froschauer, Ulrike/Lueger, Manfred (2007): Film-, Bild- und Artefaktanalyse. In: Straub, Jürgen, Weidemann, Arne, Weidemann, Doris (Hrsg.) (2007), 428-439.
Fuchs-Heinritz, Werner (2007): Vorklassische Wissenssoziologie. In: Schützeichel, Rainer (Hrsg.), 13-22.
Funder, Maria (2011): Soziologie der Wirtschaft. Eine Einführung. Oldenbourg Verlag, München.
Gadamer, Hans-Georg (1965): Wahrheit und Methode. Grundzüge einer philosophischen Hermeneutik. J.C.B. Mohr (Paul Siebeck), Tübingen.
Gehlen, Arnold (1940): Der Mensch. Seine Natur und seine Stellung in der

Welt. Junker und Dünnhaupt, Berlin.
Gehlen, Arnold (1953): Die Technik in der Sichtweise der Anthropologie. In: Derselb. (1961), 93-103
Gehlen, Arnold (1961): Anthropologische Forschung. Zur Selbstbegegnung und Selbstentdeckung des Menschen. Rowohlt, Hamburg.
Geiger, Theodor (2012/1930): Erziehung als Gegenstand der Soziologie. In: Bauer, Ullrich, Bittlingmayer, Uwe H., Scherr, Albert (Hrsg.) (2012), 85-102.
Geißler, Karlheinz A. (1985): Zeit leben. Vom Hasten und Rasten, Arbeiten und Lernen, Leben und Sterben. Beltz-Verlag, Weinheim, Basel.
Geißler, Karlheinz A. (2007): Dem Lehren und Lernen Zeit geben. Unter: http://www.projektdidaktik.de/indexdateien/aktuelles/geisslerlul.pdf [09.09.19].
Geißler, Rainer, Weber-Menges, Sonja (2010): Bildungsungleichheit – Eine deutsche Altlast. Die bildungssoziologische Perspektive. In: Barz, heiner (Hrsg.) (2010), 155-165.
Geißler, Rainer (2014): Bildungsexpansion und Bildungschancen. Zu finden unter: https://www.bpb.de/izpb/198031/bildungsexpansion-und-bildungschancen?p=all [20.09.19].
Giese, Juliane, Wittpoth, Jürgen (2014): Bildung als Randerscheinung? Zum Umgang mit Wissen in Lebenswelten. In: von Rosenberg, Florian, Geimer, Alexander (Hrsg.) (2014), 155-178.
Gimesi, Thomas, Hanselitsch, Werner (Hrsg.) (2010): Geben, Nehmen, Tauschen. LIT Verlag, Wien, Münster.
Gottschall, Karin, Hagemann, Karen (2002): Die Halbtagsschule in Deutschland: Ein Sonderfall in Europa? In: Aus Politik und Zeitgeschichte, B 41/2002, Bundeszentrale für politische Bildung, Bonn, 12-22
Goerge, Carsten (2011): Staatliches Bildungssystem und privatwirtschaftliche Nachhilfe in Deutschland. LIT Verlag, Münster.
Gothe, Kerstin, Pfadenhauer, Michaela (2010): My Campus – Räume für die „Wissensgesellschaft"? Raumnutzungsmuster von Studierenden. VS Verlag, Wiesbaden.
Gräsel, Cornelia (2015): Was ist empirische Bildungsforschung? In: Reinders, Heinz, Ditton, Hartmut, Gräsel, Cornelia, Gniewosz, Burkhard (Hrsg.) (2015): Empirische Bildungsforschung. Strukturen und Methoden. SpringerVS, Wiesbaden, 15-30.
Grashöfer, Katja (2012) Planking – Von einem Phänomen und seiner Dysfunktionalität. In: Spangenberg, Peter, Westermann, Bianca (Hrsg.)

(2012): Im Moment des ‚Mehr' Mediale Prozesse jenseits des Funktionalen. LIT Verlag, Münster, 11-28.

Greschke, Heike Mónika (2007). Bin ich drin? – Methodologische Reflektionen zur ethnografischen Forschung in einem plurilokalen, computervermittelten Feld [45 Absätze]. Forum Qualitative Sozialforschung / Forum: Qualitative Social Research, 8(3), Art. 32, http://nbn-resolving.de/urn:nbn:de:0114-fqs0703321 [14.09.19].

Groschke, Michael (2015): Was ist Inklusion. In: Kuhl, Poldi, Stanat, Petra, Lütje-Klose, Birgit, Gresch, Cornelia, Pant, Hans Anand, Prenzel, Manfred (Hrsg.) (2015): Inklusion von Schülerinnen und Schülern mit sonderpädagogischem Förderbedarf in Schulleistungserhebungen. SpringerVS, Wiesbaden.

Grundmann, Matthias (2011): Sozialisation – Erziehung – Bildung: Eine kritische Begriffsbestimmung. In: Becker, Rolf (Hrsg.) (2011), 63-85

Gruschka, Andreas (2007): Bildungsstandards oder das Versprechen, Bildungstheorie in empirischer Bildungsforschung aufzuheben. In: Pongratz, Ludwig A., Reichenbach, Roland, Wimmer, Michael (Hrsg.) (2007), 9-29.

Habermas, Jürgen (1995a): Wahrheitstheorien. In: Derselbe (1995): Vorstudien und Ergänzungen zur Theorie des kommunikativen Handelns. Suhrkamp, Frankfurt/Main, 127-183.

Habermas, Jürgen (1995b): Theorie des kommunikativen Handelns. Handlungsrationalität und gesellschaftliche Rationalisierung. Band 1, Suhrkamp, Frankfurt/Main

Habermas, Jürgen (1995c): Theorie des kommunikativen Handelns. Handlungsrationalität und gesellschaftliche Rationalisierung. Band 2, Suhrkamp, Frankfurt/Main

Hamann, Julian (2012): Der geisteswissenschaftliche Bildungsdiskurs der preußischen Universitätsreform. Versuch einer wissenssoziologischen Feld- und Diskursanalyse. In: Bernhard, Stefan, Schmidt-Wellenburg, Christian (Hrsg.) (2012): Feldanalyse als Forschungsprogramm 1. Der programmatische Kern. SpringerVS, Wiesbaden, S. 345-379.

Han, Byung-Chul (2012): Transparenzgesellschaft. Matthes und Seitz, Berlin.

Hartmann, Maren, Hepp, Andreas (Hrsg.) (2010): Die Mediatisierung der Alltagswelt. VS Verlag, Wiesbaden.

Hastedt, Heiner (Hrsg.) (2012): Was ist Bildung? Eine Textanthologie. Reclam, Stuttgart.

Hattie, John, Beywl, Wolfgang, Zierer, Klaus (2013): Lernen sichtbar ma-

chen. Schneider Verlag, Baltmannsweiler.
Heinrich, Martin, Kussau, Jürgen (2010): Das Schulprogramm zwischen schulischer Selbstregelung und externer Steuerung. In: Altrichter, Herbert, Maag Merki, Katharina (Hrsg.) (2010a), 171-194.
Helsper, Werner, Krüger, Heinz-Hermann, Rabe-Kleberg, Ursula (2000): Professionstheorie, Professions- und Biographieforschung. Einführung in den Themenschwerpunkt. In: Zeitschrift für qualitative Bildungs-, Beratungs- und Sozialforschung, 1 (2000), 1, S. 5-19.
Hepp, Andreas (1999): Cultural Studies und Medienanalyse. Eine Einführung. Westdeutscher Verlag, Wiesbaden.
Hepp, Andreas (2011): Medienkultur. Die Kultur mediatisierter Welten. VS Verlag, Wiesbaden.
Hepp, Gerd (2013): Wie der Staat das Bildungswesen prägt. Bundeszentrale für politische Bildung. Unter: http://www.bpb.de/gesellschaft/bildung/zukunft-bildung/145238/staat-als-akteur?p=all [20.08.19].
Herder, Johann Gottfried (1965): Ideen zur Philosophie der Geschichte der Menschheit. 2 Bände, Band 1, hrgs. von Heinz Stolpe. Aufbau Verlag, Berlin und Weimar.
Herzig, Bardo, Grafe, Silke (2010): Digitale Lernwelten und Schule. In: Hugger, Kai-Uwe, Walber, Markus (Hrsg.) (2010), 115-127.
Hillmert, Steffen (2012): Familienstrukturen und soziale Bildungsreproduktion. In: Becker, Rolf, Solga, Heike (Hrsg.) (2012), 325-345.
Hitzler, Ronald (1988): Sinnwelten. Ein Beitrag zum Verstehen von Kultur. Springer (urspr. Westdeutscher Verlag), Wiesbaden.
Hitzler, Ronald, Honer, Anne (Hrsg.) (2002): Sozialwissenschaftliche Hermeneutik. Leske und Budrich UTB, Stuttgart.
Hitzler, Ronald, Honer, Anne, Pfadenhauer, Michaela (Hrsg.) (2009): Posttraditionale Gemeinschaften. Theoretische und ethnografische Erkundungen. VS Verlag, Wiesbaden.
Hitzler, Ronald, Reichertz, Jo, Schröer, Norbert (Hrsg.) (1999a): Hermeneutische Wissenssoziologie. Standpunkte zur Theorie der Interpretation. UVK, Konstanz.
Hitzler, Ronald, Reichertz, Jo, Schröer, Norbert (1999b): Das Arbeitsfeld einer hermeneutischen Wissenssoziologie. In: Dieslb. (Hrsg.) (1999a), 9-13.
Höhne, Thomas (2007): Der Leitbegriff ‚Kompetenz' als Mantra neoliberaler Bildungsreformer. Zur Kritik seiner semantischen Weitläufigkeit und inhaltlichen Kurzatmigkeit. In: Pongratz, Ludwig A., Reichenbach, Roland, Wimmer, Michael (Hrsg.) (2007), 30-43.

Höhne, Thomas (2015): Ökonomisierung und Bildung. Zu den Formen ökonomischer Rationalisierung im Feld der Bildung. SpringerVS, Wiesbaden.

Holz, Gerda (2003): Kinderarmut verschärft Bildungsmisere. Bundeszentrale für politische Bildung, Bonn, unter http://www.bpb.de/publikationen/5FTSAU,0,0,Kinderarmut_versch [08.09.19].

Hörning, Karl H. (2001): Experten des Alltags. Die Wiederentdeckung des praktischen Wissens. Velbrück, Weilerswist.

Horlacher, Rebekka (2011): Bildung. UTB/Haupt Verlag, Bern, Stuttgart, Wien.

Hottner, Wolfgang (2010): Zu Derridas Unsagbarkeitsgaben. In: Helikon. A Multidisciplinary Online Journal, (1). 68-76, www.helikon-online.de/2010/Hottner_Gaben.pdf [07.05.19]

Houben, Daniel (2013): Zwischen phänomenologischer Wissenssoziologie und Bourdieu : Zur konzeptionellen und empirischen Relevanz von Gatekeepern und Facilitatoren an Statuspassagen. In: Berlin, Oliver, Endreß, Martin (Hrsg.) (2013): Wissen und soziale Ungleichheit. Beltz/Juventa, Weinheim, 326-349.

Hubig, Christoph (1997): Technologische Kultur. Leipziger Universitätsverlag, Leipzig.

Hugger, Kai-Uwe, Walber, Markus (Hrsg.) (2010): Digitale Lernwelten. Konzepte, Beispiele und Perspektiven. VS Verlag, Wiesbaden.

Huizinga, Johan (2004): Homo Ludens: Vom Ursprung der Kultur im Spiel. Rowohlt, Hamburg.

Humboldt, Wilhelm von (1851/2007): Ideen zu einem Versuch, die Gränzen der Wirksamkeit des Staats zu bestimmen. Trewendt, Breslau, DTA-Ausgabe (digitalisiert).

Huster, Ernst-Ulrich, Bourcarde (2012): Soziale Inklusion: Geschichtliche Entwicklung des Sozialstaats und Perspektiven angesichts Europäisierung und Globalisierung. In: Balz, Hans-Jürgen, Benz, Benjamin, Kuhlmann, Carola (Hrsg.) (2012), 13-33.

Jäckel, Michael, Manfred Mai (Hrsg.) (2005): Online-Vergesellschaftung? VS Verlag, Wiesbaden.

Jörissen, Benjamin (2002): Anthropologische Hinsichten, pragmatische Absichten. Kants ›Anthropologie in pragmatischer Hinsicht‹ und ihr Bezug zur Anthropologie des Pragmatismus. In: Paragrana 11, 2002, Heft 2, 153–176.

James, William (1907): Der Wahrheitsbegriff des Pragmatismus. In: Martens, Ekkehard (Hrsg.) (1997): Pragmatismus. Ausgewählte Texte von Ch.S. Peirce, W. James, F.C.S. Schiller, J. Dewey. Stuttgart: Reclam, 161-187.

Jaspers, Karl (1956): Philosophie. Existenzerhellung. Band II. Springer Verlag, Berlin, Göttingen, Heidelberg.

Jauß, Hans Robert (1977): Ästhetische Erfahrung und literarische Hermeneutik. Band I: Versuche im Feld der ästhetischen Erfahrung. München: UTB/Wilhelm Fink Verlag.

Joas, Hans (1980): Praktische Intersubjektivität. Die Entwicklung des Werkes von G. H. Mead. Suhrkamp, Frankfurt/Main.

Jornitz, Sieglinde (2009): Evidenzbasierte Bildungsforschung. In: Pädagogische Korrespondenz 2009, 40, 68-75.

Jürgens, Eiko (2008): Nachhilfeangebote. In: Coelen, Thomas, Otto, Hans-Uwe (Hrsg.) (2008), 411-421.

Kant, Immanuel (1784/2008): Beantwortung der Frage: Was ist Aufklärung. In: Berlinische Monatsschriften, 1784, H. 12, S. 481-494, digitalisiert durch das DTA, 2008.

Kant, Immanuel (1980): Anthropologie in pragmatischer Hinsicht. Meiner Verlag, Hamburg.

Karg, Ina (2005):Mythos PISA. Vermeintliche Vergleichbarkeit und die Wirklichkeit eines Vergleichs. V&R unipress, Göttingen.

Kegelmann, Jürgen (2007): New Public Management. Möglichkeiten und Grenzen des Neuen Steuerungsmodells. VS Verlag, Wiesbaden.

Keller, Reiner (2008): Wissenssoziologische Diskursanalyse. Grundlegung eines Forschungsprogrammes. VS Verlag, Wiesbaden

Keller, Reiner (2010): Kompetenz-Bildung: Programm und Zumutung individualisierter Bildungspraxis. Über Möglichkeiten einer erweiterten Bildungssoziologie. In: Kurz, Thomas, Pfadenhauer, Michaela (Hrsg.) (2010), 29-48.

Keller, Reiner (2013): Kommunikative Konstruktion und diskursive Konstruktion. In: Keller, Reiner, Knoblauch, Hubert, Reichertz, Jo (Hrsg.) (2013a), 69-94

Keller, Reiner, Knoblauch, Hubert, Reichertz, Jo (Hrsg.) (2013a): Kommunikativer Konstruktivismus. Theoretische und empirische Arbeiten zu einem neuen wissenssoziologischen Ansatz. SpringerVS, Wiesbaden.

Keller, Reiner, Knoblauch, Hubert, Reichertz, Jo (2013b): Der Kommunikative Konstruktivismus als Weiterführung des Sozialkonstruktivismus – eine Einführung in den Band. In: Dieslb. (Hrsg.) (2013a), 9-47.

Kemter, Klaus, Meusburger, Peter (Hrsg.) (2006): Bildung und Wissensgesellschaft. Springer Verlag, Heidelberg.

Kerres, Michael (2009): scoyo – Lernzuwachsmessung. Unter: https://df6e5a8m9j3rm.cloudfront.net/magnolia/scoyo-lernzuwachs-messung-vorgehen-kurzanalyse.pdf [15.11.2019].

Killius, Nelson, Kluge, Jürgen, Reisch, Linda (Hrsg.) (2003): Die Bildung der Zukunft. Suhrkamp, Frankfurt/Main.

Kiper, Hanna, Meyer, Hilbert, Topsch, Wilhelm (2002): Einführung in die Schulpädagogik. Cornelsen Scriptor, Berlin.

Klein, Regina (2010): Fest-Stellungen: zur Entsorgung von Reflexivität durch Kultur- und Bildungsstandards. In: Klein, Regina, Dungs, Susanne (Hrsg.) (2010a), 29-54.

Klein, Regina, Dungs, Susanne (Hrsg.) (2010a): Standardisierung der Bildung. Zwischen Subjekt und Kultur. VS Verlag, Wiesbaden.

Klein, Regina, Dungs, Susanne (2010b): Einleitende Bemerkungen zur Standardisierung der Ressource Mensch. In: Dieslb. (Hrsg.) (2010a), 7-22.

Klemm, Klaus (2014): Expertise zur Diskussion um die Dauer gymnasialer Schulzeit in Bayern. Unter http://www.gruene-fraktion-bayern.de/sites/default/files/13-02-12_gutachten_ prof__klemm.pdf [18.12.14].

Klemm, Klaus, Hollenbach-Biele, Nicole (2016): Nachhilfeunterricht in Deutschland. Ausmaß – Wirkung – Kosten. Bertelsmann Stiftung, Gütersloh

Klieme, Eckhard, Avenarius, Hermann, Blum, Werner et. al. (2009 [2007]). Bildungsforschung Band 1: Zur Entwicklung nationaler Bildungsstandards. Hrsg. vom Bundesministerium für Bildung und Forschung, Berlin, Bonn.

Klieme, Eckhard, Leutner, Detlev, Wirth, Joachm (Hrsg.) (2005): Problemlösekompetenz von Schülerinnen und Schülern. Diagnostische Ansätze, theoretische Grundlagen und empirische Befunde der deutschen PISA-2000-Studie. VS Verlag, Wiesbaden.

KMK – Kultusministerkonferenz (2006): Bildung in Deutschland. Ein indikatorengestützter Bericht mit einer Analyse zu Bildung und Migration. Bertelsmann, Bielefeld.

Knoblauch, Hubert (1995): Kommunikationskultur. Die kommunikative Konstruktion kultureller Kontexte. Berlin, New York: Walter de Gruyter.

Knoblauch, Hubert (2005): Wissenssoziologie. UVK, Konstanz.

Knoblauch, Hubert (2010): Von der Kompetenz zur Performanz Wissensso-

ziologische Aspekte der Kompetenz. In: Kurtz, Thomas, Pfadenhauer, Michaela (Hrsg.) (2010), 237-255.
Knoblauch, Hubert (2013a): Grundbegriffe und Aufgaben des kommunikativen Konstruktivismus. In: Keller, Reiner, Knoblauch, Hubert, Reichertz, Jo (Hrsg.) (2013a), 25-47.
Knoblauch, Hubert (2013b): Wissenssoziologie, Wissensgesellschaft und Wissenskommunikation. In: Aus Politik und Zeitgeschichte, 63. Jahrgang, 18–20/2013, S. 9-16.
Knoblauch, Hubert (2013c): Communicative Constructivism and Mediatization. In: Communication Theory 23 (2013) 297-315.
Knoblauch, Hubert (2015): Soziologische Ethnographie, Natürlichkeit und die Transformation der Felder. In: Poferl, Angelika, Reichertz, Jo (2015) (Hrsg.), 91-105.
Knoblauch, Hubert (2016): Über die kommunikative Konstruktion der Wirklichkeit. In: Christmann, Gabriela B. (Hrsg.) (2016), S. 29-53.
Knoblauch, Hubert (2017): Die kommunikative Konstruktion der Wirklichkeit. SpringerVS, Wiesbaden.
Knoblauch, Hubert, Heath, Christian (1999): Technologie, Interaktion und Organisation: Die Workplace Studies. In: Schweizerische Zeitschrift für Soziologie. 25 (1999), 163-181.
Knoblauch, Hubert, Raab, Jürgen (2002): Der Werbespot als kommunikative Gattung. In Willems, Herbert (Hrsg.) (2002): Die Gesellschaft der Werbung. Kontexte und Texte. Produktionen und Rezeptionen. Entwicklungen und Perspektiven. Westdeutscher Verlag, Wiesbaden, S. 139-154.
Knoblauch, Hubert, Schnettler, Bernt (2007): Videographie. Erhebung und Analyse qualitativer Videodaten. In: Buber, Renate, Holzmüller, Hartmut (Hrsg.) (2007), S. 583-600.
Knoblauch, Hubert, Schnettler, Bernt (2010): Sozialwissenschaftliche Gattungsforschung. In: Zymner, Rüdiger (Hrsg.) (2010): Handbuch Gattungstheorie. Metzler, Stuttgart, S. 291-294.
Knorr Cetina, Karin (2006): Sozialität mit Objekten. Soziale Beziehungen in post-traditionalen Wissensgesellschaften. In: Tänzler, Dirk, Knoblauch, Hubert, Soeffner, Hans-Georg (Hrsg.) (2006c), 101-138.
Koch, Stefan, Grasel, Cornelia (2004): Schulreformen und Neue Steuerung – erziehungs- und verwaltungswissenschaftliche Perspektiven. In: Koch, Stefan, Fisch, Rudolf (Hrsg.) (2004): Schulen für die Zukunft. Neue Steuerung im Bildungswesen. Schneider Verlag Hohengehren,

Baltmannsweiler, 3-24.

König, Oliver (2007): Gruppendynamik und die Professionalisierung psychosozialer Berufe. Carl Auer Verlag, Heidelberg.

Könnes, Dieter (2015): Das gierige Bündnis. Wie uns Unternehmen und Behörden gemeinsam abzocken. EichbornVerlag/Bastei Lübbe, Köln.

Kolbe, Fritz-Ulrich, Reh, Sabine, Fritzsche, Bettina et.al. (Hrsg.) (2009): Ganztagsschule als symbolische Konstruktion. Fallanalysen zu Legitimationsdiskursen in schultheoretischer Perspektive. VS Verlag, Wiesbaden.

Kopp, Johannes (2009): Bildungssoziologie. Eine Einführung anhand empirischer Studien. VS Verlag, Wiesbaden.

Krais, Beate (2013): Perspektiven und Fragestellungen der Soziologie der Bildung und Erziehung. *steckbrief bildungssoziologie*. Unter: http://www.bildungssoziologie.de/steckbrief.html [11.03.17].

Kröger-Bidlo, Hanna (2018): Zur Modellierung des auditiven Textverstehens und zu Perspektiven der Operationalisierung. Schneider Verlag, Baltmannsweiler.

Krotz, Friedrich (2001): Die Mediatisierung des kommunikativen Handelns. Der Wandel von Alltag und sozialen Beziehungen, Kultur und Gesellschaft durch die Medien. Westdeutscher Verlag, Opladen.

Krotz, Friedrich (2007): Mediatisierung. Fallstudien zum Wandel von Kommunikation. VS Verlag, Wiesbaden.

Krotz, Friedrich (2009): Posttraditionale Vergemeinschaftung und mediatisierte Kommunikation. Zum Zusammenhang von sozialem, medialem und kommunikativem Wandel. In: Hitzler, Ronald, Honer, Anne, Pfadenhauer, Michaela (Hrsg.) (2009), 151-169.

Kühn, Svenja Mareike (2014): Sind 12 Schuljahre ausreichend für den Zugang zur Hochschule? Der doppelte Abiturjahrgang aus empirischer Perspektive. Beiträge zur Hochschulforschung, 36. Jahrgang, 3/2014, 8-33.

Kühn, Svenja Mareike (2015): Der Streit um ‚G8'. Kürzere Schulzeit, mehr Stress, weniger Bildung? Bundeszentrale für politische Bildung, unter https://www.bpb.de/gesellschaft/bildung/zukunft-bildung/211182/g8-versus-g9?p=all [06.09.19].

Kuhlen, Rainer (1999): Die Konsequenzen von Informationsassistenten. Frankfurt/Main, Suhrkamp.

Kuhlmann, Christian, Tillmann, Klaus-Jürgen (2009): Mehr Ganztagsschulen als Konsequenz aus PISA? Bildungspolitische Diskurse und Entwicklungen in den Jahren 2000 bis 2003. In: Kolbe, Fritz-Ulrich et.

al. (Hrsg.) (2009), 23-46.
Kupfer, Antonia (2011): Bildungssoziologie. Theorien – Institutionen – Debatte. VS Verlag, Wiesbaden.
Kurt, Ronald, Herbrik, Regine (2014): Sozialwissenschaftliche Hermeneutik und hermeneutische Wissenssoziologie. In: Bauer, Nina, Blasius, Jörg (Hrsg.) (2014), 473-491.
Kurz, Thomas (2010): Der Kompetenzbegriff in der Soziologie. In: Kurtz, Thomas, Pfadenhauer, Michaela (Hrsg.) (2010), 7-25.
Kurtz, Thomas, Pfadenhauer, Michaela (Hrsg.) (2010): Soziologie der Kompetenz. VS Verlag, Wiesbaden.
Kussau, Jürgen, Brüsemeister, Thomas (2007): Educational Governance: Zur Analyse der Handlungskoordination im Mehrebenensystem der Schule. In: Altrichter, Herbert, Brüsemeister, Thomas, Wissinger, Jochen (Hrsg.) (2007a), 15-54.
Ladenthin, Volker (Hrsg.) (2007): Philosophie der Bildung. Eine Zeitreise von den Vorsokratikern bis zur Postmoderne. DenkMal Verlag, Bonn.
Lambrecht, Marke (2018): Steuerung als pädagogisches Problem. Empirische Rekonstruktion zur Interaktion in Schulinspektion-Interviews. SpringerVS, Wiesbaden.
Lane, Robert E. (1966): The Decline of Politics and Ideology in a Knowledgeable Societ. In: American Sociological Review 31 (1966), 649-662.
Latour, Bruno (2007): Reassembling the Social. Oxford: University Press.
Latour, Bruno (2010): Eine neue Soziologie für eine neue Gesellschaft. Einführung in die Akteur-Netzwerk-Theorie. Suhrkamp, Frankfurt/-Main.
Lauschke, Marion (2007): Ästhetik im Zeichen des Menschen. Die ästhetische Vorgeschichte der Symbolphilosophie Ernst Cassirers und die symbolische Form der Kunst. Felix Meiner, Hamburg
Lederer, Bernd (Hrsg.) (2011a): „Bildung“: was sie war, ist, sein sollte. Zur Bestimmung eines strittigen Begriffs. Schneider Verlag Hohengehren, Baltmannsweiler.
Lederer, Bernd (2011b): Der Bildungsbegriff und seine Bedeutung. In: Derslb. (Hrsg.) (2011a), 11-44.
Lederer, Bernd (2014): Kompetenz oder Bildung. Eine Analyse jüngerer Konnotationsverschiebungen des Bildungsbegriffs und Plädoyer für eine Rück- und Neubesinnung auf ein transinstrumentelles Bildungsverständnis. innsbruck university press, Innsbruck.
Lévinas, Emmanuel (1984): Die Zeit und der Andere. Meiner Verlag, Ham-

burg.
Liessmann, Konrad Paul (2006): Theorie der Unbildung. Die Irrtümer der Wissensgesellschaft. Paul Zsolnay Verlag, Wien
Löw, Martina (2001): Raumsoziologie. Suhrkamp, Frankfurt/Main.
Löw, Martina (2006): Einführung in die Soziologie der Bildung und Erziehung. Budrich/UTB, Leverkusen, Stuttgart.
Löw, Martina (2015): Space Oddity. Raumtheorie nach dem Spatial Turn. In: sozialraum.de (7) Ausgabe 1/2015. URL: http://www.sozialraum.de/space-oddity-raumtheorie-nach-dem-spatial-turn.php. [08.02.2017].
Lohmann, Ingrid, Rilling, Rainer (Hrsg.) (2002): Die verkaufte Bildung: Kritik und Kontroversen zur Kommerzialisierung von Schule, Weiterbildung, Erziehung und Wissenschaft. Leske und Budrich, Opladen.
Lorenz, Kuno (1972): Der dialogische Wahrheitsbegriff. In: Neue Hefte für Philosophie (1972). 111-123.
Luckmann, Thomas (1986): Grundformen der gesellschaftlichen Vermittlung des Wissens: Kommunikative Gattungen. In: Kölner Zeitschrift für Soziologie und Sozialpsychologie. Sonderhefte, 27/1986, Kultur und Gesellschaft, hrsg. von Friedhelm Neidhardt, René König, und Mario Rainer Lepsius. Westdeutscher Verlag, Opladen, 191-211.
Luckmann, Thomas (1999): Wirklichkeiten: individuelle Konstitution und gesellschaftliche Konstruktion. In: Hitzler, Ronald, Reichertz, Jo, Schröer, Norbert (Hrsg.) (1999a), 17-28.
Luckmann, Thomas (2006): Die kommunikative Konstruktion der Wirklichkeit. In: Tänzler, Dirk, Knoblauch, Hubert, Soefnner, Hans-Georg (Hrsg.) (2006), 15-22.
Maag Merki, Katharina (2010): Theoretische und empirische Analysen der Effektivität von Bildungsstandards, standardbezogenen Lernstandserhebungen und zentralen Abschlussprüfungen. In: Altrichter, Herbert, Maag Merki, Katharina (Hrsg.) (2010a), 145-69
Maag Merki, Katharina, Langer, Roman, Altrichter, Herbert (Hrsg.) (2014): Educational Governance als Forschungsperspektive Strategien. Methoden. Ansätze. SpringerVS, Wiesbaden.
Maaz, Kai, Emmrich, Rico, Kropf, Michaela, Gärtner, Holger (2019): Bildungsstandards als innovative Elemente moderner Bildungssysteme. Voraussetzungen und Perpektiven. In: Zuber, Julia et al. (Hrsg.) (2019), 25-44.
Mack, Wolfgang (2009): Bildung in sozialräumlicher Perspektive. Das Kon-

zept Bildungslandschaften. In: Bleckmann, Peter, Durdel, Anja (Hrsg.) (2009a), 57-66.

Maeder, Christoph (2015): Feldzugang im Spannungsfeld zwischen technologischem Optimismus in der Schule und dem ethnographischen Blick. In: Poferl, Angelika, Reichertz, Jo (Hrsg.) (2015): Wege ins Feld – Methodologische Aspekte des Feldzugangs. Oldib, Essen, 140-153.

Maisch, Josef (2006): Wissensmanagement am Gymnasium. Anforderungen der Wissensgesellschaft. VS Verlag, Wiesbaden.

Mannheim, Karl (1929): Die Strukturanalyse der Erkenntnistheorie. Reuther & Reichard, Berlin.

Mannheim, Karl (1929): Ideologie und Utopie. Verlag von Friedrich Cohen, Bon

Mannheim, Karl (1982): Die Bedeutung der Konkurrenz im Gebiet des Geistigen. In: Meja, Volker, Stehr, Nico (Hrsg.) (1982a), S. 325-37.

Marx, Karl (1979): Das Kapital. Kritik der politischen Ökonomie. Band 1. Dietz Verlag, Berlin.

Mauss, Marcel (1990): Die Gabe. Form und Funktion des Austauschs in archaischen Gesellschaften. Suhrkamp, Frankfurt/Main.

Mauss, Marcel (2006): Gift-Gift. In: Moebius, Stephan, Papilloud, Christian (Hrsg.) (2006), 13-17.

McLuhan, Marshall (2009): Das Medium ist die Botschaft. Philo Fine Arts, Hamburg.

Mead, George H. (1987): Eine pragmatische Theorie der Wahrheit. In: Derselbe: Gesammelte Aufsätze, Band 2, Frankfurt/Main: Suhrkamp, 185-210.

Mead, George Herbert (1993): Geist, Identität und Gesellschaft. Frankfurt/Main: Suhrkamp.

Meja, Volker, Stehr, Nico (Hrsg.) (1982a): Der Streit um die Wissenssoziologie. Erster Band: Die Entwicklung der deutschen Wissenssoziologie. Suhrkamp, Frankfurt/Main.

Meja, Volker, Stehr, Nico (Hrsg.) (1982b): Der Streit um die Wissenssoziologie. Zweiter Band: Rezeption und Kritik der Wissenssoziologie. Suhrkamp, Frankfurt/Main.

Mertens, Peter, Barbian, Dina, Baier, Stephan (2018): Digitalisierung und Industrie 4.0 – eine Relativierung. Springer Vierweg, Wiesbaden.

Meyer, Rita (2010): Professionalisierung und Professionalität für Tätigkeiten in der Berufsausbildung. In: Büchter, Karin (Hrsg.) (2010): Enzyklopädie Online. Fachgebiet: Berufs- und Wirtschaftspädagogik,

Professionalität in der Berufsausbildung, Juventa Verlag, Weinheim, München, 1-19.

Moebius, Stephan, Papilloud, Christian (Hrsg.) (2006): Gift – Marcel Mauss' Kulturtheorie der Gabe. VS Verlag, Wiesbaden.

Mollenhauer, Klaus (1968): Erziehung und Emanzipation. Polemische Skizzen. Juventa, München.

Müller, Hans-Rüdiger, Stravoravdis (Hrsg.) (2007): Bildung im Horizont der Wissensgesellschaft. VS Verlag, Wiesbaden.

Münch, Richard (2013): Mit dem PISA-Express in die globale Wissensgesellschaft. In: Soeffner, Hans-Georg (Hrsg.) (2013a), Band 1, 695-706.

Münker, Stefan, Roesler, Alexander (Hrsg.) (1997): Mythos Internet. Suhrkamp, Frankfurt/Main.

Neuenfeld, Jörg (2005): Alles ist Spiel: Zur Geschichte der Auseinandersetzung mit einer Utopie der Moderne. Königshausen & Neumann, Würzburg.

Neumann-Szyszka, Julia, Pfahler, Thomas (2018): Investitionsprozesse der öffentlichen Hand aus Sicht des New Public Management. Springer-Gabler, Wiesbaden.

Neswald, Elizabeth (1998): Medientheologie. Das Werk Vilém Flussers. Böhlau, Köln, Weimar, Wien.

Nida-Rumelin, Julian (2014): Der Akademisierungswahn. Zur Krise beruflicher und akademischer Bildung. Bundeszentrale für politische Bildung, Bonn.

Niemeyer, Chr., Drerup, H., Oelkers, J. & Pogrell, L. v. (Hrsg.) (1998): Nietzsche in der Pädagogik? Beiträge zur Rezeption und Interpretation. Beltz, Weinheim.

Nohl, Arnd-Michael (2006): Bildung und Spontaneität. Phasen von Wandlungsprozessen in drei Lebensaltern. Empirische Rekonstruktionen und pragmatistische Reflexionen. Verlag Barbara Budrich, Leverkusen.

Nohl, Hermann (1969): Die Autonomie der Pädagogik. In: Weber, Erich (Hrsg.) (1969), 37-46.

Oelerich, Gertrud (2007): Ganztagsschulen und Ganztagsangebote in Deutschland – Schwerpunkte, Entwicklungen und Diskurse. In: Bettmer, Franz, Maykus, Stephan, Prüß, Franz et.al. (Hrsg.) (2007), 13-42.

Oelkers, Jürgen (2012): Bildungslandschaften und regionale Bildungsentwicklung. In: Bleckmann, Peter, Schmidt, Volker (Hrsg.) (2012), 32-

47.
Opaschowski, Horst W., Siewert, Jörg (2008): Freizeit, Freie Zeit, Muße und Geselligkeit. In: Coelen, Thomas, Otto, Hans-Uwe (Hrsg.) (2008), 422-431.
Ortenburger, Andreas (2009): Professionalisierung und Lehrerausbildung. Zur Bedeutung professionsbezogener Einstellungsmuster für Studienwahl und Studienverläufe von Lehramtsstudierenden. Eine explorative Längsschnittstudie. Peter Lang, Frankfurt/Main.
Ottmann, Henning (1999): Philosophie und Politik bei Nietzsche. Walter de Gruyter, berlin, New York.
Parsons, Talcott (1968): Soziologische Theorie. Luchterhand, Neuwied.
Parsons, Talcott (2012/1959): Die Schulklasse als soziales System: Einige ihrer Funktionen in der amerikanischen Gesellschaft. In: Bauer, Ullrich, Bittlingmayer, Uwe H., Scherr, Albert (Hrsg.) (2012), 103-124.
Pfadenhauer, Michaela (2003): Professionalität. Eine Wissenssoziologische Rekonstruktion Institutionalisierter Kompetenzdarstellungskompetenz. VS Verlag, Wiesbaden.
Pfahl, Lisa (2011): Techniken der Behinderung. Der deutsche Lernbehinderungsdiskurs, die Sonderschule und ihre Auswirkungen auf Bildungsbiografien. Trancript: Bielefeld.
Pfahl, Lisa (2012): Bildung, Behinderung und Agency. Eine wissenssoziologisch-diskursanalytische Perspektive zur Untersuchung der Folgen schulischer Segregation und Inklusion. In: Becker, Rolf, Solga, Heike (Hrgs.) (2012): Soziologische Bildungsforschung. Sonderheft der Kölner Zeitschrift für Soziologie und Sozialpsychologie (KZfSS) 52/12, S. 415-436.
Pauly, Wolfgang (1989): Wahrheit und Konsens. Die Erkenntnistheorie von Jürgen Habermas und ihre theologische Relevanz. Peter Lang, Frankfurt/Main, Bern, Paris.
Pechar, Hans (2016): Bildung im Spannungsfeld von Ökonomie und Politik. Waxmann, Münster.
Peetz, Thorsten (2014): Mechanismen der Ökonomisierung. Theoretische und empirische Untersuchungen am Fall „Schule". UVK, Konstanz, München.
Peirce, Charles Sanders (1967): Schriften I. Zur Entstehung des Pragmatismus. Frankfurt/Main: Suhrkamp.
Pestalozzi, Johann Heinrich (1993): Lienhard und Gertrud. Klinkhardt-Verlag, Bad Heilbrunn/Obb.
Petersen, Peter (1969/1931): Bildung und Erziehung. In: Weber, Erich

(Hrsg.) (1969), 30-37.
Petko, Dominik (Hrsg.) (2010): Lernplattformen in Schulen. Ansätze für E-Learning und Blended Learning in Präsenzklassen. VS Verlag, Wiesbaden.
Pfeiffer, Christian, Möble, Thomas, Kleemann, Matthias, Rehbein, Florian (2007): Die PISA-Verlierer – Opfer ihres Medienkonsums
Eine Analyse auf der Basis verschiedener empirischer Untersuchungen. KFN, Hannover.
Pietraß, Manuela, Funiok, Rüdiger (Hrsg.) (2010a): Mensch und Medien. Philosophische und sozialwissenschaftliche Perspektiven. VS Verlag, Wiesbaden.
Pietraß, Manuela, Funiok, Rüdiger (2010b): Medialität als Ausgangspunkt für die Frage nach dem Menschen. In: Dieslb. (Hrsg.) (2010b), S. 7-21.
Plaß, Christine, Schetsche, Michael (2001): Grundzüge einer wissenssoziologischen Theorie sozialer Deutungsmuster. In: Sozialer Sinn, Heft 3/2001, S. 511-536.
Platon (1985): Der Staat (Politeia). Platons Werke von Friedrich Schleiermacher, Akademie Verlag, Berlin.
Poferl, Angelika (2015): Die Welt als Feld? Globalisierung und die vermeintliche Evidenz des Feldbegriffs. In: Poferl, Angelika, Reichertz Jo (Hrsg.) (2015), S. 45-56.
Poferl, Angelika, Reichertz, Jo (Hrsg.) (2015): Wege ins Feld. Methodologische Aspekte des Feldzuganges. Oldib Verlag: Essen.
Poltermann, Andreas (2013): Wissensgesellschaft – eine Idee im Realitätscheck. Bpb, Bonn, unter: http://www.bpb.de/gesellschaft/kultur/zukunft-bildung/146199/-wissensgesellschaft?p=all [02.06.15]
Polutta, Andreas (2014): Wirkungsorientierte Transformation der Jugendhilfe. Ein neuer Modus der Professionalisierung Sozialer Arbeit? SpringerVS, Wiesbaden.
Pongratz, Ludwig A., Reichenbach, Roland, Wimmer, Michael (Hrsg.) (2007): Bildung – Wissen – Kompetenz. Janus, Bielefeld.
Posch, Waltraud (2009): Projekt Körper. Wie der Kult um die Schönheit unser Leben prägt. Camous Verlag, Frankfurt/Main.
Prior, Harm et. al. (1976): Soziales Lernen. Pädagogischer Verlag Schwann, Düsseldorf.
Quenzel, Gudrun, Hurrelmann, Klaus (Hrsg.) (2019): Handbuch Bildungsarmut. SpringerVS, Wiesbaden.

Raab, Jürgen (2008): Visuelle Wissenssoziologie. Theoretische Konzeption und materiale Analysen. UVK, Konstanz.

Rammert, Werner (2006): Die technische Konstruktion als Teil der gesellschaftlichen Konstruktion der Wirklichkeit. In: Tänzler, Dirk, Knoblauch, Hubert, Soeffner, Hans-Georg (Hrsg.) (2006c), 83-100.

Rauen, Christopher (2002): Handbuch Coaching. Hogrefe, Göttingen.

Reckwitz, Andreas (2012): Die Erfindung der Kreativität. Zum Prozess gesellschaftlicher Ästhetisierung. Suhrkamp, Berlin.

Reichertz, Jo (1986): Probleme qualitativer Sozialforschung. Zur Entwicklungsgeschichte der Objektiven Hermeneutik. Campus-Verlag: Frankfurt /Main.

Reichertz, Jo (1994): Selbstgefälliges zum Anziehen. Benetton äußert sich zu Zeichen der Zeit. In: Schröer, Norbert (Hrsg.) (1994): Interpretative Sozialforschung. Auf dem Wege zu einer hermeneutischen Wissenssoziologie. Wiesbaden: VS Verlag, 253-280.

Reichertz, Jo (2009): Kommunikationsmacht. Was ist Kommunikation und was vermag sie? Und weshalb vermag sie das? VS Verlag, Wiesbaden.

Reichertz, Jo (2013): Grundzüge des Kommunikativen Konstruktivismus. In: Keller, Reiner, Knoblauch, Hubert, Reichertz, Jo (Hrsg.) (2013a), 49-68.

Reichertz, Jo (2016): Qualitative und interpretative Sozialforschung. Eine Einladung. SpringerVS, Wiesbaden.

Reichertz, Jo, Englert, Carina Jasmin (2010): Kontrolleure in der Trambahn. Zur Methode und Methodologie einer hermeneutischen Fallanalyse. In: Corsten, Michael, Krug, Melanie, Moritz, Christine (Hrsg.) (2010), 25-51.

Reichertz, Jo, Niederbacher, Arne, Möll, Gerd, Hitzler, Ronald (2011): Erwartungsräume Spielkultur in großen und kleinen Spielhallen. Oldib Verlag, Essen.

Reschke, Jörg (2007): Coaching im Kontext von Schule und Schulentwicklung. Eine Arbeitshilfe zur Beratungsform Coaching. Deutsche Kinder- und Jugendstiftung, Berlin.

Rössel, Jörg (2005): Plurale Sozialstrukturanalyse. Eine handlungstheoretische Rekonstruktion der Grundbegriffe der Sozialstrukturanalyse. VS Verlag, Wiesbaden.

Rössel, Jörg (2009): Sozialstrukturanalyse. Eine kompakte Einführung. VS Verlag, Wiesbaden.

Rosa, Hartmut (2005): Beschleunigung. Die Veränderung der Zeitstrukturen in der Moderne. Suhrkamp Verlag, Frankfurt/Main.

Rosa, Hartmut (2012): Weltbeziehungen im Zeitalter der Beschleunigung – Umrisse einer neuen Gesellschaftskritik. Suhrkamp Verlag, Frankfurt/Main.

Rosa, Hartmut (2016): Resonanz. Eine Soziologie der Weltbeziehung. Suhrkamp, Berlin.

Rosa, Hartmut, Endres, Wolfgang (2016): Resonanzpädagogik. Wenn es im Klassenzimmer knistert. Beltz, Weinheim.

Rousseau, Jean-Jacques (2013): Emile oder Über die Erziehung. Frei aus dem Französischen übersetzt von Hermann Denhardt. Band 1 und 2, Reclam-Verlag, Leipzig, Bearbeitung: Berliner Ausgabe hrsg. von Michael Holzinger unter zeno.org.

Rürup, Matthias, Heinrich, Martin (2007): Schulen unter Zugzwang – Die Schulautonomiegesetzgebung der deutschen Länder als Rahmen der Schulentwicklung. In: Altrichter, Herbert, Brüsemeister, Thomas, Wissinger, Jochen (Hrsg.) (2007a), 157-183

Rürup, Matthias, Bormann, Inka (2013): Innovation als Thema und Theoriebaustein der Educational Governance Forschung – Zur Einführung in den Herausgeberband. In: Dieslb. (Hrsg.) (2013): Innovationen im Bildungswesen. Analytische Zugänge und empirische Befunde. SpringerVS, Wiesbaden.

Runkel, Thomas (2010): Enhancement und Identität. Die Idee einer biomedizinischen Verbesserung des Menschen als normative Herausforderung. Mohr Siebeck, Tübingen.

Sacher, Werner (2005): Deutsche Leistungsdefizite bei PISA. Bedingungsfaktoren in Unterricht, Schule und Gesellschaft In: Frederking, Volker, Heller, Harmut, Scheunpflug, Annette (Hrsg.) (2005a), 22-50.

Sacher, Werner, Sliwka, Anne, Tschöpe-Scheffler, Sigrid et.al. (2013): Qualitätsmerkmale schulischer Elternarbeit Ein Kompass für die partnerschaftliche Zusammenarbeit von Schule und Eltern. Vodafone Stiftung Deutschland, Düsseldorf.

Sachweh, Patrick (2011): Unvermeidbare Ungleichheiten? Alltagsweltliche Ungleichheitsdeutungen zwischen sozialer Konstruktion und gesellschaftlicher Notwendigkeit. In Berliner Journal für Soziologie, 2011, 21, 561–586.

Sander, Wolfgang (2009): Wie standardisierbar ist Bildung? Chancen und Probleme von Bildungsstandards in Deutschland. In: Buschkühle, Carl-Peter, Duncker, Ludwig, Oswalt, Vadim (Hrsg.) (2009), 11-34.

Schäfer, Alfred (2015): Schulische Leistungsdiskurse. Zwischen Gerechtig-

keitsversprechen und pharmazeutischem Hirndoping. Verlag Ferdinand Schöningh, Paderborn
Scheit, Herbert (1987): Wahrheit, Diskurs, Demokratie. Studien zur Konsensustheorie der Wahrheit. Karl Alber, Freiburg, München.
Scheler, Max (1925): Die Formen des Wissens und die Bildung. Verlag von Friedrich Cohen, Bonn.
Scheler, Max (1947): Bildung und Wissen. Verlag G. Schulte-Bulmke, Frankfurt/Main.
Scheler, Max (1962): Die Stellung des Menschen im Kosmos. Francke Verlag, Bern, München.
Scheler, Max (1982): Die positivistische Geschichtsphilosophie des Wissens und die Aufgaben einer Soziologie der Erkenntnis. In: Meja, Volker, Stehr, Nico (Hrsg.) (1982a), S. 57-67.
Schiller, Friedrich (1997): Über die ästhetische Erziehung des Menschen in einer Reihe von Briefen. Philipp Reclam Verlag, Stuttgart
Schlag, Bernhard (2013): Lern- und Leistungsmotivation. SpringerVS, Wiesbaden.
Schlüter, Anne (Hrsg.) (2011): Offene Zukunft durch Erfahrungsverlust? Zur Professionalisierung der Erwachsenenbildung: Generationen- und Geschlechterverhältnisse. Verlag Barbara Budrich, Leverkusen, Berlin.
Schmidt-Wellenburg, Christian (2013): Managementberatung und die neoliberale Gouvernementalität des Unternehmens – Wissen und Wissenspraktiken eines Transnationalisierungsarrangements. In: Soeffner, Hans-Georg (Hrsg.) (2013a), Band 1, 649-662.
Schmied, Gerhard (1985): Soziale Zeit. Umfang, „Geschwindigkeit" und Evolution. Dunker & Humblot, Berlin.
Schnettler, Bernt, Knoblauch, Hubert (Hrsg.) (2007): Powerpoint-Präsentationen. Neue Formen der gesellschaftlichen Kommunikation von Wissen. UVK, Konstanz.
Scholz, Joachim, Reh, Sabine (2009): Verwahrloste Familien – Familiarisierte Schulen. Zum Verhältnis von Schule und Familie in den Diskursen der deutschen Schulgeschichte seit 1800. In: Kolbe, Fritz-Ulrich et. al. (Hrsg.) (2009), 159-178.
Scholl, Daniel (2009): Sind die traditionellen Lehrpläne überflüssig? Zur lehrplantheoretischen Problematik von Bildungsstandards und Kernlehrplänen. VS Verlag, Wiesbaden.
Schopenhauer, Arthur (1999): Die Welt als Wille und Vorstellung. Band I. Haffmann, Zürich.

Schrader, Josef, Schmid, Josef, Amos, Karin, Thiel, Ansgar (Hrsg.) (2015): Governance von Bildung im Wandel. Interdiziplinäre Zugänge. VS Verlag, Wiesbaden.
Schrader, Josef, Schmid, Josef, Amos, Karin, Thiel, Ansgar (2015b): Vorwort: Governance von Bildung im Wandel. Interdisziplinäre Zugänge zu einem entwickelten Forschungsfeld. In: Dieslb. (Hrsg.) (2015a), V-VII.
Schröer, Norbert (Hrsg.) (1994): Interpretative Sozialforschung. Auf dem Wege zu einer hermeneutischen Wissenssoziologie. VS Verlag, Wiesbaden.
Schröer, Norbert (2015): Qualitatives Interviewen als Beziehungsarbeit. In: Poferl, Angelika, Reichertz, Jo (Hrsg.) (2015): Wege ins Feld – Methodologische Aspekte des Feldzugangs. Essen: Oldib Verlag, 384-401.
Schröer, Norbert, Bidlo, Oliver (Hrsg.) (2011): Die Entdeckung des Neuen. Qualitative Sozialforschung als Hermeneutische Wissenssoziologie. VS Verlag, Wiesbaden.
Schroer, Markus (Hrsg.) (2005): Soziologie des Körpers. Suhrkamp, Frankfurt/Main.
Schüßler, Werner (1992): Leibniz' Auffassung des menschlichen Verstandes (intellectus). Eine Untersuchung zum Standpunktwechsel zwischen „système commun“ und „système nouveau“ und dem Versuch ihrer Vermittlung. de Gryuter, Berlin.
Schütz, Alfred (1982): Das Problem der Relevanz. Suhrkamp, Frankfurt/-Main.
Schütz, Alfred (1993): Der sinnhafte Aufbau der sozialen Welt. Eine Einleitung in die verstehende Soziologie. Suhrkamp Verlag, Frankfurt/-Main.
Schütz, Alfred, Luckmann, Thomas (1994a): Strukturen der Lebenswelt. Band 1, Suhrkamp Verlag, Frankfurt/Main.
Schütz, Alfred, Luckmann, Thomas (1994b): Strukturen der Lebenswelt. Band 2, Suhrkamp Verlag, Frankfurt/Main.
Schützeichel, Rainer (Hrsg.) (2007): Handbuch Wissenssoziologie und Wissensforschung. UVK, Konstanz.
Schützeichel, Rainer (2012): Wissenssoziologie. In: Maasen, Sabine, Kaiser, Mario, Reinhart, Martin, Sutter, Barbara (Hrsg.) (2012): Handbuch Wissenschaftssoziologie. SpringerVS, Wiesbaden, 17-26.
Schumann, Michael, Sack, Anja, Schumann, Till (2006): Schulsozialarbeit im Urteil der Nutzer: Evaluation der Ziele, Leistungen und Wirkun-

gen am Beispiel der Ernst-Reuter-Schule II. Juventa, Weinheim/-München
Schwendemann, Wilhelm; Krauseneck, Stefan (2001): Modelle der Schulsozialarbeit. LIT Verlag, Münster.
Siebert, Horst (2005): Pädagogischer Konstruktivismus. Beltz, Weinheim.
Sievert, Stephan, Kröhnert, Steffen (2015): Schwach im Abschluss. Warum Jungen in der Bildung hinter Mädchen zurückfallen – und was dagegen zu tun wäre. Berlin-Institut für Bevölkerung und Entwicklung, Berlin.
Simmel, Georg (1983): Soziologie. Untersuchungen über die Formen der Vergesellschaftung. Duncker & Humbl
Sitter, Miriam (2016): PISAs fremde Kinder. Eine diskursanalytische Studie. SpringerVS, Wiesbaden.
Soeffner, Hans-Georg (1999): Verstehende Soziologie und sozialwissenschaftliche Hermeneutik. Die Rekonstruktion der gesellschaftlichen Konstruktion der Wirklichkeit. In: Hitzler, Ronald, Reichertz, Jo, Schröer, Norbert (Hrsg.) (1999a), 39-49.
Soeffner, Hans-Georg (2004): Auslegung des Alltags – Der Alltag der Auslegung. Suhrkamp, Frankfurt/Main [1989].
Soeffner, Hans-Georg (Hrsg.) (2013a): Transnationale Vergesellschaftungen. Verhandlungen des 35. Kongresses der Deutschen Gesellschaft für Soziologie in Frankfurt am Main 2010. Band 1 und 2, SpringerVS, Wiesbaden.
Soeffner, Hans-Georg (2013b): Die ‚Interkultur' nationaler Vergesellschaftung. In: Soeffner, Hans-Georg (Hrsg.) (2013a), Band 1, 21-27.
Soeffner, Hans-Georg, Luckmann, Thomas (1999): Die Objektivität des Subjektiven. G. Ungeheuers Entwurf einer Theorie des kommunikativen Handelns In: Hitzler, Ronald, Reicherts, Jo, Schröer, Norbert (Hrsg.) (1999a), 171-185.
Solga, Heike (2012): Bildung und materielle Ungleichheiten. Der investive Sozialstaat auf dem Prüfstand. In: Becker, Rolf, Solga, Heike (Hrsg.) (2012), 459-487.
Solga, Heike, Becker, Rolf (2012): Soziologische Bildungsforschung – eine kritische Bestandsaufnahme. In: Becker, Rolf, Solga, Heike (Hrsg.) (2012), 7-43
Son, Seung-Nam (2013): Leistungsanforderungen und Leistungsbewertung im Vergleich zwischen der Bundesrepublik Deutschland und Südkorea. In: Zeitschrift für internationale Bildungsforschung und Entwicklungspädagogik 26 (2003), Heft-Nr. 1, 17-22.

Spitzer, Giselher, Franke, Elk (Hrsg.) (2011): Sport, Doping und Enhancement – Sportwissenschaftliche Perspektiven. Sportverlag Strauß, Köln.

Sprangler, Eduard (1969): Über Erziehung und Bildung. In: Weber, Erich (Hrsg.) (1969), 46-49.

Stehr, Nico (2006): Wissenspolitik. In: Tänzler, Dirk, Knoblauch Hubert, Soeffner, Hans-Georg (Hrsg.) (2006c), 31-56.

Stoetzer, Sergej (2014): Aneignung von Orten. Raumbezogene Identifikationsstrategien. TU Darmstadt, Disserstation, http://tuprints.ulb.tu-darmstadt.de/id/eprint/3833.

Sturm, Thomas (2009): Kant und die Wissenschaft vom Menschen. Mentis Verlag, Paderborn.

Sturma, Dieter (2001): Jean-Jacques Rousseau. CH Beck, München.

Tänzler, Dirk, Knoblauch, Hubert, Soeffner, Hans-Georg (2006a): Neue Perspektiven der Wissenssoziologie. Eine Einleitung In: Dieselb. (Hrsg.) (2006b), 7-14.

Tänzler, Dirk, Knoblauch, Hubert, Soeffner, Hans-Georg (2006b): Neue Perspektiven der Wissenssoziologie. UVK, Konstanz.

Tänzler, Dirk, Knoblauch, Hubert, Soeffner, Hans-Georg (Hrsg.) (2006c): Zur Kritik der Wissensgesellschaft. UVK, Konstanz.

Tenorth, Heinz-Elmar (2013): Bildung – Zwischen Ideal und Wirklichkeit. Ein Essay. Bundeszentrale für politische Bildung, Bonn, Zugriff unter: http://www.bpb.de/gesellschaft/kultur/zukunft-bildung/146201/bildungsideale [30.08.15].

Thompson, Christiane (2009): Bildung und die Grenzen der Erfahrung. Randgänge der Bildungsphilosophie. Schöningh Verlag, Paderborn.

Thimm, Caja (Hrsg.) (2000): Soziales im Netz. Wiesbaden, Westdeutscher Verlag.

Tillmann, Klaus-Jürgen, Dedering, Kathrin, Kneuper, Daniel et.al. (Hrsg.) (2008): PISA als bildungspolitisches Ereignis. Fallstudien in vier Bundesländern. VS Verlag, Wiesbaden.

Tippelt, Rudolf, Schmidt, Bernhard (Hrsg.) (2010): Handbuch Bildungsforschung. 3., durchgesehene Auflage, VS Verlag, Wiesbaden.

Tuma, Réne, Schnettler, Bernt, Knoblauch, Hubert (2013): Videographie. Einführung in die interpretative Videoanalyse sozialer Situationen. Springer VS, Wiesbaden.

Tuschner, Gerald (2009): Erfolgreiche Vernetzung von Ganztagsschule und Kommune. Das Ostseegymnasium Rostock. In: In: Bleckmann, Peter, Durdel, Anja (Hrsg.) (2009a), 135-142.

Uhl, Matthias (2009): Medien, Gehirn, Evolution. Mensch und Medienkultur verstehen. Eine transdisziplinäre Medienanthropologie. Transcript, Bielefeld.

Vogt, Jürgen (2010): „Zurück zu Humboldt" – Nietzsches Ekel-Didaktik und die Zukunft unserer Lehranstalten. In: Pazzini, Karl-Josef, Schüler, Marianne, Wimmer, Michael (Hrsg.) (2010): Lehren bildet? Vom Rätsel unserer Lehranstalten. Transcript, Bielefeld, 175-197.

von Hentig, Hartmut (2008): Klassischer Bildungsbegriff und pragmatisches Bildungsverständnis? In: Wernstedt, Rolf, John-Ohnesorg, Marei (Hrsg.) (2008): Der Bildungsbegriff im Wandel. Verführung zum Lernen statt Zwang zum Büffeln. Friedrich Ebert Stiftung, Berlin, 13-17.

von Rosenberg, Florian, Geimer, Alexander (Hrsg.) (2014): Bildung unter Bedingungen kultureller Pluralität. SpringerVS, Wiesbaden.

Wachs, Sebastian, Hess, Markus, Scheithauer, Herbert, Schubarth, Wilfried (2016): Mobbing an Schulen. Erkennen – Handeln – Vorbeugen. W. Kohlhammer, Stuttgart.

Weber, Erich (Hrsg.) (1969): Der Erziehungs- und Bildungsbegriff im 20. Jahrhundert. Verlag Julius Klinkhardt, Bad Heilbrunn/Obb.

Weber, Max (1904): Die „Objektivität" sozialwissenschaftlicher und sozialpolitischer Erkenntnis. Archiv für Sozialwissenschaft und Sozialpolitik, 19 (1904) 1, 22-87, zu finden unter: https://nbn-resolving.org/urn:nbn:de:0168-ssoar-50770-8.

Weinert, Franz E. (2001): Vergleichende Leistungsmessung in Schulen – eine umstrittene Selbstverständlichkeit. In: Derselbe (Hrsg.): Leistungsmessungen in Schulen. Belz, Weinheim und Basel, 17-31.

Witsch, Monika (2008): Kultur und Bildung. Ein Beitrag für eine kulturwissenschaftliche Grundlegung von Bildung im Anschluss an Georg Simmel, Ernst Cassierer und Richard Hönigswald. Königshausen & Neumann, Würzburg.

Wicking, Ulrich (2012): Auf dem Weg zur Inklusion – Die Bochumer Schulentwicklungsplanung stellt sich der Herausforderung. In: Balz, Hans-Jürgen, Benz, Benjamin, Kuhlmann, Carola (Hrsg.) (2012), SpringerVS, Wiesbaden, 283-287.

Zillien, Nicole (2009): Digitale Ungleichheit. Neue Technologien und alte Ungleichheiten in der Informations- und Wissensgesellschaft. VS Verlag, Wiesbaden.

Zoll, Rainer (1988): Zeiterfahrung und Gesellschaftsform. In: Derslb. (Hrsg.) (1988): Zerstörung und Wiederaneignung von Zeit. Suhrkamp-Verlag, Frankfurt/Main, 72-88.

Zuber, Julia, Altrichter, Herbert, Heinrich, Martin (Hrsg.) (2019): Bildungsstandards zwischen Politik und schulischem Alltag. SpringerVS, Wiesbaden.